イタリア史 I

第1・2巻

F・グイッチァルディーニ 著
末吉孝州 訳

ジュリアーノ・ブジアルディーニによるグイッチャルディーニの肖像
（エール大学収蔵）

『イタリア史』冒頭部分

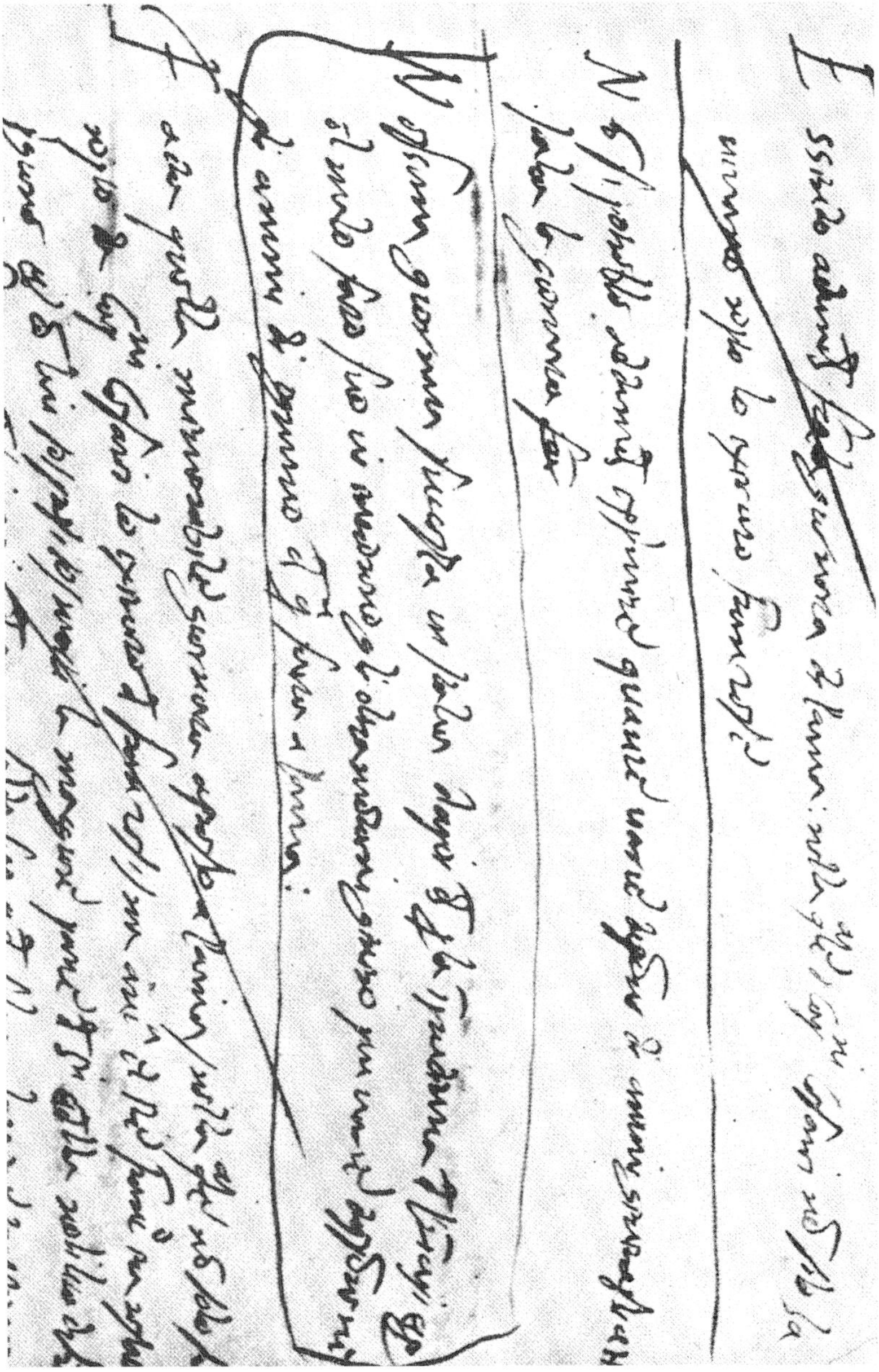

教皇総代理時代の『回顧録《コメンタリ》』、最初の下書き冒頭部分

フォルノーヴォの戦い（1495年。カノン砲が左に見える）

サヴォナローラの説教

イタリア史

第1巻・第2巻

凡　例

一、本書はフランチェスコ・グイッチァルディーニの『イタリア史』(Storia d' Italia) 全二十巻のうち、その第1巻と第2巻を訳出したものである。第3巻以降は逐次刊行される予定である。全体で九分冊になるはずである。

一、翻訳に当たっては次の版によった。Storia d' Italia. A cura di Emanuella Scarano. これは「イタリア古典叢書」(Classici Italiani) 中の『フランチェスコ・グイッチァルディーニ著作集 (Opere di Francesco Guicciardini)』全三巻のうち、その第2巻と第3巻を占めるものである。(Classici Italiani, Collezione Fondata e Diretta da Ferdinando Neri e Mario Fubini Con la Direzione Giorgio Bárberi Squarotti. Opere di Francesco Guicciardini. Volume Secondo e Terzo, A cura di Emmanuella Scarano 1981. Unione Topografico-Editrice Torinese Corso Raffaello, 28-10125 Torino, Ristampa 1987)

一、タイトルは『イタリア史』(Storia d' Italia) となっているが、これはグイッチァルディーニ自身が付けたものではない。グイッチァルディーニは表題をまったく付けていないのである。『イタリア史』という表題は後の編者によるものである。

一、グイッチァルディーニは全体を二十巻に分けている。しかし章分けはしていない。ましてや章を節に分けるようなことはしていない。これを行ったのはコンスタンティーノ・パニガダである (Storia d' Italia. A cura di Constantino Panigada, Bari Laterna, 1929)。本訳書のテキストの編者エマヌエルラ・スカラノもこれに従っている。巻を章に分かち、章を節に分かって、各章には節を示す目次を付している。

一、訳出に当たっては簡明を期した。グイッチァルディーニの延々と続く長文をそのまま日本文に移すことは不可能である。段落は読みやすいように自由に変えた。

一、地名、人名の表記については基本的にはグイッチァルディーニの表記に従った。ただし、シャルル八世、ルイ十二世、マクシミーリアーン等々については、カルロ、ルイジ、マッシミリアーノなどとはしていない。ヘンリの場合も同様である。ローマ教皇についてはラテン語の形で示した。

一、グイッチァルディーニはヴィルジーニオ・オルシニをヴェルジーニオ・オルシノと表記する。またカラブリア（Calabria）をカラヴリア（Calavria）と表記する。このような例は数多くあるが、訳出に当たっては基本的にグイッチァルディーニに従った。

一、当時、フェルディナンドを称する王が三人いる。スペインのアラゴン王フェルディナンドと二人のナポリ王である。混合を避けるためナポリ国王のフェルディナンド（一世）をフェルランテあるいはフェルランドと言う習慣があるが、ここではグイッチァルディーニに従ってすべてフェルディナンドとした。ナポリ国王の場合は、一世、二世として区別している。

一、距離を示すミーリア(miglia)であるが、グイッチァルディーニの言う一ミーリオが正確にどれほどの距離を示すのか訳者には審らかにし得ない。一キロ未満と考えるが、識者の叱正を待ちたい。

一、conte は伯、duca は公としたが、principe も公としておいた。適切な訳語が見当たらないからである。

一、巻末に付録として『リコルディ』抄を付した。『イタリア史』の叙述と関係あるリコルドのみを集めたものである。

一、さらに巻末に『イタリア史』全二十巻各章の総目次と、最後に人名索引（第1・2巻）を付した。

スペインのリコンキスタ（1150−1492年）

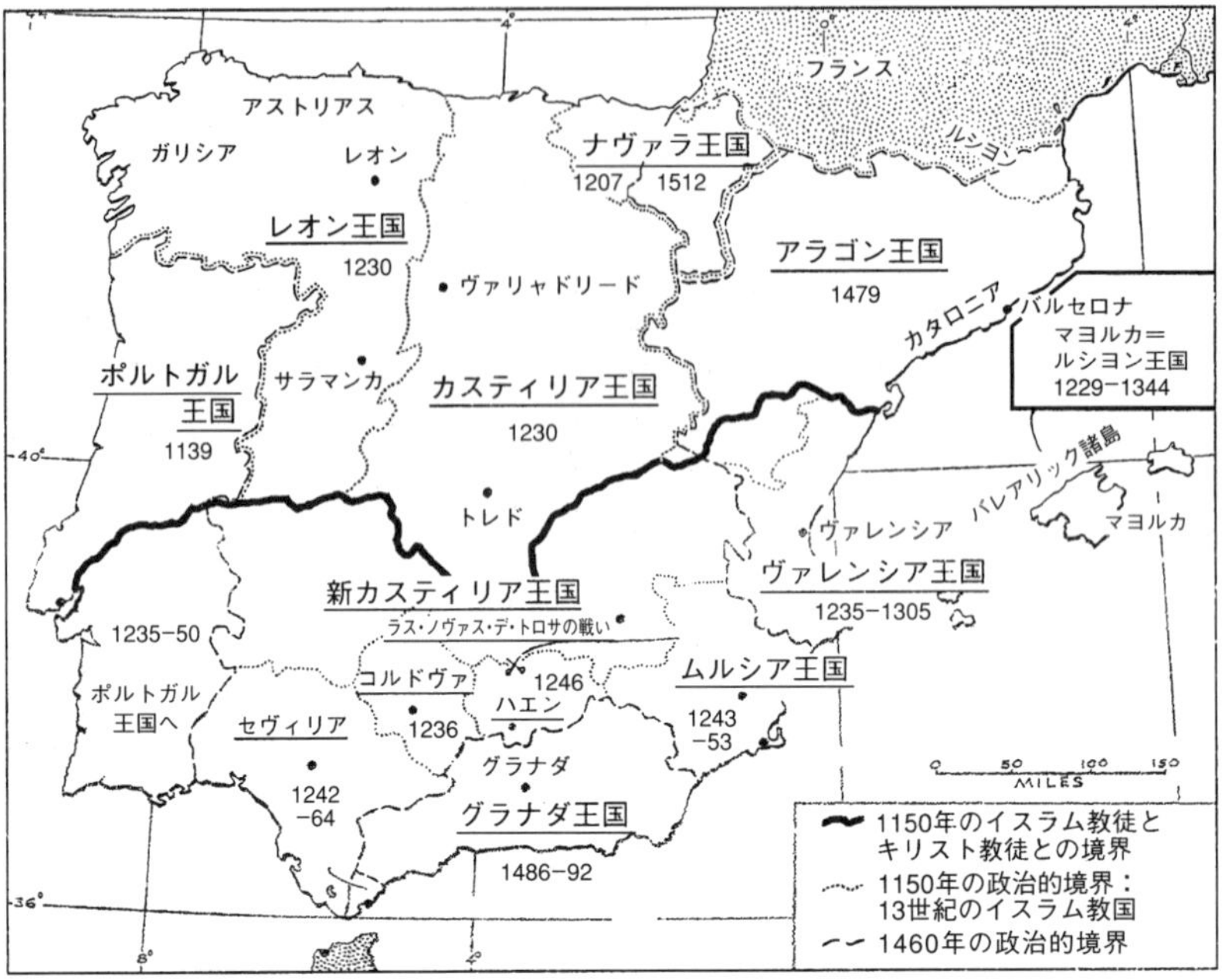

※マヨルカ＝ルシヨン王国は1344年、アラゴン王国に帰属。

※カスティリア王国は1230年、レオン王国と合併。次いで1479年、アラゴン王国と合併。イザベルラ女王とフェルディナンド王との結婚による。統一スペインへの道を拓く。

※ポルトガル王国の成立は1139年。1235−50年にかけて南のムーア人を征服。

※コルドヴァ王国は1236年、カスティリア王国に再征服される。

※ハエン王国は1246年、カスティリア王国に再征服される。

※セヴィラ王国は1248年、カスティリア王国に再征服される。

※ヴァレンシア王国は1235−1305年にかけてアラゴン王国に再征服される。

※ムルシア王国は1243−53年にかけてカスティリア王国に再征服される。

※グラナダ王国は1235−1492年にかけてムーア人の支配下にあったが、1486−92年にかけてカスティリア王国に征服される。イベリア半島のイスラム教徒からの最終的な解放である。

※ナヴァラ王国は1207年、その一部をカスティリア王国に併合され、1512年、残りの部分も征服される。

フランス、1461―91年

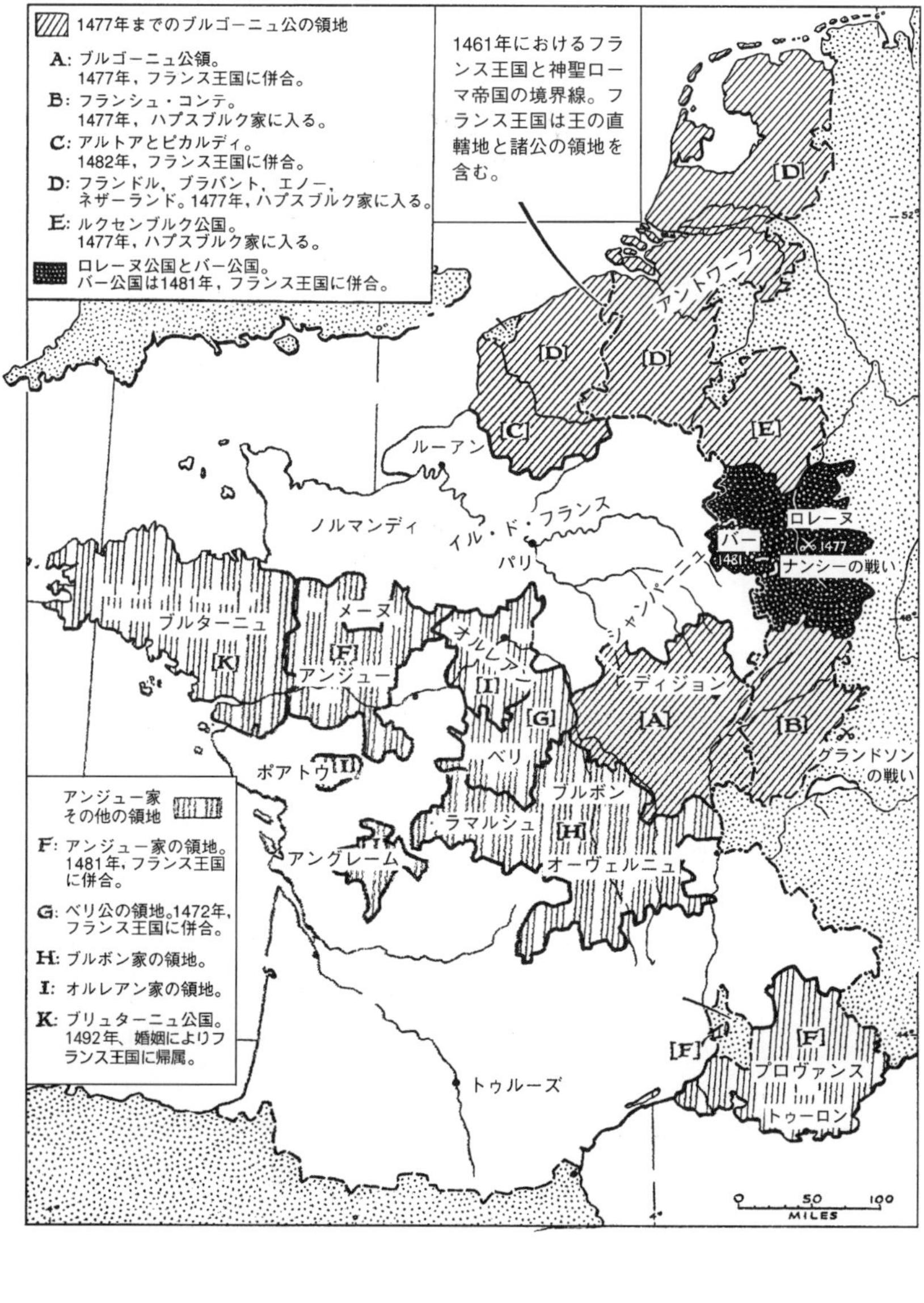

1500年前後のイタリア地図

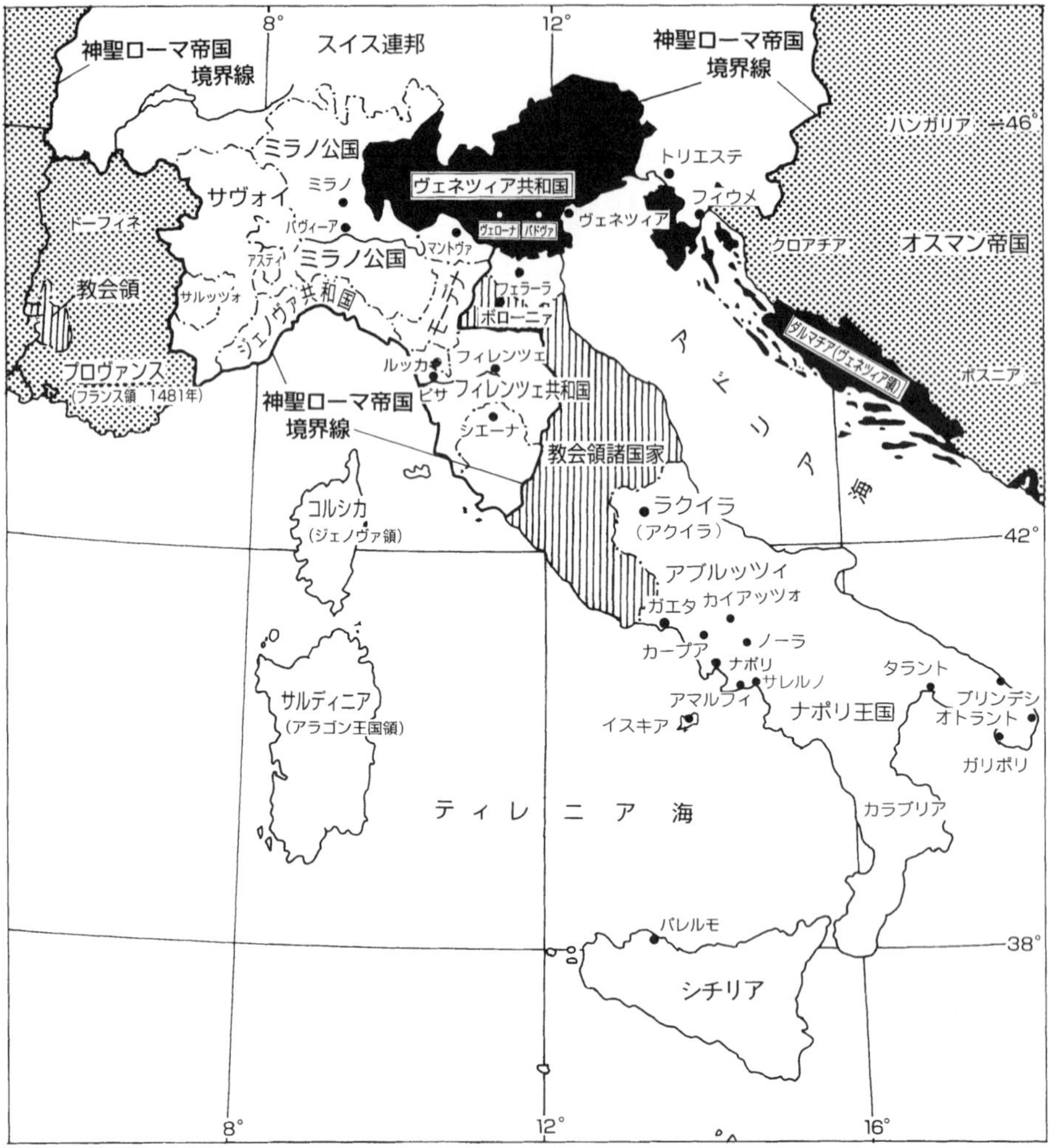

『イタリア史』関係地図

（拡大図）

グイッチァルディーニ関係年譜

（年）

一三七八　チオンピ（毛梳き工）の反乱。当時のゴンファロニエーレはルイジ・グイッチァルディーニ。

一三八二　有力市民層によるフィレンツェ寡頭支配体制の成立。

一四三四　コジモ・デ・メディチ、亡命先のヴェネツィアからフィレンツェに帰還、権力掌握。

一四四三　アラゴン王アルフォンソ五世、フランスのアンジュー家にとって代わり、ナポリ王を兼ねる。ナポリ王としてはアルフォンソ一世。

一四四七　ミラノ公フィリッポ・マリア・ヴィスコンティ没。ヴィスコンティ家の断絶。ミラノ公国の継承権をめぐっての争い。フランチェスコ・スフォルツァ、オルレアン公シャルル、アラゴン王アルフォンソ、三者の争い。

一四五〇　フランチェスコ・スフォルツァ、ミラノ公となる（—六六年）。

一四五三　コンスタンティノープルの陥落。オスマン・トルコの脅威増大。

一四五四　ロディの平和。フィレンツェ、ミラノ、ヴェネツィア、ローマ教皇参加。以後、四十年間にわたるイタリアの平和。

一四五八　ナポリ王アルフォンソ一世没。フェルディナンド（フェルランテ）一世即位。

一四六三　教皇ピウス二世による十字軍提唱の最後の勅書。

一四六四　コジモ・デ・メディチ没。後継者は「痛風病み」のピエロ（—六九）。

一四六六　ミラノ公フランチェスコ・スフォルツァ没。後継者はガレアッツォ・マリア・スフォルツァ（―七六）。ピッティ陰謀事件（ピエロ・デ・メディチに対する暗殺計画未遂）。

一四六九　ピエロ・デ・メディチ没。後継者、ロレンツォ・デ・メディチ（イル・マニーフィコ）。弟ジュリアーノ。

マキァヴェリ生まれる。

一四七二　ロレンツォ・デ・メディチ、ヴォルテルラと戦う。これを掌握。

一四七六　ミラノ公ガレアッツォ・マリア・スフォルツァ暗殺される。ジァン・ガレアッツォ・スフォルツァが継ぐ。

一四七八　パッツィ陰謀事件（四月二十六日）。ロレンツォは逃れるが、弟ジュリアーノは殺害される。ロレンツォの復讐。教皇シクストゥス四世とナポリ王フェルランテの同盟。翌年にかけてフィレンツェ攻撃。フィレンツェの危機。

一四八〇　ロレンツォの冒険的なナポリ行。ナポリ王フェルディナンド一世（フェルランテ）との和約。フィレンツェ、危機を脱す。ロレンツォのフィレンツェ凱旋。

一四八三　五月六日、フランチェスコ・グイッチァルディーニ、フィレンツェで生まれる。

一四九二　ロレンツォ・イル・マニーフィコ没。後継者、ピエロ・デ・メディチ。教皇インノケンティウス八世没。八月、教皇アレクサンデル六世即位。

一四九四　九月、フランス王シャルル八世のイタリア侵入。十一月、メディチ家、フィレンツェから追放される。十一月十七日、シャルル、フィレンツェ入城。十二月二十三日、サヴォナローラの影響下、コンシーリオ・グランデ（大会議）の成立。民主政権の樹立（―一五一二年九月一日)。ナポリ王フェルディナンド一世没。アルフォンソ二世即位。

一四九五　ナポリ王アルフォンソ二世退位。フェルディナンド二世即位(―九六)。シャルル八世のナポリ制圧。三月、対仏同盟(ヴェネツィア同盟)の成立、フォルノーヴォの戦い。シャルルのフランス撤退。

一四九八　シャルル没。ルイ十二世即位。フィレンツェの政変。サヴォナローラの処刑。マキァヴェリ、「十人委員会《ディエチ》」の書記に任命される。この年からグイッチァルディーニ、法律の勉強をはじめる。

一四九九　ルイ十二世、ミラノ公国の相続権を要求して、ロンバルディア占領。ロドヴィーコ・イル・モロ、ミラノ公国を失う。チェーザレ・ボルジア、ルイ十二世の援助でロマーニァ地方の征服に乗り出す(―一五〇二年)。

一五〇〇　スペイン、フランス両国によるグラナダ同盟。ナポリの分割を策す。

一五〇一　五月、チェーザレ・ボルジア、フィレンツェ領に侵入。内政・外政両面におけるフィレンツェの危機。グイッチァルディーニ、フェラーラ大学に移る。

一五〇二　六月、マキァヴェリ、チェーザレ・ボルジアのもとに派遣される。フィレンツェの行政改革。終身ゴンファロニエーレ制度の導入。ピエロ・ソデリーニの選出。

一五〇三　教皇アレクサンデル没、十一月、ユリウス二世即位。

一五〇四　リヨン条約。ルイ十二世、ナポリ王位継承権を放棄、アラゴン王フェルディナンドがナポリを領有。

一五〇五　グイッチァルディーニ、法律家として自立。マキァヴェリの「市民軍」(milizia)の組織化。

一五〇八　教皇ユリウス二世の提唱によるカンブレ同盟の成立。皇帝マクシミーリアーン、フランス王ルイ、アラゴン王フェルディナンド、ユリウス二世らによる対ヴェネツィア同盟。グイッチァルディーニ、フィレンツェ政界の大物アラマンノ・サルヴィアーティの娘マリアと結婚。『リコルダンツェ』『わが一族の追憶』『フィレンツェ史』の執筆。

一五〇九　カンブレ同盟によるヴェネツィア攻撃。五月十四日、アニァデルロの戦い。フランス軍、ヴェネツィア軍を破り、北イタリアを制圧。ユリウス二世のフランスに対する態度が変わる。

一五一一　十月五日、ユリウス二世、アラゴン王、ヴェネツィアによる対仏大同盟「神聖同盟」の成立。ユリウス二世とルイ十二世との抗争。ルイ十二世によるピサ公会議の開催、ユリウスの弾劾。グイッチァルディーニ、スペイン大使に任命される。

一五一二　四月十一日、ラヴェンナの戦い。戦闘そのものはフランス軍の勝利。しかし、ガストン・ド・フォアが戦死、以後、戦いは神聖同盟軍に有利となり、フランスはイタリアから撤退。中立を保っていたフィレンツェはユリウス二世とアラゴン王フェルディナンドの介入で、九月、ソデリーニ政権が倒れ、メディチ家が復帰。マキァヴェリの失脚。グイッチァルディーニ、スペインにおいて最初の『リコルディ』「Q1」・「Q2」、フィレンツェの共和政体を論じた『ログローニョ論考』を書く。

一五一三　ユリウス二世没。メディチ家のジョヴァンニ枢機卿がレオ十世として即位。六月六日、神聖同盟のスイス軍、ノヴァラでフランス軍に大勝。次いでフランスに侵入、ディジョン包囲。

一五一四　一月、グイッチァルディーニ、スペインより帰国。四月、ルイ十二世、皇帝マクシミーリアーン、アラゴン王フェルディナンドと和平。六月、イギリス王ヘンリとも講和。イタリア経略の失敗を認める。

一五一五　ルイ十二世没。フランソア一世即位。ノヴァラ戦の雪辱を期しロンバルディアに侵入。マリニャーノの戦いで勝利してミラノ公国を掌握。フランソアとレオの和解。十二月、ボローニア会談。

一五一六　アラゴン王フェルディナンド没。カルロス一世即位（一五一九年以降、皇帝カール五世）。グイッチァルディーニ、レオ十世よりモーデナの代官に抜擢される。翌年にはレッジョウのそれも兼ねる。
ジュリアーノ・デ・メディチ没。フィレンツェの実権はピエロの子、ロレンツォの手に帰す。レオ十世、ウルビーノ公フランチェスコ・マリア・デルラ・ローヴェレを武力でウルビーノから追放。ロレンツォ、ウルビーノ公を称する。

一五一七　二月、追放されていた先のウルビーノ公フランチェスコ・マリア・デルラ・ローヴェレ、スペイン軍の援助でウルビーノ奪回。レオ十世の激怒。混成軍を編成、ロレンツォに指揮を委ねるが、四月、ロレンツォは重傷を負い、戦線から離脱。九月、スペイン王カルロス、フランス王フランソアの介入によってウルビーノ問題は解決。フランチェスコ・マリア・デルラ・ローヴェレはウルビーノを放棄。
十月、マルティン・ルターの宗教改革の開始。

一五一八　ロレンツォ・デ・メディチのフランス訪問。ロレンツォとマッドレーヌ・ド・ラ・トゥール・ドーベルニュとの結婚。九月、フィレンツェにおける豪華な祝典。フィレンツェ市民の不満。

一五一九　一月、皇帝マクシミーリアーン没。六月、カール、皇帝に選出されカール五世と称す（フランソア一世敗れる）。
五月、ロレンツォ・デ・メディチ没。ジューリオ（・デ・メディチ）枢機卿、フィレンツェに入り、フィレンツェの実権を握る。自由の外見の回復。
グイッチァルディーニ、レッジョウの党派争いに終止符を打ち、フィレンツェに休暇をとる。ジューリオ枢機卿との接触。信頼をかち取る。
一五二〇　レオ十世、ペルージアのジャン・パウロ・バリオーニをローマに誘い殺害。詐術によるフェラーラ公国奪取の試み。失敗。グイッチァルディーニも関与。
一五二一　北イタリアをめぐってのフランソア一世と皇帝カール五世の対立・抗争の激化。レオ十世の二枚舌外交。五月、レオとカールとの秘密同盟。レオの戦争準備。七月、宣戦。グイッチァルディーニ、教皇軍のコメサーリオ・ジェネラーレ（特別顧問）に任命され、軍と行動を共にする。総司令官プロスペロ・コロンナとスペイン軍司令官ペスカラ侯との対立。ジューリオ枢機卿を教皇代理として軍に派遣。ミラノ陥落。パルマその他も陥落。グイッチァルディーニ、パルマにコメサーリオとして派遣される。レオ十世の急逝。十二月、グイッチァルディーニのパルマ防衛。十月から十一月、『フィレンツェの政体をめぐっての対話』の試み。
五月、マキァヴェリとの友情。
一五二二　一月、トルトナ枢機卿、教皇ハドリアーヌス六世として即位。フランチェスコ・マリア・デルラ・ローヴェレ、ウルビーノ公国の奪取。四月、ビコッカの戦いでフランス軍敗北、フランスに撤退。プロスペロ・コロンナ、ジェノヴァを制圧。八月、ハドリアーヌス六世、リヴォルノ到着。九月、ローマ。

一五二三　教皇ハドリアーヌス没、メディチ家のジュリアーノ枢機卿、クレメンス七世として即位。

一五二四　グイッチァルディーニ、クレメンスよりロマーニァ総督に任命される。

一五二五　二月、パヴィーアの戦い、カール五世の勝利、フランソアは捕虜としてマドリッドの獄に送られる。

一五二六　一月、マドリッド条約、フランソアの釈放。釈放後、フランソアはマドリッド条約を反古とする。カールとフランソアのイタリア戦争再開。グイッチァルディーニ、カール五世に対抗してフランソアとの同盟を推進。コニァック同盟。グイッチァルディーニ、教皇軍、フィレンツェ軍の最高軍事顧問に任命される。職名は教皇総代理《ルオーゴテネンテ・ジェネラーレ》である。カール五世と戦う。

一五二七　五月、「ローマの劫略」。クレメンス七世、サン・タンジェロ城に逃れる。フィレンツェの政変。メディチ家が追放され、共和政権が樹立される。マキァヴェリ没。グイッチァルディーニ、教皇軍、フィレンツェ軍の任を解かれフィレンツェに戻る。

一五二八　四月、『リコルディ』「B」の成立。『フィレンツェ事情《コーゼ・フィオレンティーネ》』の執筆。未完。

一五二九　クレメンスとカールの和解。ボローニァでのカールの戴冠式。グイッチァルディーニの亡命。皇帝軍によるフィレンツェ包囲。

一五三〇　グイッチァルディーニ、欠席裁判で有罪。財産没収。八月、フィレンツェ降伏。メディチ家の復帰。アレッサンドロ・デ・メディチによるフィレンツェ支配。グイッチァルディーニによる急進共和派に対する苛酷な処刑。この年、『リコルディ』「C」の成立。『マキァヴェリ論』未完。

一五三一　ボローニァ代官、兼教皇副特使。
一五三二　アレッサンドロ・デ・メディチ、十二人改革委員によりフィレンツェ公に任命される。
グイッチァルディーニは十二人委員の一人。メディチ政権の独裁化。
一五三四　九月、クレメンス七世没。パウルス三世即位。グイッチァルディーニ、ボローニァ代官、兼教皇副特使を辞し、フィレンツェに帰る。アレッサンドロの政治顧問としてフィレンツェ政界に君臨。
一五三七　アレッサンドロ・デ・メディチの暗殺。グイッチァルディーニによるコジモ擁立（後のトスカーナ大公コジモ一世）。グイッチァルディーニの引退、本書『イタリア史』の執筆。未完。
一五四〇　五月二十二日、グイッチァルディーニ没。

フランス王家系図

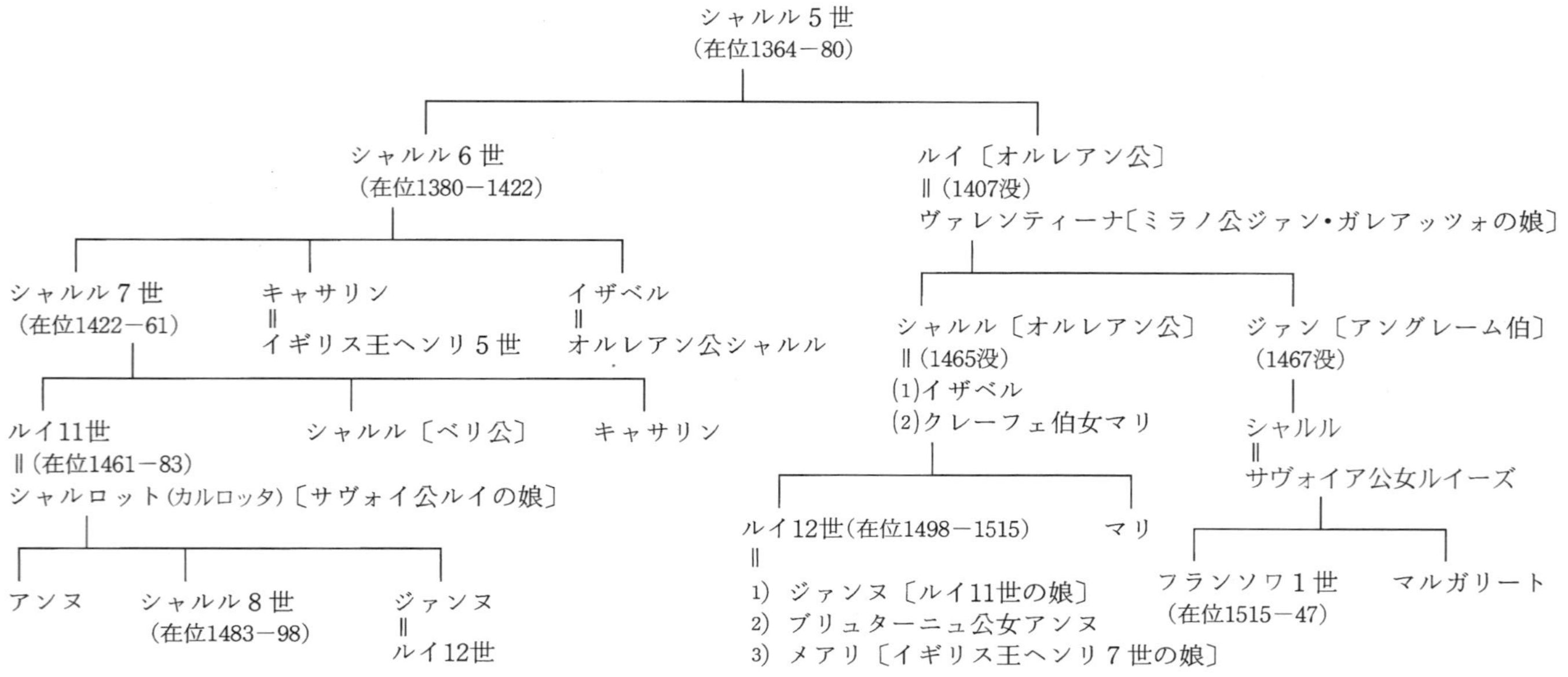

シャルル5世
(在位1364−80)
シャルル6世
(在位1380−1422)
ルイ〔オルレアン公〕
‖(1407没)
ヴァレンティーナ〔ミラノ公ジァン・ガレアッツォの娘〕
シャルル7世
(在位1422−61)
キャサリン
‖
イギリス王ヘンリ5世
イザベル
‖
オルレアン公シャルル
シャルル〔オルレアン公〕
‖(1465没)
(1)イザベル
(2)クレーフェ伯女マリ
ジァン〔アングレーム伯〕
(1467没)
ルイ11世
‖(在位1461−83)
シャルロット(カルロッタ)〔サヴォイ公ルイの娘〕
シャルル〔ベリ公〕
キャサリン
シャルル
‖
サヴォイア公女ルイーズ
ルイ12世(在位1498−1515)
‖
1) ジァンヌ〔ルイ11世の娘〕
2) ブリュターニュ公女アンヌ
3) メアリ〔イギリス王ヘンリ7世の娘〕
マリ
フランソワ1世
(在位1515−47)
マルガリート
アンヌ
シャルル8世
(在位1483−98)
ジァンヌ
‖
ルイ12世

フランス王家によるナポリ王国相続権要求の根拠

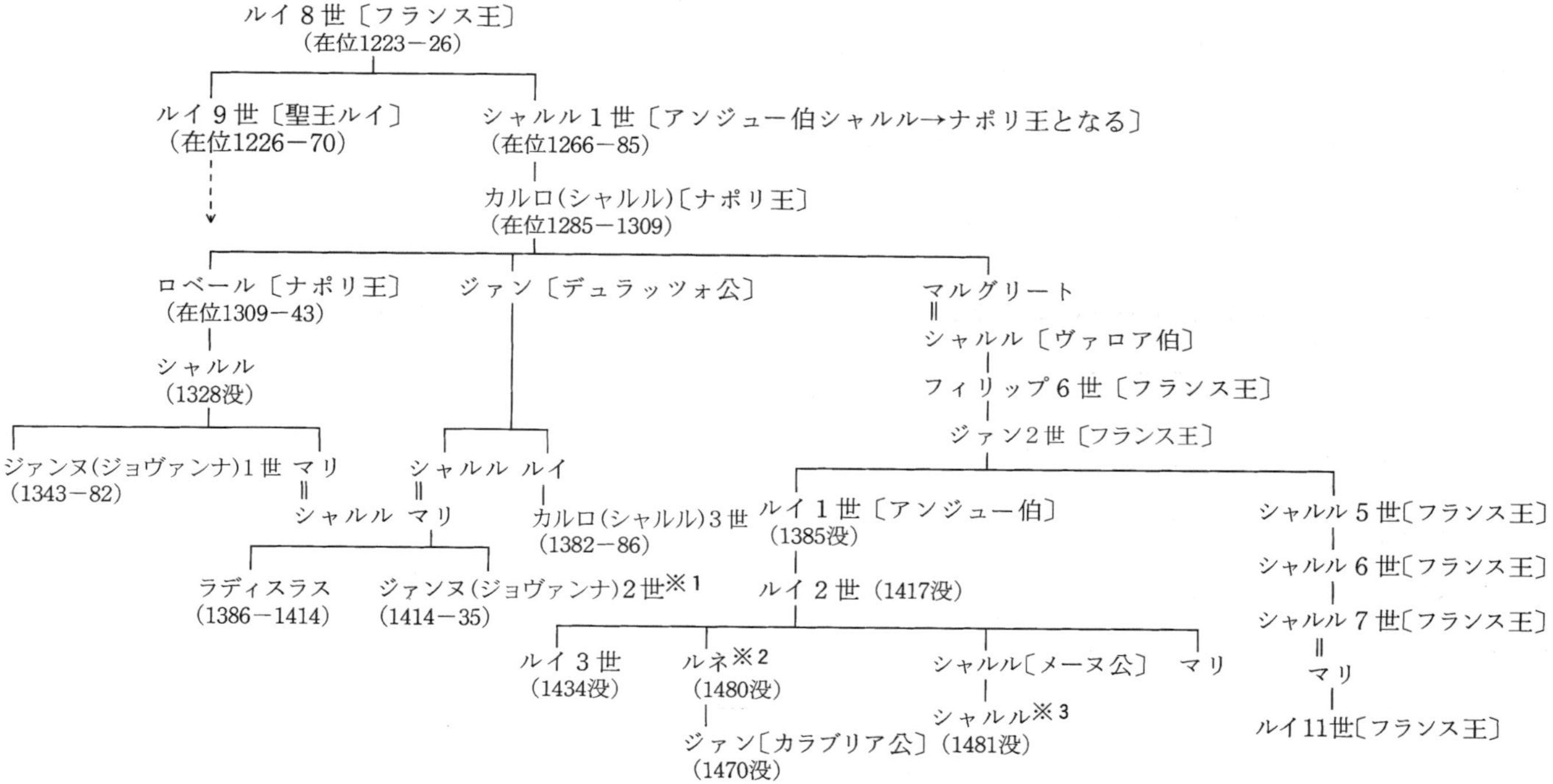

※1．ジァンヌ（ジョヴァンナ）2世が1435年、後継者なくして没する。その後、アラゴン家とアンジュー家がナポリ王位をめぐって争う（−1442)。結局、アラゴン王アルフォンソ5世が1442年、ナポリを征服、ナポリ王に就く。アルフォンソ1世である。
※2．アンジュー伯ルネが1480年に没するとフランス王ルイ11世はプロヴァンス、アンジュー、メーヌを王領に併合。フランスの中央集権化が進む。
※3．メーヌ公シャルルの子シャルルが1481年に没することによってアンジュー家の血統が絶える。シャルルは遺言書によって全領土を遺産としてルイ11世に贈る。

ヴィスコンティ家およびスフォルツァ家系図

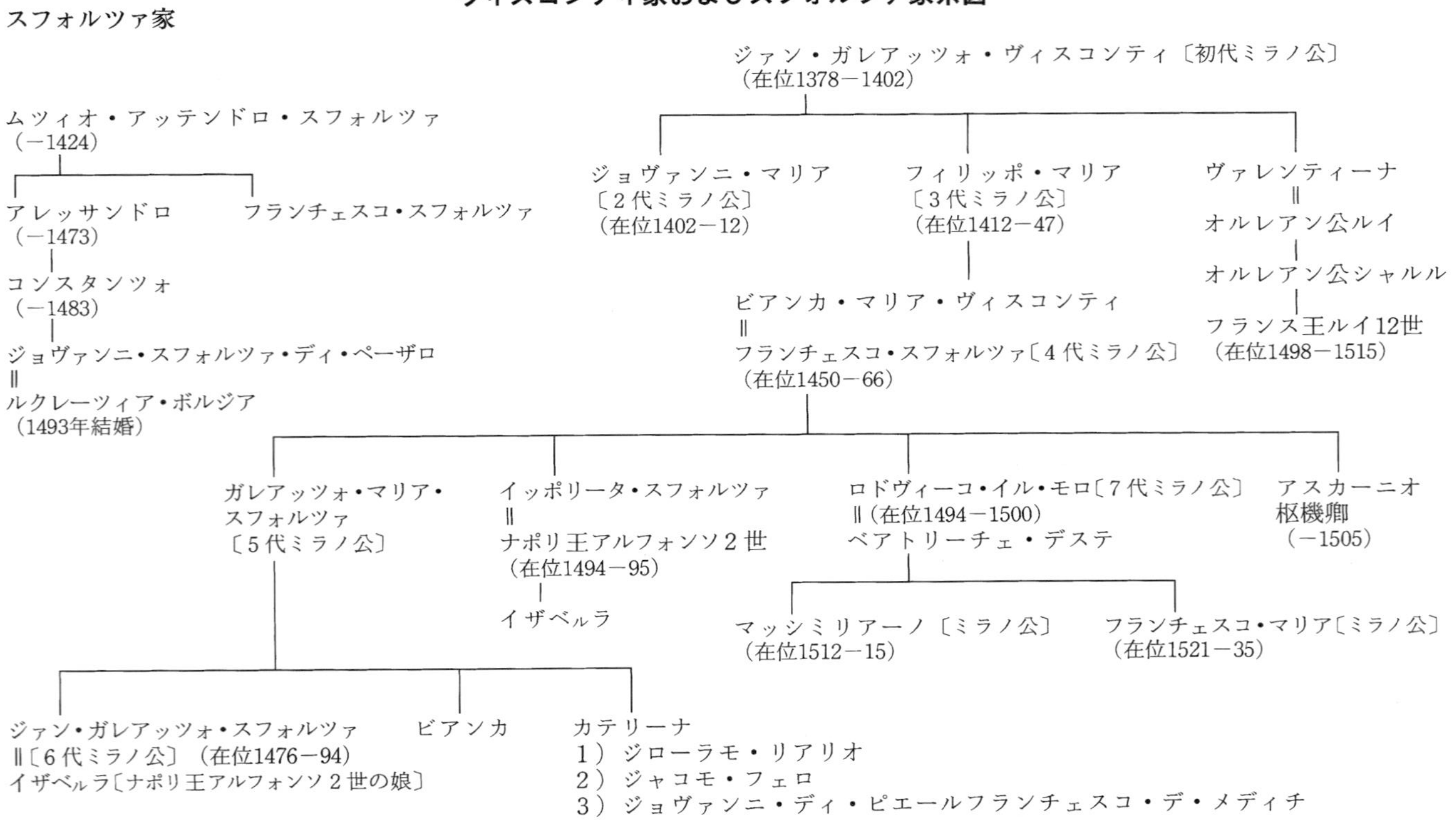

スペインおよびナポリ王家系図

付＝ハプスブルク家、ボルジア家

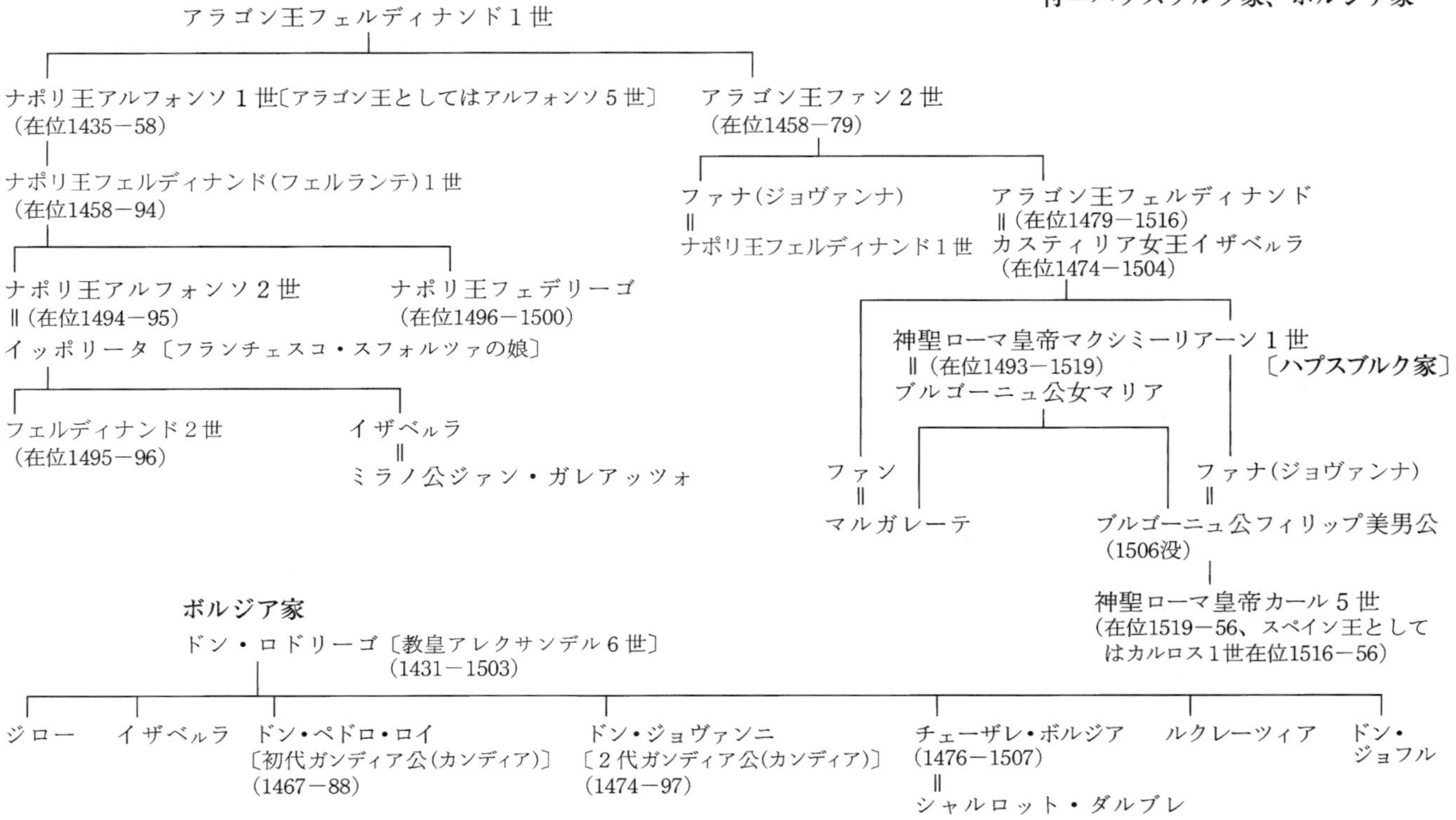
アラゴン王フェルディナンド１世
ナポリ王アルフォンソ１世〔アラゴン王としてはアルフォンソ５世〕
（在位1435－58）
アラゴン王ファン２世
（在位1458－79）
ナポリ王フェルディナンド（フェルランテ）１世
（在位1458－94）
ファナ（ジョヴァンナ）
‖
ナポリ王フェルディナンド１世
アラゴン王フェルディナンド
‖（在位1479－1516）
カスティリア女王イザベルラ
（在位1474－1504）
ナポリ王アルフォンソ２世
‖（在位1494－95）
イッポリータ〔フランチェスコ・スフォルツァの娘〕
ナポリ王フェデリーゴ
（在位1496－1500）
神聖ローマ皇帝マクシミーリアーン１世
‖（在位1493－1519）
ブルゴーニュ公女マリア
〔ハプスブルク家〕
フェルディナンド２世
（在位1495－96）
イザベルラ
‖
ミラノ公ジァン・ガレアッツォ
ファン
‖
マルガレーテ
ファナ（ジョヴァンナ）
‖
ブルゴーニュ公フィリップ美男公
（1506没）
神聖ローマ皇帝カール５世
（在位1519－56、スペイン王としてはカルロス１世在位1516－56）
ボルジア家
ドン・ロドリーゴ〔教皇アレクサンデル６世〕
（1431－1503）
ジロー
イザベルラ
ドン・ペドロ・ロイ
〔初代ガンディア公（カンディア）〕
（1467－88）
ドン・ジョヴァンニ
〔２代ガンディア公（カンディア）〕
（1474－97）
チェーザレ・ボルジア
（1476－1507）
‖
シャルロット・ダルブレ
ルクレーツィア
ドン・ジョフル

メディチ家系図 I

コジモ（祖国の父）の家系

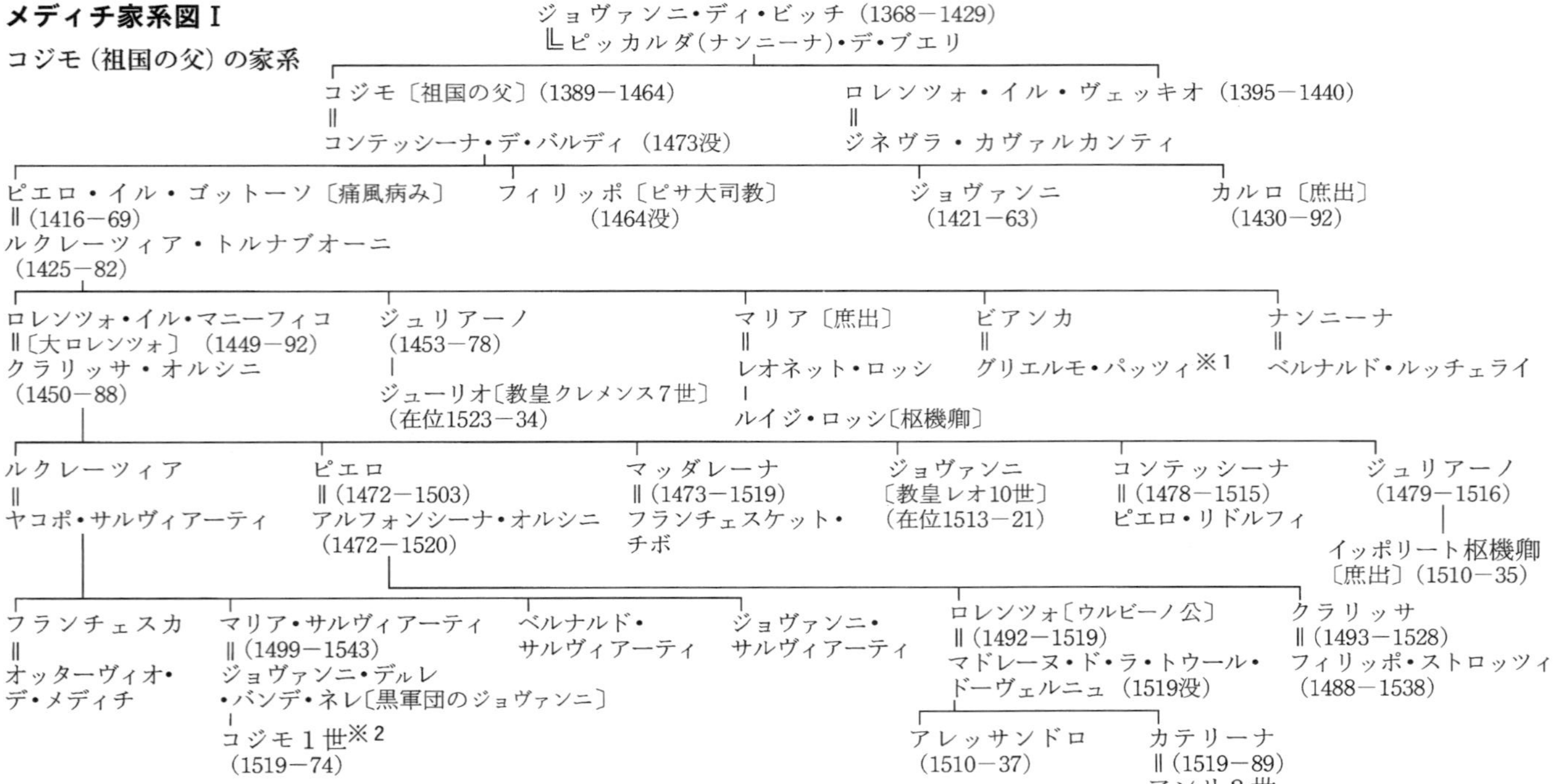

※1．**パッツィ家の系図**（パッツィ陰謀事件に関係するもののみ）

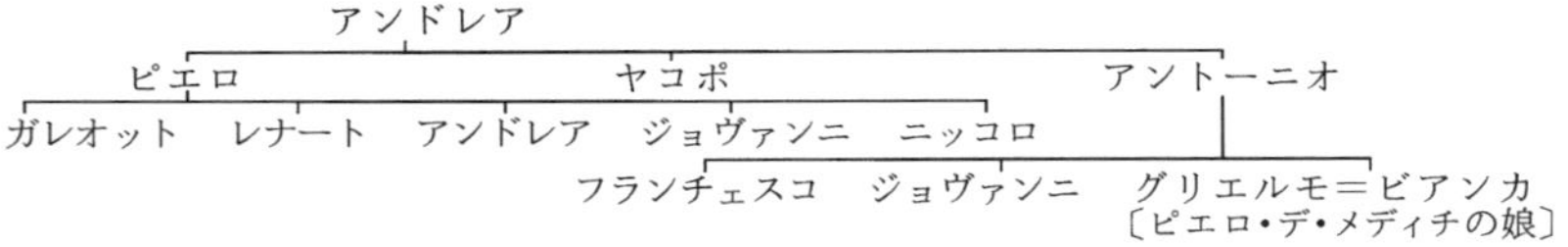

※2．ジョヴァンニ・デルレ・バンデ・ネレの子コジモにおいてメディチ家の二つの家系が統一される。コジモは母方を通して祖国の父コジモに繋がり、父方を通してロレンツォ・イル・ヴェッキオに繋がる。メディチ家系図II参照。

メディチ家系図Ⅱ

ロレンツォ・イル・ヴェッキオの家系

ジョヴァンニ・ディ・ビッチ
‖(1368—1429)
ピッカルダ（ナンニーナ）・デ・ブエリ

- コジモ〔祖国の父〕
（1389—1464）

- ロレンツォ・イル・ヴェッキオ
‖(1395—1440)
ジネヴラ・カヴァルカンティ

ロレンツォ・イル・ヴェッキオの子：

- ピエールフランチェスコ
‖(1430—76)
ラウダミア・アッチァイウォーリ

- フランチェスコ
‖
マリア・グァルテロッティ

ピエールフランチェスコの子：

- ロレンツォ・イル・ポポラーノ
‖(1463—1503)
セミラミーデ・ダッピアーノ
（—1523）

- ジョヴァンニ・イル・ポポラーノ
（1467—98）
1）ルイザ・ディ・ロレンツォ・デ・メディチ
2）カテリーナ・リアリオ・スフォルツァ※1

ロレンツォ・イル・ポポラーノの子：

- アヴェラルド
（1488—95）

- ピエールフランチェスコ
‖(1487—1525)
マリア・サルヴィアーティ

- ヴィンチェンツォ
（1485—）

- ラウドミア
‖
フランチェスコ・サルヴィアーティ

- ジネヴラ

ピエールフランチェスコの子：

- ロレンツィーノ※2
（1514—48）

- ラウドミア
‖(1518—)
ピエロ・ストロッツィ

- ジュリアーノ
（1520—88）
〔アルビ司教〕

- マッダレーナ
‖(—1588)
ロベルト・ストロッツィ

ジョヴァンニ・イル・ポポラーノとカテリーナ・リアリオ・スフォルツァの子：

ジョヴァンニ・デルレ・バンデ・ネレ
‖(1498—1526)
マリア・サルヴィアーティ
（1499—1543）

その子：

コジモ1世※3
（1519—74）

※1．ミラノ公ガレアッツォ・マリア・スフォルツァの娘。教皇シクストゥス4世の息子ジローラモ・リアリオ伯と結婚。リアリオ伯の死後、ジャコモ・フェロと結婚。次いでジョヴァンニ・メディチと結婚。その子がジョヴァンニ・デルレ・バンデ・ネレである。

※2．1537年、アレッサンドロ・メディチを暗殺。

※3．アレッサンドロ・デ・メディチが1537年、ロレンツィーノによって暗殺された後、本書の著者グイッチァルディーニによって擁立される。1537年、フィレンツェ公、1569年、初めてトスカーナ大公の称号を帯びる。以後、1737年まで、この家門がトスカーナ大公国を支配する。

目次

凡　例（2）
地　図（4）
グイッチァルディーニ関係年譜（8）
系　図（16）

第1巻

第1章――（37）
本書の狙いと目的――一四九〇年前後のイタリアの繁栄――ロレンツォ・デ・メディチの政策とイタリアの君主たちの平和への願い――君主間の同盟とヴェネツィア人の野心

第2章――（43）　ロレンツォ・デ・メディチの死――教皇インノケンティウス八世の死とアレクサンデル六世の選出――ピエロ・デ・メディチのフェルディナンド・ダラゴナに対する友好的な政策とロドヴィーコ・スフォルツァの最初の恐れ

第3章――（49）　フランチェスケット・チボ、ラツィオの城塞をヴェルジーニオ・オルシノに売却する――教皇の怒りとロドヴィーコ・スフォルツァの煽動――ロドヴィーコと教皇はピエロ・デ・メディチをフェルディナンド・ダラゴナとの友情から引き離そうとする――ロドヴィーコ、教皇およびヴェネツィア人と同盟する――外国軍によって、より大きな安全を確保しようというロドヴィーコの意図

第4章――（60）　フェルディナンドの時代までのナポリ王国とアンジュー家の相続権――シャルル八世のナポリ王国に対する野心とロドヴィーコ・スフォルツァの懇願――フランス王国の大貴族たちは遠征に反対する――シャルル八世とロドヴィーコ・スフォルツァの協定――著者の見解

第5章――（77）　防衛準備の公的宣言とフェルディナンド・ダラゴナの密かな苦悩――危険を避けるための、フェルディナンドによる教皇およびロドヴィーコとの和解工作――フランス王によるスペイン王、ローマ王およびオーストリア大公との対立点の調整――ロドヴィーコ・スフォルツァ、ミラノ公として叙任される――ペロー

ネ・ディ・バッチエのローマ教皇、ヴェネツィア元老院、フィレンツェ人への使節――ピエロ・デ・メディチとフランス王の要求――教皇とフェルディナンド・ダラゴナの同盟が動揺しはじめる

第6章――（92）
フランス国王、フェルディナンド・ダラゴナの大使たちを追放する――フェルディナンドの死――フェルディナンドについての著者の審判――教皇とアルフォンソ・ダラゴナの同盟――アルフォンソによるロドヴィーコ・スフォルツァとの和解の試みと、ロドヴィーコの態度――フランス国王の大使たち、フィレンツェ人に対して同盟の保証を要求する。あるいは、少なくともフランス軍への友好的援助の保証を要求する――シャルル八世、教皇に対して彼をナポリ国王として叙任するよう要求する――これに対する教皇の回答――フランス国王の大使たちに対するフィレンツェ政府の回答――ピエロに対する王の激怒――ヴェネツィアの中立

第7章――（105）
フランス国王の遠征の準備とアルフォンソの防衛準備――ロドヴィーコに対するアルフォンソの敵意の公然たる表明――アルフォンソの戦争計画と戦略――教皇、アルフォンソの援助を得てローヴェレ枢機卿の兵に守られていたオスティアの城塞を奪う――ロドヴィーコ・スフォルツァ、教皇とピエロ・デ・メディチに対し平和への意志を確約し、彼らのアルフォンソ支持を動揺させる――

教皇とナポリ国王の間の相互防衛に関する合意――ファブリーツィオとプロスペロ・コロンナの傭兵契約とその意図

第8章――(112)ジェノヴァに向けてのアルフォンソ・ダラゴナ艦隊の遠征。東海岸への攻撃とその失敗――アルフォンソ軍のロマーニァ派遣とその最初の困難――ピエロ・デ・メディチ、フィレンツェ歩兵軍をアラゴン軍と合流させる――教皇とアルフォンソによるヴェネツィア元老院、スペイン王およびバヤジトに対する外交措置――ロドヴィーコ・スフォルツァの新しい陰謀

第9章――(121)フランス人の来寇に対する、イタリアにおける恐ろしい予感と恐怖――イタリア遠征に対する宮廷人の反対とシャルルの突然の躊躇――サン・ピエロ・イン・ヴィンコラ枢機卿によるシャルルの説得――モンジュネーヴル経由のアルプス越え――シャルル八世のアスティ入城――シャルルの肉体的・道徳的肖像

第10章――(128)アラゴン艦隊、再びジェノヴァに向け出航――オビエット・ダル・フィエスコ、ラッパロで敗退――ドン・フェデリーゴ・ダラゴナ、海岸沿いの諸都市に対する大作戦をこれ以上進める考えを放棄

第11章――(131)シャルル八世の軍隊――フランス軍の大砲の完全さ――フランス軍を恐ろしい

ものにした他の原因——イタリアの軍隊とシャルルの軍との相違

第12章——(136) コロンナ家がオスティアの城塞を占領、公然とフランス国王側についたことを宣言する——ロマーニャでのアラゴン軍の挫折

第13章——(140) シャルル八世、パヴィーアの城で病に臥しているジョヴァン・ガレアッツォ・スフォルツァを訪れる——シャルル、ピアチェンツァでジョヴァン・ガレアッツォの死の知らせに接す——ロドヴィーコ・スフォルツァ、ミラノ公の称号と旗を手にする——ジョヴァン・ガレアッツォの死についての噂と疑惑——遠征の不確実性についてフランス国王は新たな疑念を抱くが、遠征を続行

第14章——(144) ロレンツォおよびジョヴァンニ・デ・メディチ、シャルル八世にフィレンツェに来るよう促す——ピエロ・デ・メディチに対するシャルルの増大する怒り——フランス軍のアペニン山脈越え——シャルルのスイス傭兵軍によるフィヴィッツァーノ占領と略奪——セレザーナおよびセレザネルロ要塞——ピエロ・デ・メディチに対するフィレンツェにおける悪感情——ピエロ、フィレンツェ人の要塞をシャルルに引き渡す——アラゴン軍のロマーニャ撤退とアラゴン海軍のリヴォルノ港からの撤退

第15章――(153)
フランス国王との協定のゆえをもって、ピエロ・デ・メディチに対する怒りが燃えあがる――ロドヴィーコ・スフォルツァ、ジェノヴァの叙任を手にする――ピエロ・デ・メディチ、政庁舎に入るのを阻止される――大衆《ポポロ》の反乱とピエロの逃亡――以前の、フィレンツェにおけるメディチ家の権力――ピサ人、シャルル八世の同意を得て自由を回復する――ピサ人に対する、サン・ピエロ・イン・ヴィンコラ枢機卿の助言

第16章――(159)
シャルル八世、フィレンツェに向け進軍、敵意ある意図をもってシーニアにとどまる――フィレンツェ人の警戒と密かな防衛の準備――シャルルのフィレンツェ入城――シャルルの法外な要求とフィレンツェ人の興奮――シャルルに呼ばれたピエロ、ヴェネツィア人と相談、ヴェネツィア人はヴェネツィアを離れないよう助言する――激怒したピエール・カッポーニのシャルルへの言葉――シャルルとフィレンツェ人との協定

第17章――(167)
シエーナの自由政体と党派抗争――シャルル八世、シエーナからローマへ――シャルルの成功によるヴェネツィア元老院とミラノ公の恐怖の芽生え――シャルルのローマ接近による教皇の動揺――オルシニ家とフランス国王との秘密の合意――シャルルのローマ入城――シャルルと教皇との協定と和解

第18章——(175)　ナポリ王国の住民はフランス人に好意を持つ——ナポリ王アルフォンソ・ダラゴナは息子フェルディナンドのために退位し、シチリア島のマザーリに逃亡する——モンテ・ディ・サン・ジョヴァンニにおけるフランス人の狂暴な所業

第19章——(179)　アラゴン軍のカープアへの撤退——ジァンヤコポ・ダ・トリヴルツィオ、フェルディナンドの不在中に降伏条件でシャルル八世と合意する——ナポリ人に対するフェルディナンドの演説——ヴェルジーニオ・オルシノとピティリアーノ伯、フランス軍の捕虜となる——シャルルのナポリ入城

第2巻

第1章——(191)　フィレンツェ人の支配に抵抗したピサ人、シエーナ、ルッカ、ヴェネツィア、ロドヴィーコ・スフォルツァに援助を求める——ロドヴィーコ・スフォルツァのピサ支配の野望——ピサ人ブルグンディオ、ローマでシャルルに対し、フィレンツェ人によるピサ支配を弾劾——フィレンツェ人を擁護してフランチェスコ・ソデリーニが答える——フィレンツェ人に対するシャルルの不正な態度——ミラノ公のピサ援助

第2章——(201)フィレンツェの内政に関してのパオラントーニオ・ソデリーニの演説——同じ問題についてのグイダントーニオ・ヴェスプッチの演説——フィレンツェにおけるジローラモ・サヴォナローラの権威——フィレンツェ共和国の制度

第3章——(214)シャルル八世、カステルヌオーヴォとカステル・デル・ウオーヴォ、それにガエタの砦を占領する——カステル・デル・ウオーヴォの降伏に先立って、シャルルはドン・フェデリーゴ・ダラゴナを呼び、フェルディナンドのためにフランス王国内に領地を与える申し入れをする——フェデリーゴの返答——フェルディナンド、亡命先のイスキア島からシチリア島に渡る——アレクサンデル六世よりシャルルに引き渡されていたトルコ皇帝の弟、ジェムの死

第4章——(220)イタリアの政治状況についての、ロドヴィーコ・スフォルツァとヴェネツィア人の恐れと不安——教皇とマクシミーリアーンの関心——教皇、ローマ王、スペイン王、ヴェネツィア人、ミラノ公の同盟——シャルル八世は依然としてフィレンツェ人との協定を守らない——ナポリ王国の臣民、フランス人に対して不満を抱きはじめる

第5章——(228)イタリア諸国の同盟とシャルルの決断——ナポリを出発するにあたって、シャルルは責任と職務を割り当てる——王と宮廷は強くフランスへの帰国を望む——

ナポリ王国の叙任をめぐってのシャルルと教皇との交渉――王の称号と王章を得た後、シャルルはナポリを去る――オルシニ家は自由を求めるが、徒労に終わる――シャルルに会うのを避けて教皇はオルヴィエートに赴き、そこからペルージアに行く――要塞を取り戻すためのフィレンツェ人の新たな試み――シャルルはシエーナを保護下に置く。しかし短期間で終わる

第6章――(240) フランス軍に対する同盟側の準備――オルレアン公に対するロドヴィーコ・スフォルツァの通告と脅迫、オルレアン公のアスティ防衛の準備――オルレアン公のノヴァラ占領――ヴィジェヴァーノの戦い

第7章――(245) ポッジボンシにおいてサヴォナローラはシャルル八世に対しフィレンツェ人の領土を返還するよう求めるが徒労に終わる――ピサ人とフィレンツェ人に対する王の矛盾した約束――シャルル、兵の一部をジェノヴァに送る――ポントレモリの略奪

第8章――(249) フランス軍、同盟側の軍とフォルノーヴォで相対する――同盟軍内部での疑惑と不一致――シャルル軍における躊躇

第9章――(255) 両軍の陣地――フォルノーヴォの戦いとその推移。フランス国王の危険――ヴ

エネツィア軍もフランス軍もともに勝利を宣言する――ロドヴィーコ・スフォルツァの態度についての噂に対する論駁――シャルルは無傷でアスティに到着。その後を近接して敵軍が追う――ジェノヴァに対するフランス軍の攻撃は失敗する

第10章――(272) ナポリ王国におけるフランス軍とスペイン-アラゴン連合軍との合戦――フェルディナンド・ダラゴナのナポリ帰還――いくつかの都市、フランス軍に対して反乱を起こす――ヴェネツィア人、プーリアの二、三の港を占領――カステルヌオーヴォ、フェルディナンドに降伏――カステル・デル・ウオーヴォの引き渡し協定――アルフォンソ・ダラゴナの死

第11章――(282) ヴェネツィア軍とスフォルツァ軍によるノヴァラ包囲――シャルル八世、新たにスイス兵を徴集する――サヴォイア公妃に対する疑惑と同盟国側の恐れと用心――教皇のシャルルに対する警告、シャルルの皮肉な回答――シャルルとフィレンツェ人との協定

第12章――(290) ノヴァラにおけるフランス軍の窮状――フランス国王とミラノ公との秘密の協定交渉――フランス国王に提案された和平協定と王室会議でのそれについての議論――シャルル八世、ミラノ公と和平し、フランスに帰国する

第1巻

第1章

本書の狙いと目的――一四九〇年前後のイタリアの繁栄――ロレンツォ・デ・メディチの政策とイタリアの君主たちの平和への願い――君主間の同盟とヴェネツィア人の野心

フランス軍をイタリアに呼び入れたのは他ならぬわれわれ自身の君主たちであるが、このフランス軍がイタリアの平和を乱しはじめ[1]、大きな変動をもたらして以来この方、私は、われわれの時代にこのイタリアに生じた出来事について書き記そうと決意している。これはその多様さ、その重大さにおいて、最も記憶に値する恐るべき出来事に満たされた主題である。というのもイタリアは、長年にわたって時に神の正義の怒りに触れたためであれ、時に他の人びとの無慈悲さ、邪悪さによるものであれ、この世で死すべき憐れむべき人間を虐げるあらゆる災厄に苦しめられてきたからである。かくも多数の、かくも重大な、このような出来事を理解することによって、われわれ一人ひとりは己れ自身のためであれ、公共の善のためであれ、多くの有益な教訓を引き出すことができるであろう。数知れぬ多くの例からして、いかに人間の物事というものが移ろいやすいものであるかが明白に示されるであろう。あたかも風に翻弄される海のごときものである[2]。また支配者の誤った決断が、支配者自身にとってはもちろん、総じて大衆にとってもいかに有害であるかが明らかになるであろう。彼らは愚か

(1) 一四九四年のシャルル八世(在位一四八三―九八年)のイタリア侵入を指す。

(2) このような思想は『リコルディ』の基本的なモティーフの一つである。巻末付録『リコルディ』抄、第1巻第1章訳注(2)参照。

な過ちや目先の貪欲さのみを目にして行動しているからである。運命というものが絶えず変転するものであることを忘れ、本来、公共の善のために用いられるべき権力を他の人びとを害するために用いて新たな騒動を惹き起こすことになるのである。彼らは思慮に欠け、度を越す野心に駆り立てられているからである。

イタリアの災厄が始まったのは、物事の状態がどこに行っても最も幸運でうまく行っていると思われていた時である。だからこそ、すべての人にとってこれはより大きな悲しみであり、恐れでもあったのである。（災厄と私が言うのは、イタリアの状況が以前はどのようなものであったか、かくも多くの悪の生じるに至った理由が何であったかを、これからお話ししようと思っているからである）。一千年以上も前に、ローマ帝国が主としてその古来の慣習が廃れたことで弱体化し、あのような驚嘆すべき美徳《ヴィルトゥ》と好運に恵まれて昇りつめた、あの偉大さから没落しはじめて以来この方、イタリアはわが主の年で一四九〇年およびその前後の数年間に、まったく平穏のうちに享受したような繁栄、あるいは望ましい状態を一度も経験したことはなかった。なぜなら、イタリアはすべてが平和な静寂にあり、山間の不毛な土地も、肥沃な地や平野もともに良く耕され、イタリア人以外の者による支配も知らず、人口も商品も富も満ち溢れていただけでなく、多くの君主の光輝さによって、また無数の高貴で美しい都市の壮麗さ、宗教の聖座と威厳によって最高度に飾られていた。また公けの問題を扱う有能な人材も多く、学問のあらゆる分野に精通した人びと、立派なあらゆる芸術や技芸に通暁した人びと、このような高貴な人びとに満ち溢れていたので、イタリアは他の国々の間に輝かしい名声を博するに値していたのである。(3)

イタリアはかくも幸福な状態にあったが、それは様々な理由によって、多くの出来事によって実現

（3）シャルル八世侵入直前のイタリアの繁栄に関するグイッチァルディーニのこのような記述は極めて特徴的である。個々に独立したイタリア諸都市の繁栄は、君主あるいは共和国によるイタリアの政治的統合の結果ではないという思想である。政治的分裂に諸都市の繁栄があるとしている。あくまでも中世的な都市国家的政治理論といえよう。これについては一五三〇年の『マキァヴェリ論』（Considerazioni intorno al Discorsi del Machiavelli sopra la prima deca di Tito Livio）十二章にも触れられている。

（4）インノケンティウス八世（在位一四八四—九二年）の息子フ

されたものである。しかし、それらの中でもロレンツォ・デ・メディチの勤勉さと能力《ヴィルトゥ》が、それに少なからざる貢献をなしたものと一般に認められている。ロレンツォ・デ・メディチはフィレンツェの一私人の地位を遙かに超越した市民であったため、共和国のすべての物事は彼の助言によって決定されたのである。フィレンツェは当時、その支配地の広さというより、その地理的位置や市民の知性、富の豊かさのために力が強かった。ロレンツォは当時、婚姻を通して教皇インノケンティウス八世と同盟を結んでいた。(4) インノケンティウスはいつでもロレンツォの助言には耳を貸した。ロレンツォの名はイタリア全体で尊敬されていた。そして彼の権威は、共通の利害の絡む諸問題の一切の検討にあって、決定的な力を持っていた。フィレンツェより大きな国がその権力を増大するようになれば、彼自身にとっても、フィレンツェ共和国にとっても、大きな危険となるのを知っていたので、ロレンツォは注意深く、イタリアの状況が一方の側にのみ有利にならないよう、均衡が保たれるように努めた。これは平和が維持されない限り、またいかに小さなものでも、騒動に対しては極めて注意深く監視していかない限り可能ではなかったであろう。(5)

ナポリ王アラゴン家のフェルディナンド(6)も、共通の平和に対するロレンツォのこのような考え方に与《くみ》していた。疑いもなくナポリ王フェルディナンドは極めて慎重で、極めて大きな評価を得ていた君主であった。もっとも、過去においては平和の勧めに反してしばしば野心的な陰謀を企んだこともあったし、この時期は長男のカラヴリア公アルフォンソによって煽動されつつあった。このカラヴリア公アルフォンソは、女婿のミラノ公ジョヴァン・ガレアッツォ・スフォルツァ(7)が、たとえ知性に欠けるところはあっても今や二十歳を超えているにもかかわらず、単にミラノ公の称号を有しているのみで叔父のロドヴィーコ・スフォルツァ(8)によって威圧され抑えつけられていることに不本意ながら耐え

ランチェスケット・チボは一四八七年、ロレンツォ・イル・マニーフィコの娘マッダレーナと結婚している。メディチ家系図I参照。

(5) ロレンツォ・イル・マニーフィコについてはグイッチァルディーニの若き日の書『フィレンツェ史』(拙訳、太陽出版、一九九九年)六三―一四二頁参照。グイッチァルディーニのロレンツォ観は時代とともに変化、本書『イタリア史』においてロレンツォの栄光化に至るが、これについては拙著『グイッチァルディーニの生涯と時代』上・下巻(太陽出版、一九九七―九八年)上巻一〇三頁以下、下巻七六―八五頁参照。

(6) フェルディナン

ている。ロドヴィーコは十年以上も前から若きミラノ公の後見人の地位に就いていた。ミラノ公の母マドンナ・ボーナの、[9] 軽率で淫らな行動のためである。後見人の地位に就くと、ロドヴィーコは少しずつ城塞や兵、財宝など、すべての権力手段を手に入れて来たのであり、今ではもはや後見人あるいは総督としてではなく、ミラノ公という称号以外のすべてにおいて、行動においても外見においても正真正銘の君主として統治に当たっているのである。それにもかかわらず、フェルディナンドはイタリアに混乱を惹き起こすのを望まなかった。過去のひっかかり、あるいは息子の憤激、たとえそれがどれほど正当なものであっても、それらよりも現在の利益の方を遙かに尊重していたからである。というのも、数年前、フェルディナンドは王国内の領主《バローニ》たちや家臣の憎悪を招いて最大の危機に直面したことがあり、[10] また過去のアンジュー家による支配の記憶が残り、[11] フランス王家の名に対して多くの臣民が依然として愛情を抱いているのを知っていたので、イタリアで争乱が生じれば、そのことがフランスにナポリ王国を攻撃するための機会を与えるのではないかと恐れていたからである。あるいはまた、当時イタリア全体の脅威であったヴェネツィアの力とバランスを保つためには、他の諸国、とくにミラノとフィレンツェとの同盟が不可欠であるのを認識していたからでもある。ロドヴィーコ・スフォルツァも生来、落ち着くことのない野心的な気質ではあったが、このような考え方を共有していたはずである。というのも、ヴェネツィア元老院からの危険は他の君主たちに劣らず、ミラノの支配者たちをも脅かしており、ロドヴィーコにとって、その簒奪した権力を維持していくのは煩わしい戦争時においてよりも平和の静けさのうちにあっての方が容易であったからである。ロドヴィーコは常にアラゴン家のフェルディナンドとアルフォンソの考え方に疑いを抱いていた。しかし、ロレンツォ・デ・メディチの平和への願いと彼らの力に対する恐れを知っており、またフェルディナンドとヴ

ド一世（在位一四五八—九四年）。

（7）ジョヴァン・ガレアッツォ・スフォルツァはアルフォンソ・ダラゴナの娘イザベルラと一四八九年結婚している。スペインおよびナポリ王家系図参照。

（8）ロドヴィーコ・スフォルツァはジョヴァン・ガレアッツォの父ガレアッツォ・マリア・スフォルツァの弟に当たる。

（9）ボーナ・ディ・サヴォイア。ガレアッツォ・マリアの妻。夫の死に際して、息子ミラノ公の摂政となる。フランチェスコ（チェッコ）・シモネッタが補佐する。両者とも一四八一年、ロドヴィーコにより処刑される。以後、ロドヴィーコがミラノ公の後見となる。

エネツィア人との政治的態度の違い、古くからの彼らの憎悪[12]からして彼らが同盟を結ぶ恐れはないものと信じていたので、ロドヴィーコ・スフォルツァはアラゴン家が同盟者を見出して彼に対抗しようとすることはないと固く信じていたのである。同盟者なしに単独でアラゴン家が彼に対抗することはあり得ないであろう、と言うのである。

したがって、フェルディナンドにもロドヴィーコにも、またロレンツォにもこのような同一の平和への意志が存していたがゆえに、一部は同一の理由から、一部は異なった理由からにせよ、ナポリ王フェルディナンドとミラノ公ジョヴァン・ガレアッツォ、フィレンツェ共和国の名において、相互防衛のために結ばれた同盟を維持していくのは容易であった。この同盟は数十年前に締結されたもので[13]、その後、様々な理由からして一時中断されたこともあったが、一四八〇年、二十五年間効力を有するものとして更新され、イタリアのほとんどすべての小国の支持を受けていたものである。その主要な目的はヴェネツィア人の権力拡大を阻止することであった。ヴェネツィア人は疑いもなく同盟国のいかなる国よりも強大であったが、しかし同盟国全体を合わせるとなるとそれには遙かに劣っていたのである。ヴェネツィア人は表向きはともかく、その真の意図を明かすことなく、他国の争いや不和に乗じてその力を拡大しようとしていた。イタリア全体の支配への道を彼らに開くような出来事を虎視眈々と、注意深く狙ってそれを利用しようとしていたのである。彼らが求めているのが他ならぬこのことであることが一度ならず多くの機会に証明される。とくに、ミラノ公フィリッポ・マリア・ヴィスコンティの死[14]に際して、ヴェネツィア人はミラノの人びとの自由を擁護するという口実でミラノ公国を奪おうとしている。つい最近では、公然と戦争に訴えてフェラーラ公国を占領しようとしている。[15]この同盟がヴェネツィア元老院の強欲さを抑制することは容易であった。しかし、この同盟が同盟国

（10）一四八五年、フェルディナンドに対する領主たちの陰謀。これについては、前掲書グイッチァルディーニ『フィレンツェ史』一一七頁以下参照。

（11）聖王ルイ（九世）の弟、アンジュー伯シャルルが一二六六年、ナポリ王国に入って以来、一四三五年までナポリ王国はアンジュー家の支配下にあった。系図（フランス王家によるナポリ王国相続権要求の根拠）参照。

（12）チプロの領有問題（一四七三年）、ミラノ公国継承問題（一四七七年）、オトランタ占領問題（一四八〇年）等々、様々な対立があった。

（13）一四五四年、ロディの平和。ミラノ、フィレンツェ、ナポリ、

を心からの信頼すべき友情で結びつけることはなかったのである。なぜなら、彼らは嫉妬と競争心に駆られ、絶えずお互いの動きを監視し合い、そのいずれかがその力、あるいは名声を拡大させようとすると、必ずその計画を阻止するからである。しかし、結果として平和が不安定になることはなかった。むしろ、それぞれが以前にもまして、新しい突発事の原因となるような火の粉を即座にもみ消そうと努めたからである。

教皇、ヴェネツィアが和睦。翌五五年、ミラノ、ナポリ、フィレンツェ間の対ヴェネツィア防衛同盟。
(14) 一四四七年没。
(15) 一四八二―八三年、ヴェネツィア―フェラーラ戦。

第2章

ロレンツォ・デ・メディチの死——教皇インノケンティウス八世の死とアレクサンデル六世の選出——ピエロ・デ・メディチのフェルディナンド・ダラゴナに対する友好的な政策とロドヴィーコ・スフォルツァの最初の恐れ

物事の状態はかくのごとくであり、イタリアの平和の基盤もかくのごとくであった。それは極めて整然と釣り合いが取られていたため、差し迫って、事態が一変するようないかなる恐れもなかったばかりでなく、いかなる陰謀によっても、いかなる偶然の突発事によっても、あるいはいかなる武力によっても、このような静穏さが破壊され得るのか想像することさえ容易ではなかった。このような時、一四九二年四月、ロレンツォ・デ・メディチが没する。(1) これは彼にとって不幸であった。四十四歳にもなっていなかったからである。また、フィレンツェ共和国にとっても不幸であった。フィレンツェ共和国は、名誉ある傑出した事柄すべてにおけるロレンツォの慎重さ、名声、知性のおかげで、富とそれが与える装飾、利点によって繁栄し、それとともに長い平和が続いていたからである。しかし、イタリア全体にとってもまた非常に時期尚早の死であった。ロレンツォが絶えず、共通の安全のために行ってきた仕事のためであり、またフェルディナンドとロドヴィーコ・スフォルツァ、力と野心に

(1) ロレンツォの亡くなったのは四月九日である。当時のグイッチァルディーニのロレンツォ観については、『フィレンツェ史』一〇六頁以下参照。ただし、ここではグイッチァルディーニは亡くなった日を四月八日としている。

おいてほとんど匹敵する二人の君主であるが、この二人の間に生じる不一致や疑惑を宥め、監視するのはロレンツォだったからである。

ロレンツォの死に続いて数カ月後、教皇インノケンティウスが没する。[2]物事は日々、来るべき災厄の方に向かって動き出すのである。この教皇の生涯は公共の幸福にとって何の価値もなかったが、それにもかかわらず次の点では有益であった。すなわち、即位した当初、ナポリ王国の多くの領主たちに煽動されてフェルディナンドと戦いを交えているが、うまくいかないのを見て武器を収めると、その後、彼の関心はもっぱら怠惰な快楽に向けられ、もはや己れ自身のためであれ、一族のためであれ、イタリアの幸福を乱すようなことにはまったく関心を示さなかったという点である。インノケンティウスの後を継いだのは、スペインの王国都市の一つ、ヴァレンシア出身のロデリーゴ・ボルジアである。古参の枢機卿であり、ローマの宮殿の長老であった。しかし教皇位に昇れたのは二人の枢機卿、アスカーニオ・スフォルツァ[3]とジュリアーノ・ディ・サン・ピエトロ・ア・ヴィンコラ[4]の間に存した確執による。しかし、それだけの理由からではない。さらに次のような理由によるものであった。すなわち、枢機卿の票を公然と数多く買い取ったことによる。一部は現金で、一部は聖職と聖職禄の約束で買い取るのである。このようなやり方は当時としては新しいもので先例がなかった。これらの枢機卿たちは福音書の教え[5]を侮って、その権限を売り渡して恥じるところがなかった。天界の権威の御名において、聖なる教会の最も高きところで、神聖な宝を不正に取り引きしたのである。これら多くの枢機卿をこの唾棄すべき取り引きに導いたのは、アスカーニオ枢機卿であった。彼は自ら率先して範を垂れただけでなく、説得と嘆願に訴える。富に対する飽くことを知らぬ貪欲さで堕落していた彼は、このような悪行の代償として教皇庁の副尚書院長の地位を手に入れる。[6]これは教皇庁の中枢とも

(2) 一四九二年六月二十五日没。

(3) ロドヴィーコ・イル・モロの兄に当たる。

(4) ジュリアーノ・デルラ・ローヴェレ。ディ・サン・ピエトロ・イン・ヴィンコリ枢機卿である。後のユリウス二世である。グイッチァルディーニはア・ヴィンコラと表記している。

(5) マタイによる福音書二一章一二―一三、ルカ、一九章四五―四六、マルコ、一一章一五―一七。

(6) これについては拙訳『フィレンツェ史』(太陽出版)一四七頁参照。

いうべき役職である。さらにいくつかの教会、城塞、ローマにおける彼自身の宮殿を手に入れ、途方もない価値の家具で満たしている。しかし、このため彼は後に神の審判を避けることができなかった。同じように、このような邪悪な手段によって行われた選挙に驚愕し、恐れを抱いた同時代の人びとの正当な憎悪と侮蔑をも避けることができなかった。選ばれた人間の性格や習慣がいかなるものであるか、そのおおよそが既に多くの人びとに知られていたがゆえに、なおさらのことであった。ナポリ王は公けの場ではその悲しみを偽《いつわ》り隠してはいたが、王妃である彼の妻に涙ながらに次のように語ったことはよく知られている。この君主が涙を流すといったことは、子供の死に際してすらかつてなかったことである。すなわち、イタリアと全キリスト教世界にとって致命的となるような一教皇が選ばれた、と言うのである。有害極まる、と言うのである。この予言はフェルディナンドの賢明さに値しないものではないといってもよかろう。というのも、アレクサンデル六世（新教皇はこのように呼ばれるのを望んだ）は注目すべき狡猾さと鋭敏さ、秀れた見識、驚嘆すべき説得力と困難な仕事すべてに対する信じられないような能力と適応力を有していたからである。しかし、このようなヴィルトゥは彼の悪徳に比べれば、物の数ではなくなる。悪徳というのは、卑猥としか言いようのない習慣、真摯さも恥もなく、真理もなく、信仰もなく、宗教もない。飽くことのない貪欲さ、節度を欠いた野心、野蛮さを越えた残忍さ、さらに多くの息子たち(7)をいかなる手段を用いてでも昇進させようという燃えるような欲望などである。息子を昇進させようという邪悪なもくろみを実行に移すためには、邪悪な手段に事欠くこともなかった。息子たちのある者は、いかなる点からしても父親に劣らず嫌悪を喚び起こさずにはおかない底のものである。

インノケンティウス八世の死の結果、教会国家に生じた変化はこのようなものであった。しかし、

(7) アレクサンデルには子供が男女六人いたようである。チェーザレ、ジョヴァンニ、ジュフレ、ルクレーツィア、ペドロ・ルイジ、それにジローラマである。

ロレンツォ・デ・メディチの死によって、フィレンツェでの事情も少なからず変化していた。ロレンツォの三人の息子のうち、長男のピエロがロレンツォの後を継ぐ。相続に当たってはいかなる反対にもあっていない。ピエロはいまだ年若であった(8)。年齢からしても、その他の資質からしても、このような重荷を担うには適していなかった。彼は父親のように節度をもって物事を進めることができなかった。ロレンツォは生涯を通して、内政であれ外政であれ、同盟している君主たちと慎重に妥協しつつ公的ならびに私的な状況を拡大しており、死に際してはすべての人びとの間に、確固たる次のような名声を残したのである。すなわち、主に彼の努力によってイタリアの平和は維持されて来たのだというのである。ピエロは共和国の統治を始めるや否や、父の忠告に真っ向から反して、また従来は重大な事柄に関しては有力市民たち(9)の助言が常に求められていたのであるが、これら有力市民に知らせることなく、近親者ヴェルジーニオ・オルシノ(10)の説得に動かされて、彼の仕えているフェルディナンドとアルフォンソに接近していく。(ピエロの母も妻もともにオルシニ家の出である(11))。この接近によってロドヴィーコ・スフォルツァは、将来、アラゴン家が彼を攻撃しようとする場合にはいつでも、ピエロ・デ・メディチの権威に基づいて、フィレンツェ共和国の軍隊を手にすることができるのではないかと恐れることになるが、この恐れは当然のことといえよう。この合意は多くの災厄の根源であり萌芽であったが、当初は極秘のうちに交渉が始まり、締結されたものである。しかしロドヴィーコ・スフォルツァはほとんど即座に、ぼんやりした憶測ながら合意が存在するのではないかと疑っている。それほど油断のならない鋭い知性の君主なのである。

キリスト教世界全体の古くからの慣習に従って、地上のキリストの代理人としての新教皇に敬意を表すべく大使が派遣されることになると、ロドヴィーコ・スフォルツァは次のような提案をする。す

(8) 一四七二年生まれ。二十歳である。

(9) 七十人《セッタンタ》会のメンバーを指す。メディチ派から成る。一四八〇年、ロレンツォによって創設された。フィレンツェを実質的に支配した。あるいは一四九〇年に七十人会に代わって導入された十七人会のメンバーをも指そう。

(10) ジェンティーレ・ヴィルジーニオ・ナポレオーネ・オルシニ。グイッチァルディーニはヴェルジーニオ(Vergenio)と表記。傭兵隊長である。

(11) ピエロの母はクラリーチェ・ディ・ジァコモ・オルシニ、妻はアルフォンシーナ・ディ・ロベルト・オルシニである。

なわち、同盟国のすべての大使は一同揃ってローマに入城すべきであり、謁見の場にも一同揃って教皇の前に進み出て、代表の一人がすべての者を代表して口上を申し述べるべきである、このようにすれば、イタリア全体が同盟国の間には単なる友情や同盟が存するだけでなく、むしろ同盟国全体が一君主と一国家であるかのような統一が存するのを目にすることになり、このことはすべての同盟国にとって名声が大いに高まることになろう、と言うのである。他の誰もが思いつかないような着想を提案して、思慮深さにおいては他の誰よりも優れていると思われるよう努めるのが、ロドヴィーコに特徴的ないつもの手であった。彼の言うところによれば、この提案の価値は理性の面からしても、また最近の実例からしても明らかであるという。なぜなら、亡くなった先の教皇がナポリ王国を攻撃する[12]気になったのは一般に信じられているように、教皇に服従を誓うに当たって同盟国がそれぞれ異なった時に異なった口上をもってしたからだというのである。教皇はこれによって同盟国が分裂しているのを明らかに見て取ったからなのだというのである。フェルディナンドはロドヴィーコの提案を受け入れることに異議はなかった。また、フィレンツェ人も両者の権威を重んじてこれを承認している。この間、ピエロ・デ・メディチは公けの会議の場ではこれに反対するような意見は一切述べていない。しかし個人的には大いに苛立っている。ピエロ自身、フィレンツェ共和国の名によって選ばれた代表団の一人であるところから、美しい、ほとんど豪華絢爛たる衣装を身にまとってこの任務を際立たせようと心に決めていたからである。同盟国の他の大使たちとともにローマに入り、彼らとともに教皇の前に立つとすれば、そのような群衆の中では人びとの目に彼の豪華さの輝きを見せびらかすことができなくなるのを知っていたからである。ピエロのこの若者らしい虚栄心は、アレッツォの司教ジェンティーレ[13]の野心的な支持を得る。彼もまた、選ばれた大使の一人である。アレッツォの司教はその

(12) 一四八五年のナポリ王国内の領主たちの陰謀を指している。

(13) ジェンティーレ・ベッキ。ウルビーノの人文主義者で、メディチ家に家庭教師として仕え、後に外交官に転ずる。

聖職者としての尊厳と人文主義と呼ばれている学問の専門家としてフィレンツェ人の名で口上を述べることになっている。彼にとっては、このような予期せぬ異常なやり方で、かくも栄誉ある、かくも厳粛な謁見の場でその雄弁を披歴する機会を失うことは、信じられないほど悔やまれることであった。ピエロは一部は己れの軽率さから、一部は他人の野心に乗ぜられ、ナポリ王に次のように表明するよう要請する。ナポリ王に要請したのは、彼がロドヴィーコの提案に反対していることを本人に知られたくないからである。ナポリ王はこれを受けて、揃って行動するのは、よく考えてみると大きな混乱を伴わずには実行し得ない、したがって、旧来の習慣に従って、同盟国はそれぞれ別個に行動した方がよいと思う、と言うのである。王はピエロの要請を満足させたいと望んだのである。しかしロドヴィーコの不快を招いてまでピエロを満足させるつもりはない。したがって、彼はやり方よりも結果でピエロを満足させようとする。なぜなら、彼は最初同意したことを撤回するのは唯一、ピエロ・デ・メディチの要求に応じてであるという事実を、ロドヴィーコに隠そうとはしなかったからである。[14]ロドヴィーコは問題の重大性そのものに対してよりも、むしろこの突然の変心に対しいっそう憤激する。最初の決定は既に教皇とローマの宮廷全体に知られており、しかもその提案者はロドヴィーコ本人であることも知られているのである。したがって、彼らがそれを撤回したのは意図的に、彼の名声を傷つけるためであったと称して、ロドヴィーコは大いに不満を洩らす。さらに、このような些細な、実際には重要でない偶然事によって、ピエロ・デ・メディチがフェルディナンドと密かな了解関係にあるのを知りはじめ、大いに不快感を募らせたのである。そして、これは続いて起こった出来事によって日ごとに明らかになっていくのである。

(14) ロドヴィーコのこのような提案とその経緯についてはグイッチァルディーニの『フィレンツェ史』に詳細に描かれている。一四七―一四九頁。

第3章

フランチェスケット・チボ、ラツィオの城塞をヴェルジーニオ・オルシノに売却する――教皇の怒りとロドヴィーコ・スフォルツァの煽動――ロドヴィーコと教皇はピエロ・デ・メディチをフェルディナンド・ダラゴナとの友情から引き離そうとする――ロドヴィーコ、教皇およびヴェネツィア人と同盟する――外国軍によって、より大きな安全を確保しようというロドヴィーコの意図

フランチェスケット・チボは教皇インノケンティウスの庶出の息子でジェノヴァ人であるが、アングイララ、チェルヴェトリ、その他ローマ近郊の小さな城塞をいくつか所有していた。父の死後、チボはフィレンツェに赴きピエロ・デ・メディチの保護下に入っている。ピエロは彼の妻マッダレーナの兄にあたる。フィレンツェに到着後、チボはピエロの勧めで、これらの城塞を四万ドゥカーティでヴェルジーニオ・オルシノに売却している。この売却問題には最初からフェルディナンドが絡んでいる。金額の大半を密かにヴェルジーニオに貸し与えたのはフェルディナンドである。ヴェルジーニオは彼に仕える隊長であり、支持者であり、親族でもある。(1) その彼がローマ近郊で力を拡大することは

(1) ヴェルジーニオの息子ジァンジョルダーノはフェルディナンドの庶出の娘と結婚している。

それだけ己れの利益になると信じてのことである。というのも、王は教皇権力がナポリ王国を掻き乱す最も都合のよい道具になり得るものと考えていたからである。ナポリ王国は古くからのローマ教会の封土であり[2]、教会領と共通の長い国境線をもって接しているのである。彼は教皇との父および彼自身のたび重なる紛争を記憶しており、同時に新たな紛争の火種が常に存していることについて忘れていなかった。紛争の種というのは、辺境の境界線をめぐる問題もそれであり、貢納問題もあり[3]、聖職禄の授与権もそれであり[4]、領主たちの請願問題もそれであり[5]、その他、隣接した国家間に生ずる多くの争いや、領主と彼の家臣との間にしばしば生ずる争いなどもそれである。

　このようなことからして、王はローマ領内の最も強力な領主たちのすべて、あるいはその多くが彼に依存するようになることが、彼自身の安全の一つの基盤と常に考えていたのである。この時期、とくに彼はこのような目的を追求する気持ちになっている。教皇に対するロドヴィーコ・スフォルツァの影響力がその兄のアスカーニオ枢機卿を通して極めて大きなものになろうと考えていたからである。さらに多くの人びとが思っているように、伯父の教皇カリストゥスの憎悪と貪欲がその甥アレクサンデルの中に相続されているのではないかという恐怖の念にも、少なからず動かされていたのかもしれない。カリストゥスは尊大にもフェルディナンドの父の死に際して[6]、甥のピエトロ・ボルジアの[7]権力拡大を望んでナポリ王国を占領しようという構えを見せたことがあった。これらの計画は実現されなかった。彼自身、死を迎えたからである[8]。彼は当時、ナポリが教会に返還されるよう要求していた。その際、カリストゥスは（人の受け取った恩義の記憶はかくもはかないものであるが[9]）すっかり次のような事実を忘れていたのである。すなわち、彼の生まれたのはアルフォンソの領地内であるという事実、また大臣として長い間、アルフォンソに仕えていたという事実、しかもカリストゥスが教

（2）一〇五九年、ロベルト・イル・グイスカルドがプーリアおよびカラヴリア公に任命され、教皇ニコラウス二世の封建臣下となって以来のことである。

（3）ナポリ王が教会の封建臣下である限り、教皇に対して貢納の義務がある。censi

（4）聖職とそれに関係した収入の授与権を指している。le collazioni de' benefici

（5）ナポリ王国内の領主たちがナポリ王に反抗して直接、教皇に直訴する可能性を指す。

（6）アルフォンソ一世は一四五八年六月二十七日に亡くなる。

（7）アレクサンデル六世の兄で、教皇軍の隊長。

（8）カリストゥス三世は一四五八年八月六

会の高位の地位に就いたのは他ならぬアルフォンソ自らの手によってであったという事実、教皇位に昇るに当たってもアルフォンソの並々ならぬ援助を受けていたという事実である。

しかし、賢人というものが必ずしも正しく認識し、あるいは正しく判断するとは限らない[10]、というのはあまりにも真実である。当然ながら、人間の精神の弱さというものは、しばしば表に現われて、その証拠となる。王は思慮分別に富む君主であると思われていたが、その決断にどれほどの責任を負わねばならなくなるかを考慮しなかった。その決断によって期待され得るものは、最良の場合でもせいぜい少々の利益であるが、逆に最悪の場合には重大な危機の原因となり得るものであったからである。なぜなら、これらの取るに足らない城塞の売買は、調和と和合を一般に分かち合って来た人びとの間に新しい変化への欲望を喚起させたからである。和合と調和を維持していくことはこれらの人びとの利益に合致していたにもかかわらず、そのような成り行きになっていくのである。教皇は、それらの城塞は彼に通告されることなく売却されたのであるから法の条文の定めるところに従って教会に返還されねばならない、と要求する。教皇の権威に重大な打撃が加えられたと認識しており、さらにフェルディナンドの動機がどこに存するかを考えた教皇は、イタリア全体に向かって、フェルディナンドとピエロ・デ・メディチ、それにヴェルジーニオに対して不満をぶちまける。教皇の権力の及ぶところ、教皇座の尊厳と利益を促進するためにはいかなることであれ敢えて行う、と誓う。

フェルディナンドの行動に対して終始、疑いを抱いていたロドヴィーコ・スフォルツァも興奮する。というのも、教皇は彼およびアスカーニオの助言に従って行動するものと自惚れて思い込んでいたため、アレクサンデルの権力が減少することは、たとえどれほど少なくとも、彼自身の損失となろうと考えていたからである。なかんずく、彼はアラゴン家とピエロ・デ・メディチがこのような問題に共

日、亡くなっている。

（9）巻末付録『リコルディ』抄、第1巻第3章訳注（9）参照。「C」二四。

（10）『リコルディ』抄、第1巻第3章訳注（10）参照。「C」二三、「B」九六、「C」一〇八、「B」一五二。

に関与している以上、彼らの間には緊密な同盟が結ばれているに相違ない、これについてはもはや疑いの余地はないという思いに悩まされていたからである。彼は可能な限り強硬に、教皇に対して己れ自身の尊厳を維持するように要請する。心に銘ずべきは現下の事件の性格ではなく、教皇位が就任直後に、このように臣下たちによって公然と侮辱されたことの重大さである、と彼は教皇に指摘する。フェルディナンドをその気にさせたのは単にヴェルジーニオの貪欲、あるいは城塞の重要性、あるいはその他の動機であると信じてはならない。最初はそのように思われるかもしれないが、些細な侮辱によって教皇の忍耐力と気質を試してみようという彼の欲望なのである。このような侮辱の後、教皇がそれに耐えるとなれば、彼は日ごとに大胆になり、もっと大きなことを惹き起こすことになろう。彼の野心はローマ教会の永遠の敵であった他のナポリ王たちとまったく同様のものである。彼らは絶えず教皇たちを攻撃し、数度にわたってローマを占領して来たのである。(11) この王も同じく彼の息子に兵を率いさせて、二人の教皇に対して二度にわたって、まさにローマの市壁にまで兵を差し向けなかったであろうか。(12)

　フェルディナンドはいまや先王たちの例によってのみ動かされているのではない。また生得の支配欲によってのみ動かされているのではない。それ以上のものによるのだ。すなわち、教皇の伯父カリストゥスによって加えられた侮辱に対して復讐を行うという欲望に動かされているのである。教皇はこれらのことに十分に心しておかねばならない。そして現下の侮辱に我慢強く耐えるようなことでもあれば、外見上の見せかけ、空虚な敬意をもって敬まれるのみで、実際はすべての者に蔑視され、より危険な計画へのきっかけを与えることになろう。しかし、強く反撃すれば、ローマ教皇に対して全世界が抱いてきたかつての威厳と偉大さと、真の畏敬の念を維持することは容易になろう。

(11) とくにラディスラオ王を指す。一四〇四年、一四〇八年、一四一三年と、三回にわたってローマを占領。

(12) フェルディナンドはフェラーラの戦い（一四八二年）と領主の陰謀（一四八五年）に際して教皇に対抗している。

(13) ミラノ公国の相続をめぐってのナポリ王アルフォンソ一世、フランチェスコ・スフォルツァ、オルレアン公シャルルとの争い（一四四七―五〇年）で、コジモ・デ・メディチはフランチェスコ・スフォルツァを支持する。これに対する対抗措置としてアルフォンソはフィレンツェ商人をナポリ王国とヴェネツィアから追放している（これについてこのような強力な議論に加えて、ロドヴィーコはさらに効果的な行動に出る。すなわち、彼は教皇に対して即座に四万ドゥカーティを貸与し、三百の兵を徴集する。その費用は折半である。しかし兵の配備に当たってはどこであれ、教皇の望むところとされる。それにもかかわらず、ロドヴィーコは新たな紛争に関わらざるを得ないような状況は回避しようとする。彼はフェルディナンドにヴェルジーニオを説得するよう要請する。教皇に対して、何らかの恭順の意を表して、彼を宥めさせよ、と言うのである。さもなければ、このような些細な発端から重大な争乱が持ちあがるかもしれない、と言うのである。ピエロ・デ・メディチに対しては彼は一層ざっくばらんに、より強硬に何度となく忠告している。すなわち、イタリアの平和の維持に当たって、彼の父ロレンツォの政策がいかに当を得たものであったかを考えて欲しい、と言うのである。ロレンツォの政策とは、フェルディナンドと彼自身との調停者として、また共通の友人として行動することであったというのである。このような父の例に従うべきであり、偉大な人物を模倣すべきだというのである。新しい忠告に従ってはいけない。結果においてすべての者にとって致命的となるような決断を下させる原因や必要を他の者に与えてはならない、と言うのである。スフォルツァ家とメディチ家の長い間の友情(13)がいかに両家の安全と名声を保証してきたかを思い出して欲しい、彼の父や父祖たち、それにフィレンツェ共和国がアラゴン家によってどれほど多くの攻撃と侮辱に耐えてきたかを思い出して欲しい、と言うのである。フェルディナンドと、その前には彼の父アルフォンソが時には力を用いて、時には策略によって、トスカーナの領土を占領しようと何度となく試みたことを思い起こして頂きたい(14)、と言うのである。

しかしこのような励ましや警告は役に立つというより、むしろ害をなした。というのも、ロドヴィーコやアスカーニオに譲歩するのは不名誉であると思っていたフェルディナンドは、息子のアルフォ

はグイッチァルディーニ『フィレンツェ史』三九―四〇頁参照)。また一四七八年にはフェルディナンドがパッツィ陰謀事件に主謀者の一人として深く関わっている。パッツィ陰謀事件の結果、ロレンツォは負傷し、弟のジュリアーノは刺殺されている。続いてフィレンツェ人と教皇、フェルディナンドとの公然たる戦争が始まる。パッツィ陰謀事件については『フィレンツェ史』七一―八二頁参照。

(14) アラゴン家はたびたび海岸線に沿ってトスカーナに侵入しようとしている。またシエーナ人のフィレンツェ人に対する敵意を利用して(一四四八年、一四五二年、一四七八年に)侵入。次いで一

ンソに促されて、ヴェルジーニオに密かに忠告するからである。すなわち、契約通り城塞を手に入れるように、それを遅らせてはならない、と言うのである。何らかの妨害がなされた場合には、彼を保護しようと約束している。フェルディナンドはロドヴィーコとアスカーニオの煽動こそ、教皇の激怒に責任があると思っていたからである。他方、彼は生来の狡猾さから、教皇との様々な合意点も示唆している。もっとも、そうしながらも、密かにヴェルジーニオに城塞は取っておき、教皇には一定額の金をもって補償するような条件にのみ同意するよう助言する。かくしてヴェルジーニオは大胆になり、教皇を過度に怒らせないためにフェルディナンドが受け入れるよう強く働きかけた合意にも繰返し応じない。このような交渉において、ピエロ・デ・メディチが王の方針に従ったことは明らかであった。また、彼の心を変えさせようとしても徒労に終わったことも明らかであった。したがって、これらを見て取ったロドヴィーコ・スフォルツァは、自らの安全のために新たな対策を講ずる決意をする。というのも彼は、フィレンツェの調停者としての行動が過去において彼の安全の主たる基盤であったがゆえに、このフィレンツェが彼の敵の影響下に入ったことがどれほど深刻なことであるかを認識しており、彼にとって将来が多くの危険をはらんでいるように思われたからである。彼は甥に代わって国事に当たっていたが、これに対してアラゴン家がどれほど強く彼の排除を望んでいるかを知っている。すべての行動において信じ難いほど抜け目なく、偽り欺いているフェルディナンドはその感情を包み隠そうとしていたが、あけっぴろげな性格のアルフォンソは彼の娘婿が迫害されていることに対し、公然と嘆いてはばかるところはなかった。慎重さなど顧みず、思うがままに威嚇や侮辱の言葉を口にする。これだけでなく、ロドヴィーコはイザベルラが絶えず祖父や父を煽動していることも知っていた。イザベルラはジョヴァンニ・ガレアッツォの妻で、若い活発な女性である。彼女の言葉

四八一年、カラヴリア公アルフォンソがシエーナとキアンティの一部に入り込む。

によれば、祖父や父がたとえ私や夫がこのような立場にいる不名誉を見て、これに心を動かされないにしても、少なくとも私たちの生命の危険については動かされるはずだ、私たちは子供とともにその危険に晒されているのだから、と言うのである。しかしロドヴィーコを最も恐れさせたのは、ミラノ公国のすべての人びとが彼の名を憎悪しているのを知ったことである。この憎悪はロドヴィーコが彼らに課した多くの異例の税によるものであり、また正当な君主であるジョヴァン・ガレアッツォに対して誰もが抱いた同情のためであった。彼は、アラゴン家がミラノ公国を奪おうとしていること、フィリッポ・マリア・ヴィスコンティの遺言の古い権利に従ってミラノ公国を要求していること、さらにその目的を実現するために彼らは彼の甥からその称号を奪おうとしていることを、人びとに信じさせようとする。フィリッポ・マリア・ヴィスコンティは、フェルディナンドの父アルフォンソをその相続人としていたからである[15]。しかし、ロドヴィーコはこのような策略によって人びとが彼に対して抱いている憎悪を宥めることができなかったし、また彼らがロドヴィーコの邪悪さについて思い巡らすのを阻止することもできなかった。飽くなき支配欲から生まれる邪悪さである[16]。

したがって、己れを取り巻く状況、それに迫り来る危険をじっくり考えた彼は、その他のすべての関心を捨て去って、注意力のすべてを傾けて新たな同盟と支援を求めようとする。フェルディナンドに対する教皇の怒り、ヴェネツィア元老院が抱いていると思われる欲求、すなわち対ヴェネツィア同盟が破綻して欲しいというヴェネツィア元老院の欲求、この同盟こそ長い間、ヴェネツィア人の野心の実現の障害となっていたからであるが、これらの中に大きな機会の存するのを見て取った彼は、教皇とヴェネツィア人に相互利益のための同盟を提案する。

しかしながら、教皇の支配的な野心は、息子たちを高い地位に就かせようという飽くなき貪欲さで

(15) グイッチァルディーニはこのように信じているが、しかしこの遺言書については疑念が持たれている。遺言書そのものの存在が証明されていないからである。スフォルツァ家の敵対者がデッチあげた可能性があろう。

(16)『リコルディ』抄、第1巻第3章訳注(16)参照。「C」三二一。

あった。この貪欲さは怒り、あるいはその他のいかなる感情をも凌駕するものである。彼は息子たちを熱愛していた。以前の教皇たちは己れの罪を隠蔽するために息子を甥と呼び慣らわしていたが、彼はまったく異なって常に彼らを息子と呼び、何ぴとに対しても息子として紹介した。息子たちに高い地位を与えようという努力を始める機会が他にいまだ見出されなかったので、ひとまず彼はアルフォンソの庶出の娘の一人を息子の一人に嫁として迎え入れるべく交渉している。持参金としてナポリ王国内の豊かな領地を得るためである。したがって、この交渉ですべての望みが絶たれるまでは、ロドヴィーコの同盟の提案には心を寄せるというより、むしろ耳だけを傾けている。仮に彼がこの野心を実現していたならば、イタリアの平和はあれほど素早く破壊されることはなかったかもしれない。フェルディナンドはこれに反対しなかったが、アルフォンソの方は教皇の野心や横柄さを憎んでおり、終始、同意するのを拒んでいる。したがって、彼らは結婚そのものを嫌っているという風を示さずに、どの領地を持参金として与えるかについて様々な障害を設けてアレクサンデルを満足させるに至っていない。このような理由からして教皇は怒り、ロドヴィーコの提案に従おうと決意する。貪欲さと憤激によって、部分的には恐怖によって、このような決意に追い込まれたのである。というのも、ヴェルジーニオ・オルシノはフェルディナンドに傭われていただけでなく、当時、教会領全体において力を持っていたからである。これは彼がフィレンツェ人やフェルディナンドから過度の好意を得ていたからであり、またゲルフ党の支持者たち[17]、さらにコロンナ家の頭領プロスペロとファブリーツィオ[18]の好意も得ていたからである。また、高名なサン・ピエロ・イン・ヴィンコラ枢機卿がフェルディナンドと極めて親密になっていたからである。サン・ピエロ・イン・ヴィンコラ枢機卿はかつてはフェルディナンドの不倶戴天の敵であり、彼に対しては伯父の教皇シクストゥス四世[19]を、その後では教皇イ

(17) 既にこの時期、本来のゲルフ党とギベリン党との対立の意味は失われている。ここではオルシニ家を支持する党派を指している。

(18) プロスペロ・ディ・アントーニオ・コロンナ、ファブリーツィオ・ディ・オドアルド・コロンナである。コロンナ家は本来はギベリン党であり、したがってオルシニ家とは仇敵であった。当時、コロンナ家は教会領内で大きな威信を誇っている。

(19) フランチェスコ・デッラ・ローヴェレ。すなわちシクストゥス四世である。在位一四七一―八四年。

ンノケンティウス八世を煽動して戦わせている。当時、彼はアレクサンデルに命を狙われているのではないかと懼れて、司教として保有していたオスティアの城塞に引き籠っている。

ヴェネツィア元老院はしかし、同盟に対しては想像されていたように積極的ではなかった。というのも、他国が互いに不和であることは彼らを大いに喜ばせるものではあっても、教皇を信頼していない。教皇はすべての者にとって日ごとに疑わしい存在になりつつあり、このためヴェネツィア元老院は二の足を踏んでいるのである。また、彼の直接の前任者シクストゥスおよびインノケンティウスと結んだ同盟の記憶によっても躊躇している。前者からは彼らは何の利益も受けず、難儀のみを多く受け取っている。フェラーラ公に対して戦争を仕掛けよ、と最初は言っておきながら、次いでその戦争がまさに頂点に達した時になってシクストゥスは心を変えて、精神的武器[20]をもって彼らに敵対し、その他のイタリア諸国とともに世俗的な武器をも取りあげたではないか、と言うのである。しかしロドヴィーコの熱心さ、努力が元老院と個々の多くの元老院議員の反対をすべて克服する。一四九三年四月、ついに、教皇、ヴェネツィア元老院、ミラノ公ジョヴァン・ガレアッツォ（公国のすべての決定は彼の名において為される）との間に、相互防衛のための、とくにロドヴィーコの支配を維持するための新しい同盟が成立する[21]。ヴェネツィア人とミラノ公はそれぞれ教会国家と教皇の安全のために二百の重装騎兵を直ちに派遣し、また必要があればヴェルジーニオによって占領されている城塞を取り戻すためにもっと大きな兵力を派遣する、という条件である。

このような新しい話し合いはイタリア全体に注目すべき影響を与える。というのも、十二年間以上にわたって共通の安全を維持してきた同盟からいまやミラノ公が離脱したからである。同盟の一メンバーが他のメンバーの同意なしに新たな同盟を結ぶことは、この同盟によってとくに禁止されていた

(20) この戦いでシクストゥスは最初、ヴェネツィアと同盟して戦うが、次いで敵と和解し、ヴェネツィアには聖務停止令をもって打撃を与えている。これについてはグイッチァルディーニ『フィレンツェ史』一〇六―一〇九頁参照。

(21) 一四九三年四月二十六日締結される。

にもかかわらずの離脱である。したがっていまや、物事の均衡を保ってきた同盟が崩壊し、不均衡な二つの陣営に分裂し、君主たちの心も猜疑心と怒りに満たされているのである。このような状況を目にすれば、このような種子にふさわしい果実が成長してくるのではないか、そしてイタリアに損害を与えるのではないかと信じざるを得ないのである。それ以外の何を期待し得ようか。

カラヴリア公(22)とピエロ・デ・メディチは、先んじられるよりも、先んじた方がより安全であると考えて、プロスペロとファブリーツィオ・コロンナの意見に耳を貸そうとする。密かにサン・ピエロ・イン・ヴィンコラ枢機卿に励まされた彼らは、所属の重装騎兵とギベリン党の兵による奇襲をもってローマを占領しようと申し出る。ただし、条件としてオルシニ軍も彼らに従わねばならない。またカラヴリア公は彼らがローマに入った三日後に援軍を率いて駆けつけることのできる位置に待機せねばならない、といった筋書きである。

しかし、フェルディナンドはこれ以上教皇を苛立たせたくない。むしろ宥めようとする。その時までに不遜に振舞ってきたことを訂正しようとする。彼はこれらの計画が安全をもたらすのではなく、もっと大きな試練と危険を結果するものとして断固として拒否する。城塞をめぐる争いで教皇と和解するために出来ることは、何でも行おうと決意する。しかも表面的にではなく、実質的に行おうというのである。これほどの不和の原因が取り除かれれば、イタリアは容易に、ほとんどひとりでに元の状況に戻れるであろうと信じてのことである。しかし原因を除いたからといって、必ずしも結果まで取り除けるわけでもないのである。なぜなら、たびたび生じることであるが、恐怖によってなされた決定は恐れている者にとって、その危険に対していまだ不十分に思われるからである。ロドヴィーコは新しい同盟によって、自らの安全のための十分な支柱を見出したとは思っていなかったのである。

(22) カラヴリア(カラブリア)公とはナポリ王国の皇太子の称号。ここではアルフォンソ・ダラゴナを指す。

ヴェネツィア元老院と教皇の目的は彼自身のそれとまったく異なっていたがゆえに、彼らとの同盟にいつまでも依存できるとは思っていない。したがって、様々な理由からして彼の抱えている問題は多くの困難に遭遇するであろうと考えて、結果として後に生じて来るかもしれぬ悪ではなく、むしろ最初に生じる悪を根本から癒そうと腐心することになる。彼は、病気の性格と病人の体質が許す以上の劇薬を用いることがどれほど危険なことかを忘れてしまう。目下の危険を癒すためには唯一、もっと大きな危険に乗り出すことであるかのごとく、彼は外国の兵をもって己れ自身の安全を確保しようとする。というのも、彼自身の兵とイタリア内の同盟軍に頼ることができなかったからである。ロドヴィーコは、いかなることをしてもシャルル八世を説得してナポリ王国を攻撃させようと決意するに至るのである。(23) シャルルはアンジュー家の古い諸権利を通して、ナポリ王国に対してその領有権を要求していたのである。

(23) グイッチァルディーニは終生、ロドヴィーコ・イル・モロこそ、イタリアの災厄の元凶と見なしていたようである。『リコルディ』抄、第1巻第3章訳注(23)参照。「C」九一、「B」一〇七。

第4章

フェルディナンドの時代までのナポリ王国とアンジュー家の相続権――シャルル八世のナポリ王国に対する野心とロドヴィーコ・スフォルツァの懇願――フランス王国の大貴族たちは遠征に反対する――シャルル八世とロドヴィーコ・スフォルツァの協定――著者の見解

ナポリ王国は古くからの教会の封土であるが、ローマ教会による封土の授与や教皇大勅書の中ではプント・デル・ファロからこちら側のシチリア王国と記述されているが、これはバカげた話である。ナポリ王国は皇帝フリートリヒ二世の庶出の息子マンフレーディによって不当に[1]占領されていたが、その後、一二六四年以来、教皇ウルバヌス四世によって両シチリア王国なる称号の下に、プロヴァンス伯およびアンジュー伯のシャルルにシチリア島とともに封土として与えられたものである。シャルルはあのフランスのルイ王[2]の弟であった。ルイはその権力によって有名であるが、それ以上に、聖人のような生涯を送ったことでいっそう有名である。死後、聖人に列せられた国王である。プロヴァンス伯は、法的権威を伴う称号をもって授与されたものを、武力によって実質的に獲得する。[3]彼の死後、ナポリ王国は息子のシャルルの手に移る。イタリア人は彼を父と区別してカルロ二世[4]と呼んでいる。

(1) ingiustamente 不当に、すなわち教皇の叙任なしといった意味である。

(2) ルイ九世（一二二六―七〇年）、通称聖王ルイ。第1章訳注(11)参照。

(3) ベネヴェントの戦い（一二六六年）でシャルルはマンフレーディを敗死させ、両シチリア王国を実質的に獲得する。しかしシチリア島はその後一二八二年、シャルルの圧政に島民が一斉蜂起、フランス人を島外に駆逐。シャルルはシチリアを失う（シチリアの晩鐘）。シチリア王にはアラゴン王ペドロ三世が推戴される。以後、シチリア島はスペインのアラゴン王の支配下に置かれる。ちなみにシチリア島にはベネヴ

彼の後は息子のロベルト[5]が継ぐ。その後、ロベルトは他に息子を残さずに死んだのでカラヴリア公カルロの娘ジョヴァンナ[6]が継ぐ。カラヴリア公は父ロベルトよりも先に死んでいる。ジョヴァンナの権威は間もなく汚辱にまみれる。不道徳的な行為のためでもあり、女性としての弱さのためでもある。このために多くの紛争や戦争が長年にわたって続くが、それらの紛争や戦争は単に、シャルル一世の子孫たち、カルロ二世の息子の子供たちの間だけのものである。

ジョヴァンナは王国を守る唯一の方法はアンジュー公ルイを養子として迎えることにあるとして、そのように決定する。アンジュー公ルイはフランス王シャルル五世の弟である。フランス人はこのルイを賢公《サッジョ》と呼んでいる。不幸な目にあったことがなく、多くの勝利を手にして来たからである[7]。ジョヴァンナは変死し、王国はデュラッツォ公カルロ[8]の手に移る。彼もまたシャルル一世の子孫である。養子のルイは強力な兵を率いてイタリアに入ってほぼ勝利を手にしたかのように思われたが、その時、プーリアで熱病に罹り亡くなる。このためアンジュー家はこの養子縁組からプロヴァンス伯領以外、何ものも手に入れていない。プロヴァンス伯領はこの間、切れ目なくシャルル一世の子孫たちに受け継がれて来たものであるが、それにもかかわらず、これがアンジュー家によるナポリ王国相続権要求の起源となる。これによって、第一代ルイの息子、アンジュー家のルイ[9]、次いで同じ名の孫たち[10]が繰り返しナポリ王国を攻撃している。その際、彼らを激励したのはナポリ国王と争っていた教皇たちである。しかし攻撃が成功したためしはなかった。デュラッツォ公カルロの後を継いだのは息子のラディスラオ[11]であったが、一四一四年、ラディスラオが子なくして没すると、王冠は彼の妹ジョヴァンナ二世[12]に移る。ジョヴァンナという名はこの王国にとって不運な名であった。また、この名を持った二人にとっても不運であった。なぜなら、彼女たちは軽率さ、淫らな習癖の点で似ていたからである。

エントの戦いで敗北したマンフレーディの父、皇帝フリートリヒ二世の宮廷が置かれていた。

（4）在位期間一二八五—一三〇九年。

（5）在位期間一三〇九—四三年。

（6）在位期間一三四三—八一年。

（7）ルイ一世。賢公とフランス人が呼んだのは皮肉である。事実はイギリスにポアトゥ、サントンジュ、ブリュターニュを割譲している。プーリアでルイの亡くなるのは一三八四年九月三十日である。

（8）カルロ三世（在位一三八一—八六年）。

（9）ルイ二世はナポリに侵入、その一部を領有している。一三九〇—九九年。

ジョヴァンナは王国の統治を淫らに身を任せた者どもの手に任せていた。このため、間もなく厄介な状況に陥る。教皇マルティヌス五世[13]の援助を得た三番目のアンジュー伯ルイによって繰り返し攻撃されていたジョヴァンナは、最後の手段として、アラゴン王およびシチリア王のアルフォンソ[14]を養子として迎えざるを得なくなる。しかし早々にアルフォンソと争うようになり、亡恩の廉《かど》をもって養子縁組を取り消してしまう。次いで彼女はあの同じルイを養子として採用し、彼女の救援のために呼び寄せる。最初の養子縁組は、他ならぬこのルイの攻撃を恐れてのことであったはずである。アルフォンソは武力によって王国から駆逐され、ジョヴァンナは残りの晩年、平和のうちに王国を享受している。彼女は子なくして亡くなる。その際、アンジュー公にしてプロヴァンス伯のルネを後継者にしている（そのように言われている）。このルネは彼女の養子ルイの弟である。たまたまルイも同年に亡くなっている[15]。王国内の多くの領主たちはルネの相続を好まず、彼女の遺言書はナポリ人の偽造であるといった噂が流される。かくしてアルフォンソが一部の領主たちや一般大衆によって呼び入れられ、これによってアルフォンソとルネの戦いが始まる。この戦いは、このかくも高貴な王国を何年にもわたって苦しめる。彼らは己れ自身の兵をもって戦ったのではなく、王国自体の兵をもって戦ったからである。したがって、この戦いからそれぞれ逆の意志に従ってアラゴン派とアンジュー派という派閥が生じたのである。この対立はわれわれ自身の時代になっても依然として存在し、まったく消滅したわけではない。しかし時とともに、両派の動機づけや法的なかこつけは変化している。なぜなら、教皇たちが正義への考慮というより、むしろそれぞれの貪欲な衝動から、あるいはその時その時のやむを得ざる要請《ネチェシタ》に従って、封土の授与を時に一方の側に、時に他方の側に与えて来たからである。

　しかし、アルフォンソとルネの戦いで勝ち残ったのはアルフォンソの方であった[16]。ルネに比べて、

（10）ルイ三世。
（11）ラディスラス（在位一三九〇―一四一四年）である。
（12）在位一四一六―一四三五年。
（13）在位一四一七―一四三一年。
（14）アルフォンソ五世・ダラゴナ（一三九六―一四五八）。
（15）一四三四年。
（16）一四四二年のことである。

より大きな力を持った、勇敢な君主である。嫡出の子なくして死んだ時、彼はシチリア王国とアラゴン王国を相続した弟ファン[17]のことを忘れ、ナポリ王国を個人的な獲得物として、したがってアラゴン王国の財産ではないとして、庶出の息子フェルディナンドに遺す。[18]父の死の直後、フェルディナンドはルネの子ジァンによって攻撃される。[19]ジァンを支持したのは王国内の主だった領主たちである。しかし彼は幸運の女神とともに勇敢に自らを守りきる。それだけでなく敵を完膚なきまで敗ったので、ルネの生存中に（彼は息子のジァンより数年間長生きしている）再びアンジュー家を恐れる必要はなくなっている。あるいは、戦う必要もなかったのである。最後にルネが亡くなる。[20]男の相続者がいなかったため、弟の子シャルル[21]を彼のすべての領地および権利の相続者としている。その直後、シャルルも子なくして没し、遺言によって彼の遺産をフランス王ルイ十一世に贈っている。ルイは国王として財産復帰によってアンジュー公国を獲得する。アンジュー公国は王領地であるため、女性は相続できないからである。（もっともルネの娘の息子、[22]ロレーヌ公はその他の領地の相続分は自分のものであると主張している）。それのみではなく、ルイはまたプロヴァンス伯領も手に入れ、遺言書の条項に従って、ナポリ王国に対するアンジュー家の権利も彼に適用されるものと要求している。これらはルイの死にあたって息子シャルル八世に移る。彼こそフェルディナンドの最も有力な敵対者となるのである。かくして、フェルディナンドを攻撃したいと望む者にとっても最大の機会が与えられることになる。

フランス王国は当時、他の王国と比べても人口、軍事的栄光、権力、富、権威において最も豊かであった。おそらくシャルルマーニュ以来、これほど豊かであったことはなかろう。古代の作家によれば、ガリアは三つの部分に分かれているとされる。[23]つい先頃、その三つのガリアのそれぞれにフランス王

(17) ファン二世（在位一四五八—七九年）。

(18) 一四五八年。

(19) 一四五九—六二年にかけての戦い。

(20) 一四八〇年没。

(21) メーヌ伯シャルル、一四八一年没。

(22) ルネ・ド・ヴォードモン。なお、ナポリ王国とアンジュー家を読むに際しては系図を参照して頂きたい。

(23) ベルギカ、ケルティカ、アクィタニアの三つの部分である。

国は力を拡大していた。ほんの四十年前、シャルル七世の治世下にあって、それまではイギリスに属していたノルマンディとギエンヌ公国[24]が王国に加えられる。シャルル七世は深刻な危険に晒されていたが、その後、多くの勝利を得たために幸運王と呼ばれた王である。ルイ十一世の晩年には、プロヴァンス伯領、ブルゴーニュ公国[25]、それにほとんどピカルディ全体が加えられる。その後、シャルル八世の新たな結婚によってブリュターニュ公国[26]が加えられる。シャルルの気持ちには、本来、ナポリ王国を自らの正当な付属物として武力を用いて取ろうという意欲がまったくないわけではなかった。子供の頃からほとんど本能的に彼はこのような考えに目覚め、彼に極めて近い一定の人びとの激励によって養われても来たのである。これらの考えは彼を虚栄に満ちた観念で満たす。これは前任者の栄光を凌駕する機会ではないかと信じるのである。というのも、ひとたびナポリ王国を征服したならば、トルコ帝国を征服することも容易になろうと考えたからである。このようなことは既に多くの人びとに知られていたので、このことはロドヴィーコ・スフォルツァに希望を与える。すなわち、シャルルを説得して自分の欲することを実行に移させることは簡単であろうという希望である。その際、さらに彼はフランス宮廷でのスフォルツァ家の名声を当てにすることができよう。というのも、父のフランチェスコ・スフォルツァによって始められた友情を、彼と彼以前には兄のガレアッツォが多くの好意に満ちた行為や奉仕によって常に維持して来たからである。ルイ十一世はイタリアのことを常に憎悪していたが、三十年前[27]、フランチェスコ・スフォルツァはそのルイからサヴォナ市と、以前はルイの父によって支配されていたジェノヴァ[28]に対する権利、ルイはその権利を主張していたからであるが、それらを封土として受け取っていたが、他方、国王に対しては危険に晒された時には援助と良き助言を惜しむことは決してなかった。

(24) ノルマンディ公国は一四四九—五〇年にかけて、ギエンヌ公国は一四四九—五三年にかけてイギリスより奪回。一四五三年、イギリスはシャルル七世に降伏、百年戦争は事実上、終わる。

(25) 一四七七年。

(26) 一四九一年。これについては地図『フランス、一四六一—九一年』参照。

(27) 一四六三年のことである。

(28) ルイの父とはシャルル七世を指す。シャルル七世がジェノヴァを支配していたのは一四五八年から六一年までである。

それにもかかわらず、ロドヴィーコはこのような重大な行動をただ一人で始めることは危険であると考える。したがって、この問題をフランスで交渉するに際して、信用と権威を増すためにまず、野心と怒りを拍車として教皇を同じ行動に引き入れようとする。彼は教皇に指摘する。イタリアの諸君主の支持を得たにせよ、あるいは彼らの兵力をもってしても、いずれもフェルディナンドに復讐し得る望み、あるいは息子たちのために立派な領土を獲得できる望みは決してなかろう、と言うのである。ロドヴィーコは教皇が大いに乗り気になっているのを見て取る。それは、何か新しいことを求めようという欲望によるものかもしれないし、あるいは恐怖を与えることによってアラゴン家から、彼らが自発的に与えるのを拒否して来たものを手に入れようとしたためかもしれない。彼らは、密かに信頼している人びとをフランスに派遣する。王と王の側近たちの心を探るためである。彼らがやる気十分なことを知ると、ロドヴィーコはその計画に熱狂して公然とベルジオイオーソ伯カルロ・ダ・バルビアーノを大使としてフランスに送る。ただし、彼の使命の目的はまったく異なったものとされている。数日間、宮廷に滞在し、シャルルに私的に謁見する。また、これとは別個に主要人物たちと会見し、説得に努めた後、ついに彼は王室会議に導かれる。王も臨席している。王の大臣以外にも、宮廷のすべての大貴族、多くの高位聖職者、高貴な人びとが列席している。この場で彼は次のように語ったといわれている。

——信心深き、キリスト者の国王よ、ロドヴィーコ・スフォルツァは陛下に対しまして、ナポリ王国の征服をお勧めし、そのための資金も提供致しましょう、兵の援助も致しましょう、と申し出ておりますが、これはロドヴィーコの誠心誠意の致すところでございます。これを何らかの理由で疑うような方がおられるとしても、次のようなことを思い起こしていただければ、そのような根拠のない疑いは容易に一掃されることになりましょう。まず、ロドヴィーコ自身を含めまして、兄のガレアッツォ、それ以前には父フランチェスコの長期にわたる、陛下の御尊父ルイ十一世に対します、次いで陛下御自身の栄光に満たされた御名に対します忠誠心を思い起こしていただきたい。さらに御考慮願いたいのは、このような陛下の遠征によりましてロドヴィーコは何の利益も期待し得ませんし、むしろ重大な損失を蒙るかもしれないのです。これに対しまして、陛下にとりましては機会はまさに逆であります。勝利の暁には無限の栄光とともに、素晴らしい王国を手にされるでしょう。それとともに、さらに大きな物事の機会が生まれるでしょう。しかしロドヴィーコにとりましては、アラゴン家の陰謀と攻撃に対する正当な復讐以外の何物も手にすることはありません。他方、この遠征が不成功に終わるようなことになりましても、陛下の偉大さは減ずることはまったくありません。しかしこのようなことになれば、ロドヴィーコは多くの人に憎まれ、すべての人に侮辱され、直面する危険に対して手の打ちようがなくなるのを誰が認めないでしょうか。したがって、どちらに転びましても陛下御自身に比べまして、手に入れるものは少なく、失うものは多い、そのような人間の助言をどうして疑うようなことができましょう。これに対し陛下がこのような名誉ある遠征を行うことに対し、それを支持する論拠はそれ自体、極めて明白にして、強力ですので、疑いを容れません。と申しますのも、このような遠征を決断するに際しまして主として考慮されねばならないすべての根拠は十分に揃っているからです。すなわち、行為の正当性、成功の容易さ、勝利の素晴らしい果実などです。と申しますのも、ナポリ王国に対するアンジュー家の要求がいかに正当なものであるか、陛下はその合法的な相続者でありますが、またシャルル(29)の子孫たちの相続権をこの王朝が要求するのがいかに正義に適ったことであるかは万人の知るところだからです。フランス王家の第一人者ともいうべきこのシャルルが、ローマ教皇の権威と彼自身の武勲(30)によってナポリ王国を手に入れたからです。

征服の容易さも、正当性に劣ることはありません。ナポリ王がその武力と権威においてフランス国王と比べてどれほど劣っているかを知らない人がおるでしょうか。フランス王こそ、すべてのキリスト者君主の中でも第一人者であり、最も強力な王であることを知らない人がおるでしょうか。フランス人の名声が世界中でどれほど大きく恐ろしいものであるか、陛下の軍隊がすべての国々にとってどれほど恐れられているか、誰が知らないとでもいうのでしょうか。アンジュー公たちは力がないにもかかわらず、ナポリ王国を攻撃致しましたが、そのたびに必ずやそれを重大な危険に曝してまいりました。ルネの息子ジァンが現在のフェルディナンドに対していかに勝利を手にしたかは、最近の記憶に新しいことです。しかし教皇のピウス(31)がその勝利を彼から奪います。フランチェスコ・スフォルツァも一層そのように致しました。皆さんどなたも御承知のように、陛下の御父上のルイ十一世の御命令に従ってそのような行動をとったのです(32)。このようなことがなければ、ジァンはおそらくナポリ王国を手にしていたかもしれないのです。したがいまして、ルネやジァンの時以上に遥かに大きな機会に恵まれ、障害も遥かに少ないこの時、さらに当時、ジァンの勝利を阻止していた君主たちが、陛下と同盟している今、これほど偉大な王の軍隊が実現し得ないものが、何かあるでしょうか。同盟国の君主たちは容易にナポリ王国を攻撃できます。教皇は陸路から攻撃いたします。ナポリ王国は教皇領と近接しているからです。ミラノ公はジェノヴァ経由で海上から攻撃できます。イタリアのいかなる者も陛下に抵抗することはあ

(29) 両シチリア王国、初代の王シャルル一世である。

(30) virtù 一二六六年ベネヴェントの戦いでの勝利を指す。

(31) ピウス二世（在位一四五八—六四年）。

(32) ルイ十一世は王になる前、父王シャルル七世と対立、フランチェスコ・スフォルツァと同盟を結んでいたからである。

りません。と申しますのも、ヴェネツィア人は、敵でありますフェルディナンドを保護するために失費と危険に立ち向かうのを望まないでしょうし、またフランス王に対して長いあいだ抱いてきた友情を失いたくないでしょうから。他方、フィレンツェ人がフランス王家に対する生来の愛情を放棄するようなことがあるでしょうか。たとえ彼らが陛下に対抗しようとしても、このような力に対して何ができるでしょうか。今まで全イタリアの意志に逆らって、この好戦的な民族がアルプスを越えて来たことが何度あったでしょうか。しかも計り知れぬ栄光と成功とともに、偉大な数々の勝利をかち取って来たのです！　現在ほどフランスが幸福であり、栄光に満たされ、強力であったことが、かつてあったでしょうか。フランスがその隣国すべてと永続的な平和を結ぶことが現在ほど容易であったことがかつてあったでしょうか。これらすべての契機が過去においてすべて揃っていたならば、陛下の御父上はおそらくこのたびと同じような遠征をいつでも決行していたことでしょう。

敵の困難さは、陛下の有利さが増加するのと同じ割合で増大しております。と申しますのも、王国内のアンジュー派は依然として強大ですし、数年前、不正に追放された多くの君主や貴族たちの支持者たちも力があります(33)。また領主や領民に対して、アラゴン派の領主や領民に対してさえ、フェルディナンドは絶えず目にあまる迫害を行ってきたからです。フェルディナンドの裏切りはかくも大きく、貪欲はかくも法外で、残忍さの事例も数多くあります。長男アルフォンソのそれも、これに劣らず恐ろしいものです。これらのことは繰り返し行われてきたため、全王国は彼らに対する信じられないような憎悪で沸き立っており、最近の経験からして、フランス人の寛大さ、親切さ、大らかさ、人間性、正義を思い起こし、陛下が来られるという噂を耳にすれば、

(33) 一四八六年、領主たちの謀反の鎮圧後に行われた追放と迫害。これについてはグイッチァルディーニ『フィレンツェ史』一一七―一二七頁参照。

限りない喜びをもって立ち上がることでしょう。したがいまして、遠征を行うという決定だけでも十分に陛下の勝利を確実なものにするのです。と申しますのも、陛下の兵がアルプス[34]を越え、海軍がジェノヴァに集結すれば、フェルディナンドとその息子たちは、彼ら自身の邪悪さに怯えて、防衛するより、むしろ逃亡の方を考えるでしょうから。

ナポリ王国はフランスの偉大さとは比較すべくもありませんが、それでも広大で豊かな王国であり、フランス王国にそれがもたらす利益と無限の有益さを考えれば、いっそう価値ある国なのです。私はその気になれば、それらすべての利益を数えあげることができます。しかし、フランス人の寛大さはもっと高い目的を持ってはいないでしょうか。高邁で栄光に満ちた国王はより価値のある、より高貴な思想を抱いてはいないでしょうか。王自身の利益を目的とするのではなく、キリスト教共和国全体の普遍的な偉大さを目的としてはいないでしょうか。このことはよく知られた事実です。このような目的にとって、これ以上良い機会が見出せるでしょうか。これ以上大きな好機が見出せるでしょうか。われわれの信仰の敵に戦いを挑むこれほど好都合な、これ以上適した場所があるでしょうか。よく知られておりますように、ナポリ王国とギリシャの間の海はあるところではわずか七十ミーリアしかありません。トルコによって引き裂かれ、圧迫されたその地から、その地の唯一の望みはキリスト教徒の軍旗を目にすることですが、この地からトルコの心臓部に突入することは、この帝国の心臓であり頭脳であるコンスタンティノープルに打撃を与えることは、どれほどたやすいことでしょう。力強き国王であらせられる陛下をおいて他に誰が、より良くその思想と精神をこのような神聖な事業に傾けることができるでしょうか。陛下にその驚嘆すべき力を与えられたのは神なのですから。陛下の肩書きも最も敬虔なキリスト者の王

（34）i monti 山脈であるが、アルプスとしておく。

ですし、栄光に満ちた陛下の前任者たちの中の模範でもあるからです。陛下の前任者たちは、時には暴君に虐げられた聖なる神の教会を解放するために、(35) 時には異教徒を攻撃するために、(36) 時には聖墳墓を回復するため、しばしばその王国から武装して出撃してはフランス国王の名声と尊敬を天にまで高めました。このような意図を持ち、このような計画、このような目的を持って、あの偉大な、栄光に満たされたシャルルはローマ皇帝となりました。(37) 陛下はその名を受け継いでおりますので、今こそ彼の栄光と称号を獲得する絶好の機会なのです。しかし、なぜ私はこのような議論をして多くの時を過ごすのでしょうか。あたかも維持することが獲得することより、より自然な本能ではないかのようではありませんか。なぜなら、とくにこれほど大きな機会が陛下を招いているのですから、フェルディナンドが陛下の一王国を占有しているのをこれ以上許しておくことが、どれほど恥辱なことかを誰が知らないでしょうか。もう二百年にもわたって、この王国は絶えざる相続によって、陛下の血筋の王たちが所有して来たものですし、法に照らしてみても明白のものなのですから。陛下がこれを再び手にすることを、どれほど陛下の尊厳が要求しているかを誰が知らないというのでありましょう。陛下の栄光に満たされた御名を崇めておりますこれら臣民を、当然の権利によって陛下の臣民であるこれらナポリの人びとをカタロニア人(38)の苛酷な暴政から解放することは、どれほど敬虔な行為であるかを誰が知らないというのでしょうか。

したがいまして、この遠征は最も正当な、最も容易な、最も必要な遠征なのです。そして少なからず栄光ある、神聖な遠征なのです。そのこと自体からしても、またそれが、最も敬虔なキリスト者の王にふさわしい行為への道を拓くからでもあります。偉大なる王よ、このような遠征へと陛下を公然と呼ぶのは人間だけではありません。神の召命なのです。そのような素晴らしい、

(35) シャルマーニュのランゴバルト王国征服（七七四年）を指す。
(36) シャルマーニュによるスペインのアラブ人への遠征を指す。
(37) シャルマーニュは八〇〇年、教皇レオ三世によってローマ人の皇帝として戴冠する。
(38) アラゴン人を指す。アラゴナ（Aragona）とはかつてカタラン人とアラゴン人との同盟の名称であった。

かつ明白な機会をもって陛下を導きますのは神なのです。陛下が遠征を始める前にすら、神は最大の成功を与えておられるのです。これほど大きな幸福をいかなる君主が知り得るでしょうか。彼自身の栄光と偉大さが生まれ出る計画が、次のような状況と結果を伴っているのですから。すなわち、それらの計画がすべての人びとの利益と安全のために企てられているように見えながら、さらにいっそう、キリスト教共和国全体の栄光のためにも等しく企てられているように思われる、(39) このような状況と結果を伴っているのですから――

このような提案はフランスの大貴族たちに好意をもって受け入れられなかった。とくにその地位からしても、英知の誉れからしても、最大の権威を享受している人びとである。彼らはこの遠征が極めて困難な、危険な戦争になるであろうと考えたにすぎない。フランスから遠く離れた外国に赴いて、評判の高い、強力な敵と相対せねばならないからである。悪賢いというフェルディナンドの名声は轟き渡っていたし、軍事技術に対するアルフォンソの名声も少なからず大きかった。三十年間も統治し、様々な時に極めて多くの領主たちの財産を没収してきたフェルディナンドは、巨大な財宝を蓄積しているに違いないと信じられていた。彼らは、国王がひとりでこのような重荷に耐えることができないと思っていた。また、国王に影響力を有している人びとの助言や経験では、戦争や国事の処理に不十分であると信じていた。彼らは依怙贔屓《えこひいき》で登用されたのであって、良き理性によってではなかったからである。さらに、王には資金が不足していた。莫大な金額が必要であると彼らは計算していたからである。イタリア人がいかに狡猾であり抜け目がないことも忘れてはならず、しかも他の君主のみならずロドヴィーコ・スフォルツァ自身も、ナポリ王国がフランスの一国王の手に握られるのを実際に

(39) ここには『リコルディ』の一つが反響している。巻末『リコルディ』抄、第1巻第4章訳注(39)「C」一四二参照。

は欲していないということをしっかり心に留めておかねばならないのである。ロドヴィーコ・スフォルツァは、イタリアで何よりもまず信頼できないという点で知られているからである。したがって、ナポリ王国の征服は困難であろう。またそれを保持するのはいっそう困難でさえあろう。シャルルの父ルイは常に実質を追求して物事の影を追い求めることをしなかった君主であるが、このような理由からして、イタリアで彼に提供された囮を決して受け入れようとはせず、また相続したイタリア王国での権利に価値を置くことはなかったのである。彼は終始、次のように主張していた。すなわち、山脈を越えて兵を送ることは、フランス王国の多くの血と財宝を犠牲にして困難と危険を買うにすぎない、と言うのである。

　このような遠征を行おうとするならば、何よりもまず隣国の国王たちと関係を修復することが必要であった。なぜならば、スペイン王フェルディナンド(40)とは争いと不信の種に事欠いていなかったからであり、(41)ローマ王マクシミーリアーンとその息子オーストリア大公フィリップとの間には単に多くの対立抗争の種だけではなく、感情的な対立が存していたからである。(42)彼らとの友情を回復するためには、フランスの王冠に有害ないくつかの譲歩をする必要があったのである。たとえそうしたとしても、その和解は表面だけのものであり、実質的なものではないであろう。なぜなら、いかなる協定をなそうとも、王の軍がイタリアで何らかの障害に遭遇することにでもなれば、彼らがフランスを攻撃しないということを、誰が保障するであろうか。数カ月前、フランスはイギリス王ヘンリ七世と平和条約(43)を結んでいるが、イギリス王もまた、その平和よりもフランス人に対するイギリス人の生来の憎悪の方に影響されないであろうと期待することはできなかった。イギリス王が和平を結ぶに至ったのは何よりもまず、次のような事実によるものであることは明白なのである。すなわち、イギリス王はロー

(40) スペイン王フェルディナンドはナポリ王アルフォンソ一世の弟ファンの息子である。したがってナポリ王フェルディナンドの従兄弟にあたる。

(41) ナヴァラ王国、チェルダーニァ、ロッシリオーネ（ルシヨン伯領）等々の国境問題である。

(42) 最大の問題はブルゴーニュ公領の遺産相続をめぐる問題である。その他、婚姻をめぐる感情的な激しい反発がマクシミーリアーンの側に存していた。第1巻第5章84―85頁参照。

(43) 一四九二年十一月三日のエタープル条約を指す。

マ王にブーロニュを包囲することを約束させていたが、そのためのローマ王の準備がうまく合わなかったという事実である[44]。

このような議論、その他これに類する議論を大貴族たちは互いに話し合うとともに、国王に対しても行う。新しい戦争を国王に思いとどまらせるためである。このような反対論者たちの中に、フランスの海軍提督ヤコポ・グラヴィラ[45]がいる。彼はその英知をもって長い間、王国全体を通して名声を博して、その権威を維持してきた人物である。もっとも、その勢力は幾分かは減少してはいる。それにもかかわらず、シャルルはこれとは別の意見に貪欲に耳を傾ける。彼は二十二歳になったばかりで、生来、人間の事柄についての理解力の才能に欠け、成熟した思考にではなく、気紛れな衝動に基づいた燃えるような征服欲と栄光への貪欲さに流されている。彼自身の意向にせよ、あるいは父王の手本と教訓によるにせよ、姉ブルボン公妃アンヌ[46]の後見を脱した後には、王国内の大領主や貴族たちに信を置くことはなかった。王国の政治に影響力のある海軍提督やその他の人びとの助言にもはや留意することなく、身分の低い人びとの意見で問題を処理していた。これらの人びとはほとんどすべて、シャルルに個人的に仕えることによって昇進して来た人びとである。これらの人びとの中でも、とくにシャルルの側近とされている者たちが遠征を行うよう彼に強く勧める。ある者はロドヴィーコの大使の贈り物や約束によって買収されていたからである。一般に君主の助言者というものは金で動かされるもので、ロドヴィーコの大使たちは、政策決定に影響力のある人びとを味方につけるために抜かりなく手を打っているのである。また、ある者はナポリ王国内に領地を手に入れるか、あるいは教皇から教会の高位の地位や収入を受け取ろうという望みを抱いていたからである。これらの人びとの頭領がラングドック生まれのステーファノ・ディ・ヴェルス[47]である。ラングドックの卑しい身分の出で、

(44) イギリス王ヘンリ七世は、シャルルがブリュターニュを占領するのを阻止するためにマクシミーリアーンと同盟し、十月、フランスに侵入。ブーロニュを包囲するが、マクシミーリアーンは準備の遅れのため、それに参加できなかった。

(45) ルイ・マレ・ド・グラヴィーユ (Louis Malet de Graville)。

(46) 一四八三年から九一年にかけて公妃は摂政としてシャルルの後見に当たる。

(47) グイッチァルディーニは Stefano di Vers と表記。エチエンヌ・ド・ヴェスク (Etienne de Vesc) である。ボーケールとニームの執事。

長年、王の部屋で育てられ、ボーケールの執事[48]に任ぜられた者である。この男にぴったりくっついているのがグリエルモ・ブリソネット[49]である。商人からまずフランスの財務長官[50]となり、次いでサン・マロの司教となった人物である。財政のことをフランスでは王の収入というが、このようにして彼は王の収入を管理する。それだけではなく、ステーファノとともに、また彼の影響力を通して、すべての事柄を取り仕切ったが、国事には何の才能もない男であった。彼らはまた、サレルノ公アントネルロ・ダ・サン・セヴェリーノ[51]や、ビジニァーノ公で同じ一族のベルナルディーノ[52]、その他多くのナポリ王国からの亡命領主たちに支持されている。彼らは長期間、フランスに亡命しており、シャルルに対し遠征を行うよう終始懇願している。ナポリ王国はうまくいっていない。事実上、絶望的な状況であり、そこに行けば強力な支持と支持者を見出すことになろう、と力説するのである。

　意見がこのように分かれる中、数日間にわたって決定がなされない。何を為すべきかについて王室会議だけが迷っていただけではない。シャルル自身が動揺し、あやふやである。時に栄光と帝国への欲求に促され、時に恐怖のため後退する。決断を下せないでいるかと思うと、最初の決断らしきものとはまったく逆の決断を下したりする。それにもかかわらず、結局は最初の衝動の方が、後の正反対のものより強いことが判明する。このようにしてイタリアの不幸な運命が決定する。シャルルは平和のすべての勧めを拒否して、ロドヴィーコの大使と協定を結ぶ。しかし、サン・マロ司教とボーケールの執事以外のすべての者に、この協定は秘密にされる。この協定の条件は数カ月間、秘密にされていたが、その実質的な内容は次のようなものであった。すなわち、シャルルがイタリアを通過する際、あるいはナポリを獲得するために軍を派遣する際には、ミラノ公はシャルルにその領土の自由通行を許し、五百の兵を傭って与え、ジェノヴァではシャルルの要求するだけの船に艤装するのを認める。

(48) Siniscalco フランス語では sénéchal であるが、ここでは執事と訳しておく。

(49) ギョーム・ブリソンネ（Guillaume Briçonnet）。

(50) generale di Francia

(51) Antonello Sanseverino 領主たちの陰謀の主役の一人、サレルノの領主ロベルト・サンセヴェリーノの息子である。

(52) Bernardino dei Sanseverino トリカリコ伯ジローラモ・サンセヴェリーノの息子。トリカリコ伯も陰謀の後、追放されている。

またシャルルがフランスを出発する前に二十万ドゥカーティを貸与するというものである。他方、王はミラノ公国をすべての敵から防衛するのを誓っている。とくにロドヴィーコの権威を維持することに触れ、オルレアン公[53]の都市アスティに戦争が続いている間、二百の槍騎兵を駐屯させ、必要な場合に公国を防衛するために備える。協定が結ばれた時か、あるいはその直後かもしれないが、シャルルは彼自身の手で署名した一文書において、次のように約束している。すなわち、ナポリ王国を取った時にはタラント公国をロドヴィーコに譲渡するというものである。

時や物事がいかに移ろいやすいものであるかを考察することは無益な、あるいは報いのない仕事ではない。これは確かである。ロドヴィーコの父フランチェスコ・スフォルツァは思慮分別に富む、稀有の才能に恵まれた君主であったが、フェルディナンドの父アルフォンソから蒙った重大な侮辱[54]のために、アラゴン家の敵であった。またアンジュー家の古い友人であった。それにもかかわらず一四五七年、ルネの息子ジァンがナポリ王国を攻撃した時には、彼は即座にフェルディナンドに援軍を送る。そのためフェルディナンドの最後の勝利は大部分、彼によるものであった。彼がそのような行動をとった唯一の理由は次のようなものであった。すなわち、当時のイタリアの状況にあって、ミラノ公国の隣人のフランス人がかくも強力な王国を占有することは、公国にとってあまりにも危険であると思われたからである。それ以前にも、これと同じ動機で、フィリッポ・マリア・ヴィスコンティは従来好意を寄せていたアンジュー家を見捨て、敵であるアルフォンソを釈放している。アルフォンソはガエタ沖の海戦でジェノヴァ人に捕えられ、捕虜としてミラノのフィリッポ・マリアのもとに、王国のすべての貴族とともに連行されて来ていたのである[55]。他方、シャルルの父ルイは、多くの者が成功間違いなしとしてナポリ王国を征服するよう勧めていたにもかかわらず、またジェノヴァ人はルイの父

(53) ルイ・ドルレアン。シャルル八世の義弟である。後にルイ十二世となる。系図参照。

(54) ミラノ公国継承戦争の間、アルフォンソは自らその継承者であると主張しただけでなく、フランチェスコ・スフォルツァに対抗して率先して同盟を結成している。

(55) 一四三五年、ポンツァでの海戦である。

シャルルが領有していた彼らの国を統治するよう終始一貫、懇願していたにもかかわらず、常にイタリアの問題に巻き込まれるのを拒否しつづけていた。それが失費と困難を伴うものとして、結局はフランス王国にとって有害であると見なしていたからである。いまや人びとの意見は変わった。しかし物事の論理が変わったわけではないであろう。ロドヴィーコはフランス人にアルプスを越えて来るよう求め、フランスの強大な国王がナポリを領有することを恐れなかった。他方、彼の父は最も勇敢な武人であったが、それが微力なプロヴァンス伯の手に帰するのを恐れたのである。他方、シャルルは野心に燃え、イタリアで戦争を行おうとしている。彼の父は大変思慮分別に富む、経験豊かな王であったが、その父王の助言よりも、卑しい生まれの、無能な人びとの向う見ずな助言を選んだのである。同じようにロドヴィーコがその行動において、岳父フェラーラ公エルコーレ・デステに嗾《けしか》けられたことは事実である。[56] フェラーラ公はポレジーネ・ディ・ロヴィーコを回復しようと望んでいた。この地はフェラーラに隣接しており、その安全にとって欠くことのできない土地であった。十年前のヴェネツィア人との戦いで彼らに奪い取られている。彼は、その地を回復する唯一の方法はイタリア全体の完全な変動であると思っている。エルコーレは娘婿に対して大きな友情を装ってはいるが、実のところは密かに彼を憎悪していると、多くの人びとは信じている。なぜならば、先に触れた戦争で、他のイタリア諸国が彼のために武器を取ったことにより、兵力においてヴェネツィア人より遙かに優越していたにもかかわらず、既にミラノ公国を支配していたロドヴィーコは彼自身の利益に動かされて、イタリア諸国にヴェネツィア人がポレジーネを保有するという条件でヴェネツィア人と和平を結ばせたからである。[57] エルコーレはロドヴィーコに武力で復讐することができなかったがゆえに、いまや致命的な助言を行うことによって復讐しようとしたのかもしれないのである。

(56) ロドヴィーコの妻ベアトリーチェはエルコーレ一世の娘ベアトリーチェである。

(57) フェラーラとヴェネツィアの戦いでフェラーラの犠牲において和平工作を行ったのは、ロドヴィーコ・スフォルツァであった。一四八四年八月八日、バニョーロの和約が成立。これについてはグイッチァルディーニ『フィレンツェ史』一〇五―一一三頁参照。

第5章

防衛準備の公的宣言とフェルディナンド・ダラゴナの密かな苦悩――危険を避けるための、フェルディナンドによる教皇およびロドヴィーコとの和解工作――フランス王によるスペイン王、ローマ王およびオーストリア大公との対立点の調整――ロドヴィーコ・スフォルツァ、ミラノ公として叙任される――ペローネ・ディ・バッチエのローマ教皇、ヴェネツィア元老院、フィレンツェ人への使節――ピエロ・デ・メディチとフランス王の要求――教皇とフェルディナンド・ダラゴナの同盟が動揺しはじめる

アルプスの彼方で計画されていることについての噂が、イタリアで広がりはじめる。もっとも、最初は当てにならない情報源からではあったが、人びとはこれに接して様々な態度を取る。多くの人は、フランス王国の力や新しい遠征に対するフランス人の準備、さらにイタリア人の間の分裂などを考えて、それが最大級重大な事柄であると考える。他の人びとはそれを考え抜かれた決断というより、む

しろ若者の衝動と見なし、しばらくの間は沸騰しても容易に消滅してしまうであろうと考える。彼らがそのように考える根拠は国王の年齢と性格であり、フランス人の生来の怠慢さであり、また大遠征に常に付きまとう様々の障害である。これらすべてはフェルディナンドに対して企まれているのであるが、フェルディナンド自身は大して懼れている風を見せない。これは困難な遠征になるであろう、と言っている。というのも、海上から彼を攻撃しようとしても、彼には多くの艦隊があり、洋上で十分に彼らと戦うことができるし、港も武装を強化されており、しかもすべての港は彼が握っているからである。かつてジァン・ダンジューをナポリ王国に呼び入れたロッサーノの領主[1]や、その他の大貴族たち、このような領主たちも今やいないからである。陸路による遠征も厄介であろう。道のりは長く、危険である。イタリアの全長を踏破せねばならないからである。したがって、その途中にある国々はすべて恐れる必要があろう。ロドヴィーコ・スフォルツァは危険は他国にのみ係わるものとしているが、実は彼こそ一番恐れねばならないのである。なぜなら、ミラノ公国はフランスに極めて近く、その占領が容易であるとなれば、フランス国王はそれを実行に移そうという欲求をいっそう強めることになろうからである。ミラノ公がフランス国王と極めて近い親族である以上[2]、王が公をロドヴィーコの圧迫から解放しないであろうという保証をいかにして彼は手にし得るのか。とくに数年前、王ははっきりと言明している。従兄弟のジョヴァン・ガレアッツォがこれほど不当に扱われているのを許しておくつもりはない、と。アラゴン家の状況はそれほど苦境にあるわけではない。アラゴン家を弱体と見て、それでは攻撃してみようかなどといった気持ちをフランス人は持つことはできない。なぜなら、彼、フェルディナンドは多くの素晴らしい兵を擁し、軍馬も弾薬も大砲も、戦いに必要な糧食もすべて揃っており、また軍資金も潤沢にあるので、必要なものは何でも、直ちに補給できるか

（1）マリーノ・ディ・マルツァーノ（Marino di Marzano）。ロッサーノの領主にして、セッサ公。カラヴリア公ジァンをナポリに呼び入れたアンジュー派の頭領。一四五九―六二年。この戦争については第4章参照。本文63頁。

（2）ミラノ公ジョヴァン・ガレアッツォとシャルル八世は従兄弟である。シャルルの母カルロッタとジョヴァンの母ボーナは姉妹で、サヴォイア公ルドヴィーコの娘である。

らである。さらに、数多くの有能な隊長が彼に仕えており、軍の頂点には長男のカラヴリア公がいる。公は名声の高い、また名声に劣らず勇猛な武人で、イタリアのすべての戦争に長年関係して来た、経験豊かな軍人である。フェルディナンドには、このような彼自身の軍備以外にも親族の援助が用意されている。従兄弟にして、妻の弟にあたるスペイン王(3)の援助を当てにすることが出来よう。近親者であるからというだけでなく、シチリアにかくも近いナポリ王国にフランス人を持つのを欲しないからである。

このようなことをフェルディナンドは公けの場で言っている。己れ自身の力を誇大に吹聴し、敵の力やチャンスをできるだけ小さく言うのである。しかし、際立って思慮分別に富む、経験豊かな王であった彼は、心の中では深刻な疑いに苦しめられていた。統治を始めた頃のフランス人との苦闘を思い起こしているのである。来るべき戦いでは、極めて攻撃的な強大な敵を相手にすることになろうと信じて疑わなかった。騎兵においても、歩兵においても、艦船においても、大砲においても、資金においても、また王の栄光と偉大さのためには己れの命を危険に晒すのをあえて厭わない、野心満々の軍人においても、遙かに彼自身を凌駕している敵なのである。これに対しフェルディナンドの方は、頼りになるものが何一つなかった。というのも、彼の王国にはアラゴンという名に対する憎悪が満ちみちていたからである。あるいは反乱者(4)に対する並々ならぬ共感があった。いずれにせよ、臣民の貪欲な多数は常に新しい王を求めていたからである。彼らにとって重きをなしているのは運命であって、忠誠ではない。彼の状況については評判は高かったが、しかし実際には力が伴っていない。彼が貯め込んだ金では防衛の費用を賄い切れないのである。戦いとなれば、どこにおいても反乱や騒動が持ちあがるであろう。したがって、税収の源泉はすべて枯渇してしまうであろう。イタリアには敵は多く

(3) フェルディナンドの妻ジョヴァンナ(ファナ)・ダラゴナはスペイン王フェルディナンドの姉である(スペインおよびナポリ王家系図参照)。

(4) 一四八六年の反乱鎮圧後、王国から追放され、フランスに亡命していた領主たちを指す。

持っていたが、信用すべき誠実な友人は一人もいなかった。武力、あるいは陰謀によって彼に傷付けられなかった者がかつていたであろうか。危険に臨んで、スペインから彼の期待できるのはせいぜい寛大な援助の約束と準備についての大袈裟な話のみである。しかもその援助たるや、為されたとしてもごくわずかで、しかも時期を失していよう。これは過去の例からしても、またスペイン王国の状況からしても明らかなことである。

彼の懼れは、アラゴン家に不幸が訪れるであろうという多くの予言によって高められる。これらの予言は様々な機会に彼の注目するところとなる。一つには新しく発見された古い文書によるものであり、一つには、現在についてはしばしば確信は持てないが、未来のことについては確実な知識を持っていると称する人びと[5]の言葉によるものであった。このような予言は順風満帆の時にはほとんど信じられないのであるが、逆境の時が至るとにわかに過度の信用を得るのである。彼はこれらの予言を考えて疲れ果てる。希望よりも恐怖の方が比べようもなく大きいように思われてくるのである。したがって、彼はこれらの危険を癒す唯一の治療薬はできるだけ早くフランス国王と協定を結んで、王の頭からその考えを一掃させるか、あるいは王を戦争へと駆り立てる原因のいくつかを除去するか、そのいずれしかないと考える。彼は既にフランスに大使を派遣している。次男のドン・フェデリーゴ[6]の娘チァルロッタをスコットランド王[7]に嫁がせるための交渉をフランスで行うためであった。この少女はシャルルの母の妹の娘[8]で、フランスの宮廷で育てられていたために、この結婚問題がフランスで交渉されていたのである。フェルディナンドはこれらの大使たちに新しいさらなる指令を与え、加えて以前、彼の大使としてフランスに滞在していたカミルロ・パンドーネ[9]を派遣する。彼は密かに貴族たちに莫大な贈り物や賄賂を贈ることができた。王を宥めるための方策が他にない場合には、いかなるこ

（5）予言や占星術に関してグイッチァルディーニは生涯、その呪縛から脱することができなかったようである。一五一六年には占星術者にホロスコープを作らせてさえいる。これについては拙著『グイッチァルディーニの生涯と時代』（太陽出版、一九九七年）上巻二五二―二六二頁参照。なお『リコルディ』抄、第1巻第5章訳注（5）参照。「C」五七、「B」一四五、「A」一五八、「C」二〇七。これらのリコルディを読めば一見、グイッチァルディーニは占星術を否定しているかのようではある。

（6）アルタムラ公(Principe di Altamnra)、次いでナポリ王となる（一四九六―一五〇〇）。

とであれ、出来ることはすべて行って王と和解せよ、というものである。貢物の条件、その他の服従の証拠を何であれ示せ、と言うのである。さらに、フェルディナンドは全精力を傾けすべての権威を駆使して、ヴェルジーニオ・オルシノによって買い取られた城塞をめぐる争いを解決するために、仲介の労を取る。ヴェルジーニオの頑固さこそ、すべての騒ぎの原因として嘆いている。フェルディナンドはこの問題だけでなく、また先の結婚による同盟交渉(10)を教皇と再開する。

しかし彼の主たる関心と注意は、これらすべての騒ぎの張本人であり、主な煽動者であるロドヴィーコ・スフォルツァを宥め、安心させることに向けられる。というのも、彼をしてこのような危険な手段を取らせるに至ったのは何よりもまず恐怖であると思っていたからである。したがって、彼は孫娘の利益や彼女の息子の安全よりも己れ自身の安全を優先させて、様々なルートを通してロドヴィーコに次のような申し出を行っている。すなわち、ジョヴァン・ガレアッツォとミラノ公国の問題については貴下の自由にしてくれ、いかなることでも受け入れよう、と言うのである。彼はアルフォンソの意見を無視する。アルフォンソはロドヴィーコの生来の臆病さを見て取って、気を強くしている。臆病な人間は恐怖から、大胆な人間は大胆さから、同じようにとっさに決断しがちであるという事実(11)を忘れて、ロドヴィーコのこのような計画を撤回させる最善の方法は彼を威嚇して恐れさせることであると考えていたのである。

結局、城塞をめぐっての争いは、その後、教皇側より様々の異議がヴェルジーニオ側に持ち出されたが、解決される。ドン・フェデリーゴがこの協定に関与する。この目的のために父によってローマに派遣される。協定によれば、ヴェルジーニオは城塞を保有していてよい、ただし購入に際してフランチェスケット・チボに支払った代金の同額を教皇に支払う、という内容である。この協定とともに

スペインおよびナポリ王家系図参照。

(7) ジェームス四世(一四七三―一五一三年)。

(8) サヴォイアのアメーデオ九世の娘アンナ。実際は、シャルル八世の母カルロッタ・ディ・サヴォイアの姉妹ではなく、姪に当たる。

(9) カミッロ・パンドーネがフランスに派遣されるのは一四九四年の初頭であるが、シャルル八世はこれを受け入れていない。

(10) 第3章参照。本文56頁。

(11) 恐怖と勇気に関してはグイッチァルディーニは若いときから深い関心を寄せ、熟慮を重ねている。拙著『グイッチァルディーニの生涯と時代』上巻

結婚による同盟も併せて成立する。アルフォンソの庶出の娘サンチェスを教皇の下の息子ドン・ジュフレに嫁がせる、というものである。(12) ただし両人とも年齢の若さのため、結婚そのものは完全なものではなかった。結婚の条件は次のようなものであった。すなわち、ドン・ジュフレは数カ月以内にナポリに行って住む。そして年／一万ドゥカーティの税収のあるスクイラーチェ公国を持参金として受け取る。さらにフェルディナンドの費用で百の重装騎兵を与えられ、その指揮を執るというものである。これは多くの人びとの抱いてきた信念を確認するものとなる。すなわち、教皇がフランスで交渉して来たのは、主としてアラゴン家を懼れさせることにあるのではないか、そしてこのような条件に服さしめることにあるのではないか、という信念である。フェルディナンドはまた、相互防衛のために教皇と同盟しようと努める。しかし、教皇が様々な異議を申し立てたために、結局は私的な書簡の中で秘密裏に次のように約束させるにとどまる。すなわち、フェルディナンドが教会国家の防衛に手を貸すのを約束するのであれば、同じように教皇もナポリ王国の防衛に手を貸そうというものである。このような取り決めがなされると、教皇はヴェネツィア人とミラノ公が彼を助けるために送って来ていた兵を解任し、その領土から立ち去らせる。

次いで、フェルディナンドはロドヴィーコ・スフォルツァと交渉を始める。教皇の場合と同じような喜ばしい成功を収めることができるのではないかという希望を抱いたからである。ロドヴィーコは交渉に当たっては絶妙な技を示す。時に彼はフランス国王のイタリア問題に対する意図を全イタリアにとって危険なものとして、それに対する不満を表明する。時に弁解として、次のような理由からして王の要求には耳を貸さざるを得なかった、と言うのである。すなわち、彼は王からジェノヴァを封土として与えられている上に、フランス王家との古くからの同盟が存しているからだというのである。

一三五—一四一頁参照。なお、『リコルディ』抄、第1巻第5章訳注(11)参照。「Q_1」・「Q_2」九、「Q_1」・「Q_2」一〇、「C」九六、「B」九〇、「B」八九、「C」九五、「C」七〇、「B」六一、「C」五九、「B」一〇五、「C」一一八。

(12) 一四九三年八月に成立する。

時に彼はフェルディナンドに、時に教皇やピエロ・デ・メディチに、シャルルの意図を抑えるためには出来ることは何でもすると約束する。ロドヴィーコの目的は、フランスで遠征が決定され、その計画が立てられる以前に、彼らの間で彼に対抗する同盟が結成されるのを阻止することであるからである。彼の言うことはなおのこと容易に信じられる。すなわち、フランス国王をイタリアに招き入れることはロドヴィーコ自身にとっても同じように大変危険極まることであったので、彼がその危険に気付きさえすれば最終的には、この問題から手を引かざるを得ないように思われたからである。

これらの論議で一夏が過ぎ去る。ロドヴィーコはフランス国王を怒らせるのを避けつつ、フェルディナンドも教皇も、またフィレンツェ人も彼の約束に絶望しないように、他方、全面的にその約束に頼ることのないように振舞っている。しかしこれらの期間、フランスでは新しい遠征のための準備が抜かりなく為されつつあった。遠征に対するシャルルの熱意はほとんどすべての大貴族の忠告にもかかわらず、日ごとに高まっていく。遠征をより容易にするために、彼はフェルディナンドおよびイザベルラと和解する。彼らはスペインの王であり女王である。彼らは当時、最も高名な支配者であり、その英知によって知られている。なぜなら、争乱に満たされた王国を完全に統一し、服従させたからである。またつい最近では、十年に及ぶ戦いの後、ほとんど八百年にわたりアフリカのムーア人によって保有されて来たグラナダ王国を陥落させ(13)、キリスト教世界に復帰させたからである。その勝利のため、彼らは全キリスト教徒の称讃とともに、教皇からカトリック君主の称号を受け取っている(14)。

シャルルとの条約(15)は、教会において厳粛に双方による公けの誓いをもって確認される。その内容は次のようなものである。すなわち、フェルディナンドとイザベルラは（スペインは彼らの名で共同統治されていた）直接的にせよ、間接的にせよ、アラゴン家を援助しない、彼らと新たな婚姻関係を結

(13) 一四九二年一月である。スペインにおけるリコンキスタの経緯については地図参照。
(14) re cattolici
(15) バルセロナ条約。一四九三年一月十九日調印。

ばない、あるいはいかなる形にせよ、ナポリを防衛してシャルルを妨害するようなことはしない、というものであった。これらの約束を取り付けるために、シャルルは手始めに、当てにならない利得と引き換えに、確かな損害を招く[16]。すなわち、ペルピニャンとルシヨン伯領全体を、まったく無条件に返還する。この地は何年も前に、フェルディナンドの父アラゴン王のファンによってシャルルの父ルイに抵当として与えられていたものである[17]。これはフランス王国全体にとって極めて有害なことであった。というのも、ピレネー山脈の麓に位置し、したがって古い国境によればガリシアの一部であったこの伯領は、スペイン人がこの方面から侵入するのを阻止していたからである。同じ理由からして、シャルルはローマ王マクシミーリアーンと、彼の息子オーストリア大公フィリップと和平条約を結ぶ[18]。シャルルは彼らと古くて新しい重大な紛争の種を抱えていた。その発端は、シャルルの父ルイがブルゴーニュ公にしてアルトア伯、その他周辺に数多くの領地を有していたシャルル[19]が死んだ際、彼が所有していたブルゴーニュ公領とアルトア伯領、その他多くの領地を占領してしまったことにある。その結果、ルイとシャルルの唯一の娘マリアとの間に戦争が勃発する。マリアは父の死の直後、マクシミーリアーンと結婚している。次いでマリアが死に[20]、マクシミーリアーンとの間に生まれた彼女の息子フィリップが母の遺産を相続すると、フランスのルイとの間に講和が成立する[21]。これはマクシミーリアーンの希望というより、フランドル人の希望による。この平和を固めるために、ルイの息子シャルルがフィリップの妹マリアと結婚する。彼女は未成年であったが、フランスに移り住む。数年間、彼女はフランスにいるが、その後、シャルルは彼女との結婚を拒否し、ブルターニュ公女アンヌを妻として迎える。アンヌは父フランソアが男の子を残さずに死んで以来、ブルターニュ公領を相続している。

(16) リコルディ「C」二三、「B」九六はこのような考え方と符号している。『リコルディ』抄、第1巻第5章訳注(16)参照。

(17) 一四六二年、バイヨンヌ条約でアラゴン王ファンはルシヨン伯領とセルダーニュをルイ十一世に割譲している。反乱を鎮圧するための軍隊と二十万スクーディの借り入れの担保である。

(18) 一四九三年五月三日。サンリス条約。

(19) ブルゴーニュ公シャルル豪胆公《ル・テメレール》を指す。ナンシーの戦いで戦死(一四七七年)。娘マリアがブルゴーニュ公領を相続。しかしルイ十一世はブルゴーニュ公領、アルトア伯領を併合。

(20) 一四八〇年没。

このように、マクシミーリアーンは二重の侮辱を加えられている。娘の結婚と彼自身の花嫁を奪われたからである。というのも、彼は以前にアンヌと結婚をしていたからである。ただし、代理人を立てての結婚である。それにもかかわらず、このような侮辱の結果として再び生まれた戦争を独力で遂行していくほど、マクシミーリアーンは強大ではなかった。さらにフィリップが未成年の間、自治を行っていたフランドル人がフランス人と戦うのを拒否したからでもある。また、スペイン国王とイギリス国王が彼らと平和を結んだことで、マクシミーリアーンも和平に同意する。この平和条約によって、シャルルはその時までフランスに留め置かれていたマリアを、アルトア伯領とともに兄のフィリップに返還する。しかし城塞は手元にとどめておく。ただし、フィリップが成年に達し、協定に批准することができるようになる四年後には、それらを返還する義務を負うというものである。これらの領地は、先のルイとの平和条約でマリアの持参金とされていたものである。

フランスがその隣接諸国のすべてと和平に達した後、ナポリ王国に対する戦争は翌年と決定され、その間必要なすべての準備がなされることになる。ロドヴィーコ・スフォルツァが準備に取りかかるよう絶えず急き立てていたからである。人間の野心というものは徐々に成長していくものであるが、彼はもはや権力の座に単に安全にとどまっていることのみを考えていない。より高いものを目指して、ミラノ公国を完全に自分の掌中に移そうという気になっている。その機会はアラゴン家の苦境によって生み出されるであろう。このような大きな不正に正当性の色彩を少しでも与え、あらゆる不測の事態に備えて自分の立場をしっかり確立していくために、姪の、ジョヴァン・ガレアッツォの妹ビアンカをマクシミーリアーンに嫁がせる。マクシミーリアーンは最近、父フリートリヒの死によってローマ帝国を相続している[22]。ロドヴィーコは持参金としてマクシミーリアーンに四十万ドゥカーティを現

息子のフィリップが後を継ぐ（フィリップ美男公）。

（21）アラスの和（一四八二年）。マクシミーリアーンは、フランスのアルトア、ブルゴーニュ、ピカルディの領有を認める。

（22）一四九三年八月十九日、皇帝フリートリヒ三世が没し、マクシミーリアーンが即位。

金で、その他、宝石と現物で四万ドゥカーティを分割で支払うことを約束する。その代わり、マクシミーリアーンは、義弟ジョヴァン・ガレアッツォの犠牲においてミラノ公国を封土としてロドヴィーコに与えようと約束する。ロドヴィーコ自身、およびその子供たち、その子孫に達する叙任である。あたかもフィリッポ・マリア・ヴィスコンティの死以来この方、ミラノ公国が正当な公爵を欠いていたと言わんばかりである。マクシミーリアーンは家族の同盟などより、むしろ金を欲しがっていたが、最後の支払いがなされると同時に、最大限好意的な条件で作成された公としての特権の文書を彼に送ることを約束している。

　ゲルフとギベリンというイタリアの極めて血醒い派閥抗争の間、ミラノの貴族であったヴィスコンティ家は、ゲルフ党が完全に駆逐されると、ミラノの一部の領袖からミラノ全体の主人となる。(23)（内紛の結果というものはほとんど常にこのようなものである）。長年、このような権力の座にいた彼らは独裁政の通常の流れに従って、彼らの運命に合法性の色彩を与え、その後、それを素晴らしい称号で飾ろうとする。（これによって簒奪が彼らの権利であったかのように思われるためである）。したがって、彼らは皇帝たちから、まず隊長《カピターノ》の称号を、次いで皇帝代理の称号を受け取る。(24) イタリア人はいまや皇帝については、その権力ではなく名の方を知りはじめている。最後にジョヴァン・ガレアッツォが岳父のフランス国王ジァンからヴィルトゥ伯領を与えられ、自らコンテ・ディ・ヴィルトゥ（美徳公）と称していたが、(25) ついにローマ王ヴェンツェルからミラノ公の称号を受け取るのである。(26) この称号は男子の子孫によって世襲される。彼の後、息子たちが交代でミラノ公を相続する。ジョヴァン・マリアとフィリッポ・マリアである。(27)

　フィリッポの死によって男系が絶えると、フィリッポはその遺言書で、相続者としてアルフォンソ

(23) 十四世紀前半のことである。

(24) この称号は皇帝アドルフによって一二九四年、マッテオ・ヴィスコンティに与えられている。

(25) ジョヴァン・ガレアッツォ・ヴィスコンティ（一三七八―一四〇二年）の妻はフランス王ジァン二世の娘イザベルである。

(26) 一三九五年のことである。

(27) ジョヴァン・マリア。在位期間は一四〇二―一二年である。フィリッポ・マリア。在位期間は一四一二―四七年である。

を指名している。[28] アラゴン王であり、ナポリ王でもあるアルフォンソである。これはフィリッポが彼を釈放した後、彼に対して抱くようになった大きな友情のためであったが、それだけでなくさらに、かくも力強き君主に守られればミラノ公国はヴェネツィア人によって占領されることは決してなかろうという確信のためでもある。ヴェネツィア人は既に目に見えてその意志を明らかにしつつあったからである。しかし、フランチェスコ・スフォルツァは武力でミラノを取り、それを彼の妻、すなわちフィリッポ・マリアの庶出の娘ビアンカ・マリアのために要求する。フランチェスコ・スフォルツァは当時、最も傑出した傭兵隊長であり、軍事技術に劣らず、平和の技術の才にも恵まれていた人物である。彼を助けたのはいろいろな状況が重なり合ったためでもあるが、何よりも支配せんとする彼自身の意志なのである。信義を守ることではなかった。[29] 後になってその気になれば、皇帝フリートリヒからミラノ公の叙任を極めて安く買い取ることもできたであろう、と言われている。しかし、彼はそれを軽蔑した。最初、ミラノを獲得した時と同じやり方で公国を保持していくことができると確信していたからである。彼の息子ガレアッツォも叙任なしで統治した。孫のジョヴァン・ガレアッツォもそうである。したがって、ロドヴィーコは生存中の彼の甥に対して罪を犯しただけではなく、死んでいる父や兄の記憶を侮辱したのである。彼らはいずれも合法的なミラノ公ではなかったということを暗に示していたからである。ロドヴィーコはあたかもミラノが帝国に帰属しているかのように、マクシミーリアーンから叙任を手に入れた。[30] 第七代のミラノ公ではなく、四代目のミラノ公の称号である。しかしこれらの行為は、甥が生きている間はごく少数の人にしか知られていない。さらに彼は例として、ペルシャ王アルタクセルクセスの弟キュロスを引き合いに出して、[31] 多くの法の権威者の意見とともにキュロスを支持しつつ次のように言っている。私は兄よりも上位にある。年齢においてではなく、

(28) これについては第3章参照、本文55頁。

(29) 信義を守ることというのは、フランチェスコ・スフォルツァは既にヴェネツィアと合意に達しており、ミラノの領主とされていたからである。

(30) 叙任の文書を手に入れたのは一四九四年九月三日である。シャルルがモン・ジュネヴルによってアルプスを越えた翌日である。

(31) 前四〇一年、キュロスは兄のペルシャ王アルタクセルクセスに対し反乱を起こすが、戦死。キュロス側に立って参戦したギリシャ人傭兵一万人の退却は有名である。これを率いたのはクセノポーンである。

父がミラノ公になった後に生まれた最初の子供であるという点においてである。(32)
これら二つの議論はキュロスの例は除いて帝国特権の中で述べられている。ロドヴィーコの貪欲さを庇うために、最も滑稽なやり方ではあるが、別の書簡の中で次のように付け加えられる。すなわち、神聖ローマ帝国が一国家を、既に他人の権威で前もって保持して来た者に与えるのは異例のことである、と言うのである。このためにマクシミーリアーンは、既に公国をミラノの人びとから得ているジョヴァン・ガレアッツォをミラノ公に叙任していただきたいというロドヴィーコの懇願を断っているのである。

ロドヴィーコとマクシミーリアーンがこのような新たな家族の絆を結んだことによって、フェルディナンドはロドヴィーコがフランス国王に対する友情で冷めつつあるのではないかと希望的に考える。ロドヴィーコがシャルルの競争者と同盟したこと、競争者というより様々な理由からして積年の敵であったマクシミーリアーンと同盟したこと、しかも多額の金を手渡したことは、シャルルとロドヴィーコの間に不信を生み、そのうえ、この新しい同盟から勇気を得たロドヴィーコが大胆となり、フランス人から手を切るに至るかも知れないと想像する。ロドヴィーコはこのような希望的想像を極めて巧妙に養い、育てる。それにもかかわらず、同時に彼はフェルディナンドやその他のイタリアの君主たちとの関係を保ち、他方、ローマ王やフランス王とも良き関係にある。（こうしたことがロドヴィーコの賢さ、器用さなのである）。フェルディナンドはまた、ヴェネツィア元老院が彼ら自身より遥かに大きな一君主がイタリアに入って来ることに反対するであろうと期待する。イタリアにおいて権力と権威において最高の地位を占めているのはヴェネツィア元老院だからである。フェルディナンドはヴェネツィアに大使を派遣している。スペイン両王もまた彼に希望と勇気を与える。スペイン

(32) フランチェスコ・スフォルツァの権力掌握は一四五〇年である。ジョヴァン・ガレアッツォの父ガレアッツォ・マリアは一四四四年に生まれている。ロドヴィーコの生まれたのは一四五一年である。

がその権威と説得によってこの遠征を阻止することができなかった場合には、彼に強力な援助を与えようと約束したからである。

他方、フランス国王はアルプス山脈の彼方での障害や難題を解決したいま、山脈のこちら側で遭遇するかもしれないそれらを除去しようと努力していた。したがって、彼はペローネ・ディ・バッチエを派遣する。[33]この人物はイタリア問題のベテランであった。イタリアでジァン・ダンジューに仕えていたからである。彼は、教皇やヴェネツィア人やフィレンツェ人に、王がナポリ王国を回復しようとしている決意を伝え、彼らすべてに彼との同盟に参加するよう要請する。しかし、彼が得たのは一般的な言葉での希望や返答のみであった。戦争が計画されているのは翌年のことであり、そんなに早くから自分の意図を明かそうという気になる者はいなかったからである。

フィレンツェはフェルディナンドの同意を得て大使たちを王の下に派遣している。アラゴン家を支持しているという王の非難に釈明するためである。王はまた、これらの大使たちを引見して彼らに次のように要求する。然るべき代償を支払うから王の軍のフィレンツェ領の自由通過と糧秣を約束せよ、それとともにフィレンツェ共和国の永続的な友情の証しとして百の重装騎兵を王の要求通り送るように、というものである。大使たちはこれに対して、王の軍が実際にイタリアに侵入する以前にそのような宣言をすれば、重大な危険を招くのは必至である、と指摘する。また王は、いかなることでも、いかなる場合でも、フィレンツェ人を当てにしてよろしい、フランス王家に対するフィレンツェ人の長い間の友情と忠誠心がそうさせるのである、とも指摘する。それにもかかわらず、フランス人の性急さに押されて約束せざるを得ない。さもなければ、王国内で盛んなフィレンツェ人の貿易を閉ざすと脅されたからである。後になって明らかになるように、これはロドヴィーコ・スフォルツァの助言

(33) テキストには Perone di Baccie と表記されている。ペローネ・ディ・バスキ (Perone dei Baschi) である。

に基づいて為されたのである。ロドヴィーコ・スフォルツァは当時、フランス人とイタリア人とのすべての交渉に際して、フランス側の案内人、監督者であった。ピエロ・デ・メディチはフェルディナンドを説得しようと努める。すなわち、これらのシャルルの要求は戦争の帰趨には大きな影響を与えないので、ピエロとフィレンツェ共和国がシャルルの友人にとどまることがフェルディナンドにとってもより有益であるかもしれない。そうすれば、おそらくは一定の取り決めの仲介をとることができよう、と言うのである。この他にもピエロは、仮にフィレンツェの商人がフランスから追放されるようなことになれば、フィレンツェにおいてどれほど恐ろしい非難や憎悪が彼に降りかかってくるかを指摘する。ピエロの言うところによれば、同盟国は各々、他国が大きな損害を招くことがないように、ある程度の不都合を忍耐強く耐えていかねばならないが、これは誠実さの問題であり、同盟の重要な基盤であるという。しかし、フェルディナンドはこのような説得を受け入れず、ピエロの忠実さ、誠実さがかくも早く崩れるとは予想だにしていなかったとして、激しく不満を訴えている。フィレンツェ人が彼を見捨てることにでもなれば、どれほど安全と信用が失われるかを考えてのことである。かくしてピエロは何よりもまずアラゴン家との友情を維持していく決意を固め、フランス人が執拗に要求している返答を遅らせつつ、フィレンツェ共和国の意向は最終的に新しい大使たちを通して伝えられよう、と通告する。

この年、教皇とフェルディナンドの同盟が緩みはじめる。その理由は次のいずれかである。教皇の方で新たな難題をふっかけて、フェルディナンドからもっと大きな譲歩を引き出そうと狙ったのか、あるいはこのようなやり方でフェルディナンドに圧力をかけ、サン・ピエロ・ア・ヴィンコラ枢機卿(34)が教皇に服従するよう説得させようとしたのか、そのいずれかである。教皇は枢機卿がローマに来る

（34）後の教皇ユリウス二世である。第1巻第2章の訳注（4）を参照。本文44頁。

のをしきりに願っていた。枢機卿会議とフェルディナンド、それにヴェネツィア人の信義にかけて生命の安全は保証する、と申し出ている。彼は枢機卿のローマ不在について疑惑を抱いている。オスティアの城塞（オスティア以外にも彼はローマ近郊にロンティリオーネとグロッタフェラータを保有している）の重要性のためであり、彼がローマの宮廷内に擁している支持者たちのためであり、その大きな権威のためである。最後に、新しいことを好む枢機卿の生来の気質とその頑固な勇敢さのためである。いったん決意したとなると、その決意をいささかも緩めることなく、いかなる危険に対しても敢然と立ち向かっていく、その頑固な勇敢さのためである。

フェルディナンドは、ヴィンコラ枢機卿を従わせることができなかったとしばしば弁解している。卿は不信感に満たされており、いかなる安全の保証も彼にとっては危険の大きさに比べて劣っているように思われる、と言うのである。フェルディナンドは教皇に対して、不運な巡り合わせを嘆じている。教皇は、実際には他の人びとの責任であったことに対して絶えず彼を責めているではないかというのである。教皇は、ヴェルジーニオが城塞を買ったのはフェルディナンドの助言と金に基づくものであったと信じているが、しかしその売買には彼はまったく関与してはいない、しかもヴェルジーニオを教皇と和解させたのは彼であり、城塞の補償として支払われた金を出したのも彼なのである。[35] このような弁解に対して教皇はそれに取り合わない。激しい、ほとんど威圧的な言葉で、フェルディナンドについて不満を述べる。したがって、彼らの和解の永続的な基盤は存在し得ないように思われたのである。

(35) 本文81頁参照。

第6章

フランス国王、フェルディナンド・ダラゴナの大使たちを追放する――フェルディナンドの死――フェルディナンドについての著者の審判――教皇とアルフォンソ・ダラゴナの同盟――アルフォンソによるロドヴィーコ・スフォルツァとの和解の試みと、ロドヴィーコの態度――フランス国王の大使たち、フィレンツェ人に対して同盟の保証を要求する。あるいは、少なくともフランス軍への友好的援助の保証を要求する――シャルル八世、教皇に対して彼をナポリ国王として叙任するよう要求する――これに対する教皇の回答――フランス国王の大使たちに対するフィレンツェ政府の回答――ピエロに対する王の激怒――ヴェネツィアの中立

このような精神状況にあって、このような混乱した事態にあって、一四九四年が始まる。（私はロ

ーマ式に従って年月を示す(1)。すべてが新たな騒動に向かっていくのである。この年はイタリアにとって最も不幸な年であった。悲惨な歳月が実際に始まった年なのである。というのも、この年は数知れぬ恐ろしい災厄への道を拓き、後には様々な理由からしてイタリアだけでなく、その他、世界の大きな部分に影響を与えることになるからである。この年の始めに当たって、シャルルはフェルディナンドの派遣していた大使たちに対し、敵国の代表者と称してフランス王国から立ち去るよう命ずる。フェルディナンドとはいかなる協定も結ぶ気がなかったからである。これとほとんど同時に、フェルディナンドが突然亡くなる。風邪のためである。高齢のためというより、心労に疲れ果てての死である(2)。

彼は思慮分別と才能で知られた君主であった。幸運にも恵まれて、父の奪い返した王国を、治世当初の様々な大きな困難にもかかわらず保持し、王国を偉大なものとした。このようなことを実現した王は過去、数十年にわたっても皆無である。彼が治世を始めた頃と同じような方法で統治を続けていたとすれば、おそらく立派な王となっていたであろう。しかし時が経つにつれて、多くの君主と同じように、権力がもたらす暴力に抵抗することができず、統治のやり方を変えてしまったことが一つ(3)、それと多くの人びとが考えているように、今までは巧妙に隠蔽していた彼の真の性格が表に出てしまったことが一つ(4)、かくして彼は裏切りと残忍さをもって名をなすのである。それは彼自身の家臣ですら、むしろ非人間的な獣性の名に値するものと見なしているほどのものである。

フェルディナンドの死は同盟に打撃を与えることは確実のように思われた。フランス人のイタリア越えを阻止するために、いかなることをも為そうと彼が考えていたことは確かである。これとは別に、次の点も確かであった。すなわち、ロドヴィーコ・スフォルツァを説得してフェルディナンドとの友

(1) ローマ式とはすなわち一月一日である。フィレンツェの慣習では新年の始まりは三月二十五日である。グイッチァルディーニは『フィレンツェ史』ではフィレンツェ式に従っている。

(2) 一四九四年一月二十五日没。アルフォンソ二世の即位(在位一四九四—九五年)。

(3) 巻末『リコルディ』抄、第1巻第6章訳注(3)参照。「C」三三、「Q1」・「Q2」二、「B」一。

(4)『リコルディ』抄、第1巻第6章訳注(4)参照。「C」一六三、「B」三六。

情を更新させることは、あるいは容易であったかもしれないが、傲岸で短気な性格のアルフォンソと和解させることは遥かに難しかったという事実である。なぜなら、フェルディナンドは過去においてしばしば彼の言う通りになろうとして来たからである。ミラノ公国と争う理由を除去するためである。なかでも、よく知られている一事実がある。すなわち、アルフォンソの娘イザベルラが夫と一緒になるため出向いて行った時、ロドヴィーコは一目で彼女に惚れこみ、彼女を彼自身の妻として、父アルフォンソから貰い受けようとする。このためにロドヴィーコは呪文や魔術に訴える。そのため、ジョヴァン・ガレアッツォは何カ月間も結婚を完全なものにすることができない(5)。これはイタリア全体で信じられていたことである。フェルディナンドはロドヴィーコの意向に従ってもよいと思っていたが、アルフォンソがそれに反対している。このため、その希望を奪われたロドヴィーコは他に妻を娶る(6)。その妻との間に息子たちが生まれると、ミラノ公国をその息子たちに譲り渡そうと思いつめるようになる。また、ある人びとは次のように書き記している。すなわち、フェルディナンドは来るべき戦争を避けるために、いかなる試練、いかなる屈辱をも耐え忍ぶつもりになっていて、天候さえ許せば、すぐにでも軽装ガレー船でジェノヴァに向かい、そこから陸路ミラノに行って、ロドヴィーコの望むことはいかなることであれ、それを満足させ、孫娘をナポリに連れ帰ろうと決心していた、というのである。その実際の結果とは別に、彼の安全はひとえにロドヴィーコに依存していることをこのように公けに表明することによって、彼の心を柔らげることができるのではないかと望んだ、というのである。イタリアの調停者、いわば神託僧であるかのように思われることがロドヴィーコの果てしない野心であることは一般によく知られていたからである。

しかし父が没するや否や、アルフォンソは四人の大使を教皇の下に派遣する。教皇が最初の考えに

(5) ここの原文は次のようなものである。Giovan Galeazzo fu per molti mesi impotente alla consumazione del matrimonio

(6) ベアトリーチェ・デステである。

戻り、フランスとの友情を探る動きを示していたからである。枢機卿会議によって署名された教皇勅書において彼は、最近、フランス国王の要求に応じてサン・マロ司教を枢機卿の地位に就ける約束をしていたし、またミラノ公と共同の費用でプロスペロ・コロンナ、その他若干の傭兵隊長を傭い入れている。プロスペロ・コロンナはかつてナポリ王に仕えていた隊長である。それにもかかわらず、教皇はアルフォンソが彼に示した大きな条件のために、いとも簡単に一つの協定に達する。アルフォンソが大きな条件を提示したのは、教皇を確実に味方に付け、彼を防衛義務に縛ろうとしてのことである。彼らは、それぞれの国家の相互防衛のための同盟が彼らの間で結ばれることに公然と同意する。相互援助のために双方が一定の兵をそれぞれ配備するというものである。教皇はフェルディナンドが一代限りという条件で先の教皇たちから得ていた貢納の軽減を伴った王国の叙任をアルフォンソに与えることとし、戴冠式のために教皇特使を派遣することになる。教皇は、アルフォンソの腹違いの弟ドン・エンリコの息子ロドヴィーコを枢機卿に任命する。後にアラゴナ枢機卿と呼ばれる人である。ナポリ王は即金で教皇に三万ドゥカーティを支払い、カンディア公[7]に年収一万二千ドゥカーティの王国内の領地を与え、空席になっている七つの主要官職[8]の中から筆頭官職を与える。教皇の生存中、カンディア公は王の費用で三百の重装騎兵を与えられ、これをもって教皇と王の双方に仕える。ドン・ジュフレは父教皇の誠実さの人質として義父とともに、ナポリに移り住むことになるが、最初の協定で彼に約束されたすべてのもの以外に首席書記官の地位に就く。これも同じく、先の七つの主要官職の一つである。王国内の聖職禄からの収入は教皇の息子チェーザレ・ボルジア[9]のもとに行く。彼は最近、父によって枢機卿の地位に昇進させられたばかりである。庶子をそのような高位の地位に就かせるのは正常なことではなかった。それで教皇はその障害を除くために、偽の証言者によって、彼が誰

（7）アレクサンデルの息子、ペドロ・ルイジ・ボルジア。カンディア公国をフェルディナンドから与えられる。

（8）ナポリ王国の七つの主要官職とは次のものである。conestabile（総司令官）、giustiziere（司法長官）、ammiraglio（提督）、camerlengo（財務長官）、protonotario（首席書記官）、cancelliere（書記局長）、siniscalco（執事）の七つである。

（9）教皇の息子。ヴァレンシア大司教であるが、一四九三年九月、枢機卿に任命される。

か他の者の正当な息子であることを証明している。さらに、このような交渉に当たって、王の代理を務めていたヴェルジーニオ・オルシノは、サン・ピエロ・ア・ヴィンコラ枢機卿がローマに来るのを拒否した場合には、王が教皇を助けてオスティアの城塞を奪還することを約束している。しかし王は、この約束は彼の知らないうちに、彼の同意なしに為されたものと述べている。彼はこのような危険な時にあって、ジェノヴァ問題で影響力のあるこの枢機卿を敵に回すのはあまりにも損害が大きすぎると思っている。アルフォンソはこの枢機卿の勧めでジェノヴァ攻撃を計画していたからである。また、このような大きな騒乱の時には公会議の問題や、あるいは教皇座に危険な問題が生じるやも知れず、そのためにアルフォンソは枢機卿と教皇を和解させようと最善を尽くしている。しかし教皇はヴィンコラがローマに戻らない限り、何事にも同意しようとはしない。枢機卿の方は常に言い言いしていたように、カタロニア人の言葉を信用して命を託すことなどあり得なかったので、アルフォンソの希望と努力は無駄に終わる。枢機卿は偽って、交渉中の条件を必ず受け入れるようなふりをする。と突然、一夜、武装したブリガンティーノ(10)に乗船してオスティアを脱出する(11)。城塞には十分な防備が施されている。彼は数日間、サヴォナで過ごす。次いで、教皇特使として滞在したことのあるアヴィニオンに移り、最後にリヨンに行く。シャルルは最近、ここに移っている。

リヨンでの戦争準備はシャルルにとって、より便利であり宣伝にもなる。既に彼は自ら軍を率いて戦いに行くと公然と宣言している。枢機卿は王によって大いなる栄誉と儀式をもって迎えられる。次いで、イタリアの動乱を惹き起こした他の人びとと合流する。

アルフォンソは、父の始めていた努力をロドヴィーコ・スフォルツァに対して続ける。父が行ったのと同じような譲歩をもってして、である。このような交渉を行うようアルフォンソに教えたのは恐

(10) 二本マストの帆船。

(11) 脱出したのは四月二十三日から二十四日の夜中である。

怖である。スフォルツァの方はいつも通り様々な希望をもってアルフォンソを操っているが、次のことはきちっと理解させる。すなわち、他人に対して計画されている戦争が彼自身に対するものにならないよう、彼自身としては最大の技巧と注意をこらして乗り切らざるを得ないということを、である。他方、彼はフランスでの準備を急き立てることも決して忘れていない。これをもっと効果的に行うために、また為されねばならぬ準備の詳細のすべてをより良く達成するために、さらにこれらの計画そのものの遅れがないようにと、彼は庶出の娘の夫[12]であるガレアッツォ・ダ・サンセヴェリーノをフランスに派遣する。そして、王によって呼び出されたからである、と称するのである。サンセヴェリーノは、ロドヴィーコの偏愛している、また信頼している人物である。

　ロドヴィーコの助言でシャルルは教皇に四人の大使を派遣する。彼らには、途中フィレンツェに寄り、共和国の意志を明らかにするよう要求せよ、という命令が与えられている。四人とは、スコットランド出身の隊長エベラルド・ディ・オービニィ[13]と、フランスの財務長官[14]、プロヴァンス三部会の議長[15]、それにあのペローネ・ディ・バッチエである。一年前、王によって派遣された人物である。これらの大使たちは大部分、ミラノで作成された指令に従って、フィレンツェとローマでフランス国王によるナポリ王国に対する要求の根拠を次のように説明することになる。すなわち、アンジュー家の相続者であるシャルルがそれを要求するのはシャルル一世の系統が断絶したからである、というものである。次いで他ならぬこの年、自らイタリアに侵入するというシャルルの決意を伝える。他人のものを占拠するためではなく、正当に彼自身のものを手にするための侵入である。しかし王の最終的な目的はナポリ王国ではなく、その後、キリスト教のより大きな栄光と名声のために軍をトルコに向けることである。

(12) ビアンカの夫である。

(13) グイッチァルディーニはここでUbigniとしているが、他のところではObigniとしている。ベロルド・ステュアート (Berold Stuart)、オービニィの領主である。

(14) ドニ・ド・ビダン (Denis de Bidant)、ラングドックの財務長官である。

(15) ジァン・マテロン・ド・サリニァック (Jean Matheron de Salignac)。

フィレンツェで、彼らはシャルマーニュによって再建されたこの都市に、王がどれほど信頼を置いているかを述べる。フィレンツェは王の父祖たちによっていつでも優遇されて来たではないか。最近では王の父ルイが、教皇シクストゥスと亡くなったナポリ王フェルディナンド、現国王アルフォンソによってフィレンツェに対し不当に行われた戦争において、フィレンツェを支援しなかったであろうか、と言うのである。(16) 彼らは、フランス王国内での商品の取り引きでフィレンツェ人の手にする莫大な利便を思い起こさせる。フィレンツェ人はあたかも生粋のフランス人であるかのように王国内で暖かく迎え入れられ、優遇されているではないか、と言うのである。王がナポリを支配すれば、フィレンツェ人はそこでもまったく同じような恩恵と利益を期待できよう。これに反し、フィレンツェ人はアラゴン家からは損害と侮辱以外の何を与えられたであろうか、と言うのである。

大使たちは、フィレンツェ人に対してこのような遠征に際して王に協力する旨の何らかの意志を表明すべきである、と要求する。何か正当な理由によって表明できないというのであれば、少なくともフィレンツェ領の通過と糧食補給を許していただきたい。これに対してフランス軍は代金を支払うはずである、と言うのである。

共和国と話し合われたのはこのような事柄であった。個人的には彼らはピエロ・デ・メディチに対して、彼の父と祖父に対してルイ十一世の与えた多くの恩恵や栄誉を思い起こさせる。彼らが危険に直面したときには、その偉大さを維持させていくためにいろいろ努力したではないか。また、友情の証しとしてその紋章にフランス王家の紋章をもって栄誉を与えたではないか。(17) これに対してフェルディナンドの方は武力をもって公然と彼らを攻撃するだけでは満足せず、邪悪にもフィレンツェ市民の陰謀に加担し、これによって伯父のジュリアーノは殺され、父ロレンツォは重傷を負ったではないか、(18)

(16) 一四七八年六月、教皇シクストゥスはロレンツォ・デ・メディチを破門し、フィレンツェに聖務停止令をもって、フィレンツェに打撃を与えるが、これに対しルイ十一世は、教皇がその破門を撤回しないのであれば、フランスの高位聖職者を召集して、宗教公会議を開催する旨を通告して教皇を脅迫している。

(17) 一四六五年、ルイ十一世はピエロ・デ・メディ・コジモ・デ・メディチ（痛風病み《イル・ゴットーソ》）に対してその紋章の中にフランス王室の三本の百合を入れるのを許している。

(18) 一四七八年四月二十六日のパッツィ陰謀事件を指す。これについてはグイッチァルディーニ『フィレンツと言うのである。

教皇に対しては、彼らはローマ・カトリック教会に対するフランス王家の長い間の奉仕と不変の献身を思い起こさせる。同時に、アラゴン家の反抗とたびたびの不服従を指摘する。これについては古代および近代の全歴史が証言しているというのである。彼らは教皇に対し、法的に正当なものとしてナポリ王国の叙任をシャルルに行うよう要求する。また、教皇がこの遠征に好意を示すのであれば、大きな展望と報酬を約束する。この遠征の決断は他の理由もないわけではないが、少なからず教皇の勧めと権威に基づいて為されたのではないか、と言うのである。

教皇は答える。ナポリ王国の叙任はアラゴン家の三人の王、三人の王というのは[19]フェルディナンドの叙任にはアルフォンソのそれも名指しで含まれているからであるが、いずれにせよ三人の王に前任の多くの教皇によって次々と与えられているので、シャルルにそれを与えるのは妥当ではない。ただし、裁判によってシャルルの方がより確かな権利を有しているものと判決されれば、話は別である。アルフォンソに為された叙任は、このような権利を侵害するものではなかった。というのも、このような権利を考慮して、この叙任はこのような権利を侵害するものではないと、具体的にそこに書かれているからである。教皇は彼らにナポリ王国が教皇座の直接の領国であることを思い起こさせる。これに付け加えて、フランス国王がこの権威を傷つけようとしているとは思わないが、常にその権威の忠実な擁護者であった先王たちの習慣に背いて、もし彼がナポリ王国を攻撃するのであれば、その意志があるということになろう、と言うのである。ナポリ王国を要求するのであれば、それを法的な手続きによって実現させる方がいっそう王の尊厳と善良さにふさわしいであろう。領国の宗主者として、またこの裁判の唯一の裁判官として、それを主宰してもよい、と言うのである。敬虔なキリスト者の

ェ史』（太陽出版、一九九九年）第4章、七一頁以下参照。

(19) アルフォンソ一世、フェルディナンド一世、アルフォンソ二世である。ナポリ王家系図参照。

王であれば、これ以上のことをローマ教皇に要求すべきではない。キリスト者の君主の間に戦争や暴力を禁ずることが教皇の任務であって、それらを助長することではないからである。教皇が別様に行動したいと願っても、それは極めて困難で、危険なものとなろう。アルフォンソとフィレンツェ人の近さのためである。彼らの同盟にはトスカーナ全体がその後加わっており、また極めて多くの領主たちがナポリ王に忠誠を誓っているからでもある。彼らの領地はまさにローマの市門の下にまで伸びているのだ、と言うのである。教皇はアルフォンソと結んだ同盟を破棄するつもりはまったくなかったが、それにもかかわらず、このように大使たちの希望をすべて奪い去ろうとはしないのである。

フィレンツェにはフランスに対して友好的な強い感情があった。数多くのフィレンツェ人がフランス王国で商業活動を行っていたからである。また事実ではないが、古くからの伝承も存していた。ゴート王トティラによってフィレンツェは破壊されるが、その後、それを再建したのはシャルマーニュであるというものである。またフィレンツェ人の父祖たちには、ゲルフ党として、第一代ナポリ王シャルル一世およびイタリアにおけるゲルフ党の保護者であった多くの彼の子孫たちとの緊密で、長期にわたる同盟が存していたからでもある[20]。そして最後に、フィレンツェに対してアラゴン家の行った戦争の記憶があったからである。まず、老アルフォンソによる戦争、次いで一四七八年、フェルディナンドによる戦争の記憶である。フェルディナンドは息子アルフォンソを送って戦わせている[21]。これらの理由からして、フィレンツェの一般大衆はフランス軍の自由通行を許すべきであると思っている。共和国の最も賢明な、最も秀れた市民たちも少なからずそれを望んでいる。彼らはフランス国王と強力なその軍隊に敵対するのを愚の骨頂と考えていた。他国の戦争なのである。そのためにフィレンツェ領内にこのように危険な戦争を持ち込むいわれはないと思うのである。フランス軍はミラノ公国の

（20） フィレンツェのゲルフ党はホーエンシュタウフェン家（皇帝フリートリヒ二世、コンラート四世、マンフレーディ）とギベリン党に対抗して、アンジュー家のシャルルを支援している。

（21） この戦争についてはグイッチァルディーニ『フィレンツェ史』参照。第5章、八三頁以下。また本書第3章訳注（14）参照、53頁。

支持を得てイタリアに入って来るのである。ヴェネツィア元老院の同意を得てはいないにしても、少なくともフランス軍はヴェネツィアから攻撃されることはない、と言うのである。彼らはこのような意見をコジモ・デ・メディチの先例をあげて立証する。コジモはその時代において最も賢明な人物の一人と目されていたからである。ジァン・ダンジューとフェルディナンドの戦いにおいて、フェルディナンドは教皇[22]とミラノ公[23]に支持されていたが、コジモは常にこのフィレンツェ市はジァンに敵対すべきではないと忠告していたのである。彼らはまた、ピエロの父ロレンツォの先例を思い起こす。ロレンツォはアンジュー家の帰還の噂が広がる時にはいつでも、これと同じ政策を支持している。ロレンツォは、フランスの力に驚かされた時にはいつも、とくにフランス国王がブルターニュを手に入れた後[24]にたびたび口にしていた言葉を思い起こす。すなわち、フランス国王がひとたび己れ自身の力を自覚するようなことにでもなれば、イタリア人は恐ろしい災厄に直面することになろう、というものである。しかしピエロ・デ・メディチは事態を思慮によってではなく、意欲によって判断する。また己れ自身の意見にあまりにも頼りすぎる。かくして二、三の助言者たちに煽動されてアラゴン家との友情を維持しようと決意している。噂では、彼らはアルフォンソの贈り物で買収されていたとされている。ピエロとしてはこのたびの問題は単なる騒音に終わるであろう、重大な結果をもたらすことはないであろうと確信してのことである。その結果はピエロの権力に押されて、他の市民たちはすべて同意せざるを得なかったのである。

私はしっかりした消息筋に基づいて次のように断言できる。ピエロは父が共和国において手に入れた権力に満足していなかった。しかもその権力たるや絶大なもので、すべての行政官は彼の意志に従って任命され、重大な問題はすべて彼の意向を無視しては決定されないほどのものである。ピエロは

(22) ピウス二世（在位一四五八—六四）を指す。

(23) フランチェスコ・スフォルツァを指す。

(24) 一四九一年十二月十三日、シャルルはブルターニュ公女アンヌと結婚。以後、ブルターニュ公国は王領となる。シャルルとアンヌとの結婚については第5章、本文84頁参照。

もっと絶対的な権力[25]に憧れたのである。君主の地位である。この際、彼は愚かにもフィレンツェの状況を考慮に入れなかった。フィレンツェは当時、強大で、豊かであった。しかも数世紀にわたって共和政的な制度によって養われてきており、主だった市民たちは臣下というより、むしろ同等の者として政治に参画することに慣れきっていた。したがって、そのような大きな変化、突然の変化が大目に許されるようなことはあり得なかったであろう。必ずや大規模な暴力沙汰を伴うことになろう。このような理由からしてピエロはアラゴン家と緊密な同盟関係を結び、彼の運命を彼らのそれと連結させ、新しい君主政の維持のための強力な支持を得ようと決意したのである。野心を支えるためには、何らかの異例な基盤を見出さねばならぬことを知っていたからである。

フランスの大使たちがフィレンツェに到着する数日前、ロレンツォとジョヴァンニ・デ・メディチ[26]が、ピエロの従兄弟のコジモ・ルッチェライ[27]を介してフランス王と一定の交渉を為していたことが明るみに出る。この交渉はピエロの統治に敵対するものである。ロレンツォとジョヴァンニは極めて富裕な若者で、ピエロの近親者であったが、若い頃ピエロといろいろ仲違いをして、このため彼に敵意を抱いていた。彼らは司法官に逮捕される。しかし軽い罪で放免され、田園の屋敷に追放処分となる。というのも経験に富む市民たちが、決してやさしいことではなかったが、ピエロを説得したからである。ピエロ自身の一族に対して厳しく法を用いてはならないというのが説得の内容である。

しかしこの出来事はロドヴィーコ・スフォルツァが彼の失脚を狙っていることを彼に確信させる。このため彼は、さらに先の決定[28]を推し進めねばならないと思っている。したがって、フランスの大使たちは、入念な立派な言葉でではあるが、彼らの要求に対して結論を欠いた回答を受け取る。一方において、彼らはフィレンツェ人のフランス王家に対する生来の友情と、かくも栄光に満ちた国王を満

（25） più assoluta potestà

（26）ロレンツォとジョヴァンニの二人はピエールフランチェスコ・デ・メディチ（一四三〇—七六年）の息子たちである。メディチ家系図Ⅱ参照。フィレンツェで人気があり、両人ともイル・ポポラーノと綽名されている。両人とも親仏派の頭領で、ピエロと対立していた。なお、これについてはグイッチャルディーニ『フィレンツェ史』第11章、一五三—一五四頁参照。

（27）ロレンツォの妹ナンニーナ・デ・メディチの息子。ピエロの従兄弟である。

（28）先の決定とはアラゴン家との同盟関係である。

足させたいという彼らの強い願望について聞かされる。他方、それらを阻止している障害についても告げられる。すなわち、君主にしろ、共和国にしろ、その約束を破ることほど恥ずべきことはない。そして王の望みを満足させるためには約束を破らなくてはならない。なぜなら、同盟が依然として効力を持っているからである。[29] この同盟は王の父君ルイの権威に基づいてフィレンツェ人がフェルディナンドと結んだもので、その一項にはフェルディナンドの死後もこの同盟はアルフォンソに引き継がれるとあり、とくにフィレンツェ人はナポリの防衛を援助するだけではなく、何ぴとであれ、フィレンツェ領を通過してナポリを攻撃しに行くのを拒否せねばならないという明白な条件が付されているからである。フィレンツェ人は別様に行動できないのを極めて残念に思っている。しかし、最も賢明で、最も正しい王がフィレンツェの友好的な気質を認めて、王を助けることができないのはこのような障害のためであるのを了として、フィレンツェの態度を正当なものと認めていただきたい、と言うのである。

このような回答にフランス王は激怒する。彼は直ちにフィレンツェの大使たちにフランスからの退去を命ずる。またロドヴィーコの忠告に従って、リヨンからピエロ・デ・メディチの銀行の行員のみを追放する。その他のフィレンツェ商人は外される。これはシャルルがこの侮辱の原因をピエロ自身に帰して、一般市民にではないことをフィレンツェ市民に納得させるための措置である。

その他のイタリア諸国もすべて今では分裂している。ある者はフランス国王に味方し、ある者は敵対する。ヴェネツィア人のみが中立にとどまり、この問題の結果を静かに見守ろうとする。その理由は次のいずれかである。すなわち、ヴェネツィア人はイタリアが混乱に陥るのを残念に思わず、むしろ他国の長期にわたる戦争に乗じて自国の領土を拡大しようとしていたからなのか、あるいは不必要

(29) 一四八〇年三月二十五日にロレンツォとフェルディナンドの間で結ばれた平和協定。

に他国の戦争に介入するのは軽率であると見なしていたからなのか、そのいずれかである。中立でいても、彼ら自身強大であるところから、簡単に勝者の餌食になるのを恐れる必要がなかったのである。(30)

フェルディナンドは絶えずヴェネツィア人に戦争に加わるよう促している。フランス国王は、この年と前年にそれぞれ彼らに大使を派遣する。これらの大使たちは、両国の間には友情と善意、あらゆる機会を捉えての双方からする愛情と心からなる親切さ以外のいかなるものも存在していなかった、と言い立てるのである。この関係をさらに伸張させたいと望んで王は、最も賢明な元老院が彼の遠征に対して助言と支持を添えていただければと懇願する。この懇願に対して彼らは短く慎重に答えている。敬虔なキリスト者の王は畏れ多くも極めて賢明にして、重厚かつ成熟した顧問を擁しておられるので、彼らの方で王に助言を致すのは僭越に過ぎるであろう、と言うのである。これに彼らは付け加える。ヴェネツィア元老院はフランス王家に対して終始抱いて来た友情のゆえに、いかなる幸運であれ王の幸運には喜びを禁じ得ない。したがって、友好的な感情を行動に移すことができないのを大いに遺憾に思っている。しかし現状をいえば、彼らを絶えざる恐怖に陥れているのはトルコのスルタンである。なぜなら、スルタンは彼らを攻撃するつもりであり、その機会を狙っているからである。彼らは大金を投じてスルタンに近いところにある、すべての数え切れぬ島々や海浜を守らざるを得ないのである。他国の戦いに巻き込まれることはできないのである、と言うのである。

(30) 中立に関しては『リコルディ』「C」六八、「Q_2」一八、「B」一五、一六にグイッチァルディーニの思想が見られる。『リコルディ』抄、第1巻第6章訳注(30)参照。

第7章

フランス国王の遠征の準備とアルフォンソの防衛準備——ロドヴィーコに対するアルフォンソの敵意の公然たる表明——アルフォンソの戦争計画と戦略——教皇、アルフォンソの援助を得てローヴェレ枢機卿の兵に守られていたオスティアの城塞を奪う——ロドヴィーコ・スフォルツァ、教皇とピエロ・デ・メディチに対し平和への意志を確約し、彼らのアルフォンソ支持を動揺させる——教皇とナポリ国王の間の相互防衛に関する合意——ファブリーツィオとプロスペロ・コロンナの傭兵契約とその意図

大使らの演説や彼らの受け取った回答以上に重要なのは、いずこにおいても為されている陸海による戦争準備であった。シャルルは侍従長のピエトロ・ディ・オルフェ(1)をジェノヴァに派遣する。大艦と細形ガレー船から成る強力な海軍を準備するためである。ジェノヴァはアドルニ派とジョヴァン・ルイジ・ダル・フィエスコの支持の下、ミラノ公によって支配されている(2)。他の船はヴィルフランシ

(1) テキストではPietro di Orfé とある。ウルフェの領主である。

(2) ジェノヴァがミラノ公に与えられたのは一四八八年である。公はジョヴァン・ルイジ・ダル・フィエスコを提督に任命し、東部海岸の総指令官に任じている。

ユとマルセーユで艤装している。したがって、シャルルはルネ・ダンジューの息子ジァンがフェルディナンドに対して行ったように(3)海路、ナポリ王国に入ろうとしているという噂が流れる。フランスでは王の能力の欠如、王の側近たちの取るに足らぬ性格、資金の不足などのために、これらの準備はすべて、何の役にも立たないのではないかと思う者が多くいる。それにもかかわらず、王の熱意のために戦争準備は精力的に進められる。王は最近、側近たちの助言を得てイエルサレム王および両シチリア王の称号を帯びている。(これはナポリ王の称号である)。資金を調達し、兵を編成し、ガレアッツォ・ダ・サン・セヴェリーノと最終的な計画を決定する。ロドヴィーコ・スフォルツァの秘密と意図のすべてを胸に収めているのは、このサン・セヴェリーノである。他方、アルフォンソは陸海による準備を怠ることはなかったが、もはやロドヴィーコによって与えられる希望にいつまでも欺かれたままでいるわけにはいかないと決意する。ロドヴィーコを安心させ、宥めるよりも、恐れさせ、悩ませた方がよいと考える。彼はミラノの大使にナポリを退去するよう命じ、ミラノに常駐している彼自身の大使を召還する。次いでバリ公国を奪い(4)、その税収を差し押さえる。バリ公国はフェルディナンドの贈ったもので、長い間、ロドヴィーコが保有して来たものである。このような侮辱というより公然たる敵意を示しても、彼は満足し得ない。次いで彼はミラノ公からジェノヴァ市を奪い取ろうとして、あらゆる努力を傾ける。紛争の現状況においては、これは最も重大な問題であった。というのも、この都市の忠誠心が変われば、ミラノ政権はいとも簡単に反ロドヴィーコに転じるであろうし、フランス国王は海上からナポリ王国を攻撃する機会を奪われるであろうからである。それゆえ、アルフォンソは密かに枢機卿パゴロ・フレゴーソ(5)と合意に達する。フレゴーソはかつてジェノヴァのドージェで、同じ党派の多くの配下を擁している。オビエット・ダル・フィエスコ(6)とも合意に達する。彼らは両人

(3) 一四六〇―六二年にかけての遠征。

(4) ジァン・ダンジューのナポリ遠征中、フランチェスコ・スフォルツァはフェルディナンドを援助したが、これに対してフェルディナンドはバリ公国をフランチェスコに贈る。一四七九年、ロドヴィーコ・スフォルツァはこれをフェルディナンドから封土として与えられる。当時、ミラノから追放されていたロドヴィーコ・スフォルツァとアスカーニオ枢機卿はサン・セヴェリーノとともにフェルディナンドの援助でミラノ帰還のために兵を率いてミラノ公国内の諸都市を奪っている。マドンナ・ボーナは彼らの帰還を許すが、ミラノに入るや否

とも、ジェノヴァ市および周辺の海岸地帯における有力党派の指導者である。またアドルニ一家の者とも了解に達している。アドルニ家は様々な理由からジェノヴァを退去した一家である。アルフォンソは強力な艦隊をもって彼らをジェノヴァ市に復帰させようと企む。彼が常日頃言っていた通り、戦争に勝つためには機先を制さねばならないし、陽動作戦に依らねばならないのである。同じように彼は強力な兵を率いて自らロマーニァに入り、ロマーニァからパルマ領に侵入しようと決意する。パルマでジョヴァン・ガレアッツォの名を叫び、その軍旗を高く掲げれば、ミラノ公国の住民はロドヴィーコに対して蜂起するであろうと望んでのことである。このような作戦には困難が伴うかもしれないが、戦争が彼の王国から遠く離れたところで始まるのは極めて有益なことと彼は見なしたのである。フランス軍がロンバルディアで冬に追いつかれるのが大変重要なことであったからである。彼の戦争経験は豊かであったが、イタリアのそれのみである。イタリアの戦争では軍は馬を養うための草が生えるのを待つ習慣であった。したがって、四月末までは決して戦闘に入ることはなかった。それゆえ、季節が悪くなればフランス軍は春まで友好的な状態で待機せねばならなくなろうと、アルフォンソは考えたのである。このような遅延によって何か事が起こり、それが彼を救うことになるかもしれないと思うのである。彼はまた大使をコンスタンティノープルに派遣して、オスマン・トルコの皇帝バヤジト[7]の援助を求める。共通の危険のためである。ナポリを征服した後、シャルルはギリシャに侵入するつもりであると噂されていたからである。アルフォンソはバヤジトがこの脅迫を低く評価しないことを知っている。というのもトルコは、過去、フランス人によって為された異教徒に対するアジア遠征のことを憶えていて、少なからず彼らの軍事力を恐れていたからである。

　このような問題に双方とも関わり合っている間に、教皇はピティリアーノ伯ニッコラ・オルシノ[8]に

やボーナを補佐していたメッセル・チェッコを獄に送り、後にその首を刎ねている。以後、ロドヴィーコは次第にミラノの実権を握っている。

(5)　一四八八年、ジァン・ルイジ・フィエスコによってジェノヴァから追放されている。

(6)　オビエット・ダル・フィエスコはジァン・ルイジの兄弟であり、パゴロ・フレゴーソの追放に一役買っているが、その後、ミラノ公とアドルニ家に対する敵意のためにミラノを立ち去っている。

(7)　Bāyazīd II　バヤジト二世（在位一四八一―一五一二年）。メフメト二世の息子で相続者。

(8)　ニコラ・アルドブランディーノ・オル

指揮させて兵をオスティアに送る。これをアルフォンソが陸と海から支援する。オスティア市は簡単に占領され、城塞への砲撃が始まる。数日にして城代は降伏する。その仲介に当たったのはファブリーツィオ・コロンナである。彼はローマの長官ジョヴァンニ・デルラ・ローヴェレの同意も得ている。このジョヴァンニ・デルラ・ローヴェレはサン・ピエロ・イン・ヴィンコラ枢機卿の弟である。教皇はローマの長官であれ、枢機卿であれ、新たな原因を作らない限り、宗教的あるいは世俗的な武器をもって彼らを迫害しないことに同意する。枢機卿はグロッタフェラータをファブリーツィオの手に委ねていたが、これはファブリーツィオが教皇に一万ドゥカーティを支払うことによって、同じ権利をもって保有されることになる。

ロドヴィーコ・スフォルツァはサヴォナからやって来た枢機卿によって、アルフォンソが彼自身の助言と仲介に基づいてジェノヴァからの亡命者とともに陰謀を企んでいることを知らされる。ロドヴィーコはシャルルに、これが彼自身の計画にとっても重大な障害になることを納得させる。すなわち、シャルルを説得してジェノヴァに二千のスイス兵を、イタリアには直ちに三百の槍騎兵を派遣させる。この三百の槍騎兵はオービニィが率いることになる。オービニィはたまたま王の命令でローマからの帰途、ミラノに立ち寄っていたからである。これらの兵はロンバルディアを防衛し、必要があれば、あるいはその機会があれば、ロンバルディアを出て進軍するはずである。この他に、王の費用で五百のイタリア人重装騎兵が同時に補充される。それらを指揮するのはガイアッツォ伯ジョヴァンフランチェスコ・ダ・サン・セヴェリーノ[9]、ミランドラ伯ガレオット・ピコ[10]、リドルフォ・ダ・ゴンザーガ[11]である。さらに五百の兵が加わる。これはミラノ公がシャルルに与えると約束していた兵である。

それにもかかわらず、ロドヴィーコはいつもの狡猾さで、いまだに教皇とピエロ・デ・メディチに

シニ (Nicola Aldobrandino Orsini)。

(9) ロベルト・サンセヴェリーノの長男。ヴァレンシア侯である。

(10) ジアン・フランチェスコの息子。ロドヴィーコ・スフォルツァによってパルマの長官に任ぜられている。

(11) マントヴァ侯ルドヴィーコの次男。一四九四年からルッツァーラ (Luzzara) の領主として皇帝から叙任されている。

対してイタリアの平和と静穏に対する己れの欲求を伝え、安心させようとして間もなくその証拠がはっきりしてくるであろうと希望を持たせている。真剣に言われると、その反対を信じようとしていた心にさえ一定の疑いが必ず生じるものである。(12) 彼の約束はもはや信じられてはいなかったが、彼の確言は彼の敵の準備をいくぶんか緩慢にしていた。教皇とピエロは確かにジェノヴァに対する攻撃に大いに乗り気になってはいたが、これはミラノ公国に対する直接の攻撃となるので、ガレー船とロマーニァで合流するための教皇軍をアルフォンソに要求されると教皇は同意するが、ただし教皇軍はロマーニァでの共同防衛のために参加するのであって、ロマーニァを越えて進撃するためではないとしている。ガレー船については異議を申し立て、今はまだロドヴィーコをそのような絶望的な状況に追い込む時ではない、と言っている。フィレンツェ人はナポリ艦隊にリヴォルノ港での基地と補給を許すよう要求されるが、同じ理由で決めかねている。フェルディナンドとの同盟を理由にフランス王の要求を拒絶していたフィレンツェ人は、必然《ネチェシタ》に強制される前に、条約による義務以上のことを行う気になれなかったからである。

　これ以上の遅れはもはや許されなかったので、艦隊は提督ドン・フェデリーゴの指揮下、ついにナポリを出航する。アルフォンソ自身はアブルッツィで兵を集め、ロマーニァに侵入しようとするが、侵入する前に相互安全のために互いに何を為すべきか、そのすべてを教皇と話し合うべきだと考える。教皇もそれを望んでいる。かくして七月十三日、彼らはヴェルジーニオ・オルシノの領地ヴィコヴァロで会見する。ここに彼らは三日間滞在し、全面的な合意に達した後、別れる。この会見で教皇の助言で次のことが決定される。すなわち、ナポリ王はこれ以上進まない。しかし軍の一部は教会国家と彼自身の王国を守るために、チェルレ(13)とタリアコッツォ近く、アブルッツィの境界線に王とともに駐

(12)『リコルディ』抄、第1巻第7章訳注(12)参照。「C」三七、「B」四七、「C」一〇五。

(13) おそらくレッチェ・ネイ・マルシ(Lecce nei Marsi)であろう。

留する。この軍は王の言うところによれば、ほぼそれぞれ二十の兵で構成されている中隊百個と、三千以上の石弓兵と軽騎兵から成る。ヴェルジーニオはローマ領に留まり、コロンナ一家と対峙させる。コロンナ一家に対する懼れから、ローマには教皇の兵士二百とナポリ王の軽騎兵が駐屯することになる。カラヴリア公フェルディナンド（これがナポリ王の長男に与えられる称号である）は、七十の中隊と残された軽騎兵と、教皇軍の多くを率いてロマーニァに進入することになる。この際、教皇軍は防衛のためにのみ使われねばならない。カラヴリア公は極めて有望な若者であったが、若者の経験不足を補うために、王の軍隊の司令官《ゴヴェルナトーレ》であるジョヴァンヤコポ・ダ・トリヴルツィ(14)とピティリアーノ伯が付き添う。両人とも大きな名声を博している経験豊かな傭兵隊長である。ピティリアーノ伯は教皇に仕えていたが、今ではナポリ王の下に移っている。フェルディナンドの存在は、ロンバルディアに進撃するためには極めて適切であるように思われた。というのも、ジョヴァン・ガレアッツォとは二重の近親者であったからである。すなわち、ジョヴァン・ガレアッツォはカラヴリア公の姉イザベルラの夫であり、また母イッポリータの兄ガレアッツォの息子であったからである(15)。

教皇とアルフォンソが話し合った事柄の中で最も重要なものの一つは、コロンナ家の問題であった。敵側に寝返ろうと企んでいることは、形跡からして明らかであったからである。プロスペロとファブリーツィオは先王に傭われており、先王から領地や栄誉を与えられていた。王の死後、プロスペロはアルフォンソに仕える旨の約束を何度もしていたにもかかわらず、教皇とミラノ公の双方と傭兵契約を結んでいる。これを仲介したのはアスカーニオ枢機卿である。その後、彼は教皇から教皇にのみ仕えるよう要求されると、それを断っている。ファブリーツィオはアルフォンソに引き続き仕えていたものの、プロスペロに対するアルフォンソ、教皇の怒りを目にして、カラヴリア公とともにロマーニ

(14) ヴィジェヴァーノ侯家およびムソッコ伯家の分家の出である。コドーニョの領主アントーニオの息子。

(15) アルフォンソ二世の妻イッポリータ・マリアはミラノ公ガレアッツォ・マリアの妹であり、ロドヴィーコの姉である。ヴィスコンティ家およびスフォルツァ家系図参照。

ァに入るのに苦情を申し立てている。プロスペロとコロンナ家全体の問題をまず解決し、その安全を保証すべきだというのである。これが彼らの苦情の口実なのである。実は、彼らは密かにフランス国王と傭兵契約を結んでいたのである。彼らをそのようにさせたのは、アスカーニオとの大きな友情である。彼は数日前、教皇に対する疑惑からローマを離れてコロンナ家の領地に逃れている。彼らをフランス王との傭兵契約に走らせた理由は、より大きな利益の見込みであるが、もっと大きな理由はヴェルジーニオ・オルシノに対する不快感である。敵の党派の首領であるヴェルジーニオがアルフォンソの下で最高の地位に就き、その幸運の分け前に、より大きく与っていたからである。

王の傭兵隊長であることを安全に宣言できるまで、彼らは秘密を守らねばならない。それで彼らは偽って、教皇およびアルフォンソとの間に一定の協定に達したいという意向を示す。教皇とアルフォンソは、プロスペロがミラノ公との契約を破棄し、同じ条件で彼らに仕えるよう要求する。というのも、それ以外では彼を信頼し得ないからである。彼らは交渉を続けるが、しかし結論に達しないように提示された条件について様々な異議を唱え続ける。この問題については、教皇とアルフォンソとの間で意見の相違がある。教皇はローマ領にコロンナ家の所有している城塞を彼らから奪い取りたいと望んでいる。したがって、彼らを攻撃する機会を求めている。アルフォンソは自らの安全を確保するだけでよい。それ以外の他の目的は持っていない。戦争は最後の手段として見ている。もっとも、彼は教皇の欲望にあえて反対はしない。その結果、コロンナ家を攻撃することにし、必要な兵と戦略について合意に達する。しかしその前に、彼らとの相違点が数日以内に合意によって解決できるかどうかを見極めようとする。

第8章

ジェノヴァに向けてのアルフォンソ・ダラゴナ艦隊の遠征。東海岸への攻撃とその失敗——アルフォンソ軍のロマーニァ派遣とその最初の困難——ピエロ・デ・メディチ、フィレンツェ歩兵軍をアラゴン軍と合流させる——教皇とアルフォンソによるヴェネツィア元老院、スペイン王およびバヤジトに対する外交措置——ロドヴィーコ・スフォルツァの新しい陰謀

このような問題、およびその他多くの問題が至るところで協議されていたが、ついにイタリア戦争が開かれる。ドン・フェデリーゴが艦隊を率いてジェノヴァに向かったのである。この艦隊は疑いもなく、過去長年にわたってティレニア海で見られたいかなる艦隊にもまして大きな、装備も秀れた艦隊であった。彼は三十五隻の細形ガレー船と十八隻の船、その他多くの小さな船、多くの大砲、上陸予定の三千の兵を擁していた。これらの装備のゆえに、また亡命者を連れていたがために、ナポリを出航した時には彼らは大きな希望に燃えていた。しかし彼らの出発は遅れていた。一つにはこのような大きな軍事行動に伴う困難さのためであり、一つにはロドヴィーコ・スフォルツァによって掻き立

（1）テキストは Bali di Digiono である。ディジョンの騎士団長とでもいうべきか。アントアーヌ・ド・ベセ

てられた偽りの希望のためである。また彼らはシエーナ人の港に立ち寄って歩兵を四千にするために残りの兵を集めている。これらすべてのために、一カ月前であったなら容易に実現され得たはずのものの実現が極めて困難になったのである。敵には準備するための時間が与えられたのである。ディジヨンのバリ[1]がフランス国王によって徴集された二千のスイス兵を率いてジェノヴァに入っていたし、港で武装を施されていた多くの船やガレー船の準備が完了している。同じようにマルセーユで艤装されていた船の何隻かが到着していた。ロドヴィーコは費用を惜しまず、多くの兵をつけてグァスパーリ・ダ・サン・セヴェリーノとその弟アントーニオ・マリアをそこに派遣する。グァスパルリ・サン・セヴェリーノはフラカッサと呼ばれていた人物である[2]。ロドヴィーコはまた、外国からの援助とともにジェノヴァ自身の援助からも利益を求めようとした。贈り物や軍事費、様々な約束や報酬をもって、彼はオビエットの兄弟であるジョヴァン・ルイジ・ダル・フィエスコやアドルニ家、その他多くの貴族たちや一般人を味方につける。この都市をしっかり保持していくために決定的な役割を果たす人びとである。他方、彼はジェノヴァおよび海岸地帯から亡命者の多くの支持者たちをミラノに召集する。これらの対応はそれ自体すでに強力なものであったが、さらにこれに少なからざる重みが付け加わる。オルレアン公の出現である。アラゴンの海軍がジェノヴァ沖に現われたまさにその瞬間に、フランス王の代理としてジェノヴァに入城する。その前にアレッサンドリアにおいて、彼はロドヴィーコ・スフォルツァと彼らの共通の利益について話し合っている。ロドヴィーコは陽気に大きな礼遇を尽くして、しかし同等者として、間もなく彼の生命も彼の公国もこの公爵の権力の握るところになることなどにはまったく気付かずに彼を迎え入れる[3]。（われわれ死すべき者の物事というものは、かくも暗い影に満たされているのである）。このようなことのために、最初は亡命者の支持者たちの蜂

(Antoine de Baissay)を指す。
（2）ロベルト・サンセヴェリーノの息子たちである。
（3）シャルル八世は一四九八年四月七日、若くして他界する。シャルルには子供がいない。このため王位はオルレアン公ルイに移る。ルイ十二世（在位一四九八—一五一五年）である。ルイ十二世の祖母はミラノ公ジアン・ガレアッツォの娘ヴァレンティーナである。ルイは一五〇〇年ミラノ公国を占領、ロドヴィーコを捕虜としてフランスの獄に送る。ロドヴィーコは十年後、ロッシュの獄で没する。グイッチァルディーニ『フィレンツェ史』二九四—二九七頁参照。

起を期待してジェノヴァ湾に入ろうと計画していたアラゴン海軍は、計画を変更して海岸線を攻撃することになる。攻撃を東の海岸で始めるか、西の海岸で始めるかの議論の後、オビエットの忠告に従う。彼は東側の人びとに多くの希望を寄せ、ポルト・ヴェネーレに向かう。ここで彼らは数時間戦うが、結果は思わしくない。なぜなら、四百の兵がジェノヴァから送られており、住民の志気はラ・スペーツィアにやって来ていたジァンルイジ・ダル・フィエスコによって挫かれていた。ラ・スペーツィアを取る望みがないのを知り、彼らはリヴォルノに戻り、さらに糧食と兵を手に入れようとする。海岸線に沿った都市が十分な防備を施されているのを知り、もっと大きな兵力が必要なことを痛感したからである。ここに滞在中、ドン・フェデリーゴはフランスの艦隊がジェノヴァ出航の準備をしているのを耳にする。フランスの艦隊はガレー船では彼のそれに劣っているが、船では優越していたため、ドン・フェデリーゴは船をナポリに送り返す。フランスの船やガレー船が同時に彼を攻撃してきた場合、ガレー船で素早く敵から逃れることができるためにである。それにもかかわらず他方では、何らかの理由で敵のガレー船が船から切り離された場合には、勝利の希望を依然として抱いている。

　他ならぬこの時期、カラヴリア公は陸兵を率いてロマーニァに向け移動している。最初に計画していた通り、ロンバルディアに突入するつもりである。しかし自由に、敵を背後に残さず進軍するためには、ボローニァとイーモラ、フォルリ両市を味方に引き入れねばならなかった。というのも、直接教皇の支配下にあったチェゼーナやアストーレ・マンフレーディ[4]が支配していたファエンツァは、それ自身の意志でアラゴン軍にあらゆる便宜を与えてくれることは確実だからである。ファエンツァの支配者アストーレは少年で、フィレンツェ人と傭兵契約にあり、その保護下にあったからである。イーモラとフォルリは、教会の代理人という称号で、イエロニモ・ダ・リアーリオ[5]の息子オッタヴィア

（4）アストㇽレ三世（Astorre Ⅲ）。テキストではAstore。ガレオットとフランチェスカ・ベンティヴォーリオの息子である。

（5）グイッチァルディーニはジローラモをイエロニモと表記している。ジローラモ・リアーリオは一四八〇年、教皇シクストゥス四世よりフェルリを封土として与えられている。ジローラモは教皇の甥とされている。これについてはグイッチァルディーニ『フィレンツェ史』七二頁参照。

ーノによって支配されている。しかし彼は母カテリーナ・スフォルツァの後見下[6]にあり、その管理下にある。これまで数カ月にわたって、教皇とアルフォンソは彼女と交渉している。オッタヴィアーノを二人の隊長として傭おうというのである。ただしその場合、彼の支配しているイーモラとフォルリは教皇およびアルフォンソの同盟国になるという条件である。しかしこの交渉には決着がついていない。一つには彼女がもっと良い条件を手にしようといろいろ異議を唱えたからでもあるが、一つにはフィレンツェ人が、アルフォンソに対する実際の義務を超えてまでフランス国王に対抗した行動をとらないという本来の決定に固執していたため、このような契約の決心がつかなかったからである。フィレンツェ人の同意は必要であった。というのも、ナポリ王と教皇も二人のみでその費用を弁ずるのを拒否したからであり、さらにカテリーナがこれら息子の都市を危険に晒すのを拒んだからである。フィレンツェ人が教皇やアルフォンソとともに、これら息子の都市を守ると誓約すれば話は別である、と言うのである。これらの障害は、ボルゴ・サン・セポルクロにおけるフェルディナンドとピエロ・デ・メディチの会談で取り除かれる。フェルディナンドがマレッキア渓谷路[7]に沿ってロマーニァに兵を進めていた時のことである。最初の会談でフェルディナンドは、父アルフォンソに代わってピエロに、フィレンツェ、シエーナ、ファエンツァ問題でピエロの選ぶいかなる目的であれ、そのためにフェルディナンド軍の使用と彼自身の奉仕を申し出ている。この申し出はピエロの以前の熱情に再び火をつける。フィレンツェに戻ると彼は、賢明な市民たちは反対したにもかかわらず、この隊長任命に同意すべきであると主張する。なぜなら、フェルディナンドが強くそれを迫っているからであるというのである。教皇、アルフォンソ、フィレンツェ人の共同の費用でこの任命がなされると、数日後にはボローニァも同盟に加入させる。ボローニァ市はジョヴァンニ・ベンティヴォーリオ[8]の権威と指示

(6) ミラノ公ガレアッツォ・マリア・スフォルツァとルクレーツィア・ランドリアーニの娘。庶出である。

(7) マレッキア渓谷に沿ってロマーニァからトスカーナに至る街道である。

(8) アンニーバレの息子。第二代のボローニァの領主。

の下に統治されていたが、そのジョヴァンニにも同様の任用がなされる。教皇は、ナポリ王およびピエロ・デ・メディチの名誉にかけて、彼の息子アントーニオ・ガレアッツォを枢機卿に任命するのを約束している。当時、彼は教皇庁書記官長(9)であった。これらの任用はフェルディナンドの名声を高める。しかし、これらの有利さを生かして直ちにロマーニァに進入していたならば、これらの任用はさらにフェルディナンドの名声を高めていたことであろう。しかし彼は王国から出発するに当たって極めて緩慢であった。これに対しロドヴィーコ・スフォルツァは極めて精力的で、フェルディナンドがチェゼーナに到着する前に、オービニィとスフォルツァ軍の司令官ガイアッツォ伯はアラゴン軍と戦うために託された軍の一部を率いて、何の抵抗にも遇わずボローニァ領を通過してイーモラ周辺の農村地帯に侵入している。かくして、フェルディナンドのロンバルディア侵入の望みは挫折され、戦いはロマーニァで為されねばならない。ロマーニァではラヴェンナとチェルヴィアはヴェネツィア人に支配されていた土地であったが、中立を保つ。ポー川の堤沿いにある小さなフェラーラ公国は、フランス軍とスフォルツァ軍の側に立って必要なものは何でも彼らに提供する。これらの都市を除いた他の都市はアラゴン側についている。

しかしピエロ・デ・メディチの性急さは、ジェノヴァ遠征で遭遇した苦境、あるいはロマーニァで生じた障害によっても和らげられない。彼は教皇およびアルフォンソと秘密の協定を結ぶ。しかも共和国にはそれについて知らせていない。ピエロはこの協定によって、フランス国王との公然たる敵対関係を宣言せざるを得なくなる。彼はナポリ艦隊がリヴォルノ港に停船し補給することに同意する。またフィレンツェ領内で兵を徴集するのも認めるからである。しかし、これだけではない。いまや己れ自身を一定の限度内にとどめておくことができなくなり、ジョヴァンニの息子アンニーバレ・ベン

(9) ジョヴァンニの次男。アントーニオ・ガレアッツォは一四八三年、教皇シクストゥス四世によって教皇庁書記官長に任ぜられている。

ティヴォーリオに彼およびアストーレ・ディ・マンフレーディの兵を率いさせて、フェルディナンドがフォルリ領内に入ると同時にその軍に合流するよう命じている。アンニーバレ・ベンティヴォーリオは当時、フィレンツェと傭兵契約を結んでいる。ピエロは同時に千の歩兵と大砲を彼に送る。教皇もまた同様の措置を取る。兵を提供するだけではない。既にシャルルに対しては書簡を送って、イタリアには侵入しないように、またその要求は暴力によってではなく法的手段によって行うよう命じてはいたが、いまやこれにも満足せず、さらに書簡を送って同じ意味のことを命じるが、その際、破門をほのめかしている。またヴェネツィアにおける教皇特使カラホラ司教[10]を通して、教皇はヴェネツィア元老院に対して全イタリアの共通の幸福のためにフランス国王に対抗して兵を送るよう強く要請する。それが不可能ならば、少なくともロドヴィーコ・スフォルツァに対して、今回の出来事の展開には強く反対している旨、通告するよう要請する。ヴェネツィアにはアルフォンソの大使たちもフィレンツェのそれとともに同じ目的で派遣されているが、教皇ほど強く要請してはいない。しかし元老院はドージェを通して次のように回答している。他国の領土から戦争を除去するために、その戦争を自国領に招き入れるのは賢明な支配者のよくすることではない、と言うのである。彼らは、言葉による表明でであれ、あるいは実際の行為でであれ、何事かを行っていずれの側をも怒らせるつもりはない、と言うのである。

アルフォンソと教皇の切迫した要求に対して、スペイン王は、必要な場合にはナポリ王国を助けるために大海軍をシチリア島に派遣しようと約束するが、資金不足のために急いでそれを行うことができないのは遺憾である、と言ってくる。これに対し教皇は、アルフォンソの送る一定の金額に付け加えて、教皇の権威に基づいて十字軍のためにスペインで徴集されている資金を、この目的のために使

(10) ペドロ・デ・アランダ (Pedro de Aranda)。

ってよい、と言う。その金はキリスト教信仰の敵に対する戦い以外の、いかなることにも使うことのできない金であったが[11]、その金を使ってもよいというのである。アルフォンソにはキリスト教信仰の敵を征服しようなどという気はさらさらない。それどころか、既にトルコ帝国皇帝には使節を派遣していたが、新たにカミルロ・パンドーネを送ろうというのである。カミルロとともに、ジェノヴァ人ジョルジョ・ブッチァルド[12]も行く。これは教皇によって秘密裏に派遣される。彼は以前にも教皇インノケンティウスによって同地に派遣された人物である。彼らはバヤジトによって大きな栄誉をもって迎え入れられる。急ぎ交渉を終え、大きな援助の約束を得て彼らは帰国する。大きな援助については、そのすぐ後、バヤジトによってナポリに派遣されて来た大使によっても確認されているが、いかなる果実も生むことはない。距離が遠いためか、あるいはトルコ人とキリスト教徒の間に相互信頼を実現するのが困難であったためか、その辺のことは分からない。

この時期、アルフォンソとピエロ・デ・メディチは、海陸とも武力的に成功していないのでロドヴィーコ・スフォルツァを、他ならぬ彼自身の策略と狡猾さを逆手にとって欺こうとする。しかしこのような努力も武力と同様、成功することはない。当時、多くの人びとは次のように考えている。すなわち、ロドヴィーコはフランス国王がナポリを獲得するのを望んでいない。己れ自身が危険になるからである。これを彼は知っている。しかし、彼の計画は己れ自身をミラノ公にし、フランス軍をトスカーナに入れた後に調停者として和平に乗り出すことである、と言うのである。この和平によってアルフォンソは、フランス王室の臣下としてフランス国王に臣従を誓い、ナポリ王国はそのまま保有する。他方、フィレンツェ人はルニジアーナに持っている領地[13]を奪われ、次いでフランス国王は帰国するという筋書きである。このようにしてフィレンツェ人は弱体化し、ナポリ王は権力と権威を縮小さ

(11) グラナダ王国の征服戦(一四八六―九二年)のために、特別に徴集するのを教皇に許されていた。ムーア人に対する十字軍のための特別税。

(12) Giorgio Bucciardi テキストには Buccia-rdo とある。教皇庁の書記である。

(13) とくに重要なのはフィヴィッツァーノとヴェルコラである。

れるが、ロドヴィーコはミラノ公として自らの安全を保証される。しかも、フランス国王が勝利した場合の差し迫った危険を招くこともない。これは彼にとって十分な成果であろう。彼は冬の到来とともに、何らかの障害が生じてシャルルの勝利の進軍が阻まれるのを望んでいたのかもしれない。そうなれば、フランス人の生来の性急さのため、また王の資金不足のため、さらに廷臣たちの多くが抱いている遠征に対する反対意見のために、合意に達する何らかの方法を見出すことは容易となるはずである。

これらすべてが真実であるかどうかはともかくとして、当初、ロドヴィーコはピエロ・デ・メディチをアラゴン家から引き離そうと懸命に努力していたが、後になると、ごく秘密裏にピエロに対してその方針を貫くように煽動しはじめる。その際、フランス国王が侵入して来ないように、あるいは侵入しても山脈のこちら側で何事かを仕出かす前に、すぐに撤退するように手はずを整えておくと約束する。フィレンツェに常駐している大使を通して、絶えず彼はこのようにピエロを煽動している。その理由は二つ考えられる。一つはロドヴィーコ自身、実際にそれを本気で信じていたのかもしれない、ということである。もう一つは、ピエロ・デ・メディチの破滅を断固狙っていて、フランス国王との和解の余地がまったくなくなる程度までピエロが王に対立するのを望んでいたのかもしれないということである。

このようなことからピエロはアルフォンソと連絡を取り、フランス国王にこのようなロドヴィーコの接近の仕方について知らせることにする。ある日、ピエロは身体の具合が悪い[14]と称してミラノの大使を自宅に呼ぶ。その前に、当時フィレンツェに滞在していた王の大使を邸宅のある場所に隠しておき、そこから彼らの会話を容易に盗み聞きできるようにしている。次いで、ピエロは長々とロドヴィ

(14) indisposto della persona 病と称して、政庁舎ではなく自宅に呼ぶのである。

ーコの説得と約束を思い起こさせる。しかもロドヴィーコの助言に基づいて、彼はシャルルの要求に抵抗したのだという事実を指摘する。それにもかかわらず、ロドヴィーコはフランス人を駆り立てて侵入させているではないか、と強く不満を述べる。結論としてピエロは、ロドヴィーコの行動はその言葉と一致していないので、今後そのような危険な状況に関与しないよう決意せざるを得ない、と言う。ミラノの大使は答えて、ピエロはロドヴィーコの善意を信ずるべきである、と言う。シャルルがナポリを取れば、彼にとっても等しく有害であるということからしても信ずべきなのである。そして彼はピエロに、その政策を持続すべきである、と説く。なぜなら、そうしない場合には、それは彼自身および全イタリアを隷属化させることを意味しよう、と言うのである。

フランスの大使は直ちにこの会話を王に報告して、王はロドヴィーコに裏切られつつある、と告げる。しかしこの計略は、アルフォンソとピエロが望んでいたような結果をもたらさない。むしろこのことがフランス人自身によってロドヴィーコに暴露されると、ピエロに対するロドヴィーコの怒りと憎悪はいっそう大きくなり、さらに執拗にフランス国王に対して時を浪費することのないよう要請する原因となったのである。

第9章

フランス人の来冦に対する、イタリアにおける恐ろしい予感と恐怖——イタリア遠征に対する宮廷人の反対とシャルルの突然の躊躇——サン・ピエロ・イン・ヴィンコラ枢機卿によるシャルルの説得——モンジュネーヴル経由のアルプス越え——シャルル八世のアスティ入城——シャルルの肉体的・道徳的肖像

いまや、海陸で行われている準備のみならず、天界や人間がいっせいにイタリアの未来の災厄を宣告する。未来のことを科学によって、あるいは神の霊感によって知っていると公言する人びとは声をそろえて断言する。すなわち、かつてない大きな変動が身近に迫っている。しかもこのような変動はたびたび生じることになろう。このようなことは過去何世紀にもわたって世界のいかなる場所においても見られなかった奇妙な恐ろしい出来事である、と言う。人びとは、天界や地上に異常な事柄がイタリア各地に出現しているという広汎な噂に少なからず脅かされる。ある夜、プーリアに三つの太陽が恐ろしい雷鳴と稲妻とともに曇り空に現われたという。アレッツォ地区では数多くの武装した兵士が巨大な馬に乗り、大空を何日間も太鼓とトランペットの恐ろしい騒音を伴って駆け抜けて行くのが

見られたという。イタリアの各地で、聖像や彫像が汗をかいているのが目撃される。いたるところで怪物が数多く生まれる。人間の怪物、動物の怪物の双方である。あちこちで自然の秩序を超えた、その他多くの事柄が生じる。これらすべての事象はイタリアの人びとを言うにいわれぬ恐怖で満たす。既にフランス人の暴力と残忍さの噂に怯えていたからである。すべての歴史書が述べているように、フランス人は過去において全イタリアを荒らし回り略奪してきた。ローマ市を劫略し、火をつけ、住民を虐殺してきた。[1] また、アジア各地を征服している。[2] 事実、彼らの武器の力を一時期でも思い知らされなかったような国は、世界中どこにもないのである。しかしこのような不吉な多くの前兆にあって、彗星が見られなかったことだけは不思議であった。支配者や国家の破滅の確かな前兆として、古代の人びとが評している彗星である。

　現実が近づいて来るにつれ、日ごとに天界の兆候、予言、予知、前兆に対する信仰が増大していく。なぜなら、シャルルはその決意を固くして、いまやドーフィネのヴィアンヌに来ているからである。彼は自らイタリアに侵入するという決意を揺るがすことはない。臣下のすべての懇願によっても、あるいは金不足によっても揺るがされることはない。金は極端に不足している。ごくわずかな宝石類、それらはサヴォイア公[3]やモンフェラート侯妃[4]、その他宮廷の貴族たちから借りたものであるが、それらを質に入れることによって辛うじて日々の必要を満たすことができる、といった状況なのである。前に、フランスの税収入から集めた金、またロドヴィーコ・スフォルツァによって与えられた金は、一部は海軍のために使ってしまう。海軍にこそ、最初から勝利の希望が託されていたからである。一部はリヨンを出発する前に、様々な人びとに考えもなく渡してしまっていたからである。当時の君主たちは一般に、国民から金を搾り取ることに敏ではなかったので、彼がそれ以上の金を貯め込むこと

（1）共和政時代のローマに対するガリア人の攻撃を指していよう。

（2）十字軍遠征を指していよう。

（3）サヴォイア公カルロ二世。

（4）マリア。息子のグリエルモ二世の摂政。

は容易ではなかったのである。貪欲さ、過度の強欲さに駆られた君主たちが、神と人間に対する敬意を踏みつけにして、国民から金を搾り取るようになるのはもっと後のことなのである。シャルルはかくも弱い基盤に立って、かくも大規模な戦争に乗り出そうとしているのである。彼は思慮分別や良き助言によってではなく、性急さと衝動に支配されているからである。

それにもかかわらず、人が新しい、大きな、しかも困難な物事を始めようとする時には、たとえそれを行う決断はなされていても、人間の知性というものは、その逆の決断が正しいと思われる根拠を考えつくものであって、このようなことはしばしば生じるものである。(5) したがって、王がまさに出発しようとしている時、事実、彼の軍が山脈に向かって移動しつつあるにもかかわらず、深刻な不平の囁きが宮廷全体に広がる。ある者はかくも大きな遠征の困難さを指摘し、他の者はイタリア人の不誠実さ、とくにロドヴィーコ・スフォルツァの不誠実さの危険を指摘する。フィレンツェから届いた彼の裏切りについての警告を思い起こしているのである。(また、たまたま彼の約束していた一定の金がなかなか来なかったこともある)。したがって、この遠征は終始それに反対していた人びとによって大胆に反対されただけでなく(出来事が人の意見を確認しているように思われる時に生じるように)、その主だった支持者であった人びとの何人かも、その中にはサン・マロ司教もいたが、かなり動揺しはじめるのである。ついにこの噂が王の耳に達すると、宮廷全体と彼自身の心に大変な影響を及ぼし、これ以上進軍する気はないといった気運を生み出し、直ちに進軍の中止を命じている。その結果、既に途上にあった多くの貴族たちも、イタリアに侵入しないという決定が下されたことを知ると宮廷に戻る。このような計画変更は、仮にサン・ピエロ・イン・ヴィンコラ枢機卿が――彼は当時においても、それ以前においても、それ以後においても、イタリアの災厄の宿命的な手先であったが

(5) これについては巻末『リコルディ』抄、第1巻第9章訳注(5)参照。「C」一五六、「A」一五三。

――彼の権威および激越さのすべてをもって、人びとの衰えた熱狂に火をつけ、王を鼓舞して本来の決定に引き戻さなかったならば、容易に実行に移されていたものと信じられている。彼はシャルルに、かくも栄光に満ちた遠征を行おうという霊感を与えた理由を思い起こさせる。それだけではなく、あれほど価値のある決定を気紛れに変更することの彼の汚名、世界中に知れ渡る彼の汚名はいかなるものかを、重厚な論議によって彼に示している。アルトア伯領を返還することによって[6]、王国の国境を弱体化したのは何のためか。ルシヨン伯領をスペイン王に与えることによって、フランスの門の一つを彼のために開いたのは何のためなのか[7]。これは貴族にとっても、一般の臣民にとっても不愉快極まることではなかったのか。そのようなものを入手に渡すのは、差し迫った危険から解放されるためか、あるいは大きな利得を得るためか、そのいずれかでなければ許されないであろう。しかし何の必要があって、いかなる危険に晒されて、そうしたのか。それによっていかなる報酬を期待したのか。いかなる果実が実るのか。より大きな屈辱を高価に買い取るためであったのか。意図を全世界に知らせて以来、いかなる突発事が生じたのか。いかなる障害が生まれたのか。いかなる危険が出現したのか。むしろ勝利の希望の方が目に見えて増大したのではなかったのか。なぜなら、敵が防衛のすべての希望を寄せていた基盤は空しいものであったことが証明されたのではないのか。アラゴン海軍はポルト・ヴェネーレを攻撃したが成功せず、恥知らずにもリヴォルノ港に逃げ込んでおり、ジェノヴァに対してこれ以上、手の下しようがないのである。ジェノヴァは、多くの兵と彼らの海軍よりも、より大きな艦隊によって守られているからである。陸軍の方は少数のフランス兵の抵抗に遭って、ロマーニァで立ち往生しており、あえて進撃しようとはしていない。王が大軍を率いて山脈を越えたという知らせが、全イタリアに広がったならば、彼らはどうするか。至るところ、大混乱に陥るであろう。

（6）第5章、本文85頁参照。
（7）第5章、本文84頁参照。

コロンナの兵がローマの市門に迫るのを彼自身の宮殿から見れば、教皇はどれほどの恐怖に襲われるであろうか。ピエロ・デ・メディチはどれほど仰天するであろうか。彼自身の身内[8]が彼を攻撃し、フランスに忠実な市民が彼が抑圧してきた自由を再び手にしようと熱望しているのを見れば！　ナポリ国境に王が進撃するのを阻止し得るものは何も存在しない。そこに至って王の見るのは、同じような混乱であり、恐怖であり、至るところに退却と反乱が生じていよう。彼らの金が消え失せるとでも思っているのか。王の武器の響きと大砲の恐ろしい轟音を聞けば、すべてのイタリア人は互いに競い合って王に金を提供するであろう。いかなる国が抵抗しようとも、略奪と劫略が、征服されたものの富が王の軍を支えることになろう。なぜなら、イタリアにおいては長年、戦争の現実というより、その見せかけに慣れ切っているために、フランス人の激しさに持ちこたえるだけのいかなる力もないからである。したがって、王の心に入り込んだのは、いかなる恐れ、いかなる混乱、いかなる夢想、いかなる空しき影なのか。いかにして、かくも早く気力を失ってしまったのか。全イタリアをひっくるめて征服することができると、数日前に誇っていたあの勇猛さはどこに行ってしまったのか。王の計画はもはや王自身の手から離れてしまったということを考えねばならない。事態はあまりにも進み過ぎているのである。領土は譲り渡してしまったし、接見していた大使たちも追放してしまった[9]。既に、軍資金は支払われ、準備がなされ、至るところ宣言文が公布され、彼自身もアルプスまで前進して来ているではないか。いかに危険が伴おうとも、遠征を続けねばならないのである。栄光と汚名、勝利と恥辱、世界で最も偉大な王となるか、あるいは最も侮蔑された王となるかの間には妥協はあり得ないのである。勝利と征服が既に準備され、明白になっている以上、王は何を為すべきなのか。

枢機卿が語ったことの実体はこのようなものであった。もっとも、その語り口は彼の性格に従って

（8）ロレンツォ・イル・ポポラーノ、ジョヴァンニ・イル・ポポラーノ兄弟の反メディチ工作を指す。第6章、本文102頁参照。なおメディチ家系図Ⅱ参照。

（9）フェルディナンドの大使たちの追放を指す。第6章、本文93頁参照。

率直であり、修辞的な言葉をもってするというより、むしろ性急で火のように激しい身振りを伴ったものであった。このような申し立ては王を激しく動かす。王はもはや戦争を勧める人びと以外の人の話には耳を貸すことなく、同日、ヴィアンヌを出発する。フランス王国のすべての貴族と隊長が従う。ブルボン公は例外で、王は留守中、彼の手に王国の運営を委ねている。[10] 提督とその他少数の者も、最も重要な諸州の統治と防衛に当たるために派遣されている。[11] 王はモンジュネーヴル峠を越えてイタリアに入る。この峠はモン・スニより越えやすく、かつて古代のカルタゴ人ハンニバルの通った峠である。もっとも、ハンニバルは信じられないほど苦労してはいる。アスティに到着するのは一四九四年九月九日である。王とともにイタリアにもたらされたものは、数知れない悲惨さ、恐ろしい出来事と、ほとんどすべての事柄における変化の種子であった。彼の侵入は政府の交代、王国の転覆、田園の荒廃、都市の虐殺、残忍な殺人の起源となっただけではない。新しい習慣、新しい風習、新しい血醒い戦争の方法、その日まで知られていなかった病気の起源でもあった。イタリアの平和と調和の道具立ては大混乱に陥り、それ以来、二度と再び回復されることはなかった。[12] その結果、その他外国の野蛮な軍隊がイタリアを荒廃させ、惨めに踏み躪ることができたのである。

イタリアの不幸な運命をさらに悪化させたのは、かくも多くの不幸の原因となった侵入者が、物質的な祝福には十分に恵まれてはいたが、精神と肉体の一切のヴィルトゥを実際に欠いていたことであった。そのため、われわれの屈辱はこの勝利者の性格によって和らげられることはないのである。というのも、シャルルが子供の頃から肉体的に虚弱で、不健康であったことは確かである。背丈も低く、容貌は極めて醜かった。ただし、瞳は輝いており、威厳があった。手足は不均衡で、人間というより怪物のように見えた。諸芸の知識を一切欠いていただけでなく、読み書きもほとんどできなかった。

(10) ピエール・ド・ボージュ (Pierre de Beaujeu)。ブルボンおよびオーヴェルニュ公。王と同等の者 (pari) であり、フランスの総司会官《コネスタービレ》である。またシャルル八世の摂政もつとめた。

(11) ルイ・マレ・ド・グラヴィーユ (Louis Malet de Graville)。第4章、本文73頁参照。

(12) フランス軍侵入に対するグイッチァルディーニのこのような見方は本書『イタリア史』の基本的モティーフとなっているが、既に若き日の『フィレンツェ史』にもその一端が示されている。『フィレンツェ史』第11章、一五七―一五八頁参照。なお、『リコルディ』抄、第1巻第9章訳注 (12)「C」六四、

「A」九四参照。

支配欲は旺盛であったが、まったく無能であった。なぜなら、絶えず寵臣たちの影響を受けていたために、彼らに対して威厳も保てず、権威もなかったからである。一切の義務や仕事を嫌い、現に従事している仕事においてさえ、いかなる思慮も判断も示さなかった。何か彼のうちに称讃すべきものがあるように見えても、よくよく見れば、悪徳から隔たっているというよりも、美徳から隔たっているように思われた。栄光を求めていたが、それも英知からというより、衝動によるものであった。金銭には寛大ではあったが、無分別で見境がなかった。決断においてはしばしば不動ではあったが、しかし真に不動というより、しばしば確かな根拠のない頑固さからであった。彼のうちにあって多くの人が親切さと呼んでいるものは、むしろ無関心さと優柔不断の名に値するものといえた。

第10章

アラゴン艦隊、再びジェノヴァに向け出航――オビエット・ダル・フィエスコ、ラッパロで敗退――ドン・フェデリーゴ・ダラゴナ、海岸沿いの諸都市に対する大作戦をこれ以上進める考えを放棄

王がアスティに到着したこの日、運命の女神が嬉しい前兆をもって彼に微笑みはじめる。ジェノヴァから極めて歓迎すべき知らせを受け取るからである。ポルトヴェネーレからリヴォルノ港に入った後、ドン・フェデリーゴはここで補給し、さらに兵を乗船させ、その後再び同じ海岸にとって返し、三千の兵とともにオビエット・ダル・フィエスコを上陸させる。彼はジェノヴァから二十ミーリアの地点にあるラッパロの町を難なく占領し、周辺の農村地帯を荒らしはじめる。このような始まりは少なからず重大であった。というのも、党派争いのために、どれほど些細な作戦ですら、いずれもジェノヴァの事情にとって極めて危険であった。したがって、市内にいる人びとにとって、敵のさらなる進軍を阻止することは不可欠のように思われた。かくして、市の防備のための兵を一部残して、サン・セヴェリーノ兄弟(1)とジェノヴァ総督アゴスティーノ(2)の弟ジョヴァンニ・アドルノがイタリア人歩兵を率いて、陸路ラッパロ(3)に向けて出発する。オルレアン公は海路、千のスイス兵を乗船させ出航する。この艦隊は十八隻のガレー船、六隻のガレオン船と九隻の大きな船から成っている。これらの

(1) ガスパーレ（Gaspare）、アントン・マリア（Anton Maria）、ガレアッツォ（Galeazzo）の三兄弟である。

(2) アゴスティーノ・アドルノ（Agostino Adorno）がロドヴィーコによってジェノヴァ総督に任ぜられたのは一四八八年である。

(3) ちなみにグイッチァルディーニはラッパロをRapalleと表記している。

兵はラッパロ近くで合流し、敵に対して激しく攻撃を加えはじめる。敵軍は、ラッパロの町と海にまで伸びている狭い平原との間にある橋梁に陣取っている。アラゴン軍はその位置からしても、彼ら自身擁している兵力からしても有利であった。というのも、この地域の都市は防備によるよりも、その地形の荒さによって堅固であったからである。したがって、攻撃の初めは敵に対して成功していない。スイス兵は、兵を横列に展開させることのできない場所にいるのを見て、まさに退却しようとしている。

しかしあらゆるところから、多数のその地の住民たちが加わる。彼らはアドルニ家の支持者たちである。彼らはこれらの岩盤や険しい丘の中で戦うのに最も長けていた。さらにアラゴン軍は、同時に海岸線近くまで可能な限り接近して来たフランス艦隊の大砲から、その側面を砲撃される。これによって彼らは敵の攻撃を跳ね返す力を奪われ、既に橋梁から後退しつつある。その時、オビエットの下に、支持者たちが彼のために蜂起せず、逆にジァンルイジ・ダル・フィエスコが大軍を率いて接近しつつあるという知らせが届く。かくして背後からの攻撃を恐れた彼らは逃走する。まっ先に遁走したのはオビエットである。亡命者がよくそうするように、山道を取っての逃亡である。攻撃する側と退却する者の双方で百名以上の兵が殺される。この数は、当時イタリアで習慣となっていた類の戦争としては極めて大きな数である。また多くの者が捕虜となる。その中にはジューリオ・オルシノ(4)がいる。彼は王に傭われて、四十の重装騎兵と騎馬石弓兵数名を率いて艦隊に従って来たのである。その他、フレゴーソ枢機卿の息子のフレゴシーノ(5)、それに同じ一族のオルランディーノ(6)などである。

この勝利は最終的にジェノヴァ問題に決着をつける(7)。というのも、ドン・フェデリーゴは兵を上陸させるや否や、沖合に出て、その海軍を率いて再びリヴォルノ湾に撤退しているからである。ラッパロ港での敵艦隊との交戦を避けたのである。この時期、ドン・フェデリーゴはこれ以上の成果を挙げ

(4) ロレンツォ・オルシノの息子。アスコリ公である。
(5) フレゴシーノの妻はフランチェスコ・スフォルツァの娘キアラである。
(6) ジァン・ガレアッツォ・フレゴーソの息子で、フレゴーソ枢機卿の従兄弟である。
(7) ドン・フェデリーゴがラッパロで敗退したのはフランス国王がアスティに到着する前日のことである。すなわち九月八日である。

ることができるとは思っていない。彼はリヴォルノで多くの兵を補充し、海岸に沿った他の都市を攻撃する様々な計画を練ってはいたが、それにもかかわらず、他の重大ないかなる攻撃をも試みようとはしていない。遠征の発端で失敗すると、勇気と名声が失われるからである。これはロドヴィーコ・スフォルツァに次のように誇らせる良い口実を与える。すなわち、賢明な外交によって敵を欺いたというのである。なぜなら、ジェノヴァを救ったのは唯一、彼らの作戦の遅延であり、しかもこの遅れは彼の狡猾さと彼らに与えた空しき希望によってもたらされたものであるから、と言うのである。

第11章

シャルル八世の軍隊——フランス軍の大砲の完全さ——フランス軍を恐ろしいものにした他の原因——イタリアの軍隊とシャルルの軍との相違

ロドヴィーコ・スフォルツァと妻ベアトリーチェは直ちに、アスティにいるシャルルの下に赴く。華麗さの限りを尽くし、ミラノ公国の高貴な生まれの、美しい多くの貴婦人の一行を連れている。彼らとともに、フェラーラ公エルコーレもいる。アスティで彼らは事態を論じ合い、出来るだけ早く軍を進めることにする。これがより迅速に為されるために、ロドヴィーコは金に窮している王にそれを貸し与える。ロドヴィーコが最も恐れていたのは悪天候のため、彼らがミラノ公国内で冬を越さねばならなくなるということである。しかし王は病気に罹ってしまう。天然痘である。このため一カ月ほどアスティに滞在している。兵は町や周辺の農村地帯に分散させる。軍の構成は、先にバリ・ディ・ディジューノ(1)とともにジェノヴァに送られていたスイス兵と、オービニィ指揮下のロマーニアにいる兵も入れ、また二百の親衛隊も入れると次のようになる。この数値は私の集め得た、数々の証言の中でも最も真実なものである。すなわち、千六百の重装騎兵、これらの重装騎兵にはそれぞれ、フランスの慣習に従って二名の石弓兵がついている。したがって、これら各々の槍騎兵(重装騎兵のことをフランスではこのように呼んでいる)の下に六頭の馬が配されている。次に六千のスイス人歩兵とフ

(1)ディジョンのバリ、アントワーヌ・ド・ベセである。第8章訳注(1)参照。本文112—113頁。

ランス王国そのものから集められた六千の歩兵が従う。六千のうちその半数がガスコーニュ出身である。ガスコーニュは、フランス人の意見によれば、フランスの中でも最も優秀な歩兵に恵まれた州なのである。これらの兵に加えて、大量の攻城砲と野砲が海路、ジェノヴァに送られていたが、これらの砲は共にかつてイタリアで見られたことのない種のものである。

これらのペストのような武器はかなり前にドイツで発明されていたものであるが、イタリアに初めて持ち込まれたのはヴェネツィア人による。この戦争でヴェネツィア人は海上で敗れ、大きな打撃を与えられ、キオッジアを奪われていた時期である。一三八〇年頃、ヴェネツィア人がジェノヴァ人と戦っていたとすれば、勝利者の言うがままの条件に応じていたことであろう(2)。

これらの武器の中でも最大のものは射石砲(3)と呼ばれているもので、全イタリアに広がったこの発明物は包囲の際に用いられていた。あるものは鉄製で、あるものは青銅製であったが、すべて巨大なものばかりである。したがって、器械の大きさ、技手の技術の欠如、不器用な装置などのために、それらは移動させるのに極めて時間がかかり、扱い難かった。都市の面前に据え付けるのにも同じように困難が伴ったが、据え付けても砲撃の間隔が非常に長かったために、時間を食うわりには後に現われたものに比べて効果は比較的小さかったのである。したがって、包囲された都市の防衛者たちはたっぷり時間を与えられていたので、内部で修繕したり、防御を強化したりすることができたのである。それにもかかわらず、硝石を用いた火薬の爆発力は、ひとたび火を点じられると、砲弾を恐ろしい轟音とともに空中に飛ばし、驚嘆すべき破壊力を発揮したため、それが後になって完成される前ですら、この道具は古代人の用いていた、アルキメデスやその他の発明家にある程度の名声をもたらした一切

(2) キオッジアを奪われたのは一三七九年八月十六日である。ヴェネツィアは国を失う最大の危機に直面する。しかしその後、キオッジアの逆封鎖に成功。六カ月後の一三八〇年六月二十四日、これを解放する。ヴェネツィアは国難に耐え抜いたのである。

(3) bombarde

の攻城の道具を滑稽なものにしてしまうのである。しかしフランス人は遙かに扱い易い、青銅のみから成る砲を作りあげる。これを彼らはカノン砲(4)と呼び、弾丸はかつては石であったが鉄製のものを使う。しかも、比較にならないほど大きく重くなった弾丸である。フランス人はこのカノン砲を車で移動させる。イタリアでの習慣のように牛に挽かせるのではなく、馬に挽かせた車である。この仕事に配備された兵員も装備も極めて秀れているので、行軍に遅れるようなことはほとんどない。市壁の下に着くと、信じられないほどの素早やさで設置される。砲撃の間隔は可能な限り短縮されており、しかも素早く強力に発射されるので、イタリアでは数日間かかっていたのが数時間で事が済むのである。彼らはこのような人間的というより、悪魔的な道具を、都市を攻囲する時だけでなく野戦にも用いる。同じようなカノン砲やその他の、もっと小さな砲とともに用いるが、それらはすべて、その大きさに従って同じような熟練とスピードをもって設置され、移動されるのである。

これらの大砲のために、シャルルの軍隊はイタリア全体で最も恐ろしいものとなる。さらに恐るべきは兵の数ではなくて、その能力であった。重装騎兵はほとんどすべて王の家臣である。平民ではなく縉紳《しんしん》である。単に傭兵隊長の意志によって傭われたり、解雇されるのではないのである。歩兵中隊は隊長によって給料を支払われるのではなく、王の大臣によるので、兵員数は完全に揃っているだけでなく、馬も武器も十分に供給され、配備されている。貧困のため自ら装備できないということはないのである。すべての者は競い合って軍務に最善を尽くす。これは、高貴な生まれが人の心に生み出す栄光への本能からでもあるが、軍務にあっても軍務以外においてもともに、勇気ある行為に与えられる報酬への希望からでもある。一つの階級からより高い階級へという具合に、最終的には隊長に至るまで昇進できるような機構が整っているからである。隊長たちも同じような刺激によって動かされ

(4) Cannoni 口絵参照。

ている。隊長のほとんどすべてが領主であるか、支配者であるか、少なくとも高貴な生まれであるからである。また、ほとんどすべての者が王の家臣であるからである。しかし、己れの指揮下に入れることのできる槍騎兵の数は、王国の慣習に従って、いかなる隊長も百を超えることはできない。その百を手にすれば、王の称讃をかち取る以外の野心を持つことはないのである。したがって、彼らの間では野心によるにせよ、貪欲さによるにせよ、主人を変えようなどという移り気は見られないのである。あるいは他の隊長たちに先んじて、より多くの兵を入隊させ、より多くの支払いを得ようと競い合うこともなかったのである。(5)

イタリアの軍隊ではすべてが正反対であった。なぜなら、多くの重装騎兵は農民か、あるいは卑しい平民で、他の君主の臣民である。彼らは完全に、給与について合意した傭兵隊長の部下である。隊長の方は自由に彼らを補充し、給与を支払うことができる。したがって、彼らは生まれながらにせよ、あるいは偶然によるにせよ、軍務に精を出そうなどといった刺激はまったく持ち合わせていない。傭兵隊長たちは傭い主の臣民であることは稀である。また、しばしば傭い主とは異なった利害や目的を持っており、隊長間では互いに憎悪と嫉妬に満たされている。統率すべき兵の数についてもあらかじめ定められた限界もなく、しかも隊長は部隊の完全な主人であるため支払われているだけの兵数を維持しない。また適正な条件に満足することなく、あらゆる機会を捉えて貪欲な補償金を要求する。同じ傭い主にいつまでも仕えず、しばしば傭い主を代える。野心あるいは貪欲さ、その他の利害に駆られて傭い主を代えるばかりでなく、裏切り行為にも出る。イタリアの歩兵もシャルルのそれと少なからず異なっている。イタリア人は不動の秩序正しい集団をなして戦うことはしない。戦場全体に散らばって戦い、土塁や溝に避難する。しかし、最も好戦的な民族であるスイス人は陣形を立て、兵数を

(5) Guasi tutti baroni e signori o almanco di sangue molto nobile.

厳密に配置させて集団で戦う。この秩序正しい配置を決して崩さず、敵に壁のように対決する。このような集団を展開させるだけの広さがあれば、彼らは後に退かず、戦うところ無敵である。かくして彼らは多くの輝かしい勝利と長い間の軍事的実践を通して、古代の勇猛さ[6]を復活し名声を高めたのである。フランスおよびガスコーニュの歩兵も同じ紀律と方法で戦うが、勇敢さは同じとはいえない。

（6）古代ローマのそれを指そう。

第12章

コロンナ家がオスティアの城塞を占領、公然とフランス国王側についたことを宣言する――ローマーニァでのアラゴン軍の挫折

フランス国王が病でアスティに引きとめられている間、ローマ近郊の農村地帯で新たな騒動が起こる。というのも、コロンナ家はアルフォンソが彼らの過度の要求をすべて受け入れたにもかかわらず、オービニィがフランス軍を率いてローマーニァに入ると直ちに仮面を捨ててフランス王側についたことを宣言していたが、いまやオスティアの城塞を守っていたスペイン兵と一定の了解に達して、これを占領したからである。この事件によって教皇は、すべてのキリスト者君主に対してフランス人によって加えられた、このような不当な行為の非を抗議する。とくにスペイン王とヴェネツィア元老院に対してその非を訴え、前年彼らと結んだ条約の条項に基づいて、彼らの援助を要請する。しかしこれは徒労に終わる。次いで彼は決然と戦争準備にとりかかる。プロスペロとファブリーツィオに降伏を迫り、次いでローマにある彼らの邸宅を破壊する。教皇軍をヴェルジーニオに率いられたアルフォンソ軍の一部と、ティーヴォリ近くのテヴェローネで合流させ、それらをコロンナ家の領土に送る。コロンナ家の兵力はわずか二百の重装騎兵と千の歩兵から成っていた。教皇は、フランス艦隊がジェノヴァを出航してオスティアの救援に向かっているという噂を耳にする。そしてそれらがコロンナ家の支

配している港ネットゥーノに入港するのを恐れる。したがって、アルフォンソはその方面に彼と教皇が配していたすべての兵をテルラチーナに集結し、これを包囲する。この都市は容易に取れるものと期待してのことである。しかし、これをコロンナ家は大胆に守りきる。またカミルロ・ヴィッテルリ(1)の歩兵中隊(2)がチッタ・ディ・カステルロから、最近フランス王に傭われたその兄弟たち(3)とともに、何の抵抗もなくその領土に入ったので、教皇はロマーニァにフェルディナンドとともにいる軍の一部をローマに召還する。

フェルディナンドの状況も最初は幸運が付き従っていたかのように思われていたが、もはやそうではない。フォルリとファエンツァ間のヴィラフランカに着き、次いでイーモラに通ずる幹線道路に出ると、ヴィラフランカ近くに野営していた敵軍は、兵が劣勢であったことからジェニーヴォロ川近くのルーゴとコロンバラの森の間に撤退する。この地は自然の要塞といえた。エルコーレ・デステの領地である。フランス軍は彼の領地で補給を受けているのである。フェルディナンドは堅固な地形のために、重大な危険を伴わずには彼らを攻撃することができないと知って、イーモラを出発してボローニァ領にあるカステル・サン・ピエロ近くのトスカネルラに行って野営する。フェルディナンドは戦いを欲していたので、ボローニァに向かって移動すると見せかける。彼が前進するのを、敵がこれ以上阻止せずに放置しておく気がないのであれば、敵は必ずや動くであろう。すなわち、フェルディナンドは敵を、自然の要塞から防衛に弱い他の地に野営地を移させようとしたのである。数日後、彼らはイーモラに向かい、ルーゴとサンタ・アガータ間のサンテルノ川でとどまる。背後にはポー川を控え、極めて防備のよい地点である。フェルディナンドは翌日、彼らから六ミーリア離れた、同じ川に沿ったモルダーノとブバーノ近くに野営する。翌日、フェルディナンドは軍を、彼らと一ミーリア以

(1) ニッコロの息子。シャルル八世によってグラヴィナ公にされている。

(2) la compagnia

(3) ヴィッテロッツォ、ジューリオ、パオロ、ジョヴァンニの四人である。後にヴィッテルリ家に次々に襲いかかった不運については、グイッチァルディーニ『フィレンツェ史』二七八―二八三頁、および三七五―三七六頁参照。

内のところに導いて行く。彼らはこの平原で、戦闘陣形のままで数時間、待機している。その広さのために戦闘には理想的な平原であったであろう。しかし徒労に終わる。

現在の野営地にいる限り、彼らを攻撃するのはあまりにも危険であった。これは明らかであったので、コティニュオーラの山村バルビアーノに行って野営する。ここはこれまでの野営地と異なって山腹ではない。敵の側面に位置している。依然として彼らをその堅固な地形の外に出させようと望んでのことである。この時点までは、カラヴリア公(4)の状況は大きな成功を収めつつあったように思われた。というのも、敵ははっきりと戦闘を拒否して、武器をとっての勇猛さに訴えるというより、自然の要塞に籠って自らを守ろうとしていたからである。また軽騎兵の小さな小競り合いにおいても、アラゴン軍の方がわずかに優越していたからである。しかしフランス軍とスフォルツァ軍が絶えず増強されていくにつれ、戦争の状況は変わりはじめる。当初は背後にとどまっていた彼らの兵が次々と到着するからである。カラヴリア公の情熱はお付きの隊長たちの忠告によって抑えられ、より有利な機会を捉えるためにサンタ・アガータに撤退する。この地はフェラーラ公の領地である。この地で彼は防御施設を構築しはじめる。というのも、フェラーラ公領の真只中にあって、彼の歩兵が減少していたからである。また教皇軍の重装騎兵の一部も教皇によって召還され、既に出発していたからである。しかし数日後、アスティに到着後、フランス国王が直ちに派遣した二百の槍騎兵と千の歩兵が敵の野営地に入ることになっているのを聞いて、公はファエンツァ郊外の、ファエンツァの市壁とファエンツァから約一ミーリアほど離れて、ファエンツァを完全に取り巻いている濠の間にある一場所に撤退する。この地は極めて強力な地形である。ここに公が撤退した後、敵は公の放棄したサンタ・アガータに野営地を移している。両軍はともに敵の方が弱体なのを見て取った場合には、確かに勇敢さを示

(4) カラヴリア公、すなわちフェルディナンドである。

している。しかしほぼ均衡しているとなると、双方とも運命の女神を試すのを避ける。なぜならば、フランス軍とスフォルツァ軍はアラゴン軍のさらなる進撃を阻止できれば、ロンバルディアを出発した際の目的を達成したものと思っており、他方、アルフォンソ王の方は敵の進軍を冬の到来まで遅らせられれば少なからざる利益と思っていて、とくに息子とジァンヤコポ・ダ・トリヴルツィ(5)とピティリアーノ伯にやむを得ざる場合を除いて、ナポリ王国の安全を脅かすようなイチかバチかの勝負に出ないよう固く命じていたからである。軍が破壊されればナポリ王国の安全は失われるからである。このように敵対する二つの軍が同じ考えを抱いているといったことは、滅多に生じるものではないのである。

(5) テキストには Gianiacopo da Triulci とある。

第13章

シャルル八世、パヴィーアの城で病に臥しているジョヴァン・ガレアッツォ・スフォルツァを訪れる――シャルル、ピアチェンツァでジョヴァン・ガレアッツォの死の知らせに接す――ロドヴィーコ・スフォルツァ、ミラノ公の称号と旗を手にする――ジョヴァン・ガレアッツォの死についての噂と疑惑――遠征の不確実性についてフランス国王は新たな疑念を抱くが、遠征を続行

しかしこれらの救済策も彼を救うに十分ではなかった。というのも、シャルルは季節[1]によっても、あるいはその他の障害によっても、抑制されることなく、病から回復するや否や軍を進めたからである。パヴィーアの城には彼の第一の従兄弟、ミラノ公のジョヴァン・ガレアッツォが重い病で臥せっていた。(フランス国王とジョヴァン・ガレアッツォは、第二代サヴォイア公ロドヴィーコの娘たち、すなわち二人の姉妹[2]の息子たちなのである)。王はパヴィーアを通過した時、親切にもジョヴァンを訪ねて行き、同じ城に泊まっている。会話は一般的なものであった。ロドヴィーコが同席していたからである。病気の御見舞を言い、早い回復を希望すると言って励ましている。しかし、王とそこに同

(1) la stagione del tempo

(2) シャルルの母はカルロッタ、ジョヴァン・ガレアッツォの母はボーナである。

席していた者たちは憐憫の情に深く動かされる。なぜなら彼らはすべて、この若い男の生命が叔父の裏切りによって極めて短いものであると確信していたからである。彼らの憐憫は、彼の妻イザベルラの同席によって大いに強められる。彼女は、夫の生命と小さな息子の生命に対する心配と、父およびその他一族が巻き込まれている危険を嘆いて、同席する人びとの前で王の足下に身を投げ出し、とめどなく涙を流しつつ、父およびアラゴン家一族に対して慈悲を垂れ給え、と懇願するのである。これに対し王は、彼女のいたいけな美しさに哀れを催しながらも答える。遠征がここまで進んでいる以上、それを続けねばならない、と言うのである。これほどの大遠征は、これほど小さな理由をもってしては中止することはできないのである。

パヴィーアから王はピアチェンツァに行く。同地に滞在中に王は、ジョヴァン・ガレアッツォの死の知らせを受け取る。このため王に従って来ていたロドヴィーコは急拠、ミラノに戻る。ミラノにおいて、ミラノ公の諮問会議の主だったメンバーによって次のような提案がなされる。彼らはロドヴィーコによって買収されている。すなわち、公国の偉大さとイタリアがまさに乗り切っていこうとしている困難な時代を考慮に入れると、ジョヴァン・ガレアッツォの五歳になる息子が父の後を継ぐのは極めて有害なことであろう、と言うのである。彼らは、年齢においても経験においても成熟しているミラノ公を必要としているのである。したがって、公共の福祉と必要のため、これは法自体が認めているが、法の規定の適用を免除してロドヴィーコが一般の利益のためにミラノ公の称号を受け入れざるを得ない。もっとも、このような時代にあっては、それは重い責務ではある。このような口実のもとにロドヴィーコは抵抗の姿勢を幾分か示すが、翌日、ミラノ公の称号と旗を取る。しかし、その前に秘密のうちに彼はそれらをローマ王に与えられた叙任によって正当に彼のものとなっていた、と宣伝している。かくして正直さが野心によって踏み躙られたのである。

ジョヴァン・ガレアッツォの死の原因は、過度の性交にあったという話が広められる。しかし、彼が死んだのは自然の病気、あるいは淫乱によるものではなく、毒物によるものであるという見方がイタリア中で信じられる。パヴィーアのテオドーロ[3]は、シャルルがジョヴァンを訪ねた時、同席した宮廷医師の一人であったが、ジョヴァンに明らかに毒物の徴候があったと述べている。仮に毒物であったとすれば、叔父が与えたことを疑う者はいなかった。なぜならば、ミラノ公国の絶対的な支配者であることに満足せず、さらに称号や栄誉をもって自らを偉大にしようという、偉い人間に共通の貪欲さに駆られ、なかんずく、彼自身の安全と子供の相続のためには、正当な君主の死が不可欠なものと確信し、ミラノ公の称号と権力を獲得しようと望んだからである。この貪欲さは彼を駆って、本来は優しく流血を憎んでいた彼ではあるが、かくも邪悪な行動へと走らせたのである。ほとんどすべての人が次のように信じる。これは、ロドヴィーコがフランス人のイタリア侵入について交渉を始めたその時からの彼の意図であった。フランス軍が大軍を率いて公国内にいるまさにその時に、これを実行に移すのが最もふさわしいチャンスであると彼は思ったからである。かくなれば、彼の犯罪に対して反抗しようという、勇気を持つ者はいないであろう、と言うのである。他の人によれば、それは突然、恐怖から生まれた思い付きであったとされる。王がフランス人の性急さからして、ジョヴァン・ガレアッツォを隷属の地位から解放するために早まった行動に出るのではないか。ジョヴァンの若さに対する憐憫の情からしても、また家族感情からしても、あるいはこの公国がロドヴィーコの手にあるよりも、むしろ従兄弟の手にあった方が王自身にとってより安全であると考えるにせよ、そのような行動に出るのではないかとロドヴィーコが恐れたからである、と言うのである。このようにロドヴィー

（3）テオドーロ・グアルニエーリ。シャルル八世の侍医である。

コの裏切りについて王の疑いを絶えず喚起しようとする重要人物が、王の周辺には数多くいたのである。しかし、ロドヴィーコが前年に叙任を手にして、甥の死の直前に帝国特権を緊急に送らせていたという事実は、目前の危険によってやむを得ず突然決意したというより、むしろあらかじめ考え抜かれた、完全に決意された計画であったことを示しているのである。

数日間、シャルルはピアチェンツァにとどまっている。彼は山を越えて帰りたい気になっている。金の不足と新しいことを行っても、イタリアのどこでも彼に有利なようには実現されない——このため王は成果について疑うようになっていたからである。彼はまた新しいミラノ公を疑ってもいた。噂によると、公は王の下に戻って来ないのではないかと言う。ロドヴィーコは立ち去る時、戻ると約束はしていた。

毒殺の犯罪はイタリアでは各地で普通に行われてはいるが、フランスではほとんど知られていなかった。したがって、シャルルと廷臣たちのすべては、ロドヴィーコの誠実さを疑いかつ懼れていたということはあり得よう。事実、シャルルはこのような犯罪を罰を受けずに実行するために、ロドヴィーコが彼のイタリア侵入を画策したのであれば、重大な違反であると考えていたかも知れないのである。しかし彼は結局、ロドヴィーコが絶えず遠征を続けるよう懇願し、数日以内に王の下に戻ると約束したため、遠征を続行する決意をする。王がロンバルディアにとどまるにしても、急拠フランスに帰国するにしても、それはロドヴィーコの計画にまったく反することであったからである。

第14章

ロレンツォおよびジョヴァンニ・デ・メディチ、シャルル八世にフィレンツェに来るよう促す——ピエロ・デ・メディチに対するシャルルの増大する怒り——フランス軍のアペニン山脈越え——シャルルのスイス傭兵軍によるフィヴィッツァーノ占領と略奪——セレザーナおよびセレザネルロ要塞——ピエロ・デ・メディチに対するフィレンツェにおける悪感情——ピエロ、フィレンツェ人の要塞をシャルルに引き渡す——アラゴン軍のロマーニァ撤退とアラゴン海軍のリヴォルノ港からの撤退

ロレンツォおよびジョヴァンニ・デ・メディチは王がピアチェンツァを出発した同日、彼を訪問している。彼らは密かに領地の邸宅から逃れて来たのである。彼らは王にフィレンツェに向かうよう懇願する。フィレンツェ人のフランス王室に対する友好的な意志と、それに劣らぬピエロ・デ・メディチに対する憎悪からしても、多くを期待できる、と言うのである。ピエロに対する王の怒りはつい最近、新たな刺激を与えられている。アスティから彼はフィレンツェに大使を派遣する。通行を許し、

今後、アルフォンソに対する援助を差し控えるのであれば、多くの提案をし、いつまでも最初の決定に固執するというのであれば、威嚇しようというのである。シャルルは大使に指令する。フィレンツェ人が明確な返答を即刻与えないようであれば、彼らを恐れさすために直ちに戻れ、というものである。大使は、返答の遅延の理由として次のように告げられる。フィレンツェの主だった市民たちはすべて、この季節の習わしで田園の別荘に行っているので明白な返答を即刻与えるわけにはいかない。しかし王にその決定を知らせるために、彼ら自身、大使を間もなく派遣しよう、というものである。

軍を率いていくに当たっての、より良い道はロマーニァとマルケを経由してトロント川を渡り、アブルッツィに入って行く街道よりも、むしろトスカーナとローマ領を通って直接ナポリに通ずる街道を採るべきである、という点については、王室会議では異論が唱えられたことは一度もなかった。この街道を採るのはロマーニァのアラゴン軍を打ち敗る自信がなかったからではない。アラゴン軍はオービニィに対してさえ辛うじて対抗している程度でしかない。そうではなくて、王がこの街道を避けたとなれば、王には教皇とフィレンツェ人を屈服させる自信がないからであると人びとに思わせるきっかけを与えることになろう。これは偉大な王にとって、またその軍の栄光にとってふさわしくないように思われたからである。なにしろ教皇とフィレンツェ人ははっきり王に対抗する旨を宣言しているのであるから、当然、この道を採るべきなのである。さらに敵対するトスカーナと教会国家を背にして、ナポリ王国内で戦争をするのは危険であると考えられたからである。

ボローニァ経由の直接越えではなく、パルマでアペニン山脈を越えることが決定される。これはアスティでロドヴィーコ・スフォルツァが提案したものである。彼はピサを取りたいと思っていたからである。王族の一つ、ブルボン家出身のジルベルト・モンシニョーレ・ディ・モムペンシエーリ(1)に率

(1) Gilbert de Bourbon モンパンシエ伯。シャルル八世の従兄弟である。

いられた先遣隊が、アペニン山脈の麓に位置するポントレモリに出る。その後を王とその他の兵がついて行く。この町は、古代ではリグリアと呼称されていた。ジェノヴァとトスカーナを分かつマグラ川沿いにあって、ミラノ公国に属している。

　ポントレモリからモムペンシエーリはルニジアーナに入る。その一部はフィレンツェの支配下にあるが、いくつかの要塞はジェノヴァ人のものであり、残りはマレスピーニ侯家のものである。彼らはそれぞれ小さな領地を維持しているが、あるものはミラノ公国の保護下にあり、あるものはフィレンツェ人の、あるものはジェノヴァ人の保護下にある。ここで先遣隊はジェノヴァを守備していたスイス兵と海路ジェノヴァに着き、次いでラ・スペーツィアに回されていた砲兵隊が合流する。フィレンツェ人の一つの要塞フィヴィッツァーノに兵を繰り出した先遣隊は、これを強襲して占領し、劫略する。フィヴィッツァーノに駐屯していたすべての外国兵と、多くの市民たちは虐殺される。フィヴィッツァーノに兵を導いたのは、フィレンツェの被後見人フォスティヌオーヴォ侯ガブリエルロ・マラスピーナである。このような殺戮は前代未聞のことであって、イタリアに大きな恐怖を巻き起こす。イタリアは長い間、危険と流血に満ちた戦争ではなく、壮麗にして華麗、豪華な戦争——ほとんど見世物のような戦争を見るのに慣れていたからである。(2)

　フィレンツェ人はセレザーナ(3)において本気で抵抗を示す。セレザーナは小さな町であるが、要塞化されていた。しかし、これほど強大な敵に抵抗できるほど十分に装備を施されていなかった。経験を積んだ、権威ある隊長、あるいは兵も多く投入していなかったからである。しかも投入されていた兵たちも、フランス軍接近の知らせを聞いて既に臆病風に吹かれていた。それにもかかわらず、これを占領するのは、とくに要塞を占領するのはやさしいとは思われなかった。セレザネルロ(4)はセレザーナ

(2) フィヴィッツァーノ略奪と新しい戦争のやり方についてはグイッチァルディーニ『フィレンツェ史』一五七—一五九頁参照。

(3) グイッチァルディーニはセレザーナ（Serezana）と表記している。今日のサルザーナ（Sarzana）である。

(4) グイッチァルディーニはセレザネルロ（Serezanello）と表記する。サルザネルロ（Sarzanello）である。

の上の丘に建てられた砦で、十分な装備がなされていたからである。そのうえ、フランス軍はこの地域には長い間とどまることはできなかった。というのも、海と山地に取り巻かれた小さな不毛な土地では、このように大量の人間を養うことはできないからである。食糧は遠く離れた土地からしか届かず、目下の必要を満たすには間に合わないのである。したがって、王の進撃はかなりの困難に逢着するであろうと思われた。セレザーナとセレザネルロには手を付けずにピサを攻撃することはできたであろう。あるいは、ルッカ周辺の農村地帯を通って他のフィレンツェ領に入ることもできたであろう。ルッカはミラノ公の煽動で王を受け入れることを決定していたからである。しかし、シャルルはそのような決断を下すことに乗り気ではなかった。抵抗を示す最初の都市を取ることができなければ、その他の都市も同じように勇気を振るって抵抗するであろうと思ったからである。しかし運命《フォルトゥナ》の女神の恵みによるものか、あるいはもっと高い、他のある力の命令によるものか（すなわち、人間の過誤と無思慮がそのような口実に値するものとしての話であるが）、王のこのようなジレンマに対して、これを直ちに解決する事態が生じる。これは宿命的なものであった。ピエロ・デ・メディチは、繁栄の時にあっては節度あるいは慎重さを欠いていたが、逆境に際しては勇気《アニモ》あるいは堅忍不抜《コスタンツァ》さを欠いていた。

ピエロが王に敵対することに対しては、フィレンツェ市は最初から不快を感じていたが、この不快感はその後、絶えず増大していく。フィレンツェの商人が最近になってフランス王国全域から追放されたからというのではなく、フランス人の力に対する恐怖からである。この恐怖は彼らの軍隊がアペニン山脈を越えはじめたという知らせを耳にして以来、またその後、フィヴィッツァーノを占領するに際しての彼らの残忍さについての知らせが届いて以来、恐ろしいほど高まっていたのである。誰も彼もが、ピエロ・デ・メディチの軽率さについて公然と不平不満を鳴らす。ピエロは何の必要もなく自らを過信し、平時には向こう見ずで傲慢な、しかも危険の迫った時には無能な側近たちの助言の方を信頼して——父の友人であった市民たちや賢明な助言を与えたはずの市民たちを信頼せず——意味もなくフランスの一国王の武力を挑発してしまったではないか、この王たるや、王のみですら強大である上にミラノ公の支援も受けているのである。それに対しピエロは、とくに戦争についてはいかなる知識もないではないか、と言うのである。ピサをどうするというのか。敵意を持っており、防備も施されていない、兵も弾薬もないというのに。また他のフィレンツェ領もある。同じように、あのような攻撃に対して防衛する準備も整っていないではないか。アラゴン家についてはどうか。彼らのためにフィレンツェ人はこのような危険に身を晒しているというのに。カラヴリア公以外、期待できる人物はいないではないか。しかも、そのカラヴリア公はフランス軍のごく小さな一部に対抗して、その兵とともにロマーニァにクギづけになっているではないか。これらすべてにもかかわらず、フィレンツェはすべての者に見捨てられ、激しい憎悪を買い、本来は真剣に傷つけようなどと思っていなかった人物の餌食となるのは確実なのだ。

このような感情はフィレンツェ一般の感情であったが、さらに多くの高貴な市民たちによって煽られる。これらの市民たちは、現政権と一家門が共和国全体の権力を簒奪したという事実を強烈に嫌悪している人びとである。これらの人びとは既に恐怖に駆られている人びとに乗じ、また政権の交代を望んでいる人びとを勇気づけながら、人びとの感情を喚起させたため、市内には反乱が生じるのではないかという懼れが生まれはじめている。人びとはさらにピエロの傲岸さと節度を欠いた態度に激怒する。多くのやり方で先祖の市民的な慣習や優しさを捨て去っていたからである。このため彼は、ほとんど少年の頃から全市民に嫌われてきた。よく知られていることではあるが、彼の父ロレンツォは息子の性格を見ていて、しばしば、最も親しい友人たちに息子の無分別と傲慢さは一家の破滅をもたらすのではないか、と嘆いていたのである。

いまやピエロは以前には向こう見ずに軽蔑していた危険に怯え、約束されていた教皇とアルフォンソの助けもないまま、性急に敵のもとに赴き、友人たちからもはや望むべくもない安全を敵から得ようと決意する。教皇とアルフォンソは、オスティアの喪失とネットゥーノ包囲、それにフランス艦隊に対する恐怖に忙殺されていたからである。ピエロは父の例に従っているものと思っている。一四七九年、教皇シクストゥスとナポリ国王フェルディナンドがフィレンツェ人に対して行った戦争によって重大な危険に直面したロレンツォは、フェルディナンドと会見するため、ナポリに赴き、フィレンツェには平和を、ロレンツォ自身には安全をかち取り帰国するのである。(5) しかしながら、他人の例を真似るのは極めて危険である。真似るためには一般的な条件においても、特殊な個々の条件においても、他人の例と同一でなければならないし、物事を処理するに当たっても同一の慎重さをもって為されねばならないし、その他すべてのものに加えて同一の幸運がその役割を演ずる必要があるからである。(6)

このような意図を念頭にフィレンツェを出発したピエロは、王に会見する前に、フィレンツェ人によってセレザーナおよびセレザネルロを救援するために派遣された、パオロ・オルシノの騎兵隊と三百の歩兵がマグラ川からそこに騎行して来たフランス騎兵隊によって潰滅させられたことを聞く。彼らの多くは殺され、あるいは捕虜となる。ピエトラサンタでピエロが王の安全通行証を待っていると、サン・マロ司教が他の宮廷貴族とともにやって来て、彼を王のもとに安全に護衛して行く。司教と宮

(5) グイッチァルディーニ『フィレンツェ史』第6章九六―一〇二頁参照。

(6) 巻末『リコルディ』抄、第1巻第14章訳注(6)「C」一一〇、一一七参照。

廷貴族に付き添われて先遣隊の野営地に着くと、同日、王も残りの軍とともに先遣隊に合流する。先遣隊はセレザネルロを強襲しているが、いまのところ攻略できる望みはない。

ピエロが王の前に連れて来られ、親切に迎えられると、もっとも親切といっても本当のものというより表面的なものであったが、彼は王の怒りを大いに和らげることができる。王の要求のすべてに同意したからである。王の要求は数多くの途方のないものであった。すなわち、ピエトラサンタ、セレザーナ、セレザネルロのそれぞれの要塞、さらにピサとリヴォルノ港の要塞を王の手に引き渡せというものである。ピエトラサンタとセレザーナ、セレザネルロは、その方面でのフィレンツェ領に入る鍵のごとき地であり、ピサとリヴォルノ港は共和国の最も重要な死命を制する領地である。ピエロはこれらを王の手に委ねたのである。これに対し王の方は、自ら署名した文書でナポリ王国を征服すれば直ちに、これらをすべて返還すると約束している。ピエロはフィレンツェ人が王に二十万ドゥカーティを貸し与えるよう手配し、王はフィレンツェ人を同盟者として受け入れ、その保護下に置くことになる。これらの同意のあるものは単に言葉で約束されたものであるが、公式文書の作成は彼らがフィレンツェに到着するまで延期される。王はフィレンツェを通過するつもりでいる。しかし要塞の引き渡しは延期されない。というのも、王はピエロにセレザーナ、ピエトラサンタ、セレザネルロの要塞を引き渡させているからである。数日後には、ピエロの命令でピサとリヴォルノ港の要塞にも同じことが行われる。フランス人はピエロがかくも簡単にこれほど重大な事柄に同意したことに驚いている。なぜなら、王はもっと軽い条件で満足したことは疑い得ないからである。

私はここで、翌日、ロドヴィーコ・スフォルツァが軍とともに到着したとき、ピエロ・デ・メディチに与えた機知に富む返答を省略すべきではないと思う。ピエロはロドヴィーコに敬意を表するために会いに行ったが、会えなかったことで釈明している。その理由はロドヴィーコが道を間違ったからというのである。これに対してロドヴィーコは即座に答える。――われわれのうちの一人が道を誤ったのは確かだ。しかしおそらく、それが君だよ――。あたかもピエロが彼の忠告に耳を貸さなかったこと、そのためにこのような災難と危険に陥ったことに対して、彼を非難しているかのようである。しかしながら、後の出来事が示しているように、彼らは両人とも道を誤ったのである。しかし、より大きな不運と汚名をもって道を誤った者は、卓越した地位から、知恵を過信して他のすべての者の導き手だと公言していた人物なのである(7)。

ピエロの決定によって、トスカーナは王にとって安全になっただけではない。ロマーニァにおいても、王はすべての障害から解放される。ここではアラゴン軍は既に弱体化していた。焦眉の危険に対して己れを守ることのできない者が、他の者の危険に備えることはできないからである。フェルディナンドがファエンツァの濠の内部の堅固な野営地で安全に過ごす間、彼の敵はイーモラ周辺に戻っている。兵の一部をもってブバーノ要塞を攻撃する。この攻撃は失敗する。ここは小さな要塞で守備兵も少数であったが、この地方は低い地形であったため、すべてが洪水で浸されていたためである。その後、彼らはモルダーノの要塞を大砲の強襲によって取る。ここは極めて堅固で守備隊もよく配備されていたが、占領する。大砲の力とはこのようなものであり、フランス軍の攻撃の激しさはこのようなものであったので、たとえ水の湛えられた堀を渡る際、多くの兵が溺死したとしても、内部にいる者は抵抗できない。しかも年齢や性別を問わず、彼らに対して為された残忍な行為は凄じいものであったため、全ロマーニァが恐怖に満たされたのである。この恐ろしい出来事のためにカテリーナ・スフォルツァは救援に一切絶望して、差し迫った危険を避けるためにフランス人と合意に達し、息子の

(7) ロドヴィーコ・スフォルツァの最期を暗示している。本書『イタリア史』第4巻第14章で扱われる。

支配する都市におけるすべての便宜供与をフランス軍に約束している。そこでフェルディナンドは、ファエンツァの住民を信用せずイーモラとフォルリの間に留まっているのは危険と考え、チェゼーナの市門に撤退する。ピエロ・デ・メディチのセレザーナ訪問についての知らせを聞いたから、なおさらそうしたのである。彼はひどく恐れていたので、フォルリ近くを通るのを避けて、フィレンツェの一要塞カストロカーロ近くの丘陵地越えの、より長い困難なルートによって兵を導く。数日後、ピエロ・デ・メディチによってなされた協定についての知らせを受け、これによってフィレンツェ軍が彼の軍から立ち去ると、彼はローマに向けて出発する。同時に、ドン・フェデリーゴはリヴォルノ港を出航し、艦隊とともにナポリに撤退する。ナポリではアルフォンソも事態が同じように悪化しつつあり、己れ自身の安定のためにあれほど希望に満ちて他国を攻撃するために派遣していた兵を必要としはじめている。ネットゥーノの包囲は成功しなかったので、兵をテルラチーナに撤退させる。サレルノ公とモンシニョーレ・ディ・セレノン(8)によって指揮されたフランス艦隊がオスティア沖に出現していたが、教会国家を攻撃する意図はないと宣言して兵員を上陸させることもなく、教皇に対していかなる敵意も示していない。もっとも、フランス国王は数日前、教皇が彼の下に特使として派遣したシエーナ枢機卿フランチェスコ・ピッコロミーニ(9)の謁見を拒否してはいる。

(8) ルイ・ド・ヴィルヌーヴ (Louis de Villeneuve)。セレノン領主。

(9) 後の教皇ピウス三世(一五〇三年)。

第15章

フランス国王との協定のゆえをもって、ピエロ・デ・メディチに対する怒りが燃えあがる——ロドヴィーコ・スフォルツァ、ジェノヴァの叙任を手にする——ピエロ・デ・メディチ、政庁舎に入るのを阻止される——大衆《ポポロ》の反乱とピエロの逃亡——以前の、フィレンツェにおけるメディチ家の権力——ピサ人、シャルル八世の同意を得て自由を回復する——ピサ人に対する、サン・ピエロ・イン・ヴィンコラ枢機卿の助言

ピエロ・デ・メディチによる協定の知らせがフィレンツェに届くと、激しい怒りが市全体を覆いはじめる。なんという損失、共和国にとってなんという苛酷な、恥ずべき打撃であろうか、と言うのである。人びとを憤慨させたのは、これらの損失以外に、ピエロが彼の父祖たちの決して行わなかった、重大な何事かを行ったという事実であった。彼は市民の同意を得ずに、あるいはシニョリーア[1]の命令なしに、フィレンツェ領の大きな部分を譲り渡したのである。ピエロに対する批判が最も厳しいのは、この理由のためである。いたるところで、市民たちは自由を回復しようと互いに励まし合っているの

（1）政庁《シニョリーア》と訳されている。任期二カ月の八人のプリオーレ（高位の行政官）と、同じく任期二カ月の行政長官ゴンファロニエーレ（旗持ち）から成る、フィレンツェ最高の行政機関である。任期中は政庁舎《パラッツォ》で生活する。複雑な方法で選出されていた。フィレンツェの行政組織の詳細については拙著『グイッツァルディーニの生涯と時代』下巻の解説、あるいは拙訳『フィレンツェ史』の解説参照。

が見られる。ピエロを支持している人びとも、このような動きに対して言葉や力をもってあえて反対しようとはしない。フィレンツェ市民はピサやリヴォルノを防衛する手段を持たなかったし、王に要塞を取らないよう説得することもできなかったが、それでも、共和国の政策とピエロのそれを分離するために直ちに多くの大使たちを王に派遣する。これらの大使たちは、ピエロの権力に満足していない人びとの中から選ばれる。少なくとも、共和国のものは私的な個人のものと受け取られてはならないからである。このような状況の中でピエロは政変の始まりを悟り、もっと大きな混乱が起こる前に己れ自身の利益を計るべく王のもとを辞す。王との約束を果たすためという口実をもって、である。次いでシャルルもセレザーナを離れ、ピサに向かう。ロドヴィーコ・スフォルツァはミラノに帰還する。一定の金額を支払って、彼自身と子孫のためにジェノヴァの叙任を得るのに成功した後である。しかしこのジェノヴァの叙任は、王が数年前、ジョヴァン・ガレアッツォとその相続者たちに与えたものであって、これがロドヴィーコに移譲されたのである。しかしロドヴィーコはシャルルに対し納得いかないものを感じている。というのも、約束とは異なってピエトラサンタとセレザーナがロドヴィーコの手に委ねられなかったからである。ロドヴィーコの言い分によれば、これらはフィレンツェ人によってわずか数年前に、ジェノヴァから奪われたものだからである[2]。彼はピサに対する野心的な貪欲を満足させるに際して、これら二つの要塞を踏み石として手に入れたかったのである。

ピエロ・デ・メディチがフィレンツェに戻ってみると、政庁《シニョリーア》の高官たちの多くが彼に背いているのを知る。彼の最も大切にしている友人たちも信頼し得なくなっている。というのも、彼はこれらすべてのことをかくも軽率に、彼らの助言に反して行ったからである。彼は市民たちが不穏になっているのを知る。翌日、すなわち十一月九日、共和国最高の役所である政庁舎（ここにシニョリーアの成員

（2）サルザーナとサルザネルロは一四六八年、ピエロ・デ・メディチ（イル・ゴットーソ、痛風病みのピエロ）がルドヴィーコ・フレゴーソから買収したものであるが、次いで一四八八年、ロレンツォ・イル・マニーフィコがジェノヴァ人に対して明確に武力を用いて征服する。

は居住している）に出向き、中に入ろうとすると、門扉を守っていた数人の武装した高官によって入るのを阻止される。これら高官の頭はヤコポ・デ・ネルリである。富裕な若い貴族である。この事件が市民に知らされると、直ちに人びとは武器を執って立ち上がる。彼らの騒ぎは、ピエロに呼ばれたパオロ・オルシノが兵を率いて近づいて来たために、いっそう大きなものとなる。ピエロは既に帰宅していた。政庁が彼を反逆者と宣告したことを知ると、ピエロの勇気は挫け、うまい考えも浮かばない。取るものも取りあえず、全速力でフィレンツェから遁走するのである。弟のジョヴァンニ枢機卿[3]とジュリアーノ[4]もそれに続く。この二人にも同じく反逆者としての刑罰が科せられている。彼らの行き先はボローニァである。ジョヴァンニ・ベンティヴォーリオは最初の会見で皮肉っぽくピエロを非難している。かくも臆病なやり方で、一人の人間の生命も失うことなく高い地位を放棄したことに対して、である。これはピエロ自身にとってのみの損害だけでなく、イタリアの、自由を抑圧しているすべての人びとにとっての損害でもあるからである。このようにベンティヴォーリオはピエロを非難したのであるが、これは自分にはない精神力を他人に対して要求したもので、後になって彼自身も同じような逆境に置かれることになる。

　このように向こう見ずな若者によってメディチ家は、当分の間、六十年間ずっと保って来た権力の座から滑り落ちたのである。メディチ家は、名と外見においては一私人にすぎなかったが、実質的にはフィレンツェの支配者であった。それはピエロの曾祖父コジモから始まった。稀に見る賢明な市民で莫大な財産を持ち、そのためにヨーロッパ全体に知られていた人物である。しかし、彼をさらに有名にしたのは、素晴らしく気前が良く、真に王者らしい精神を持ち、相続者たちの幸福を考えるというより、むしろ己れの名の不滅性を念頭に、修道院や教会、その他の美しい建物をフィレンツェだけ

（3）後のローマ教皇レオ十世（在位一五一三—二一年）である。メディチ家の追放についてはグイッチァルディーニ『フィレンツェ史』一六一—一六五頁参照。

（4）ロレンツォ・イル・マニーフィコの三男。後のネムール公である。

でなく世界各地に建て、これに四十万ドゥカーティを超える金額を費やしたことである。コジモの孫のロレンツァは傑出した人物で、際立った才能と英知に恵まれていた。祖父に劣らず気前が良く、共和国政府には祖父以上に絶対的な権威を有していた。ただし、祖父ほど富裕ではなく、また長生きもしなかったが、イタリアだけでなく多くの外国の君主たちにも大いに称讃されたのである。死後、彼の名声は高まり、記憶に残される。彼の死とともにイタリアの平和と幸福が終わったように思われたからである。

　フィレンツェで政変があったその日、シャルルはピサにいる。ピサ人はシャルルのところに大挙して押しかけ、フィレンツェ人によって加えられたという危害について強い不満を訴え、自由の回復を懇願する。同席していた彼の家臣の幾人かが、それは正当な要求である、と王に断言する。フィレンツェ人はピサ人を苛酷に支配して来たからである、と言うのである。王はこの要求が何を意味しているか、またそれがセレザーナでなされた協定に反しているなどと考えることもなく、直ちに同意する。この返答を聞くとピサ人は武器を執り、すべての公共広場にあるフィレンツェの紋章を引き倒し、熱狂して自由が回復されたことを宣言する。しかし王は、フィレンツェの役人がとどまり、いつものように支配するよう望む。しかし他方では、古い要塞をピサ人の手に任す。王自身はもっと重要な、新しい要塞を取る。このような矛盾したことをしながら、王は何を許しているのか分かっていないのである。ピサおよびフィレンツェでのこうした出来事は、ありふれた格言の真理を確認しているように思われる。すなわち、人間というものは不幸が近づくと、まずすべての分別を失うというものである。[5]分別さえあれば、起こるはずの物事を阻止することができるかもしれないからである。フィレンツェ人は常にピサ人を信用していなかったが、このように重大な戦争が差し迫っている時に、ピサの主だ

(5) グイッチァルディーニは『イタリア史』の中で格言をしばしば引用している。一五一二年から一五三〇年に書き綴られた『リコルディ』もこのようなグイッチァルディーニの格言に対する関心とつながりがあろう。『リコルディ』抄、第1巻第15章訳注(5)参照。「C」一一、三三、四五、「B」一六四、「C」七九、「B」七六、「C」九六、「C」一四四、「B」一二九、「C」一六三、一九〇、二一〇。

った市民たちをフィレンツェに出頭するよう命じていない。いつもは、たとえどれほど小さなことであれ、危険が迫れば安全を確かなものにするために、いつも多数の有力市民を呼びつけていたにもかかわらず、である。ピエロ・デ・メディチもまた、あのような危険に晒されているにもかかわらず、宮殿や政庁舎を外国の兵で満たすことをしていない。いつもはもっと些細なことでしばしばそうしていたはずである。同様な措置を取っていさえしていたならば、このような政変が生じるに当たって、その重大な障害となっていたことであろう。しかしピサに関していえば、生来、その名を聞いただけでもフィレンツェ人を憎んでいるピサ人がこのような行動に出る気になったのは、ロドヴィーコ・スフォルツァの権威によるものであるのは疑い得ない。というのも、ロドヴィーコは以前、私的な犯罪のために亡命していた一定のピサ人たちとこの問題で秘密な話し合いをしていたからである。同日、ピサの人びとを反乱に駆り立てたのはガレアッツォ・ダ・サン・セヴェリーノである。ロドヴィーコは彼を王のもとに置いてきたのである。これによってロドヴィーコは、間もなく自らピサを支配できるであろうと望んだのである。彼は、このことがやがて彼のすべての災厄の原因となるのを知らなかったのである。

これと同様に知られているのは、この日の前夜、少数のピサ人がサン・ピエロ・イン・ヴィンコラ枢機卿を訪れ、彼らが何を仕出かそうとしているかを告げていることである。しかし、その時までは彼は決して平和の助言者であったことはなかったろうが、彼らに真面目な言葉で、物事の外見や発端だけでなく、その結果が時とともにどのようになるかをも熟慮するようにと、次のように促している。

自由とは大切な、望ましいものである[(6)]。またそれを維持できる希望がわずかでもあれば、そのために危険に立ち向かうだけの価値がある。しかしピサは貧困化した、人口の少ない都市で、フィレンツ

(6) 自由に関するグイッチァルディーニの考え方を示すリコルドがいくつかある。「C」六六、「B」一〇六、「C」一〇九、「B」一四三である。『リコルディ』抄、第1巻第15章訳注(6)参照。なおグイッチァルディーニ著『フィレンツェの政体をめぐっての対話』(拙訳、太陽出版、二〇〇〇年)六四—七一頁参照。

ェの力に抗して己れを守ることはできないのである。それに、フランス王国の権威が彼らを保護するであろうと考えるのも誤った観念なのである。なぜならば、たしかに王に対してフィレンツェ人の金はいまや影響を与えることはないが、とくにセレザーナでなされた協定を考慮すれば、フランス人はイタリアに永久にとどまることはなかろうからである。このようにいえるのは、過去に生じたことの例からして、われわれは容易に未来を予想し得るからである。永久ではない基盤に立って永久の危険に身を投じ、定かでない希望のために己れよりも遥かに強力な敵と定かな戦争を行うのは、極めて軽率なのである。このような戦争では外からの援助を望むことはできないのである。なぜなら援助というものは、相手の気持ちにかかっており、さらに様々な状況に依存しているからである。仮にそのような援助を得たとしても戦争の悲惨さは避けられず、むしろより大きくなろう。なぜなら、敵の兵に攻撃され、同時に友人の兵の餌食とされるからである。したがって、戦っているのは自由のためではなく、外国に支配されるためである。一方の支配に代えて、他方の支配を受けるためであると悟った時、危険と悲惨さはさらに耐え得ないほどのものとなろう。なぜなら、いかなる君主といえども、ピサを支配するためでない限り、このような戦争に巻き込まれるのを欲しないであろうから。戦争の苦難とその費用だけを考えても、二の足を踏むことになろう。フィレンツェ人は財力がある上に、ピサに近く、したがって、彼らは命のある限り、決してピサ人への攻撃をやめることはないであろうからである、と言うのである。

第16章

シャルル八世、フィレンツェに向け進軍、敵意ある意図をもってシーニアにとどまる――フィレンツェ人の警戒と密かな防衛の準備――シャルルのフィレンツェ入城――シャルルの法外な要求とフィレンツェ人の興奮――シャルルに呼ばれたピエロ、ヴェネツィア人と相談、ヴェネツィア人はヴェネツィアを離れないよう助言する――激怒したピエール・カッポーニのシャルルへの言葉――シャルルとフィレンツェ人との協定

シャルルが次にとどまったのはシーニアである。フィレンツェから七ミーリアほどの町である。フィレンツェ人の騒ぎが幾分か収まるまで待ってフィレンツェに入城するためである。フィレンツェ人はピエロ・デ・メディチの追放の日、執りあげた武器をまだ置いていないのである。シャルルはまたここでオービニィの到着を待とうというのである。フィレンツェ入城をより恐ろしいものにするためにオービニィを呼んでいたのである。砲兵隊はカストロカーロに残し、ロマーニァで彼とともにいた五百のイタリア人歩兵は給与を支払って解雇するよう命ずる。同じようにミラノ公の重装騎兵も解雇

する。スフォルツァの軍のうちオービニィに従っているのは三百の軽騎兵を率いたガイアッツォ伯のみとなる。王の意図は軍の恐怖によってフィレンツェ人に市の絶対的な支配権を与えさせようとするのではないかという、多くの兆候があった。彼はこの意図をフィレンツェの大使にすら隠さない。シャルルのフィレンツェ入城の段取りについて彼と話し合い、かつ現に交渉されつつある協定の細部について詰めを行うためにシーニアを何度も訪れている大使たちにすら、その意図を隠すことができないのである。王がフィレンツェ人の各々に対して大きな怒りと憎悪を抱いていることは疑い得なかった。なぜなら数々の敵対行為に耐えて来たからである。しかもそれは共和国の責任ではなかったにもかかわらず、また極めて慎重にフィレンツェはその立場を説明したにもかかわらず、シャルルは満足せずその遺恨を捨てなかった。彼は多くの家臣たちの影響を受けていたものと思われる。フィレンツェの支配権を握るこの機会を失ってはならないと考えている家臣たち、あるいは貪欲さから、かくも豊かな都市を略奪する機会を逸したくないと考えている家臣たちである。フィレンツェはその他すべての都市の見せしめとして焼かねばならない、といった噂が声高に軍全体に流れていた。フィレンツェは生意気にも、イタリアにおいてフランス軍に手向かった最初の国だから、と言うのである。

王室会議の有力メンバーの中にはピエロ・デ・メディチの復帰をシャルルに建言する者もいる。とくにサヴォイア公の弟、ブレッシアの領主フィリッポ(1)がその一人である。彼を動かしていたのは個人的なピエロに対する友情と約束である。サン・マロ司教はこれに反対する。しかし、フィリッポの助言が会議を制したためであろうか、あるいはピエロへの恐怖のゆえにフィレンツェ人が進んで王に従うようになるであろうと考えられたためであろうか、あるいは決断の瞬間が来た時に、いずれの方針を選ぶかをいっそう容易にするためであろうか、いずれにせよ、王はピエロに書簡をしたため、フィ

(1) Filippo di savoia
アメーデオ九世の弟。

リッポにも書かせている。これらの書簡は、ピエロにフィレンツェに戻るよう促している。父親たちのかつての友情のためにも、また要塞の引き渡しの際に示されたピエロの善意のためにも、王はピエロを元の地位に復帰させることにした、というものである。

これらの書簡は王の信じたように、ボローニァでピエロに届いていない。というのも、ピエロはジョヴァンニ・ベンティヴォーリオの辛辣な言葉に追われ、またミラノ公による、おそらくはフランス国王による迫害を恐れ、不運にもヴェネツィアに去っていたからである。これらの書簡は、ボローニァにとどまっていた弟の枢機卿によってヴェネツィアのピエロのもとに回送される。

フィレンツェでは王の意図に関して重大な疑念が存した。しかし、いかなる兵によって、あるいはいかなる希望によって、王に抵抗し得るか見当もつかなかったので、ひとまず王を市に迎え入れることが最も危険の少ない方途であると決意する。なんとか王を説き伏せることもできるのではないかと望んでのことである。それでも、何か突発時が起こった場合に備えて多くの市民たちに対し、フィレンツェの領地から密かに男たちを集め、自宅を満たしておくように、また共和国で傭っている傭兵隊長たちには、口実を設けて、配下の兵を多数率いて市に入るよう命じている。同時に市民と周辺にいる男たちには、政庁舎の大鐘を聞いたら直ちに武器を執るよう命じている。

次いで王は全軍を率いて入城する。(2) 壮麗にして、華麗さを極めた入城である。王の宮廷とフィレンツェ市双方によって最大限の注意と気前のよさをもって準備されたものである。きらびやかに飾り立てられた王は、征服者として馬に跨って入城する。王も馬も完全に武装しており、腰に槍を立てている。

条約締結のための交渉が直ちに開始される。しかし多くの困難に突き当たる。王の数人の家臣がピエロ・デ・メディチに対して過度の好意を抱いている。また、要求する金の額も法外である。しかし、

(2) シャルル八世のフィレンツェ入城の詳細はグイッチァルディーニ『フィレンツェ史』第7章、一七〇—一七三頁参照。十一歳のグイッチァルディーニはその有様を実際に目にしていたはずである。

これらのことは措いておくにしても、王はフィレンツェの支配権を公然と要求する。あのように完全に武装して入城したのであるから、フランスの軍規に従えば、フィレンツェを法的に取ったことになると主張するのである。王は最終的にこの要求を放棄するが、一定の〝長衣の〟大使たちをフィレンツェに残したい、と言う。(〝長衣の〟とは、法衣をまとった博士、その他の人びとのことをフランスではこのように呼んでいる)。これらの大使には少なからざる権限が与えられているので、フランスの法律からすれば、王には永久に司法権が与えられていると要求することができよう。他方、フィレンツェ人の方では、いかなる危険を冒そうと、その自由は絶対に維持すると決意を固めている。したがって、このような正反対の観点から交渉が行われていたため、双方とも絶えず感情を高ぶらせている。しかし双方とも、このような対立を武器に訴えてまで解決しようとは思っていない。というのも、フィレンツェ人は長い間、商業活動に携わってきており、軍事的訓練にはまったく無縁であったがために、市壁内にかくも強大な王と見知らぬ残忍な人びとの多い、かくも大きな軍隊を入れたことを恐れており、他方、フランス人の方も神経質になっていたからである。しかも、人口も多く、政変の起こった日々の予期せぬ大胆さの爆発についても知っていたからである。噂によれば、大鐘が鳴らされると数え切れないほどの人間が周辺の農村部から突入して来るという。こうした双方の恐怖の中にあって、虚偽の噂がしばしば流される。そのたびに双方とも武器を執るが、双方とも攻撃しようとはしない。あるいは相手を挑発しようともしない。このような具合なのである。

ピエロ・デ・メディチを王は当てにしていたが、これは徒労であることが判明する。ピエロの方ではこのように提示された希望と敵の手に引き渡されるのではないかという恐怖の間に引き裂かれるが、王の書簡についてヴェネツィアの元老院に助言を求めている。難しい決断に迫られている時には、助言を求めることほど、必要なことはない。これは確かである。他方、これ以上危険なこともないのである。疑いもなく、賢明な者は愚かな者より助言を必要としていない。それにもかかわらず、賢明な者は助言を得て、それから、愚かな者より遥かに多くの利益を引き出す。すべてのことを常に己れ自身の力で知り、判断することができるほど、完全な思慮に恵まれた者がいるであろうか。また対立する様々な根拠にあって、常により正しい根拠を見分けることができるほど、完全に賢明な者がいるであろうか。しかし、助言を求める者が誠実な助言を得るという確実性はないのである。助言を与える者は、それを求めている人をとくに好んでいない場合には、あるいはその人に誠実でない場合には、大きな利害に動かされるだけではない。彼自身の小さな便宜、わずかな満足のためだけでも、最も利益のある結果、あるいは彼自身に好ましい結果をもたらすような助言をしばしば与えることになろう。助言を求める者は常に、これらの意図に気づくことはないので、とくに賢明とはいえない場合には助言の頼りなさを悟らないのである。(3)

これがピエロ・デ・メディチに生じたことであった。ヴェネツィア人は、ピエロが行けば、シャルルは思い通りにフィレンツェを扱うことがいっそう容易になろう、と考える。これは彼ら自身の利益に反することになろう。したがって、ピエロに助言するというより、彼ら自身、自らに助言して、ピエロに強く王の権力の中に身を委ねることのないよう勧める。なぜなら、王はピエロに侮辱されたと思っているからである。彼らの助言にピエロを従わせるために、さらに彼を勇気づけて、彼らはピエロの目標を取り上げて好機が至れば、彼をフィレンツェの元の地位に就かせるためにあらゆる援助を貸し与えるであろう、と申し出ている。これでも満足せず、彼らはピエロがその時ヴェネツィアを去ることのないよう見張るため、彼に秘密の護衛を付けている。このことは後に噂されたことで、事実

(3) 助言を求めることに関するリコルドは「A」一五四である。また「C」一五七、二〇一も参照。『リコルディ』抄、第1巻第16章訳注(3)参照。

であるかどうかは不明である。

この間、フィレンツェでは双方とも苛立ちが昂じてほとんど公然たる衝突の瀬戸際に立つまでに至っている。王は最後の要求を撤回するのを拒否し、フィレンツェ人は法外な金を王に与える内容の契約を拒否する。あるいはフィレンツェの司法権、統治権を彼に与えるのを拒否する。このような状況を解決するには実際には武力による以外に方法はないのであるが、しかしこれをピエロ・カッポーニの勇気が解決する。王と交渉するために選ばれた四人の市民の一人である。彼は知性豊かな気力のある人間で、これらの資質によってフィレンツェで大いに尊敬されている。さらに名誉ある家系の出で、共和国で勢力のあった人びとの子孫であったからでもある。ある日、彼と同僚たちが王の面前にいる。王の秘書の一人が、王の最後の要求の途方もない条件を読みあげている。カッポーニは衝動的な身振りで秘書の手から文書を取りあげ、王の目の前でそれを引き裂いて怒声で付け加える。〝このような法外なことを要求するのであれば、あなたはトランペットを鳴らせ、われわれは大鐘を打ち鳴らそう〟――意見の対立は武力によって解決しようというのである。これと同時に彼は部屋を出る。同僚がその後を追う。シャルルと宮廷人の誰もが既に彼を見知っていた。数カ月以前、フィレンツェ人の大使としてフランスに滞在していたからである。この市民の言葉が彼らすべてを驚かせたことは確かである。彼の大胆さが根拠のないものであるとは思えなかったからである。[4] 彼らはカッポーニを呼び戻し、彼が同意するのを拒否した要求を撤回する。

　次いで王とフィレンツェ人は次のような条件で同意する。すべての過去の侮辱は忘れ去られ、フィレンツェ市はフランス王の永久の保護の下で友人となり、同盟国となる。ピサ市とリヴォルノはその要塞とともに王の安全のために王の手にとどまる。ナポリ遠征の終結とともに、これらを無償でフィ

（4）これらフランス王との交渉の詳細はグイッチァルディーニ『フィレンツェ史』一七三―一七五頁参照。なお、ピエロ・カッポーニはフィレンツェの名門貴族の一人であるが、グイッチァルディーニは『フィレンツェの政体をめぐっての対話』の四人の対話者の一人にしている。ピエロ・カッポーニは翌九五年ピサ戦で戦死している。『フィレンツェ史』二〇三―二〇四頁参照。

レンツェに返還する旨、保証する。遠征の終結とはいつか、ナポリ市を取った時か、あるいは平和条約、あるいは二年間の休戦で解決した時か、あるいは王自身が何らかの理由でイタリアを去る時か、そのいずれかということになろうが、明白ではない。要塞を管理する城代たちは、今あげられた場合に返還するという誓約を直ちに行うことになる。これらの領地の主権、司法権、政府、およびそこからの税収入は、通常通りフィレンツェのものとなる。同様なことがピエトラサンタ、セレザーナ、セレザネㇽロに適用される。しかしジェノヴァ人がこれらの土地を要求しているので、その対立を交渉によってか、あるいは法的審理によってか、いずれかの形で決着をつける努力をする。しかし前記の期間内に決着することができなかった場合、王はそれらをフィレンツェ人に返還する。王は二人の大使をフィレンツェに置く。遠征に関するいかなる議論も彼らの面前以外で為されてはならない。この同じ遠征の時期、フィレンツェ人は彼らの関与なしに軍の総司令官《カピターノ・ジェネラーレ》を選んではならない。フィレンツェ人から奪った、その他すべての領地、あるいはフィレンツェ人に反乱を起こした領地のすべては直ちに返還する。その住民が返還を拒否した場合には、フィレンツェ人は武力によって取り戻してよい。フィレンツェ人は王の遠征の補充金として、十五日以内に五万ドゥカーティ、翌三月に四万ドゥカーティ、六月に三万ドゥカーティを支払う。ピサ人はその反乱と、その他その後犯された罪を許される。ピエロ・デ・メディチと弟たちは、追放と財産没収を解かれる。しかしピエロはフィレンツェ領の境界から百ミーリア以内に近づいてはならない。（これは彼がローマに居住するのを阻止するための措置である）。弟たちはフィレンツェ市内から百ミーリア以内に入ってはならない。

　これらが王とフィレンツェ人との条約の主要な条項であった。[5] これらは法的に規定されただけではない。大聖堂の中で高位聖職者の見守る中、大がかりな儀式をもって公表される。これは王の要求

（5）シャルルとフィレンツェとの協定が成立するのは一四九四年十一月二十五日である。しかしシャルルはこれらの協定を守ることはない。

で行われたのである。王自身とフィレンツェの高官たちは、宮廷人とフィレンツェ市民の面前で高い祭壇に立ち、この条約を遵守する旨、厳粛に誓うのである。二日後、シャルルはフィレンツェを去る。フィレンツェには十日間滞在したのである。王の向かう先はシエーナである。シエーナはナポリ王およびフィレンツェ人と同盟しており、彼らの権威に従っていたが、ピエロ・デ・メディチがセレザーナに赴いてから、彼ら自身の安全を求めざるを得なくなっている。

第17章

シエーナの自由政体と党派抗争――シャルル八世、シエーナからローマへ――シャルルの成功によるヴェネツィア元老院とミラノ公の恐怖の芽生え――シャルルのローマ接近による教皇の動揺――オルシニ家とフランス国王との秘密の合意――シャルルのローマ入城――シャルルと教皇との協定と和解

シエーナ市は人口も豊かで肥沃な土地に恵まれており、過去、長期間にわたってトスカーナではフィレンツェに次いで最も強大な都市であった。自治体であったが、その自由たるや実際に自由であったというより、むしろ名ばかりの自由といった方がよさそうである。市民は多くの派閥あるいは党派に分かれている。彼らの言い方をすれば、派閥ではなく集団《オルディーニ》である。シエーナを支配するのは、時の運によって、あるいは外部の勢力の好意によってたまたま最も力を得た集団であった。この時期、モンテ・デイ・ノーヴェ集団が優位にある。(1) 王は数日間、シエーナにいてそこに守備兵を置いていく。王はシエーナを信頼していないのである。昔から帝国に好意を寄せる傾向があったからである。次いで、王はローマに向かう。日ごとに彼は傲慢になっていく。望んでいた以上に成功が大きかったからである。この季節としては天候にも異常に恵まれているシャルルは、この幸運に乗じて遠征をぐんぐ

（1）党派のことをシエーナではモンテ（山）と呼んでいる。イル・モンテ・デイ・ノーヴェとは九つの商人の家門の成員とその支持者から成っている。一二八七年から一三五三年にかけてシエーナを支配していた。この時期、再び勢力を持っていたのである。

ん進めようと決意する。明白な敵に対してだけでなく、同盟国やいかなる形であれ、彼に敵対したことのない領国でさえ威嚇していく。

ヴェネツィア元老院とミラノ公もともに、王の成功に驚き、王の野心はナポリ王国の征服のみに限られたものではないのではないかと恐れる。とくに、フィレンツェの数々の要塞を取り、シエーナには守備兵を残してきたからである。彼らは共通の危険に対して新しい同盟を結成しようとする。教皇がローマで、多くの者が望んでいたように抵抗を示していたなら、もっと早く同盟は結成されていたであろう。

カラヴリア公はローマ近くで教皇軍と残りのアラゴン兵を率いたヴェルジーニオ・オルシノと合流していたが、彼の意図はヴィテルボにとどまって、シャルルがこれ以上前進するのを阻止することであった。この地方はそれに適しているように思われた。教会領に取り巻かれ、オルシニの領土にも近かったからである。しかし、ローマ周辺のすべての農村部は既に騒然としていた。コロンナ家がティベル川の彼方で行っている襲撃のためである。また、通常は海路ローマにももたらされる糧食もオスティアから妨害されつつあった。かくして彼はあえてヴィテルボにとどまろうとはしない。さらに彼は教皇の意図について疑いを抱いていた。というのも、ピエロ・デ・メディチの政策変更を知って以来、フランス人の要求に耳を貸しはじめていたからである。アスカーニオ枢機卿がこれについて教皇と話し合うためにローマに出向いている。ヴァレンシア枢機卿(2)は身の安全のためにまずコロンナ家の領地、マリーノに行っていたが、その後のことである。アレクサンデルの心では、シャルルの意図に対する疑いと、彼の軍に対する恐怖とが争っている。したがって、アスカーニオは明確な回答を得ないまま、再びローマを離れている。しかしシャルルがフィレンツェを出発すると再度、協定のための

(2) チェーザレ・ボルジアである。

(3) リオネルロ・キエレガーティ (Lionello Chieregati)。

(4) カルロ・ボッカルディーニ (Carlo Boccardini)。テルニ司教ではなく、実際は

話し合いを取りあげる。教皇は己れの問題とアルフォンソの問題を共に解決しようと考え、コンコルディア司教[3]とテルニ司教[4]、それに彼の懺悔聴聞僧マエストロ・グラツィアーノ[5]をアスカーニオの下に派遣する。しかしシャルルの意図はまったく異なっている。教皇とのみ協定に達しようとしているのである。それで王は教皇に…モンシニョーレ・デルラ・トラモーリア[6]…院長ガネー[7]を派遣する。アスカーニオ枢機卿もプロスペロ・コロンナも同じ目的でそこに赴く。彼らが到着すると教皇は突然、決心を変え、カラヴリア公をその全軍とともにローマに入れ、アスカーニオとプロスペロを逮捕し、モレ・ダッドリアーノに幽閉する。この城はかつてはカステルロ・クレシェンツィオと呼ばれていたが、現在ではカステルロ・サン・タンジェロとして知られている。教皇はオスティアの返還を彼らに要求する。このような騒ぎの中、フランスの大使たちがアラゴン兵の捕虜とされるが、教皇は彼らを直ちに釈放している。数日後、彼はまたアスカーニオとプロスペロをも釈放する。ただし、直ちにローマを立ち去るよう命じている。後に、教皇はネピにとどまっているフランス王にフェデリーゴ・ダ・サン・セヴェリーノ枢機卿[8]を派遣して、彼自身の問題の解決に向け交渉を始めさせる。同時に、教皇はまったく決断がつかないでいる。ローマにとどまって、これを防衛しようと決断し、市内の防備の薄いところを強化するようにフェルディナンドと隊長に命じているかと思えば、海上からの補給ルートがオスティアを押さえている連中によって遮断されているうえ、ローマには信頼できない外国人が溢れ、党派に分裂しているがゆえに敵の攻撃に持ちこたえることができないと思い、ローマを離れようという気になる。それで枢機卿会議において、教皇に従う旨、枢機卿のすべてに文書で約束させている。そうかと思うと、これらのいずれの計画にも内在している困難や危険を恐れて、代わりに協定を結ぼうかと思い直したりする。

ナルニの司教である。

(5) バルダッサルレ・グラツィアーノ・ディ・ヴィラノーヴァ (Baldassarre Graziano di Villanova)。スペインのカルメル会修道士である。

(6) グイッチァルディーニは称号を空白のままにしている。ルイ・ド・ラ・トレムイユ (Louis de la Tremoille)。ギィエンヌ伯、タルモン領主。シャルル八世の侍従である。

(7) グイッチァルディーニは称号と名を空白のままにしている。ジァン・ド・ガネー (Jean de Ganay)。パリ高等法院の院長である。

(8) ロベルト・サン・セヴェリーノの息子。

これらの孤疑逡巡にあって、教皇がぐずぐずしている間、フランス人はティベル川のこちら側の農村部をすべて荒らしている。何の抵抗にも遭わないので、彼らは好きなように、あの都市、この都市と占領する。彼らの進撃に道を譲らない者はいないのである。それぞれが、他人の例に倣う。彼らに対抗すべき最も大きな理由を持っている者ですら、道を譲るのである。アラゴン家と忠誠心や義務、名誉といった多くの絆で結び付けられているヴェルジーニオ・オルシノでさえ、シャルルに対抗しないのである。ヴェルジーニオは王の軍の総司令官であり、ナポリ王国の元帥である。またアルフォンソの近い親族でもある。彼の息子ジァン・ジョルダーノは先王フェルディナンドの庶出の娘[9]と結婚しているからである。アラゴン家からは多くの領地や恩恵を受け取っているのである。これらすべてのことを忘れ、さらにアラゴン家の災厄はすべて彼の問題に端を発していることも忘れ、彼自身はアラゴン家に傭われているが、その間、息子たちはフランス王に仕えることに同意している。これはイタリアの傭兵隊長の狡猾な特性に慣れていないフランス人の驚嘆を買うのである。彼はまた、教会領に保有している領地で、フランス人に宿泊の便宜や自由通行、糧食を与え、カンパニァーノその他の地をグルク枢機卿[10]の手に引き渡している。枢機卿はフランス軍がローマ領を離れる時に、それらを返還するのを約束する。ピティリアーノ伯やその他のオルシニ家の成員も同じような協定を結んでいる。このような協定がなされると、シャルルはネピからブラッチァーノに移る。ここはヴェルジーニオの主たる領地である。ここから王はオスティアに、ルイジ・モンシニョーレ・ディ・リーニィ[11]とイーヴォ・モンシニョーレ・ディ・アレグリ[12]を、五百の重装騎兵と二千のスイス兵とともに派遣する。かくして彼らがティベル川を越え、コロンナ軍と合流すると、彼らはいまやローマに侵入しようとする。コロンナ軍はすべてを破壊しつつある。時期も悪く、障害も増大する中、コロンナ家は同派に属する

(9) マリア・チェチーリア・ダラゴナ(Maria Cecilia d'Aragona)。

(10) レイモン・ペロー(Raymond Péraud)。グルクの司教である。

(11) ルイ・ド・ルクサンブール(Louis de Luxembourg)。リーニィ伯である。

(12) イーヴ・ド・トゥルツェル(Ives de Trouzel)。アレグル領主である。

市内のローマ人によって侵入に成功しようと望んでいる。

既にチヴィタヴェッキア、コルトーネ、そして最後にほとんどすべてのローマ領が、フランス王と同盟関係に入る。教皇の宮殿全体、ローマ市民全体が大混乱に陥り、恐怖に打ちのめされて、ひたすら平和協定を熱望している。教皇はいまや最も危険な状況にあり、防衛基盤も絶えず弱体化しつつあるのを見るが、唯一、彼こそがナポリ遠征を行うよう王に促した最初の人間であるという記憶によって、躊躇せざるを得ない。なぜなら、そのように促しながらその後はいかなる理由もなく、頑固に教皇としての権威と助言をもって、また武力をもって王に抵抗してきたからである。したがって、思い悩むのである。王から受け取る誠実さは、王に与えた誠実さと変わるものではあるまい、と思うのである。彼の恐怖は、王の傍らに絶大な影響力を持つサン・ピエロ・イン・ヴィンコラ枢機卿やその他多くの枢機卿が居並ぶのを見て増大する。彼らはすべて教皇の敵なのである。彼が恐れているのは、これらの枢機卿の助言で王が教会改革を考えているのではないか、ということである。これは噂にもなっている。彼の恐怖をさらに高めたのは、歴代のフランス国王が帯びている最も敬虔なキリスト者国王という称号であり、フランス国民の深く根付いた宗教的情熱に対する名声であり、名だけは知っているが、まだ見ぬ人びとに対する、われわれに生来具わった過大評価である。教会改革は彼にとって言うにいわれぬ恐ろしい考えであった。というのも、いかに不正な手段をもって教皇位に就いたか、しかも、その統治の仕方も邪悪な始まりにまったくふさわしい慣習と方法に従っているのを自覚していたからである。この恐怖は王の努力と約束によって緩和される。何よりもまずナポリへの旅を急がせたいと思い、教皇という障害を取り除くためにはいかなることでも行おうと思っていたので、再び使いを彼のもとに派遣する。ボーケールの執事、ジエの元帥(13)、それに例のガネーの院長である。これ

(13) ピエール・ド・ローアン＝ゲムネー(Piérre de Rohan-Guemenée)。ジエの領主である。

らの大使たちは教皇を説得しようと努力する。王の意図は教皇の権威に関する事柄に干渉することではなく、またローマ領通過の際の王の安全にとって必要とされること以上を教皇に要求することでもない、と言うのである。彼らは教皇に、王のローマ入城の許可を要請する。王はこの許可を心から望んでいる、と彼らは言う。武力でローマに入ることができないからではなく、父祖たちがローマ教皇に対して常に抱いてきた尊崇の念を欠くような状況に追い込まれないためにである。いったんフランス王がローマに入れば、彼らの対立は心からの善意と協力に変わるであろう、と言うのである。

同盟国の援助を断念し、己れ自身を敵の権力の中に完全に投じ、彼らの関係に決着をつける前に彼を受け入れることは、教皇にとっては極めて苛酷な条件のように思われた。結局、これが彼の危険の中では比較的小さいと思った教皇は、その要求に同意し、カラヴリア公をその兵とともにローマを去らせる。その前に教皇は、王から公の安全通行証を得てやっている。しかしフェルディナンドは勇敢にこれを拒否し、一四九四年の大晦日、サン・セバスティアーノ門を通ってローマを去る。この同じ時刻に、シャルルはサンタ・マリア・デル・ポポロ門を通ってフランス軍を率いて入城している。フィレンツェ入城の時と同じく、今回も武装して槍を腰に立てている。同時に、言うにいわれぬ恐怖と懸念に駆られた教皇は、サン・タンジェロ城に籠る。バティスタ・オルシノ枢機卿とナポリ人ウルヴィエリ・カラッファ枢機卿のみが付き随う。

ヴィンコラ、アスカーニオ、コロンナ、[14] サヴェルリ枢機卿、[15] その他多くの者は絶えず王に圧力をかけ、かくも大きな悪徳と忌まわしい所業に満ち溢れた一教皇を教皇座から排除し、他の教皇を選ぶよう求めている。邪悪な教皇の圧制から神聖なローマ教会を解放することは、王の御名に少なからざる栄光を与えることになろう、と言うのである。聖なる生活を送っていた教皇たちを、不当に弾圧して

(14) ジョヴァンニ・コロンナ(Giovanni Colonna)。
(15) ジァンバティスタ・サヴェルリ(Giambattista Savelli)。

いた迫害者たちから解放することが、王の前任者たち、すなわちピピンやシャルマーニュにとって栄光あるものであったのと比べてまったく劣らない、と言うのである。このような措置はシャルルの名声にとってのみ望ましいのではない。安全にとっても同じように必要な措置であることを思い知らせる。アレクサンデルの約束をどうして信じることができようか。生まれつきの裏切り者であり、飽くことを知らぬ貪欲な、そのすべての行為において恥知らずなこの人間の約束など、信じることはできないのである。経験が示しているように、この教皇はフランスという名には狂暴な憎悪を抱いているではないか。なかんずく、アレクサンデルがこの時点で和解に応じたのは必要と恐怖のためではないのか。自発的な和解ではないのである。

彼らの説得の結果なのであろうか、あるいは交渉中の条約で、約束の保証としてシャルルにサン・タンジェロ城を引き渡せという要求をアレクサンデルが拒否したためであろうか、シャルルが宿泊しているサン・マルコ宮から大砲が二度引き出され、サン・タンジェロ城周辺に据え付けられる。しかし、シャルルはもともと、教皇を傷つけようなどとは思っていない。また側近の助言者の中では、贈り物と約束で教皇に買収されている者が優勢なのである。したがって、最終的には合意に達する。教皇と王の間には、永遠の友情の誓いと相互防衛同盟が結ばれねばならないのである。王には安全確保のために、ナポリ王国を征服するまで、チヴィタヴェッキア、テルラチーナ、それにスポレートの要塞が与えられる。もっとも、スポレートは王の手に引き渡されることはなかった。教皇は王の側についている枢機卿たち、あるいは教会領内の領主たちに対して、その侮辱あるいは侵害の罪を一切問わない。シャルルにナポリ王国を封土として与え、バヤジトの弟ジェムの身柄を引き渡している。ジェムは父メフメト[16]の死後、バヤジトに迫害され、ロードス島に逃れて来る。(王位相続は兄弟の血、近

(16) メフメト二世(一四八一―一五一二年)。

親者の血を流して実現するオスマン・トルコの野蛮な習慣に従っているのである)。ロードス島からフランスに連行された後、ジェムは最終的に教皇インノケンティウスの手に引き渡される。バヤジトはキリスト教信仰に敵対する一帝国を平和裏に維持していく手段として、キリストの代理者の貪欲さを利用して、毎年、教皇に四万ドゥカーティを支払っている。表面的にはジェムを預かり、生活させるための費用ということになっている。このようにしておけば教皇たちも、急いでジェムを釈放するとか、あるいはその他、バヤジトの敵国の君主たちに彼を引き渡すことはなかろうという算段である。シャルルはトルコ遠征に際してジェムの手を借りようと主張する。助言者たちの空しい追従にいい気になっているシャルルは、アラゴン家を征服した後に、直ちにトルコ遠征を始めようとしているのである。シニガーリアで、トルコから送られて来た最後の四万ドゥカーティをローマの長官が受け取った後、教皇はシャルルに聖地回復とトルコ懲罰の仕事を任すのである。加えて、ヴァレンシア枢機卿が教皇特使として三カ月間、王に付き従うことになる。教皇特使とはいっても、実は父の約束の保障なのである。このような協定が結ばれると、教皇はヴァティカンの教皇宮に帰る。次いで、偉大な王を歓迎する際の通常の華麗さと儀式をもって、サン・ピエトロ教会でシャルルを迎え入れる。旧来の習慣に従って、王は教皇の足下に跪き、キスをした後に頬にキスするのを許される。翌日、王は教皇のミサに参加する。第一司教枢機卿に次ぐ席に座っている。古い習慣に従って、王は教皇にミサを行う際に彼の手に水を与える。教皇はこのような儀式の模様をサン・タンジェロ城のロッジァに描かせている。彼らの記憶が後世に残されるためである。さらに王の要求で、サン・マロ司教とルクサンブール家出身のル・マン司教が枢機卿に推される。[17] アレクサンデルはこのように、いかなることも省かず、忠実に、誠実にシャルルと和解したことを示すのである。

(17) フィリップ・ド・ルクサンブール (Philippe de Luxembourg)。

第18章

ナポリ王国の住民はフランス人に好意を持つ――ナポリ王アルフォンソ・ダラゴナは息子フェルディナンドのために退位し、シチリア島のマザーリに逃亡する――モンテ・ディ・サン・ジョヴァンニにおけるフランス人の狂暴な所業

シャルルはローマに一カ月ほど滞在している。しかし絶えず兵をナポリ国境に向けて送っている。したがって、ナポリ王国では既に大変な混乱に陥っており、王がローマを離れる前に、アクイラおよびほとんどアブルッツィ全体が王の軍旗を掲げている。ファブリーツィオ・コロンナは、アルビ(1)およびタリアコッツォ周辺の農村部を占領しており、王国のその他の地域も騒然たる状況にある。というのも、フェルディナンドがローマを去るや否や、アルフォンソに対する国民の憎悪の果実が明らかになるからである。彼らはまた、その父フェルディナンドの多くの残虐行為を思い起こす。過去の政権の邪悪さとアルフォンソの残忍さと傲岸さを激しく弾劾し、公然とフランス軍の到来に歓迎の意を表する。アンジュー派の残党はもとより、その他の党派もこれに比べてとくに違いがないという状況なのである。もっとも、アンジュー派はフェルディナンドによって様々な時に追放され、獄に入れられた領主たちの記憶および支持者たちに支援されてはいた。このような状況はそれ自体、極めて重要な

(1) マルシのアルベである。

ことであり、強力な変化の道具となるものであった。王国全体を通してのアルフォンソに対する反感は、このような刺激がなくとも、かくも強烈であったのである。ローマから息子が出たという知らせを受けると、アルフォンソはイタリアにおける数多くの戦争に長いあいだ携わってかち得た大きな名声や栄光を忘れ、宿命的な嵐に抵抗することに絶望して大きな恐怖に捉えられる。王国を放棄し、王の称号と権威をフェルディナンドに譲ろうと決意する。おそらく、自らの退位によって激しい憎悪が消え失せるのではないか、大きな期待を持たれている若者を王にすることによって臣民のフランス熱を冷ますことができるのではないかと望んでのことであろう。というのも、フェルディナンドは何ぴとも傷つけたこともなく、すべての人びとに人気があるからである。この決断がもっと早くなされていたならば、あるいは効果があったかもしれない。しかし物事が激しく動揺しているだけでなく、まっ逆さまに落下しはじめていた時だけにもはや、破滅を阻止することができなかったのである。次のような噂も流れる。このような事柄を信じ得るとしての話ではあるが、フェルディナンドの亡霊が宮廷の主治医であるヤコポのところに三夜続けて現われ、最初は穏やかな言葉で、後には脅迫的にヤコポに命ずる。フェルディナンドの名においてアルフォンソに、フランス国王に抵抗しようなどとしてはならないと告げよ、と言うのである。というのも、彼の血統は多くの試練に晒され、この美しい王国を奪われて死に絶えるよう運命づけられているからである、と言うのである。その原因は、亡霊の言うには、彼らの犯した多くの罪にある。とくに、彼がポッヅォーロから帰る途中、アルフォンソの助言で、ナポリ近くのキアラにあるサン・リオナルド教会で犯した罪にある、と言うのである。亡霊はその詳細を語らなかったので、多くの人びとはアルフォンソがフェルディナンドを説得して、長いあいだ獄に入れていた多くの領主たちを殺させたものと考える(2)。

(2) 一四八五年の陰謀に関係した領主たちを指していよう。

これが真実であるかどうかは別として、アルフォンソ自身が己れの良心に苛まれ、夜となく昼となく平安を見出すことができず、眠れば、これら殺された領主《シニョーリ》たちや反乱を起こして処刑された人びとの亡霊を見ていたことは確実である。

彼は自ら下した決意を、継母に当たる皇太后(3)のみに告げる。皇太后が兄弟や息子にも通告するよう要求するが、それも断り、統治一年に達するのも待たず、その二、三日前に四隻の軽ガレー船にあらゆる種類の高価な財産を積んで出航する。出発するに当たって、彼はあたかも既にフランス人に取り巻かれたかのような恐怖の色を見せている。天界と四元素が彼に対して陰謀を企んでいるのではないかと懼れているかのように、あらゆる物音に驚いて周囲を見回すのである。彼が逃れた先はマザーリ(4)である。かつてスペイン王のフェルディナンドによって贈り物として、彼に与えられたシチリアの一都市である。

シャルルが彼の逃亡の知らせを聞くのはローマを離れた、まさにその当日である。ヴェッレトリに到着した時に、ヴァレンシア枢機卿は密かにシャルルのもとから脱走する。父親は息子のこの所業にいたく不満の意を表わし、代償として王に対しいかなる保証も提供すると申し出てはいるが、脱走は彼の命令によって行われたものと信じられている。というのも、彼は王と結んだ協定を遵守するかしないかは、彼の手にあるように持って行きたかったからである。

ヴェッレトリから先遣隊がモンテフォルティーノ(5)に送られる。ローマの領主ヤコポ・コンティによって統治されているローマ領内の一都市である。彼は最初はシャルルに傭われていた。しかしコロンナ家に対する憎悪が己れの名誉心に打ち勝って、アルフォンソに傭われている。城塞は極めて堅固であったが砲撃され、数時間のうちにフランス軍の手に落ちる。城塞内にいた者はすべて殺される。た

(3) ジョヴァンナ・ダラゴナ (Giovanna d'Aragona)。

(4) マッザーラ・デル・ヴァルロである。

(5) 現在のアルテナである。

だし、息子たちの中の三人とその他少数の者は砦に逃れていたが、それに砲が向けられるのを見ると降伏して捕虜となる。次いで、軍はモンテ・ディ・サン・ジョヴァンニ[6]に移動する。これはペスカラ侯[7]の領地でモンテフォルティーノと同じ地域の、ナポリ王国の国境に位置している。これは堅固な要塞で補給の備えもよく、兵も十分に配されていた。三百の歩兵が外から投入され、五百の住民も万端怠りなく、いかなる危険にも立ち向かうつもりでいる。したがって、ここを占領するには、たっぷり多くの日々が費やされるものと思われていた。ヴェローリからそこに着いた王の見守る中で、凄じい突撃が行われると、すべての障害は克服され、一気にその日のうちに占領される。ここでフランス軍は多数の人間を殺戮している。それはフランス兵の生来の狂暴さにもよるが、これを実例として他の都市が抵抗しないよう、その気力を失わせることが目的である。彼らはその他、可能なあらゆる野蛮な残虐行為を行った後、建物に火をつける。このような戦争のやり方は数世紀にわたってイタリアでは知られなかったことで、王国全体を恐怖で満たす。というのも、勝利した場合には、たとえそれがどのような形で為されたにしても、勝利者の残忍さといえば、敗れた兵の武装解除を行い、釈放し、奪った都市を略奪し、身代金が支払われるまで住民を捕虜にするが、それ以上のことは為されず、戦闘のさなかに殺されなかった者の生命を奪うということは決して行わなかったからである。

(6) モンテ・サン・ジョヴァンニ・カムパーノである。

(7) ペスカラ侯アルフォンソ・ダヴァーロス(Alfonso d'Avalos)。

第19章

アラゴン軍のカープアへの撤退——ジァンヤコポ・ダ・トリヴルツィオ、フェルディナンドの不在中に降伏条件でシャルル八世と合意する——ナポリ人に対するフェルディナンドの演説——ヴェルジーニオ・オルシノとピティリアーノ伯、フランス軍の捕虜となる——シャルルのナポリ入城

かくも高貴な、かくも素晴らしい王国を征服するに当たって、フランス国王が遭遇した抵抗と障害の総体がこれである。王国の防衛に当たっては、いかなるヴィルトゥも勇気も、またいかなる良識も示されなかった。名誉への飽くなき追求も見られなかった。能力も誠実さも見られなかった。カラヴリア公はローマを立ち去った後、王国の国境に撤退していたが、父が逃走した後、ナポリに召還されている。そこで彼は王の称号と権限を壮厳な儀式をもって手にするが、恒例の華麗さ、喜びに満ちた祝典はなかった。次いで彼は兵を徴集する。五十の騎兵分隊と六千の歩兵から成る軍であるが、イタリアで最も尊敬されている隊長たちに率いられた、すべて選り抜きの兵たちである。これを彼は、フランス軍のさらなる進撃を阻止するためにサン・ジェルマーノ(1)に配置する。この陣地は極めて有利であった。一方は高い、険しい山で限られ、一方は水を湛えた湿地帯であったからである。陣地の前に

(1) 現在のカッシーノである。

はガリリアーノ川が流れている。（この川を古代人はリリ川と称していた）。もっとも、この川はこの地点ではそれほど深くないので時に徒歩で渡ることもできた。この地の道は狭く、したがって、サン・ジェルマーノはナポリ王国に入る門の中の鍵の一つといわれているが、これは正しい。彼はまた兵を近くの山に送って、カンチェレ峠(2)を押さえさせる。しかしながら、彼の兵はフランス軍の名そのものに恐怖を抱きはじめていた。もはや、いかなる志気も見せることはないのである。他方、隊長たちは、あたかも王国を救うことはできないと思っているかのごとく、一つには己れ自身の命と地位を救うことを考え、一つには変化を求めて、勇敢さだけでなく、忠誠心においても動揺しはじめているのである。また王国全体が大きな変動に晒されているので、前線の背後で危険な反乱が起こるかもしれないという恐怖が存していたからである。このようにして臆病さが、冷静な判断力を圧倒してしまう。モンテ・ディ・サン・ジョヴァンニを取った後、ジエ元帥が三百の槍騎兵と歩兵の一部を率いて接近しつつあるという知らせを聞くと、彼らは恥知らずにもサン・ジェルマーノを放棄し、カープアに撤退する。恐怖に駆られていたために、途中、八門の砲を道に放棄している。新しい王はこの町を防衛したいと望んでいる。アラゴン家に対するカープア人の愛情と、この地の堅固さを当てにしている。前にはヴォルトゥルノ川が流れている。この地点では極めて深くなっているからである。同時に彼は、兵を他のところに移さずにナポリとガエタを保持していたいと思う。フランス軍はすぐ彼の後ろについて来る。しかし分散して、だらしない隊列で、兵士というより旅人のように前進している。それぞれが秩序もなく、軍規もなく、隊長の指揮もなく、ひたすら戦利品を求めて思うがままのところに出没するのである。ある者は、その朝アラゴン兵が出て行った場所に夜、宿泊するのである。これが普通のことであった。

（2） おそらくカンチェルロ・スル・ヴォルトゥルノであろう。

しかしながら、カープアでもより良い幸運、あるいはより良い勇敢さは見られなかった。というのも、フェルディナンドがサン・ジェルマーノからの退却以来、少なくなっていた兵たちをその地に宿泊させた後、王妃からの書簡でサン・ジェルマーノの喪失のためにナポリは大騒ぎになっており、彼がその場に来ないとなるとナポリには反乱が起こるであろうことを知らされ、そのため彼はその危険を現場に行って回避しようと少数の兵を連れ、ナポリに向かったからである。カープアには翌日もどると言い残している。しかし出発に当たってフェルディナンドがカープアの管理を委ねていったジァンヤコポ・ダ・トリヴルツィオは、既にフランス国王に密かに、王に安全に会見しに行くために軍使を派遣して欲しい旨を申し入れている。軍使が着くと、トリヴルツィオは少数のカープアの貴族を連れてカルヴィに行く。同日、王がここに入城していたからである。もっとも、トリヴルツィオのカルヴィ行きには、フェルディナンドに忠誠を誓いたいと望んでいたその他多くの者が嘲笑的な言葉をもって反対している。カルヴィで彼は直ちに王の面前に案内される。王は武装したままでいる。彼はカープア人と兵士の名において語る。彼らは些かでも希望のある限り、フェルディナンドに忠実に仕えてきたが、彼に自らを防衛する力が欠けているのを知り、いまや理にかなった条件で王に受け入れられるならば、王の運命に従おうと決意している、と言う。さらにトリヴルツィオはフェルディナンド自身を王に会いに連れて来ることもできよう、と言う。ただし、王が適切なやり方で彼に応えたいと望んでいるとしての話である、と言うのである。王はこれらすべてに親切な言葉で、カープア人および兵士の申し入れを受け入れる旨、答える。また、フェルディナンドの訪問も歓迎しよう、と言う。ただし条件がある。すなわち、ナポリ王国に関しては、いかに小さな土地ですら保持できないことを了解せねばならないという条件である。しかしフランス王国内に領地と栄誉は与えられるであろう。

ジァンヤコポ・ダ・トリヴルツィオをこのような裏切りに走らせたものが何であったかを言うのは難しい。なぜなら、彼は勇敢な隊長であり、自ら栄誉を重んじる人間であることを公言しているからである。トリヴルツィオはフェルディナンドの願いによって、問題をフランス国王と解決しようとして、王の下に赴いたのであると断言している。王との話し合いの余地はなかった。しかもナポリ王国はもはや守り切れないということは明らかである。このような状況の中で、カープア人と兵士の安全を同時に講ずるのは許されることであるばかりか、称讃に値するものと考えた、と言うのである。しかし、概して人は別のように考えている。すなわち、トリヴルツィオはフランス国王の勝利を望んでいたというのである。その欲求に動かされたのだと信じられている。王がナポリ王国を征服すれば、王の関心はミラノ公国に向けられるであろうとトリヴルツィオは考えた、と言うのである。トリヴルツィオはミラノの極めて高貴な家柄の出であり、己れのヴィルトゥと価値のわりには、ロドヴィーコ・スフォルツァによって評価されていないと感じており、このため彼と完全に対立するようになる。ロドヴィーコがトリヴルツィオを評価しなかったのは、サン・セヴェリーノ家に対して過度の恩顧を与えていたからであるが、あるいはその他の理由があるやもしれない。トリヴルツィオは先に、ロマーニァにおいてフェルディナンドに対して、状況が時折り要求する以上に慎重に行動するよう勧めていたが、それはこのような理由からであったと多くの者に疑われたのである。

しかし、カープアではトリヴルツィオが帰る前にすべてが変わってしまっていた。フェルディナンドの宿舎と馬が略奪され、重装騎兵は様々な方面に分散しはじめていた。ヴェルジーニオとピティリアーノ伯は、自らの兵を率いてノーラに撤退する。このノーラはアラゴン家によって伯に与えられていた地である。撤退する前に、彼らはシャルルに書簡を呈して、彼ら自身と兵のための安全通行を要請している。

フェルディナンドはナポリ人の騒ぎを、カープア防衛の約束で鎮静化した後、約束の時間にカープアに戻る。しかし、留守中に何が生じたのかをまったく知らないままである。カープアからわずか二ミーリアのところまで来た時である。彼の帰還を知った全住民が武器を執って蜂起し、彼の受け入れを拒否する。数人の貴族がフェルディナンドと話し合うために派遣される。彼らはフェルディナンドにこれ以上、町に近づかないよう警告する。町はフェルディナンドに見捨てられたものと思っている。司令長官のトリヴルツィオはフランス国王のところに出向いている。フェルディナンドの宿舎と馬は彼自身の兵によって略奪されている。ヴェルジーニオとピティリアーノ伯は出発し、ほとんど全軍が分裂している。このようになった以上、町はそれ自身の安全のために、征服者に降伏せざるを得なくなっているからだ、と言うのである。

このためフェルディナンドは涕涙しつつ、中に入れてくれと懇願するが無益である。フェルディナンドは、全王国が間もなくこのカープア人の例に従うことになろうと確信しつつ、ナポリにとって返す。カープアとナポリの中間にあるアヴェルサの町が、まずカープア人に倣う。即刻、シャルルに大使を派遣して降伏する。ナポリ人も同じく公然と王と交渉している。不幸な王はこのような突然の運命の転回に抵抗し得ないと判断する。彼はカステルヌオーヴォの大広間にナポリの多くの貴族や一般人を招じ入れ、彼らに向かって次のように語りかける。

——私が一度でも王座に即きたいと思った主な理由は、全世界に対して、私の父および祖父の苛酷な政治が私にとって憎むべきものであったことを示すためであり、私の善き行為によって、父祖がその苛酷さによって失ってしまった愛を再び手に入れるためであります。その証人として私は神と、過去の私の考えを知っているすべての人びとを呼び出すことができます。私ども一家の不運のために、私は王であるという事実以上に、遙かに栄誉ある果実を摘み取ることができませんでした。なぜならば、王になるということはしばしば単なる偶然によっておりますが、臣民の福祉と幸福こそが唯一、その願いである、そのような君主になるのは唯一、その者自身およびその者のヴィルトゥにのみ基づくものであるからです。私どもの状況はまったく惨めなものになってしまいました。間もなく私どもは王国を失ったことを歎くことになるのかもしれませんが、これは敵がそれ自身のヴィルトゥによって取ったと誇れるようなものではありません。私どもの隊長と兵の裏切り、その臆病さによるものなのです。それにもかかわらず、私どもにはまったく希望が失われたというものでもありません。ほんのもう少し持ちこたえれば望みがあります。スペイン王とイタリアの君主すべてが、強力な援助を準備しつつあるからです。彼らは、私どものこの王国を焼き尽くしつつある焔に対して何らかの措置が取られない場合には、それが彼ら自身の国にも広がるであろうという事実に眼が開かれたからです。

私は少なくとも、私の治世と私の生命を、若い王にふさわしい栄光をもって同時に閉ざそうという勇気には欠けておりません。私は偉大な王たちの長い血筋に繋がる者ですし、現在まであなた方が私に寄せてこられた期待に値する者でなければならないからです。しかし、私がそのようなことを試みれば、必ずや私ども共有の祖国は重大極まる危険に陥らざるを得ません。したがって、私はむしろ満足して運命に従いましょう。勇気を隠すのです。私が王国を失わないよう努力するのは、私が王たらんとした野心とはまったく正反対の結果を生むことになるからです。フランス国王と交渉するために、どなたかを派遣するよう勧めます。それを行うに当たって諸君の名誉に傷がつかないように、私は自ら、数日前に諸君が私に与えた忠誠の誓いを解除致します。フランス国王に服従し、心から王を受け入れる姿勢を示して、フランス人の生来の傲慢さを和らげるよう願います。彼らの野蛮な態度のため、諸君が彼らの統治を憎み、私の帰還を望むことになれば、私は諸君の望みを支えることのできるところにおり、いかなる危険を冒しても常に諸君のために命を賭すつもりです。しかし、諸君が彼らの支配を好むのであれば、この都市とこの王国は私に煩わされることは決してありません。

私の不運の慰めとなるのは諸君の安寧です。そしてまた諸君が次のことを心にとめておるのを知れば、さらにいっそう大きな慰めとなります。すなわち、王太子であった時も、王となった時も、私は何ぴとをも傷つけることがなかったこと、貪欲さ、あるいは残酷さのいかなる痕跡も私にはかつて見られなかったこと、私を害したのは私自身の欠陥ではなく父祖たちの欠陥であったこと、私がこの王国を維持しようとして、あるいはそれを再び獲得しようとして、この王国内の人の苦悩の原因となるようなことがあれば、それはまったく私の意図するところではないということ、王の称号と権限を失うことの悲しみより、それ以上に私を悲しませるのは私の父および祖父の行った過ちの償いをすることができなかったこと、などです。私は祖国と王国を奪われた亡命者です。それにもかかわらず、これらの事どもが諸君の記憶に残り、私がフェルディナンドや先王アルフォンソとは異なって曽祖父のアルフォンソによく似た王になったであろうという確信さえ諸君の記憶に残れば、私は自分のことをまったく不仕合わせであるとは思いません――

彼らがこれらの言葉を大きな憐憫なしに聞くことは不可能であった。そして多くの者が感動のあまり涙したことは確かである。しかし、先王二人の名はすべての臣民、ほとんどすべての貴族の間で嫌悪の的であり、フランス人に対する望みが強かったために反乱はいかなる形でも阻止され得なかった。フェルディナンドが城に退くや否や、暴徒が広場にあった厩舎を略奪しはじめる。彼はそのような恥辱に耐えることができず、勇敢にもそれを止めるべく飛び出して行く。数人のお付きの者が続く。反乱の起こった都市でも王の名の力は強かった。暴徒は攻撃をやめ、厩舎を去る。フェルディナンドは城に戻り、港に停泊中の船に火をつけ沈ませている。これは、敵がそれらを利用するのを防ぐ唯一の手段である。この時彼は、城を守っている五百のドイツ人傭兵が彼を捕虜にする計画を練っているのではないかと疑いはじめる。そこで彼は即座に、城にあるものはすべて彼らに与えようと決意する。これらの分捕り品を彼らが分け合っている間に、フェルディナンドは出撃門から城を出て、港で彼を待っていた軽ガレー船に乗り込む。出発する前に彼は、父と祖父の残忍さから生き延びていた領主たちをすべて獄から釈放している。ロッサーノ公とポポリ伯[3]は除かれる。フェルディナンドと共に行くのは、ドン・フェデリーゴと祖父の寡婦、年老いた王妃と娘のジョヴァンナである。それに少数の家臣とともにイスキア島に航行する。古代の人びとがエナリアと称した島である。ナポリから三十ミーリアのところにある。ナポリがまだ見える間、彼は低い声で予言者の詩篇の数節を繰り返している。それは次のようなものである。神によって保護されていない都市を守る者たちの労力は徒労である[4]。

　これ以後、フェルディナンドの味わうのは苦難のみである。イスキアで彼は勇気を証明せねばならない。不運に襲われた者に対して示される忘恩と不実さを経験するからである。城塞の衛兵は、城に入るに当たっては同行者は一人に限ると言う。中に入った王は直ちに荒々しく衛兵に飛びかかる。その激しさと王の権威の記憶によって、他の者どもを恐れさせ、衛兵と城塞は直ちに彼に降伏する。

（3）ポポリ伯ロッサーノ・カンテルモ（Rossano Cantelmo）である。

（4）グイッチァルディーニは聖書に精通していたようである。詩篇一二七。なお、グイッチァルディーニが聖書を引用することはあまりないが、本書第2章に見出される。第2章注（5）参照。なお、リコルド「C」九二もそうである。巻末『リコルディ』抄、第1巻第19章訳注（4）参照。これは『ローマ人への書』第十一章三十三からの引用である。グイッチァルディーニのキリスト教信仰との関係については拙著『グイッチァルディーニの生涯と時代』上巻二五三頁以下を参照。

フェルディナンドがナポリを去ると、誰もがどこでも、単に征服者の名声に対して激しい奔流の前にそうするかのように降伏する。しかも、その臆病さたるや大変なものである。リーニィの二百の騎兵隊がノーラに向かう。ノーラにはヴェルジーニオとピティリアーノ伯が四百の重装騎兵を擁している。それにもかかわらず、リーニィは彼ら全員を、抵抗にも遭わず捕虜にしている。彼らは戦わずして降伏するのである。それは一つには、彼らの代理人が保証しているように、王によって彼らに与えられた安全通行証を信じていたからであり、また一つには、その他すべての者に影響を与えていたのと同様の恐怖からでもあった。次いで彼らは捕虜としてマンドラコーネ要塞に連行され、彼らの兵すべては武装解除される。

この間、ナポリ市を降伏させるために派遣されたナポリの大使たちは、アヴェルサでシャルルに謁見する。極めて寛大に、王は彼らに多くの特権や免税を与え、翌日、すなわち二月二十一日、ナポリに入城する。(5) 彼は筆舌に尽くし難いほどの歓喜と歓呼の声で迎え入れられる。性別、年齢、身分、貧富、党派を問わず、全人口によって、である。あたかもシャルルがナポリ市の父であり、創設者であるかのようである。歓呼して迎えた者はとくに、本人自身であれ、先祖であれ、アラゴン家によって地位や幸運を与えられた者たちである。こうした歓喜の中、彼は大聖堂に行き、そこからかつてフランスの国王たちの住まいであったカステルカプアーノに行って宿舎とする。カステルヌオーヴォは敵の手に握られていたからである。比べようもない幸運の、信じられないほどの連続で、シャルルはユリウス・カエサル以上のことをやり遂げたのである。(6) 見る前に征服さえしたのである。その容易さたるや、この遠征中、彼はテントを張ったり、槍を折ったりする必要がなかったほどである。あれほど多くの準備は余分といえた。途方もない金をかけて準備した海軍は嵐に遭い、コルシカ島に運ばれ、

(5) 一四九五年二月二十一日である。

(6) veni, vidi, vici (Suet, I, 37)。私は来れり、見たり、勝てり。

ナポリ王国の岸辺に達するまで長い時間がかかり、その時には王は既にナポリにいたからである。イタリアの君主はその智恵の素晴らしさで知られていたが、イタリア内での分裂で、その智恵も曇り、これによってイタリアの中でも名のある力強い部分がイタリア人の支配から離れ、外国人の手に落ちたのである。これはイタリアの軍隊の屈辱であり、滑稽さでもあった。また、われわれすべてにとって重大な危険と恥辱をもたらしたのである。というのも、老フェルディナンドはスペインに生まれたが、若い時から王の息子として、また王として絶えずイタリアで過ごし、他の国を支配したことはなかった。この理由からして、彼と、イタリアで生まれ育った彼の息子と孫は、イタリア人と見なされてよいからである。

第2巻

第1章

フィレンツェ人の支配に抵抗したピサ人、シエーナ、ルッカ、ヴェネツィア、ロドヴィーコ・スフォルツァに援助を求める――ロドヴィーコ・スフォルツァのピサ支配の野望――ピサ人ブルグンディオ、ローマでシャルルに対し、フィレンツェ人によるピサ支配を弾劾――フィレンツェ人を擁護してフランチェスコ・ソデリーニが答える――フィレンツェ人に対するシャルルの不正な態度――ミラノ公のピサ援助

これらの物事がローマとナポリ王国で行われていた頃、イタリアの他の場所で小さな火が成長しつつあった。この小さな火は巨大な大火へと変貌するようあらかじめ宿命づけられていて、やがて多数の人びとを傷つけることになる。とくに、権力への行き過ぎた貪欲さによって、火をつけ、大きく育てていった者[1]を傷つけたのである。フランス国王はフィレンツェで次のことに合意していた。すなわち、ナポリを取るまで王はピサを保有するが、税収と司法権はフィレンツェ人に属するというものである。しかしフィレンツェを出発する際、王はその約束を実行するための手はず、あるいは準備をま

(1) ロドヴィーコ・スフォルツァ（イル・モロ）を指していよう。

ったく怠っている。このためピサ人は、そこに残っていた役人やすべてのフィレンツェ人を立ち退かせるか、あるいは獄に入れ、彼らの土地、財産のすべてを差し押さえる。このようにして彼らは言葉と行為によって反乱を完全に裏付ける。ピサ人は、市を守備するために王が残していったコミサーリオや兵たちの好意によって、フィレンツェ人の支配下に再び戻ることは絶対にないと決意している。反乱を推し進めるために彼らは、王がフィレンツェを出発した後、王のもとに大使を派遣する。彼らの動機を正当化するためである。大使を送ったのは王のもとだけではない。反乱を起こすと同時に外部からの援助を確保するために、シエーナとルッカにも派遣する。これらの都市はフィレンツェ人の名に対して大きな敵意を抱いている。したがって、ピサの反乱を喜んで聞き入れる。これら二つの都市はともにピサに一定の金額を与える。シエーナは直ちに相当数の騎兵も派遣している。ピサ市民は同じようにヴェネツィアに大使を派遣し、元老院の腹を探っている。大使たちは丁重に迎え入れられたが、はっきりした希望を持ち帰ることはない。

しかし、ピサ人の主な期待はミラノ公に寄せられている。というのも、彼らの反乱の原因が公にあった以上、公が彼らを進んで支持するであろうことを確信しているからである。公はフィレンツェ人に対してはまったく異なった風に話してはいるが、密かにピサ人に対していろいろ提案し、激励している。彼は密かにジェノヴァ人を説得して、ピサ人に武器弾薬を与えさせ、さらに三百の歩兵とともにコミサーリオをピサに派遣させている。ジェノヴァ人は、フィレンツェ人がピサを獲得したことに対して、(2)またトッマーゾ・フレゴーソがドージェであった時、リヴォルノ港を買収したことに対して、(3)さらに最近ではピエトラサンタとセレザーナを占領した(4)ことに対して憤激していたが、このような経緯から公の指令に直ちに従ったのである。事実、彼らは既にフィレンツェ人がルニジアーナに所有し

(2) 一四〇二年、フィレンツェはピサをガブリエールマリア・ヴィスコンティから二十万ドゥカーティで買収。ピサ人はこれに反抗、武器を執る。四年間にわたるフィレンツェ軍によるピサ包囲。一四〇六年併合。本文197頁参照。

(3) リヴォルノ買収は一四二一年である。

(4) ピエトラサンタは一四八四年、サルザーナは一四八七年、フィレンツェに併合される。ともにロレンツォ・イル・マニーフィコの時代である。

ている土地の大半を占領しており、王の書簡を口実にしてピエトラサンタ問題に干渉しつつあったのである。王の書簡とは、没収された一定の財産の返還に関してジェノヴァ人の手にしたものである。フィレンツェ人はこのことについて公に抗議すると、公は、彼とジェノヴァ人との協定では彼らにそれを阻止させる権限がないと答えている。言葉でフィレンツェ人を満足させ、様々な希望を与えながら、行動では絶えず、正反対のことを行っているのである。フィレンツェ人がピサを回復できなければ、ピサはいとも簡単に彼自身の支配下に入るものと思っているのである。公がピサを熱望しているのは、この都市の特質とその戦略的位置のためである。これは新しい欲望ではない。兄ガレアッツォの死後、彼は若きミラノ公の母にして後見人であった、あの猜疑心の強いマドンナ・ボーナによってミラノを追放されて、ピサで何カ月も過ごさざるを得なくなったが[5]、その時に根付いたものである。さらに、彼はピサがフィレンツェ人の手に落ちる前には初代ミラノ公ジョヴァン・ガレアッツォ・ヴィスコンティによって支配されていたこと[6]を思い起こし、父祖たちの所有していたものを再び手に入れることは名誉に値するものと思ったからである。またこの事実は、彼のピサ要求に一定の法的な色彩を与えるものと信じたのである。あたかもジョヴァン・ガレアッツォには、ピサを庶出の息子ガブリエールマリアに遺言書によって残す合法的な権利がなかったかのようである。相続者ミラノ公に損害を与えてはならなかったかのようである。なんとなれば、ジョヴァン・ガレアッツォがピサを占領したのは、ミラノ公国の武器と金によったからであるというのである[7]。

ピサ人はピサをフィレンツェ人の統治権から解放したことに満足せず、市周辺の農村部に点在する町を占領しようとする。これらの町は反乱が起こってまだ間もない日々に、ほとんどすべてがピサの権威に従って、そのコミサーリオを受け入れている。農村部とは常にそういうものなのである。当初、

(5) ロドヴィーコ・スフォルツァがピサにいたのは一四七七年から翌七八年にかけてである。

(6) ジョヴァン・ガレアッツォは一三九九年から一四〇二年の死に至るまでの約四年間、ピサを支配した。

(7) ジョヴァン・ガレアッツォの死後、ピサとサルザーナ、クレマは遺言で庶出の息子ガブリエールマリアの手に移る。訳注（2）参照。

フィレンツェは抵抗をまったく示していない。フランス国王との協定に達するまでは、もっと重大な問題に忙殺されていたからである。フィレンツェ人は王が立ち去った後、王の方でこの問題を解決するものと期待している。あれほど厳粛な、公けの場での誓約に拘束されているからである。この問題について王は手をつけずに引き延ばしていたため、フィレンツェ人は兵を送って、一部は武力によって、一部は協定によって、占領されていたすべての町を回復する。ただし、カッシーナ、ブッティ、それにヴィコピサーノは回復できない。この地にピサ人は兵力を集中していたからである。すべてを守り切るだけの力はないのである。

シャルルは密かにピサ市民のこのような行動に満足している。ピサ人の運動をシャルルの無知蒙昧な側近の多くが公然と支持していたからである。ある者はピサ人は苛酷に支配されてきたという宮廷内の信念による同情心から、ある者はサン・マロ枢機卿に反対してのことである。サン・マロ枢機卿はフィレンツェ人に好意を示しているのである。このことはとくにボーケールの執事[(8)]に当てはまる。彼はピサ人に買収されていたからでもあるが、なかんずく、彼がサン・マロ枢機卿の増大する権威に嫉妬し、かつて他の者を排斥するために枢機卿を支持したのとまったく同一の野心から、今度は枢機卿と対立しはじめたからである。宮廷の変転とはこのようなものなのである。このような人びとが王に対してフィレンツェ人の申し立てを拒否して、現在のようにピサを保有しておく、少なくともナポリ王国を取るまでは保有しておく、その方がずっと利益になろうと言い聞かせるのである。そのやり口には、偉大な王の名誉と誠実さにふさわしいものは何かについての顧慮がまったく為されていないのである。彼らの言い分が王を支配する。かくして彼は双方に様々な希望を抱かせようとする。ローマにいる間、シャルルはフィレンツェ人の大使たちに、自分の面前でピサ人の苦情を聴かせている。

（8）テキストでは il siniscalco di Belcari と表記される。

フィレンツェの大使たちに対して、ピサ市民のブルグンディオ・ロロ(9)が次のように語る。ブルグンディオ・ロロはローマ宮の教皇枢密会議付弁護士である。彼は嘆き悲しみつつ、辛辣に語る。

「ピサ人は八十八年間にわたって、かくも邪悪で苛酷な支配に晒されてきたので、かつては多くの栄光に満ちた勝利によって、その領土をオリエントの地にまで拡大し、イタリア全体の中でも最も強力で高貴な都市の一つであったのに、今ではフィレンツェ市民の残酷さと貪欲さによって荒廃の極みに突き落とされている。ピサにはほとんど住民が住んでいない。なぜなら、多くの市民たちは苛酷な軛に耐えることができず、自らの意志でピサを立ち去ったからである。彼らは分別があったといえよう。なぜなら、フィレンツェの恐ろしい取り立てと、個々のフィレンツェ人の横柄な貪欲さによって、ほとんど身ぐるみ剥ぎ取られたからである。このことは祖国愛から居残った人びとの悲惨さを見れば分かる。今ではわが身一つ養っていく手段すら欠いている状態である。というのも、前代未聞の残忍さ、不公平さをもってフィレンツェ人は、ピサ人が商業に従事したり、あるいは、単純労働は別として、あらゆる種類の技芸に携わったりするのを禁止しているからである。フィレンツェ領内の役所や行政機関のいかなる地位にも就く資格が与えられていない。通常、外国人に開かれている地位にさえ就く資格がないのである。フィレンツェ人はまた、無慈悲にも、ピサ人の健康や生命すら意図的に危険に晒そうとしている。ピサ人のすべての記念物を消滅させせようとして、彼らはピサ周辺の水路や堤防の整備、保存を中止している。昔からピサ人はこれらを維持しようとして最大の注意を払ってきたのである。そうしない場合には毎年、必ず深刻な疾病に悩まされるからである。この地域はその特性として低い位置にあり、し

(9) ブルグンディオ・レオリ(Burgundio Leoli) である。

たがって極端なほど洪水に襲われやすいのだ。このような理由からして、至るところ、教会や宮殿、数知れないほどの美しい公的および私的な建物が廃墟になろうとしているが、これらはピサ人の父祖たちによって計り知れないほどの壮大さと美しさで建築されてきたものである。それから何世紀も後になって、隷属の地位に落とされることになったが、これはその都市にとって不名誉なことではない。この世のすべては退廃を免れることはできないからである。しかし、その偉大さと高貴な過去の記憶は征服者の心の中に、苛酷な、惨い感情というより、憐憫の情を生み出すはずである。いつの日か彼らも、すべての帝国、すべての都市に突如、襲いかかる同じ運命に遭遇するであろうし、[10] それに耐えねばならないことを、すべての者は考えねばならないからである。いまやピサ人には、フィレンツェ人の飽くなき貪欲さ、神をも恐れぬ強欲さ、これらに応える何物も残されていない。ピサ人にはこのような悲惨さにもはや耐えることができないのだ。かくして彼らはすべて、家郷を棄てる気になったのである。フィレンツェ人のかくも不正な、瀆神的な支配の下に戻るよりも、生そのものを棄てる気になったのである」。

（10） リコルド「C」一八九、「A」一五六参照。巻末『リコルディ』抄、第2巻第1章訳注（10）。

彼は涙ながらに、ピサ人のすべてが涙ながらに王の足下に哀れにひれ伏しているとでも思っているかのように、王に訴える。どれほどの憐れみと正義をもって、不正に簒奪されていた自由をピサ市民のために回復してくれたかを思い起こして頂きたい、と言うのである。王は、確固とした度量の大きい君主として、ピサ市民に与えた恩恵をこのまま維持すべきである。ピサ市民を再びあのように厭わしい隷属の身分に突き落とし、かくしてフィレンツェ人の強欲さと非人間性の手先となるのではなく、むしろピサの父、ピサの解放者としての御名をとどめる方を選ぶべきである、と言うのである。

フィレンツェ人の大使の一人であったフランチェスコ・ソデリーニが、これらの告発に対して、ブルグンディオ・ロロに劣らず辛辣に答える。フランチェスコ・ソデリーニはヴォルテルラ司教で、後に枢機卿となった人である[11]。

「フィレンツェ共和国の要求は完全に正当である。なんとなれば、共和国はピサをピサの正当な領主ガブリエールマリア・ヴィスコンティから一四〇四年、買い取ったものであるから。共和国がピサを買い取るや否や、ピサ市民は激しくフィレンツェ人をピサから追放する。このため共和国はピサを取り戻すために戦争に訴えざるを得なかった。この戦争は長期にわたる。これは正義の戦いであったが、それに劣らずその結果も上首尾であった。またフィレンツェ人の示した慈悲も勝利に劣らず注目に値するものであった。なぜなら、その気になれば、ピサ人を餓死させることもできたが、入城の際、兵とともに、兵の武器を上回る大量の食糧を持ち込んで気息奄々たるピサ人の気力を生き返らせたのである。歴史上いつの時代でも、ピサは陸上で強大であったためしはなかった。事実、ピサはあれほど近いルッカを一度も征服することができなかった。ましてやその他、いかなる都市であれ征服することなどできないのである。ピサは常にその狭い領域内に閉じ込められていたのだ。その海軍力は短命であった。というのも、その不正行為の数々、邪悪な取り引きと市民間の不和、長く続いた内紛に、怒った神の正しい審判でピサはフィレンツェ人に売られる遙か何年も前に、富と人口においてその偉大さを喪っていたのである。その弱体ぶりたるや、ピサ周辺の農村部の卑しい生まれの公証人ヤコポ・ダッピアーノなる人物[12]がピサの主人となることができたほどである。長い年月、ピサを支配した後、彼はそれを彼の相続人たち

(11) フィレンツェの名門貴族。一五〇二年、フィレンツェ共和国の終身ゴンファロニエーレになったピエロ・ソデリーニの兄。後、メディチ家出身の教皇レオ十世と対立する。

(12) 権力を掌握するのは一三九二年。ミラノ公ジョヴァン・ガレアッツォが支援する。

に残す。フィレンツェ人がピサ保有に関心を抱いているのは唯一、その重要な位置のためであり、海への出口のためである。というのも、ピサからの税収は考慮に入れるほどのものではないからである。取り立ても軽く、必要経費に見合う程度である。しかもその大部分は、リヴォルノ港の使用料として外国の商人から取り立てられるのだ。商業活動、職業、役人の任命などに関しては、ピサ市民はフィレンツェの支配下にある他の都市とまったく同一の法律によって支配されている。これら他の諸都市は穏健な支配だと認めていて、主人を代えようという欲求はないと言っている。彼らはピサ人に特有の、あの傲慢さ、あるいは不誠実さを持ち合わせてはいない。ピサ人のそれはトスカーナ全体で諺のようになっている[13]。フィレンツェ人がピサを取った時、その住民の多くが、彼ら自身の自由意志でピサを去ったとしても、これは単に彼らの自尊心によるものである。この自尊心のために彼らは自分たちの考え方を、その現実の力と運命に適合させることができないのである。多くの者が国を去ったのは、フィレンツェ人の責任によるものではない。フィレンツェ人は彼らを正義と慈悲をもって支配してきたし、ピサの富と人口が減じないようなやり方で彼らを扱ってきたからである。事実、フィレンツェ人は莫大な費用をもってジェノヴァ人からリヴォルノ港を奪還した。リヴォルノなしにはピサは利点と利益の一切を欠いていたはずである。フィレンツェ人はまた、ピサに知識のすべての分野を網羅した大学を創設している[14]。このようなやり方で、またその他多くのやり方で、フィレンツェ人は常にその人口を増加しようとしたのである。水路の整備も不断に行っている。私の言うこのようなことは明らかに真実であり、虚偽に満たされた悲嘆や中傷によって曇らされるものではない。何ぴとであれ、自分の運命を良くしようと望むのは許されることである。しかし運命のもたらすものを忍耐強く耐えることも義

(13) 現在でもなお一般に知られている諺と関係しているであろう。「ピサ人が戸口に現われるよりも、死者が家の中にいた方がよい」(Meglio un morto in casa che un pisano all'uscio)

(14) ピサ大学は一四九二年、ロレンツォ・イル・マニーフィコが創設している。

(15) ピサ側を代表するブルグンディオ・ロロと、フィレンツェ側を代表するフランチェスコ・ソデリーニの論点は、鋭く対立していて妥協の余地はない。フィレンツェはピサ回復のために以後、莫大な金と労力を費やすが、その回復に成功す

務なのだ。さもなければ、すべての支配権《シニョーリエ》と権力《インペリ》は倒壊するであろう。すべての臣民の自由追求が合法的となれば、そうなるであろう。フィレンツェ人は敬虔なキリスト者シャルルを、どこに彼の義務が存するかを労して説得する必要はないものと承知している。というのも、賢明にして公正な王であられるのであるから、かくも空虚な苦情や中傷に心が動かされるはずはないと確信しているからである。兵のピサ入城に先立って、王自ら約束されたこと、またフィレンツェであれほど厳かに誓われたことを思いお起こしになられるであろうことを信じているからである。王たるものが偉大であり、強大であればあるほど、正義と信義を維持するために権力を行使することがますます王の栄光を高めることになろう、という思いからである(15)」。

シャルルがピサ人の話の方に、より親切に耳を傾けたことはまったく明らかであった。しかも、ナポリとの戦いが続いている間は、双方の不満をピサ側に有利な形で宙ぶらりんにしておきたいと望んでいることもまったく明らかであった。あるいは、ピサの農村部全体をシャルルが保有するのにフィレンツェ人が同意するよう望んでいることも明らかであった。もちろん、ナポリを取った後には、フィレンツェで約束したことは直ちに実行するという条件である。フィレンツェ人はこれをきっぱり拒否する。シャルルの言うことはすべて疑わしいと見なしているのである。彼らは終始一貫、シャルルが約束を果たすよう要求する。シャルルはフィレンツェ人の要求に応じるように装う。しかし実際は、フィレンツェ人の約束した七万ドゥカーティを約束の時より前に受け取るため、ローマ出発の際、サン・マロ枢機卿を派遣してくる。彼を派遣するのはフィレンツェ市民の要求を解決するためであるというのである。しかし、密かに彼に、金を受け取るまではフィレンツェ人に希望を持たせるように、

るのは一五〇九年六月八日である。ピサ戦は十五年間続いたのである。ピサ回復にあたってはマキァヴェリの活躍を無視できない。これについての詳細は拙著『グイッチァルディーニの生涯と時代』(太陽出版)上巻八八―九〇頁、および一四九四年から一五〇九年に至るピサ戦の推移についてはグイッチァルディーニ『フィレンツェ史』(太陽出版)の関係個所参照。

なお、ロロとソデリーニそれぞれの議論を読むにあたって、リコルド「C」一八九、「A」一五六、また「C」二九、「B」一三一、「C」一〇七などが想起されよう。『リコルディ』抄、第2巻第1章訳注(15)参照。

しかし金を受け取ったならば、問題をそのまま放置し、解決しないように命じている。フィレンツェ人はこれが欺瞞であると強く疑ってはいたが、期限の近づいた四万ドゥカーティを彼に支払う。枢機卿は金を受け取ると、その返還を約束してピサに行く。しかし、いかなる措置も取らずにピサを立ち去っている。ピサ市民は頑固で、彼の権限をもってしても彼らを動かすことができなかった、彼らを強制し得ないのは王からそのような命令を与えられていないからである、さらに僧侶としてキリスト教徒の血を流すことになるかもしれぬ、いかなる決断も下すことができなかった、云々——これが枢機卿の口実である。それにもかかわらず、彼は新しい要塞の守備兵を増やしている。ピサ人が許せば古い要塞の方にも同様の措置を取っていたことであろう。ピサ市民は日ごとに武力を増加し、勇気に溢れている。ミラノ公が新たな兵とともに、ルチオ・マルヴェッツォを派遣してきたからである。ピサには守備兵を増加する必要がある。傭兵隊長も経験に富んだ者でなければならないと考えてのことである。今回もいつもの通り、ジェノヴァ人が派遣したことになっている。彼はあらゆる機会を捉えてフィレンツェ市民に対して騒ぎをかき立てる。ピサを攻撃するのを阻止するためである。彼はシエーナ市民と共同で、ピオムビーノ領主ヤコポ・ダッビアーノとジョヴァンニ・サヴェルリと傭兵契約を結ぶ。シエーナ市民にモンテプルチアーノを保持していくよう鼓舞するためである。この町は最近、フィレンツェ人からシエーナ人側に寝返り、シエーナ人もフィレンツェ人との同盟を無視して、これを受け入れている。

第2章

フィレンツェの内政に関してのパオラントーニオ・ソデリーニの演説——同じ問題についてのグイダントーニオ・ヴェスプッチの演説——フィレンツェにおけるジローラモ・サヴォナローラの権威——フィレンツェ共和国の制度

この時期のフィレンツェ人は、モンテプルチアーノ問題に劣らず、国内問題で少なからず紛糾している。というのも、王の出発直後、共和国の再編成のためにパルラメント[1]が召集されたからである。パルラメントとは古い習慣に従ったもので、政庁舎前の広場における全市民の集会である。ここで市民たちは、最高行政職によって提案された問題について拍手喝采とともに決定するのである。フィレンツェ人はある種の政体を樹立する。これは民主政権[2]の名の下に、実は多くの点で少数者の権力へと傾くような政体であった。全市民の参加するようなものではなかった。これは、より開かれた政体を望んでいた多くの人びとに歓迎されなかった。有力市民の何人かの野心もこれに同調したために、政体の再検討が必要となる。主要な行政官たちと、名声の高い有力市民たちとの話し合いの中で、パゴラントーニオ・ソデリーニ[3]は次のように述べたといわれている。彼は賢明な市民で、広く尊敬されている人物である。

（1）parlamento 開催されたのは一四九四年十二月二日である。

（2）governo popolare 民主政権と訳してみた。

（3）Pagol'Antonio Soderini テキストはパゴラントーニオになっているが、一般にはパオラントーニオと表記される。ジョヴァン(Giovan)がジァン(Gian)とされるのと同様である。トッマーゾの息子。長期間、ヴェネツィア大使を務める。グイッチァルディーニ著『フィレンツェの政体をめぐっての対話』（拙訳、太陽出版）の対話者の一人。民主派の代表者である。なお第1章でブルグンディオ・ロロに対してフィレンツェを弁護したフランチェスコ・ソデリーニの兄であり、一

——敬愛すべき市民諸君、市民的な事柄について物を書いている人びとは、民主政権を称讃しておりません。むしろ一人の君主による政権、あるいは有力市民《オッティマーティ》による政権の方を勧めております。しかしながら、自由への欲求はわがフィレンツェ市の古くからの欲求であります。いわば生来のものなのです。市民の置かれております情況も平等に適したものといえます。平等はあらゆる民主政権にとりまして不可欠の基盤であります。したがいまして、民主政権こそわれわれの取るべき政体であることは疑問の余地がありません。それ以外の政体であってはなりません。これを証明するのは極めて容易なことであります。これは確かです。しかしこのような論争は無用でありましょう。と申しますのも、最近開かれておりますすべての会議においても常に、フィレンツェは民衆《ポポロ》の名のもとに、民衆の権威に基づいて統治されねばならぬ、ということが広く同意された結論となっているからです。しかしここに意見の対立が生まれています。と申しますのも、パルラメントで決定されました制度に関してですが、ある人びとはこれを次のような政権にもっていきたいと望んでおります。すなわち、メディチ家によって自由が抑圧される以前に、フィレンツェを支配していたような共和政権です(4)。これとは別に、他の人びとは、私もその一人ですが、これよりもより完全な政体を望んでおります。と申しますのも、メディチ家以前の政治体系は、私の信じるところ多くの点で民主政権の名だけで、その実体は異なっており、何よりもこのような政権からたびたび生じる不慮の出来事を恐れているからです(5)。私の申します、より完全な政体とは市民間の融和と安全が保証されるような政体です。市民の融和と安全はこのフィレンツェにおいては理性によっても、また過去の経験からしても望み得るものではありません。このような市

五〇二年、フィレンツェの終身ゴンファロニエーレに選出されたピエロの兄でもある。

(4) チオンピの乱後の圧政を経て一三九三年から一四二〇年に至るまでの有力市民による寡頭政を指している。グイッチァルディーニ『フィレンツェ史』三二―三三頁参照。

(5) 一四二〇年代から三〇年代にかけての激しい派閥抗争の結果、一四三四年、コジモ・デ・メディチの権力が確立されたことを指している。拙訳『フィレンツェの政体をめぐっての対話』二四―二五頁参照。メディチ政権の誕生についての経緯についてはグイッチァルディーニ『フィレンツェ史』三三―三四頁参照。

民の融和と安全を保証し得るような政権とは唯一、全面的に民衆の力に依存しながら、しかも適正に組織された政権以外にはありません。

この政権は二つの主要な基盤を有しています。まず第一の基盤は、すべての行政職、すべての役職は、フィレンツェ市内のそれも、また領内のそれもすべて、時あるごとに、法律によって政治に参加する資格を与えられたすべての人びとから成る一般会議《コンシーリオ・ウニヴェルサーレ》(6)によって配分されるという点にあります。この会議の承認なしには、新しい法律は成立致しません。このようにして要職や権威の配分が個々の市民や特定の集団、あるいは党派の手に握られていないので、いかなる人も他の人間の偏見あるいは気紛れ、そのいずれによってもそれらから排除されることはなくなります。要職や権威は人間のヴィルトゥと価値に従って割り当てられます。かくして、すべての人はヴィルトゥと善き行動によって、公的な利益と私的な利益を追求し、己れ自身のために栄光への道を切り拓くよう努めねばならなくなります。すべての人は、悪徳や人を害すること、制度のよく整っている都市にとっては嫌悪すべきすべてのことを慎まねばならなくなります。新しい法によるにしろ、あるいは一行政官の権限によるにせよ、一人の権力あるいは少数者の権力によって他の政権を導入することはできなくなります。政権は一般会議の意志によってのみ変えられるからです。

もう一つの主要な基盤は、重大な諸々の決定、すなわち平和と戦争、新しい法律の検討、その他一般的に、このような都市および国家の行政に必要な決定は、この仕事のためにとくに任命された高官たちによって、また一般会議《コンシーリオ・ポポラーレ》によって選ばれた経験に富む、かつ思慮分別のある市民たちによる選り抜きの委員会によって処理されねばならないという点にあります。なぜならば、

(6) パゴラントーニオはコンシーリオ・ウニヴェルサーレ、あるいはコンシーリオ・ポポラーレと言っているが、十月二十三日成立した会議は一般にコンシーリオ・グランデ(大会議)と呼ばれている。この会議に参加できる資格のある者は一定期間、フィレンツェに居住し、かつ税金を収めていて、本人の名、父の名、祖父の名が三大要職(「シニョリーア」「十二人の良き人びと」「十六人のゴンファロニエーリ・ディ・コンパニーア」)のいずれかに候補者として、くじ引きのための袋《ボルサ》に入れられたことのある者である。年齢は二十九歳以上とされる。

これらの事柄を理解することは誰にでもできるわけではないので、それらについて知識のある人びとによって処理されねばならないからです。また、迅速さと秘密保持がしばしば必要となりますので、多数者によって議論されたり、決定されたりしてはならないからです。自由の維持のためと称してこのような事柄が多くの人びとによって構成される会議で処理される必要はないのです。と申しますのも、要職の配分と新しい法律の決定が一般の人びとの同意にかかっている以上、自由は安全だからです。

これら二つの基盤が与えられた時に、真の民主政権が組織されるのです。フィレンツェの自由の根拠は確かとなり、共和国の永続的な良き形式が確立されるのです。

われわれが問題にしている政権をより完全なものとするような、その他多くのことについては、後になって補う方がよろしいでしょう。(7) 発端に当たって人の心を混乱させないためです。過去の独裁政の記憶のため猜疑心が強いからです。また自由な政体の観念に慣れていないので、自由の維持のためにはどのような組織が必要であるかを十分に知ることができないからなのです。これらは本質的なものではありませんので、もっと都合の良い時、より良き機会が生じるまで延期しても安全なのです。市民たちはこの種の形態の共和国を日ごとに愛するようになりましょう。また経験を通してますます真実に気づくようになりますので、政体が絶えず改革され、完全に完成されるよう望むことになりましょう。当分の間は、われわれが先に触れました二つの基盤の上にしっかり立つことです。これら二つの基盤を確立することは、いかに容易なことか、またそれらがどれほど実り豊かなことであるかは、多くの根拠をもって証明されるのみではなく、先例によって最も明らかになります。ヴェネツィア人の政権は貴族の手にありますが、これらの貴族は私

(7) これはサヴォナローラの意見でもあった。グイッチァルディーニ『フィレンツェ史』一八〇—一八三頁参照。またパオラントーニオがサヴォナローラに走った理由については同書一七六頁にある。

的な市民以外の何者でもありません。しかも数も多く、その地位や資質も様々であるため、民主政権と極めて類似していることを否定し得ません。そのため多くのことを模倣することができます。と申しますのも、それは主として二つの基盤に基づいており、これによってヴェネツィア共和国は数世紀にわたり、その自由とともに統一と市民的調和を維持して、あれほどの栄光と偉大さに昇りつめたからです。ヴェネツィア人の団結は、一般に信じられているように、その地形によるものではありません。[8]なぜなら、あの地形でも時折り不和や騒動が起こり得ますし、実際に起こりました。地形ではなく、政治形態の構成が整然としており、バランスが良く取れているという事実によって、当然ながらあのように見事な尊重すべき結果を生み出したのです。また外国の例に劣らず、われわれ自身の例からしても学ぶべきなのです。ただし、正反対の観点から考えればよいのです。と申しますのも、わがフィレンツェがあのような政治形態を一度も持たなかったという事実こそ、われわれの問題が常にあのように頻繁な政変に晒されてきた理由であるからです。独裁政の暴力に抑圧されたかと思うと、今度は少数者の野心的かつ貪欲な党派争いにずたずたに引き裂かれる。かと思うと大衆の抑制されざる放埒さの餌食となる、といった具合なのです。都市というものは、その住民の平和的な幸福な生活のために建設されたはずです。それにもかかわらず、われわれの政権の果実は財産の没収であり、わが不幸な市民たちの追放であり、打ち首でありました。決して幸福と休息ではありませんでした。パルラメントによってもたらされたこの政権も以前、このフィレンツェで持ったものと異なるものではありません。これも不和と騒動を惹き起こし、限りない公的私的な変遷の後、最終的には独裁政を生むのです。と申しますのも、われわれ父祖たちの自由がアテネ公[9]に抑圧され、後にはコジモ・デ・メディチによって抑

(8) グイッチァルディーニ『フィレンツェの政体をめぐっての対話』(拙訳、太陽出版)一六五―一六六頁参照。

(9) グアルティエーリ・ディ・ブリアンヌ。フランス人である(ブリアンヌ伯ゴーティエ)。一三四二年、フィレンツェ人に呼ばれ一年間、市の全権を与えられる。しかしパルラメントを召集し終身の権力を手にする。圧政を敷き、翌一三四三年、フィレンツェを追放される。

圧された唯一の理由は以上のようなことにあるからです。またわれわれは、これについて驚くべきでもありません。と申しますのも、要職の任命や法の通過が日々、すべての者の同意を要せず、少数者の判断に任されている場合には、市民たちはもはや公共の善のことなど考えず、私的な利益の追求に走ります。かくして党派や派閥が生まれ、これは都市全体の分裂を伴い、すべての共和国および帝国の癌となり、確実な死となるのです。したがって、理性の光によって、またわれわれ自身の先例からしまして有害と見なされる政体を避け、それに代わって理性と他国の先例によって健康的であり、成功していると思われる政体に向かうことがどれほど分別のあることかがお分かりのことと思います。真理のために私は次のことを申し上げねばなりません。少数の市民が法外な権威を持つようなやり方で組織された政権の場合、わがフィレンツェでは常に少数の独裁者たちの政権となるということをです。彼らは一人の独裁者よりも次の点で、さらに有害です。すなわち、加算されておりますので、その悪においていっそう大きく、いっそう害があるのです。他のことは別としましても、意見の対立と人間の様々に異なる野心や欲望のために、彼らが長い間、協調し合っていくことは期待できません。不和はいつの時代でも有害ですが、現在はとくにそう言えるのです。われわれは最も強力な市民を追放しておりますし、(10) 領土の広大な一部を奪われておりますし、他方、イタリア全体が深刻な危険に晒されているからです。外国の軍隊がその心臓部に迫っているのです。

己れ自身の意志に従って、己れを組織することが都市全体の力に委ねられたことは、仮にあったとしても極めて稀なことです。いまや善意の神がその力をわれわれに与えられました。今こそわれわれに自由な政権を建設する機会が与えられました。われわれはこの機会を失ってはなりま

(10) ピエロ・デ・メディチ、ジョヴァンニ枢機卿、ジュリアーノなどメディチ一門を指す。

せん。わが身自身に重い傷を負わせてはなりません。フィレンツェ市民は、その英知で知られております。この名声を永久に傷つけるようなことがあってはなりません。整然とした、立派な自由な政権を建設するのです。この政権が持続する限り、われわれは幸せになりますが、それのみではありません。永久にそれを享受し得る約束も与えられるのです。かくしてわれわれの子供たち、相続者たちに宝と幸せを残してやれるのです。このような宝、このような幸せは、われわれもまた父祖たちもかつて持ったこともなかったし、味わったこともないのです。——

パゴラントーニオの言葉はこのようなものであった。彼に異論を唱えたのはグイダントーニオ・ヴェスプッチである。彼は有名な法律家であり、注目すべき才能と抜け目なさに恵まれた人物であった。彼は次のように語る。

——敬愛すべき市民諸君、パオラントーニオ・ソデリーニによって示されたようなやり方で組織された政権が、望むべき結果を、述べられたように簡単に生むものであれば、共和国のためにその他の政体を望む者は確かにひねくれ者ということになりましょう。人のヴィルトゥや価値、才能などが何物にも増して認められ、厚遇されるような共和国があれば、この共和国を熱烈に愛さない者は邪悪な市民ということになりましょう。しかし私の理解し得ないのは、民衆の力に全面的に握られた政体がそのような善に満たされたものになり得るなどと、どうして期待できるのか、ということなのです。と申しますのも、私の知るところ、これほど多くの民衆となりますと、そこに、思慮分別、経験、それに紀律といったものを見出すことはできないことは、理性が教え、経験が示し、また賢明な人びとの権威の断言するところでもあるからです。したがいまして、賢明な人びとが無知な人間よりも、善が悪よりも、経験を積んだ人びとが、いかなる仕事にもまったく携わったことのない人びとより、とくに好まれるといったことを期待し得ないからです。なぜなら、無学の、経験のない判事から正しい判決を期待し得ないのと同様に、混乱と無知に満たされた群衆からは、慎重な、あるいは理に適った選挙、あるいは決定を期待し得ないからです。偶然そうなるということはあり得るかもしれません。しかしこれは例外です。様々な心を持った人びと、様々な職業に携わっている人びと、様々な身分、様々な習慣を持っている人びとから成る群衆が、しかも己れ自身の個人的な事柄にのみ没頭しているような群衆が国事に関する物事をよく識別し、理解し得ると思えるでしょうか。公けの政治に携わってそれ以外のことなど考えず、ひたすら事に当たっている賢明な人でさえ理解が困難であるとしているようなことを、です。人間というものは自惚れから、何ぴとも名誉を望みますが、この事実はさておいて、群衆もすべて最高の地位を求め、最も困難で重要な問題についての決定に参画したいと望んでおります。民主政権において自由の正統な果実を享受するだけでは、満足し得ないのです。他のいかなる都市に比べても、われわれには最も良く物を知っている人、あるいは最も価値ある人に道を譲るという謙譲さが欠けております。しかしわれわれは、正当な権利としてすべてのことにおいて平等であると納得していても、ヴィルトゥと才能の必要とされる地位が群衆の手にあれば、混乱は免れないでしょう。多くの人びとに広がっているこのような貪欲さのため、最も権威ある者が、まったく物を知らない、まったく価値のない人びとであるといった事態が生じるのです。これは確実にそうなるのです。なぜならば彼らの数は多いので、意見が単に数えられるだけで、決してその軽重が計られないようなやり方で組織された国家においては、彼らの方がより大きな権力を握るからです。したがって、われわれが現在導入しようとしている政体に満足した彼らが間もなく、この慎重に案出された組織を破壊し、それに代えて新しい発明と軽率な法律を成立させるかもしれません。そうならないという確信を、われわれは持てるでしょうか。そうなれば、賢明な人びとは抵抗できなくなるでしょう。このような政体における危険は常にこれらのことなのです。しかしその危険はいまや、ますます増大することになりましょう。と申しますのも、力によって一つの極端な状況に置かれていたが、その極端から人が離れようとする時、それと正反対の極端にまっしぐらに突進し、真ん中で止まることはしない、これが人間にとって自然の成り行きだからです。かくして、独裁政から解放された人びとは抑制されない限り、手の着けられないほどの放縦さに陥ることになりましょう。これはまた、独裁政と称されても然るべきものなのです。なぜなら群衆は、値しない者に与え、値する者から奪う時、また人間の間の地位や卓越さを混乱させる時には独裁政に似てくるからです。[11] おそらく彼らの独裁政は無知が邪悪さより危険である限り、より致命的なものとなりましょう。無知は秤《はかり》も持たず、尺度も持たず、規則も持っていないからです。これに対し邪悪さは、少なくとも一定の規則、一定の抑制、一定の限界を持っております。[12]

われわれはヴェネツィア人の先例に影響されてはなりません。彼らの都市の立地条件は、彼らにとって一定の重要性を持っております。また古くからの政体もかなり重要であります。重要な決定は多数者の手にではなく、少数者が行うように物事が配されております。生来、彼らの性向はおそらくわれわれのそれほど鋭敏ではありません。遙かに静めやすく、満足させることができます。またヴェネツィアの政体は、先に触れられました二つの要素にのみ依存しているのではあ

(11) 巻末『リコルディ』抄、第2巻第2章訳注(11)参照。「C」一八八、「B」一七五。

(12)『リコルディ』抄、第2巻第2章訳注(12)参照。「C」一六八。

りません。なぜなら、その完成度も安定度も終身職のドージェの存在、またその他多くの手立てに大いに影響されているからです。これらの手立てをわがフィレンツェに導入しようとすれば、強い反対に遭遇することになりましょう。と申しますのも、わがフィレンツェは現在、建設されつつあるのではないからです。また、憲法が与えられようとしているのも、これが最初ではないからです。フィレンツェでは根深い慣習があって、これがしばしば公共の利益に反しておりますし、また自由を維持するという口実のもとに新しい独裁政を創設しようという試みがなされているのではないかと、人びとは疑っております。したがって、健全な忠告を与えましても、役に立ちそうもありません。薬は、悪い体液に冒され、それに満たされている身体には役に立ちません。また、清められた身体にも無用です。これとまったく同じことなのです。

このような理由からして、また人間の事柄というものが一般に衰退に向かいやすいというまさにその性質からして、むしろわれわれは、現在その発端に当たって不完全に組織されている限り、時の経過とともに完全にバラバラに解体されてしまうのではないかと恐れるべきなのです。時の経過とともに、あるいは様々なチャンスによって、それが完全なものになっていくなどと期待できないのです。しかし、われわれは他国の先例を求めなくとも、われわれ自身の先例を有していないでしょうか。と申しますのも、群衆がこの都市を完全に掌握していた時には常に紛争に満たされ、完全に分裂していたからです。間もなく政体を変えねばならなかったのです。他の先例を求めたいというのでしたら、なぜローマの絶対的な民主政権を思い起こさないのでしょうか。この政権は多くの混乱を惹き起こしました。したがって、彼らの軍事的技術や能力がなかったならば、共和国の命は短かったのではないでしょうか(13)。なぜ、われわれはアテナイ人のことを思い起

(13) グイッチァルディーニ『フィレンツェの政体をめぐっての対話』二二三―二三一頁参照。

こさないのでしょうか。アテナイは極めて繁栄した、最も強大な都市でしたが、その帝国を喪い、次いでそれ自身の市民たちによって、また外国人によって隷属の境遇に転落させられました。なぜでしょうか。その理由は他でもない、重大な問題を決定するに当たって群衆の審議に依った、という理由にあるのです。しかし私が理解し得ないのは、パルラメントによって導入された政権には自由がまったく見出すことができない、と言われていることなのです。というのも、すべての物事はシニョリーア、その他の要職に就いている行政官たちの思慮に委ねられているからだというのです。しかし、これらの行政官たちは任期が終身ではありません。定期的に交替するのであり、その選出も少数者によるものではないのです。逆に、ひとたび多数決で承認されましても、彼らは、フィレンツェの昔からの習慣に従って、くじ引きされねばならないのです。したがって、彼らが党派によって、あるいは個々の市民の気紛れによって配分されるなどということが可能でしょうか。このようなことからして当然ながら、われわれはより大きな確信を深めることができるのです。すなわち、最も重要な事柄が、最も賢明な、最も経験を積んだ、そして最も誠実な人びとによって吟味され、管理されるであろうということを、です。彼らはそれらを群衆よりも遙かに整然と、秘密を保って慎重に処理していくのです。なぜなら、群衆は仕事に当たって能力がなく、時に何の必要もなく途方もない浪費をするかと思うと、他の場合には、最も必要な事柄において極端に強欲であるために、しばしばつまらない節約をするために、莫大な失費を強いられ、危険に晒されることにもなるからです。

パオラントーニオが申しましたように、イタリアの災害は重要な要素であります。とくにわれわれ自身の、わがフィレンツェのそれがそうです。しかし最も経験のある、老練な医者が必要とされているいま、経験も能力もない人びとに依存することは、なんと愚かなことでしょうか。最後に考えねばならないのは、まず群衆をもっとおとなしくしておき、彼ら自身にとっても、公共の善にとっても、利益となるような決定へと彼らを導いていくことです。そのためには、政治において一定の節度ある役割と権限を、彼らに与えればよいでしょう。と申しますのも、すべての物事について彼らの判断に絶対的に依存するようなことにでもなれば、その場合の危険は次の点にあるからです。彼らが傲慢になり、あまりにも扱い難くなるということ、賢明にして忠誠心のある市民の助言に抵抗を示すようになるという点に、です。——

比較的少数の市民が参加している会議では、より限定された政体を目指すこのような意見は、パオラントーニオのそれより、より影響力があったはずである。しかし人びとの討論の中に、説教師教団の修道士、フェラーラのジローラモ・サヴォナローラを通して神の権威が介入してくる。この人物は数年にわたってフィレンツェで公けに神の言葉を説いていた(14)。注目すべき学識が、聖人としての大きな名声と結合して、フィレンツェの多くの住民の間で予言者としての名声と信奉者を獲得する。というのも、彼は説教の中で繰り返し、外国の軍隊がイタリアに侵攻して来るであろうと予言していたからである。しかも、イタリアには完全な平和が支配していて、何事かが起こる兆しすらなかった時分にである。人びとは恐怖に襲われるであろう。その結果、外国軍に対してはその市壁も兵も抵抗することはできないであろう、と言うのである。このような予言、あるいは絶えず行っているその他多くの予言を、彼は人間の推論や書物の知識から行っているのではないと言う。そうではなくて、神の啓示からの予言であると言う。彼はまた、フィレンツェの政治に生じる変革をも暗示する。今では彼は、

(14) サヴォナローラが連続的に説教を始めるのは一四九一年、ロレンツォ・イル・マニーフィコが生きていた時からである。

パルラメント[15]で決定された政治形態を公けの場で慨嘆して、絶対的な民主政権が樹立されることが神の意志である、と断言する。しかも、少数の市民が他の市民の安全や自由に影響を与えることができるような仕方ではならない、と言うのである。その結果、彼の名声に対する顧慮と多くの者の願望が結びついて、異なった風に考えていた人びとがこのような力強い傾向に抵抗することは不可能になるのである。かくして、この問題が多くの集会で徹底的に議論された後、最終的にすべての市民の参加する会議《コンシーリオ》を持つことが決定される。しかしこの会議には、イタリア各地で噂されているように、最下層の人間が参加するのは認められていない[16]。フィレンツェの古い法律に従って、統治に参画する資格のある人びとからのみ構成される。この会議で彼らが扱うのは唯一、フィレンツェ市および領内の行政官の選出と金の支給の確認、法律の承認のみである。金の支給および法律案については、シニョリーアその他の小さな会議であらかじめ審議されている。市民間の争いの原因を除去するために、またすべての人びとにより大きな安心感を与えるために、公けの布告によって過去に犯された共和国に対する犯罪や不正行為の廉《かど》をもって、人を告発することが禁止される。この点、アテナイ人の先例に従ったのである[17]。このような基盤に立って、同時に、当時思慮ある人びとの心に浮かんでいた、これらすべての対策を導入していたならば、安定した、秩序正しい政権を創設し得たかもしれないのである。しかし、これらのことは多数者の同意なしには決定されることはなかったので、当分の間は、新しい自由のための基礎としてコンシーリオ・グランデを設立しておき、その他欠けているすべてのことはそのために都合の良い時が至るまで延期しておこうということになる。多くの人びとは過去の出来事を忘れずに、猜疑心に捉われていたからである。しかしその時が至れば、それまでは理性と判断力によって識別され得なかった公共の利益が発見されているはずであるというのである。

(15) 一四九四年十二月二日のパルラメントである。

(16) コンシーリオ・グランデに参加できたのは三千人を超える程度で、フィレンツェに住んでいる成年男子四人のうち一人ぐらいの割合であった。前提条件は税金を支払っている者である。本章訳注(6)参照。203頁。

(17) アテナイの三十人僭主(前四〇四—四〇三年)追放後、アテナイで行われた大赦を指す。

第3章

シャルル八世、カステルヌオーヴォとカステル・デル・ウオーヴォ、それにガエタの砦を占領する――カステル・デル・ウオーヴォの降伏に先立って、シャルルはドン・フェデリーゴ・ダラゴナを呼び、フェルディナンドのためにフランス王国内に領地を与える申し入れをする――フェデリーゴの返答――フェルディナンド、亡命先のイスキア島からシチリア島に渡る――アレクサンデル六世よりシャルルに引き渡されていたトルコ皇帝の弟、ジェムの死

トスカーナの状況はこのようなものであった。この間、フランス国王はナポリを取った後、その勝利を二つの方法で完成させようとする。まずナポリの二つの要塞、カステルヌオーヴォとカステル・デル・ウオーヴォを占領する。これらはいまだフェルディナンドが保持しているのである。ちなみに王は既に、港を守るために建設されたサン・ヴィンチェンシオ塔をほとんど何の困難もなく奪っている。次いで王国全体を服従させることである。この二つにおいても、運命の女神《フォルトゥナ》は王に同じ好意を示

し続ける。海岸に立っているナポリ王国の宮殿カステルヌオーヴォは、わずかに防衛の姿勢を見せる。次いで、それを守備している五百のドイツ人の卑しさと貪欲さにより降伏する。その条件は、安全通行証と持てるだけのすべての財を持って立ち去るというものである。城には大量の糧食が貯えられていたが、シャルルはこれらを、その結果も考えずに数人の側近に与えている。カステル・デル・ウオーヴォは海中の一つの岩に建てられている。以前はこの岩は陸地とつながっていたのであるが、古代にルクルスによって陸から切り離され、現在では狭い橋によってナポリ近くの海岸と結びつけられている。この城はフランスの砲撃隊によって絶えず砲撃されたが、城壁のみを傷つけただけで岩盤は無傷であった。それでも彼らは数日後、一週間以内に救援が来ない場合には降伏することに同意する。

領主《バローニ》や都市の代表者たちは、(1)数日間の旅をして、王国内の各地に派遣された隊長や重装騎兵たちに会っている。彼らは互いに競い合って、われこそは彼らを心からなる善意をもって、あるいは恐れをもって歓迎する最初の者であらんとする。したがって、要塞の長官たちも、ほとんどすべて戦わずして降伏している。十分に補給されていたガエタの砦も、少しばかり攻撃されただけで無条件で降伏する。かくして、ほんの数日のうちに信じられないほどの容易さで全王国がシャルルの手に落ちる。ただし、イスキア島とプーリアのブリンディシとガリポリ要塞は別である。カラヴリアのレッジョ要塞も別である。しかし、レッジョ市そのものはシャルルが押さえる。この都市はシチリア島に面したイタリア最南端に位置している。トゥルピア(2)とマンティア(3)も同じく除かれる。最初、この二つの都市はフランスの旗を掲げたが、王はそれらを側近に与えてしまう。このため、王自身以外の何びとにも支配されるのを拒否して、心を変えて以前の主人たちに戻る。ブリンディシもその後、すぐに同じようにする。シャルルはそこに兵を送っていない。事実、無関心から、降伏するためにナポリに派遣され

(1) i sindichi

(2) トロペア (Tropea) である。

(3) アマンテア (Amantea) である。

た彼らの代表者を満足させなかったばかりか、彼らの話にほとんど耳を傾けることもなかったのである。このため要塞にいたフェルディナンド派は、ひとりでに都市を元のアラゴン家忠誓に戻すことができたのである。この例に従って、オトラント市も心を変える。何ぴともそれを受け取りに行かなかったからである。

　王国内の君主や領主たちはすべて、ペスカラ侯アルフォンソ・ダヴァロスを除いて、新しい王に敬意を表しに赴く。ペスカラ侯はフェルディナンドによってカステルヌオーヴォに残されていたが、ドイツ人が降伏するつもりでいるのを察した時、王の後を追ったからである。その他、シチリア島に逃れた二、三の者も、シャルルのもとに出向いていない。シャルルが彼らの領地を他の者に与えたからである。シャルルはかくも大きな獲得物を合意によって実現しようと望む。カステル・デル・ウオーヴォを取る前に使者を送って、安全通行を約し、ドン・フェデリーゴを呼ぶ。彼はシャルルの父の宮廷で数年間過ごしたことがあり、また王と婚姻の絆で結ばれていたために、(4) すべてのフランスの貴族たちに人気があった。シャルルは彼を通してフェルディナンドに、彼の王国の残りを引き渡してくれるならば、フランスに大きな領地とその収入を与えようと申し出る。またドン・フェデリーゴには、全財産の補償をフランスで行おうと気前よく申し入れる。しかしドン・フェデリーゴは、甥がカラヴリアを保持し得ないのであれば、いかなる取り決めも受け入れるつもりはないのを承知していたので、重々しい言葉で答えている。神と運命、それにすべての人びとの意志が一緒になって彼にナポリ王国を与えたのであるから、フェルディナンドは運命の配置に逆らうのを望んでいない、と言うのである。フェルディナンドは、これほど偉大な王に譲歩するのを恥辱とは思っていない。他の者に劣らず、彼に対する服従と忠誠に縛られることを望んでいる。ただし、王国のある部分、すなわちカラヴリアを

（4）フェデリーゴ・ダラゴナは最初の結婚でサヴォイアのアメーデオ九世の娘アンナと結婚している。アンナはシャルル八世の母カルロッタの姪である。

意味するが、これを保持するのを許される限りにおいて、である。この地において王としてではなく、シャルルの臣下の一人としてとどまり、フランス国王の慈悲と寛大さを崇めることになろう。シャルルに仕えて、いつの日か勇気を示す機会を持てればと思うのである。不運のために己れ自身を守るにあたって発揮できなかった、あの勇気である。

このような成り行きはシャルルの偉大な栄光をいやが上にも高めることであろう。そして、古代の記憶に残る王たちの行動に類似したものとなろう。彼らも同じような行為をもってその名を不滅なものとし、その国民の間で神のような名声を挙げたのである。また、このような進行は栄光あるものというだけでなく、それに劣らず安全策でもある。というのも、フェルディナンドを臣下とすれば、全王国はしっかり王の手に帰し、運命の変転を恐れる必要はなくなろう。運命というものはしばしば予期せぬある逆転によって、かち取られた栄光を傷つけるものだから。勝利の後に節度と慎重さが続かない時には、常にそうなるのである。

しかしシャルルは、王国の一部をどこであれ競争者に渡すのはその他すべてをはっきりと危険に晒すことになると感じていたので、ドン・フェデリーゴは同意できぬまま立ち去る。フェルディナンドは城を引き渡した後、武装があまり施されていない十四隻の軽ガレー船で出発し、たとえどんな機会であれ、それが生じた時に備えるためにシチリア島に向かう。これらのガレー船は、先にナポリを出るとき率いて来たものである。イスキア島の岩を守るために、彼はイニーゴ・ダヴァロス(5)を残している。アルフォンソの弟で、二人とも勇猛果敢な、王に対してひたすら忠誠を尽くしている武人である。王国内で騒動を惹き起こすのに極めて便利なこの足場を敵から奪うために、シャルルはナポリ港にやっと着いたばかりの海軍をイスキア島に送る。町が放棄されているのを知るが、彼らは砦を攻撃しな

(5) ヴァスト侯 (marchese del Vasto)。Iñigo d'Avalos

かった。それを奪うにはあまりにも堅固だと思っていたからである。それで王はイスキアを取り、時折りフェルディナンドの船によって襲撃されている海域を安全にするために、プロヴァンスとジェノヴァからもっと多くの船を回送させようとする。しかし、勤勉さも良き助言もチャンスに匹敵するものではなかった。なぜなら、すべてのことが緩慢に、極めてなおざりに混乱を伴って為されたからである。フランス人は幸運の結果、普通以上に傲慢になっていて、重要な事柄を偶然に任せたのである。宴会と快楽以外のことを、彼らは考えないのである。王の愛顧に最も浴している連中は、個人的にこの勝利からできるだけ多くの利益を手にしようとして、彼らの主人の威厳や、あるいは利害をまったく考慮に入れることはない。

この時期、オスマン人のジェムがナポリで亡くなる。(6) シャルルはこのことで大いに落胆する。ジェムを、トルコ帝国と行おうとしている戦争における重要な要素とシャルルは見なしていたからである。彼は毒殺されたものと固く信じられている。毒物は教皇が特定の時に彼に盛ったというのである。その理由として二つ挙げられよう。一つは、教皇は意志に反して彼をシャルルの手に渡さねばならなかったが、これによって彼の兄バヤジトが毎年、彼に支払っている四万ドゥカーティを失うことになる。その腹いせとして彼を奪った者どもがいかなる利益も受け取れないようにした、というものである。もう一つは、教皇がシャルルの栄光に嫉妬していたというものである。おそらく教皇もまた恐れていたのかもしれないのである。異教徒に対して成功した場合には、シャルルは次に教会問題の改革に考えを移すのではなかろうか、というのである。絶えずそうするよう多くの者に勧められているからである。もっとも、彼らの動機は個人的な利益にあるが、教会はその古くからの慣習を完全に失っていた。このことが宗教としてのキリスト教の権威が日ごとに減じていく原因となっている。これは彼の

(6) 一四九五年二月二十五日である。

教皇位の間に、さらに減少していくものと誰しもが固く信じているのである。教皇位を邪悪な手段で獲得し、その運営もさらに邪悪である。このような教皇位はおそらく人の記憶にはまったくないであろう。ある者はさらに次のように信じている。すなわち、バヤジトはフランス国王がイタリアに侵入する準備をしているのを聞くとジョルジョ・ブッチァルドを通して、教皇に賄賂を贈ってジェムを殺させた、というものである。教皇の邪悪な性格からすれば、どれほどの非道さでも信じられるのである。しかしジェムが死んでも、シャルルはトルコとの戦争を考え続けている。ただし、シャルルの行為は知恵や良き助言に基づくというより、衝動的になってきている。彼はギリシャにアルバニア人のドゥラッツォ大司教(7)を派遣する。というのも彼はシャルルに、亡命者の仲介によってギリシャで一定の反乱を起こすことができるのではないかという希望を与えていたからである。しかし新しい事件が起こって、シャルルは他のことを考えざるを得ない。

(7) マルティーノ・フィルミアーニ(Martino Firmiani)。

第4章

イタリアの政治状況についての、ロドヴィーコ・スフォルツァとヴェネツィア人の恐れと不安——教皇とマクシミーリアーンの関心——教皇、ローマ王、スペイン王、ヴェネツィア人、ミラノ公の同盟——シャルル八世は依然としてフィレンツェ人との協定を守らない——ナポリ王国の臣民、フランス人に対して不満を抱きはじめる

既に述べたように、ロドヴィーコ・スフォルツァをしてフランス国王をイタリアに侵入せしめるに至った原因は、ミラノ公国を簒奪したいという欲望と、アラゴン家とピエロ・デ・メディチに対する恐怖であった。イタリア侵入が行われ、これによって己れの野心を満足させ、またアラゴン家もその安全を確保し得ないほどの苦境にあるのを見て、第二の危険が目の前に迫っているのを悟りはじめる。今回の危険は第一のものより遙かに大きく、より現実的なものである。すなわち、ナポリ王国がフランス国王の手に加われば、まずは差し迫った彼自身の隷属とその他イタリア諸国の隷属である。このような理由からして、彼はシャルルがフィレンツェ人の領内でもっと大きな障害に遭遇すればよいと望んでいたのであるが、しかしいとも簡単にフィレンツェ共和国を味方に引き込んでしまい、同じよ

うに簡単に教皇の抵抗を克服し、いかなる障害にも遭わずにナポリ王国に侵入しているのを見ると、彼自身の危険が日ごとに増大していくように思われるのである。それほどフランス軍の勝利の経過は日々、より容易に、より成功していくようになるのである。同じ恐怖がヴェネツィア元老院をも悩ませはじめる。中立を保つという当初の決断をずっと維持してきたため、用心深く、行動においてばかりでなくすべての表明においても、どちらかの側に立っていると思われるようなことは一切控えてきたため、王がアルプス山脈を越えたという知らせを聞いて初めて、大使としてアントーニオ・ロレダーノとドメニコ・トリヴィザーノを選出するが、長い間、その派遣を見合わせている間に王はフィレンツェに到着してしまう。次いでシャルルの幸運の勢いを目にし、王が雷電のごとくイタリアを突っ切るのを見て、他人の惨事を己れ自身にとっての危険と見なしはじめる。他人の破滅に続いて自分たちの破滅もやって来るのではないかと懼れはじめるのである。とくにシャルルがフィレンツェ人のピサおよびその他の要塞を占領し、シエーナに守備隊を置き、その後、教会諸国家にも同じことをする、このようなことはシャルルが単なるナポリ王国だけではなく、それ以上のことを考えているのを示しているように思われたからである。したがって、彼らはロドヴィーコ・スフォルツァの提案に耳を傾ける用意があったのである。ロドヴィーコはフィレンツェ人がシャルルに屈服するや否や、直ちに共通の危険に対して手を組もうと彼らを説得しはじめている。シャルルがローマ領においてであれ、ナポリ王国に侵入した時であれ、何らかの障害に出合っていれば、彼らはおそらく共に武器をとってシャルルに立ち向かっていたであろうと信じられている。しかし、シャルルの素早い勝利は、彼らがそれを阻止するために話し合っているすべての方策に先んじたのである。

シャルルは既にロドヴィーコの動きに疑いを抱いている。シャルルはナポリを取った後、百の槍騎兵と良い給与とともにジァンヤコポ・ダ・トリヴルツィオ(1)を傭っている。また多くの約束とともに、フレゴーソ枢機卿とオビエット・ダル・フィエスコ(2)を味方につけている。後者はジェノヴァ問題における強力な道具であり、前者はミラノのゲルフ党の党首でありロドヴィーコの強敵である。同時に、シャルルはロドヴィーコに対してタラント公国を与えるのを拒否している。ナポリ王国全体を征服するまでは与える義務を負っていないというのである。これらすべてはロドヴィーコにとってことのほか腹立たしいことであった。彼は命令を下して、ジェノヴァで王のために艤装している十二隻のガレー船を押さえる。そして王の船はいかなる船でもジェノヴァで艤装するのを禁ずる。シャルルの方は軍船を増やして再度イスキア島攻略を試みることはなかったが、その理由はこれにあると言って不平を並べる。かくして、双方に疑いと怒りが生じる。ナポリの素早い征服はヴェネツィア元老院とミラノ公に危険がいかに大きく切迫したものであるかを示していたため、彼らはその計画を遅滞なく実行に移さざるを得なかった。彼らに実行に移す勇気を与えたのは、彼らの受け取った強力な支持であった。教皇も実行に移す気に少なからずなっていたからである。それほどフランス軍に脅威を感じていたのである。マクシミーリアーンも同様であった。彼はフランス王家との多くの不和の原因のために、またシャルルが彼に対して加えた重大な侮辱のために、誰にもまして不愉快になっていたからである。しかしロドヴィーコとヴェネツィア元老院が最も頼りにしていたのは、フェルディナンドとイザベルラであった。スペインの王と女王である。彼らがつい最近、シャルルがナポリを取るのを妨げないと保証したのは、単に彼からルシヨンを取り戻すためなのである。しかし、彼らは抜け目なくその保証に抜け道を残しておいたために、まさに正反対のことを行うのである。返還のための協定の次のような一項が存したからである。すなわち、教会の利益を損なうようなことには拘束されない、という一

(1) ジァンヤコポ・ダ・トリヴルツィオについては第1巻第19章参照。
(2) オビエット・ダル・フィエスコについては第1巻第10章参照。本文128—129頁。

項である。もっとも、彼らの言っていることが真実であるとしての話ではあるが。この例外条項によって彼らは次のように推論する。教皇がその臣下の利益のためにナポリ王国を援助せよと彼らに求めるような場合には、誓約や約束を破ることなしに援助できる、というものである。彼らはさらに付け加えて、この同じ協定によれば、ナポリ王国が法的にシャルルのものであることが示された場合には彼に反対することはできない、と言う。しかし、これが真実であるにせよ、ないにせよ、確かなことは彼らがその領土を回復するや否や、アラゴン家に援助の希望を与えはじめ、密かに教皇に対してナポリとの同盟を放棄しないよう説いただけではなく、フランス国王に対しては、最初は穏やかな言葉で、王の名誉と宗教心を考慮して武器を向けるのはキリスト教徒にではなく、異教徒にして頂きたい、という嘆願をしている。次いで王がその遠征をさらに続けていくにつれ、この同じ嘆願をより強い言葉で続け、最後にはさらにいかがわしい言葉になっていく。その言葉により大きな重みを与えるために、また教皇とアラゴン家に対してより大きな希望を持たせるために、そして他方では彼らの関心のあるのは唯一シチリアの防衛であることを理解させつつ、そこに艦隊を送る準備をする。この艦隊はナポリ陥落の後、到着している。この派遣は実体のあるものというより、むしろ典型的に見世物的なものであった。というのも、艦隊にはわずか八百の軽騎兵と千のスペイン歩兵しか乗っていなかったからである。彼らはこのように空惚《とぼ》けを続けているが、ついにオスティアがコロンナ家に奪われ、フランス国王の教皇に対する脅迫がなされると、これは心に抱いていたことを公然と宣言する、より良い機会となる。彼らはこの機会を熱心に捉える。そして王がフィレンツェにとどまっている間、その大使アントーニオ・フォンセッカをして王に公然と抗議させている。キリスト者君主としての義務に従って、教皇とナポリ王国の救済に赴くであろう。ナポリ王国はローマ教会の臣下であるから、と言[3]

(3) リコルド「C」一四二参照。巻末『リコルディ』抄、第2巻第3章訳注(3)。

うのである。フェルディナンドとイザベㇽラは既にヴェネツィア人およびミラノ公と交渉しはじめていたが、その時、アラゴン家の逃走の知らせを聞く。フェルディナンドとイザベㇽラはヴェネツィア人とミラノ公に対し、共同防衛のために同盟を結ぼうと性急に申し出る。ついに四月、これらすべての国の大使が集っていたヴェネツィア市で一つの同盟が結成される。(4) 教皇、ローマ王、ヴェネツィア人、ミラノ公の同盟である。この同盟の、公表された条項に従えば、相互防衛のための同盟である。この同盟は適切な条件で参加したいと思う者にも開かれている。しかし彼らは、いずれもフランス国王がナポリを掌握し続けるのを確実に阻止することが不可欠であると思っていたので、秘密条項で次のことが同意される。シチリアに向かったスペイン軍はアラゴンのフェルディナンドを助けて彼らの王国を回復させること(フェルディナンドは民衆の支持を得られるという大きな希望を抱いて、カラヴリアに侵入する計画を練っている)、同時にヴェネツィア人はその海軍をもって海に面した町を攻撃する。ミラノ公はフランスからの救援をアスティの町を奪って阻止するよう努める。ここにはオルレアン公が少数の兵とともに駐屯している。スペイン両王とローマ王は他の同盟国から一定額の金を与えられ、強力な軍とともにフランス領に侵入する、といった内容である。

これらのこととは別に、同盟国は全イタリアが同じ目的のために同盟に参加するよう望む。かくして彼らは、フィレンツェ人とフェラーラ公に強く働きかけて同じ同盟に加入するよう努める。フェラーラ公は条約公表以前に王に対して武器を執るよう求められるが、これを拒否している。しかし他方、典型的にイタリア的慎重さをもって長男のドン・アルフォンソが百五十の重装騎兵とともにミラノ公に傭われることには同意する。称号はミラノ公軍の公代理《ルオーゴテネンテ》である。フィレンツェ人の場合は異なっていた。彼らは大きな付け値をもって同盟に加入するよう誘われる。そしてまた、王との同盟を破棄す

(4) ヴェネツィア同盟である。テキストには四月とあるが、実際は三月三十一日である。しかしそれが公表されるのは四月十日、ローマにおいてである。その目的は相互防衛であるが、期間は二十五年とある。フィレンツェとフェラーラは同盟に加入するのを拒否している。

るだけの十分な根拠を有していた。条約が公表されると、ロドヴィーコ・スフォルツァはすべての同盟国の名においてフィレンツェ人に次のように申し出る。同盟に参加した場合には、王はナポリからの帰路、フィレンツェ人を攻撃することになろうが、その際には公は全兵力をもって王に抵抗しよう、またできるだけ早く、ピサとリヴォルノを奪還できるよう力になろう、と言うのである。他方、王の方はナポリ占領後、直ちに、フィレンツェで行った約束の実行を侮蔑的に拒否して領地の所有権を返還もしなかったし、要塞を引き渡すこともしていない。彼は己れの誠実さや誓約よりも、側近たちの助言の方を取る。側近たちはピサ市民の方に加担して、王を説得する。すなわち、ピサを返還すればフィレンツェ人は直ちに他のイタリア諸国と同盟を結ぶであろう、と言うのである。このような意見に対して、サン・マロ枢機卿は反対するが、あまり迫力がない。ピサ問題で他の宮廷貴族たちと争わないよう買収されていたからである。この問題のみならず、その他多くのやり方で、王は己れの約束も、またこのような時に当たってフィレンツェ人との同盟が彼にとってどれほどの価値を持っているかさえも無視する。かくして、フィレンツェ人の大使たちが王に対してモンテプルチアーノの反乱について苦情を訴え、協定義務に従ってシエーナにそれを返還させるよう強く要求すると、王はほとんど嘲笑的に答える――虐待されてきたがゆえに、諸君の領民たちが反乱を起こしたからといって私にどうしろというのか――。しかしフィレンツェ人は怒りに押し流されて、己れの利益を忘れるようなことはない。そして同盟の要求には耳を貸さないよう決意する。王が帰還する際、フランス軍による攻撃を挑発しないよう努めたのである。彼らの領地を事実上、押さえている人びとから返還してもらおうという希望を抱いていたからである。さらに同盟国の約束を信頼し得なかったからでもある。ヴェネツィア人に憎まれていることは重々わかっていた。様々な機会に彼らの野心に敵対してきたからである。[5] また、ロドヴィーコ・スフォルツァ自らがピサを狙っていることもまったく明白であったからである。

この時期、フランス人の名声は既にナポリ王国内で急速に減じはじめている。というのも、彼らは快楽に浸りきり、その進撃は混乱していたからである。アラゴン兵は依然としていくつかの要塞を押さえていたが、フランス軍は彼らをそこから駆逐しようとはしていない。彼らの幸運に従っていけば、容易に駆逐し得たはずである。彼らの人気は次の点でも減少した。王は国民《ポポリ》に対して大変気前がよく、親切で、王国全体で様々な特権を与え、免税を行い、その額は一年で二十万ドゥカーティ以上にまで達したが、その他の事柄となると整然と秩序正しく、思慮分別をもって扱われなかったからである。シャルルは仕事を嫌い、国民の不満や要求に耳を傾けることはしなかった。彼は仕事のすべての負担を側近たちに任せたが、側近たちは一部は無能さから、一部は貪欲さからすべてを台無しにしてしまう。ナポリの貴族たちを人間味ある態度や褒賞をもって遇することもない。王の居室に入ること、あるいは拝謁することは極めて困難であった。一人ひとりの人間の格付けといったことも為されなかった。人間の価値はまったく認められないか、あるいは認められても偶然に任された。アラゴン家の仇敵であった人びとに与えられたのは、安心感ではなかった。アンジュー派や老フェルディナンドによって追放された領主たちの土地、財産の返還は、様々なあらゆる種類の障害や遅延によって停滞される。恩恵や好意は、贈り物や特殊な手段でそれらを買い取った人びとのものであった。多くの者から理由もなく物が奪われ、また多くの者に理由もなく物が与えられる。ほとんどすべての官職や財産が多くの者の手から奪われ、フランス人に分配される。また、ほとんどすべての国有地《テルレ・ドミーノ》（ナポリ王に直接支配されていた土地はこのように呼ばれている）もその大部分がフランス人に与えられる。これは

（5）一四五〇年のミラノ公国継承戦争がそれであり、一四八二年のフェラーラ戦争がそれである。グイッチァルディーニ『フィレンツェ史』三七―四〇頁、一〇五―一一二頁参照。

ナポリの貴族たちにとって不愉快極まることであった。彼らはアラゴン家の王たちの慎重で整然とした統治に慣れてきており、新しい王にはそれ以上のことを望んでいたために、いっそう不愉快なことなのである。これに加えて、フランス人の生来の傲慢さがあった。これはあまりにも容易な勝利によって養われ、ひいては自らをあまりにも高く評価してイタリア人のすべてを軽蔑することになる。また兵の宿泊に際しての横柄さ、図々しさがあった。これはナポリだけのことではなく、軍人が配されている他の場所でも同じことである。フランス兵はどこにおいても所業が悪かった。したがって、彼らの到来を燃えるような思いで望んでいたのが、燃えるような憎悪へと変わっていく。他方、アラゴン家に対する憎悪はフェルディナンドに対する憐憫の情に取って代わられる。フェルディナンドのヴィルトゥに対して彼らが常に抱いていたあの期待を思い起こし、彼が出発する前にナポリ人に対し、あれほど穏やかに、かつ毅然として語った日のことを心に思い巡らすのである。その結果として、ナポリ市とほとんど王国全体がアラゴン家を呼び戻す機会を待ち望むようになる。数カ月前、彼らの破滅を望んだのとまったく変わらず、熱情的に待ち望むのである。憎悪されていたアルフォンソの名ですら、人気が出てくる。アルフォンソが父の治世中、王国内の問題を処理した際、残忍さと呼びならわされていたものが、今では正当な厳しさであったといわれるのである。長年、誇りと傲慢さと見なされていたものが、心の真なる誠実さと呼ばれるのである。群衆の性格とはこのようなものである。そうしてはならないのに希望に傾き、そうすべきであるのに耐え忍ぶことはしないのである。そして常に、現在の状況を嫌うのである。しかもこれは、とくにナポリ王国の国民についてそういえるのである。彼らはイタリアのすべての国民の中でも、移り気と変化への熱望で有名なのである。

第5章

イタリア諸国の同盟とシャルルの決断――ナポリを出発するにあたって、シャルルは責任と職務を割り当てる――王と宮廷は強くフランスへの帰国を望む――ナポリ王国の叙任をめぐってのシャルルと教皇との交渉――王の称号と王章を得た後、シャルルはナポリを去る――オルシニ家は自由を求めるが、徒労に終わる――シャルルに会うのを避けて教皇はオルヴィエートに赴き、そこからペルージアに行く――要塞を取り戻すためのフィレンツェ人の新たな試み――シャルルはシエーナを保護下に置く。しかし短期間で終わる

新しい同盟が結成される以前ですら、王はフランスに帰国しようとほとんど心を固めていた。彼は気紛れな衝動や宮廷の強い願望に動かされる。物事をよく考えてのことではなかった。というのも王国には、君主たちやいくつかの領国《スターティ》に関して解決すべき無数の重大な問題が残っていたからである。勝利はまだ完成されていなかった。王国全体を征服したわけではなかったからである。しかし、彼に

対してこれほど多くの君主たちの同盟が結成されたことを聞くと、(1)彼は動転する。そして、このような状況にあって何を為すべきかを助言者たちと話し合う。彼らはすべて異口同音に、キリスト教徒の間でこれほど強力な同盟が結成された例《ためし》はかつてないことである、と言う。これは事実であった。彼らの助言で、出発は急ぐべきであると決定される。滞在が長引けば、それだけ困難が大きくなるものと懸念されたからである。なぜなら、長引けばそれだけ同盟側に時間を与え、大規模な準備を行わせることになるからである。既に噂されていたところによれば、ドイツの大軍がイタリアに侵入して来るという。しかも皇帝自らが大軍を率いて来るというのである。フランス国王は新たな兵をフランスからアスティに呼び、この都市を確保するよう手配せねばならなかった。このようにすれば、ミラノ公は己れ自身の領土を守ることに専念せねばならなくなろう。また王がそれを必要とすれば、さらに兵を直ちに投入できるよう態勢を整えておく。

同じ王室会議で、教皇を同盟側から引き離し、シャルルにナポリ王国の叙任を与えるよう説得するためのあらゆる努力を払うことが決定される。気前のよい申し出を教皇に行おうというのである。教皇はローマで既にそれを無条件で与えることを約束していたが、それを行うのを今まで拒否しているのである。さらに、そのような叙任は他の人の権利を失わせて為されてはならない、(2)と宣言さえしているのである。このような重大な決定や重要な問題に没頭していたにもかかわらず、ピサ問題は忘れ去られることはなかった。王は多くの理由からしてピサを掌握しておきたいと思っていたが、その城塞が同盟側の援助を受けたピサ人によって奪い取られるのではないかと懼れて、六百のフランス人歩兵をピサに送っている。一緒に、シャルルの宮廷に派遣されていたピサの大使たちも送り返している。これらの歩兵がピサに着くと、市に残されていた兵とともに同じ衝動に駆られる。略奪の欲望である。

(1) シャルルはフィリップ・ド・コミーヌをヴェネツィアに大使として派遣していた。ヴェネツィア同盟の成立を知らせたのはこのコミーヌである。

(2) per questa concessione non si facesse pregiudicio alle ragioni degli altri.

彼らはピサ人の兵とともにリブラファッタの城塞を包囲するために出掛けて行く。彼らはピサ人の兵から金を受け取っているのである。ピサ人の兵はルチオ・マルヴェッツォに率いられて数日前にそこに野営している。彼らは、フィレンツェ人がその兵の一部をモンテプルチアーノに派遣したという事実に勇気づけられている。次いで敵が接近しつつあるという知らせを聞くと、夜明け前にそこを立ち去っている。さていまや新たに、フランスの守備兵を連れて戻って来た彼らは、数日のうちに城塞を占領する。救援に向かっていたフィレンツェ軍は、洪水のためにセルキオ川を渡ることができない。またルッカ沿いに走る道をとることも、ルッカ人の態度のためにあえてしない。ルッカ人はピサ人の自由を強く支援していたからである。リブラファッタを奪った後、フランス人は自らこれを掌握する。次いで彼らはフィレンツェ人の公然たる敵として、ピサ兵とともにピサ周辺の農村部を蹂躙する。フィレンツェ人がこれについて抗議すると、シャルルは単にトスカーナに戻った時に約束を果たそうとのみ答えている。約束の実行を焦々せずにもう少し辛抱せよ、と言うのである。

しかしシャルルにとって、出発の欲求が強烈であったわりには、その決定は容易ではなかった。一方で同盟軍の妨害に抗してアスティまで無事に王を護衛して行き、他方、差し迫った攻撃に対してナポリを防衛するために十分な兵を残していく、このように軍を二分できるほどシャルルの軍隊は大きくなかった。このような苦境にあって、シャルルは王国が丸裸にされてしまわないためには、自らの安全に必要な兵を削減して防衛のための兵を残さざるを得ない。同時に、あまりにも明白な危険に身を曝さないためには、実際に必要とされる強力な守備兵を残していくわけにもいかないのである。したがって、彼はスイス兵の半数、フランス人歩兵の一部、八百の槍騎兵、それに約五百のイタリア人重装騎兵を残していくことにする。この五百のイタリア人重装騎兵はシャルルの費用で傭われ、一部

(3) テキストではリブラファッタ (Librafatta) と表記されている。リパフラッタ (Lipafratta) である。

はローマの長官の指揮下に、一部はプロスペロ・コロンナ、ファブリーツィオ・コロンナ、それにアントネルロ・サヴェルリの指揮下に置く。これらの隊長たちはすべて、シャルルが王国のほとんどすべての都市や領国を分配した際に厚く遇された人びとである。とくにコロンナ家がそうであった。シャルルはファブリーツィオに、アルビおよびタリアコッツォ周辺の農村部を与えている。これは以前、ヴェルジーニオ・オルシノの領有していたものである。プロスペロには、トライエット公国(4)と多くの城塞を持ったガエタナ家(5)の所有していた都市フォンディを与える。さらに、コンティ家から奪ったモンテフォルティーノ、その他、周辺の都市も与えている。シャルルは、これらの重装騎兵は緊急時には領主《バローニ》たちの兵と合流することができると思っている。領主たちといっても、己れ自身の安全のために王の支配を望まざるを得ない立場にある連中である。とくにサレルノ公がそうである。シャルルは彼を提督の地位に回復させている。ビジニァーノ公もそうである。

　王国全体の王の総代理として、シャルルはジルベルト・ディ・モムペンシエーリ(6)を任命する。その能力ゆえに尊敬されている隊長というより、その高い地位と王家の血筋に連なるがゆえに尊敬されている。彼はまた、様々な隊長を王国各地に多く配置する。すべて領地とその税収を与えられている者である。それらの主な者にカラヴリア総督のオービニィがいる。彼は大元帥に任ぜられている。ガエタにはボーケールの執事を配する。シャルルは彼を侍従長(7)にしている。アブルッツィにはグラツィアーノ・ディ・グエルラ(8)を配する。勇敢な、名声の高い傭兵隊長である。シャルルは彼らに金と早期の救援を送ることを約束する。しかし当分の間は王国の税収から、日々生じる資金を割り当てる以外、何の備えも残していない。王国は既に動揺している。多くの都市《ルオーギ》でアラゴン家の運動が復活している。シャルルがナポリを出発しようとしたまさにその時、フェルディナンドがスペイン軍とともにカラヴ

(4) 実際はミントゥルノ (Minturno) 公国である。

(5) グイッチァルディーニは la famiglia Gaetana と表記しているが、ナポリのカエタニ家 (I Caetani di Napoli)、アラゴン家の一分枝である。

(6) ブルボン公ルイの息子。ブルボン家はルイ九世（聖王ルイ）の血筋につながる。

(7) gran camarlingo

(8) グラシアン・ド・グウェール（あるいはダゲール）Gracien de guerre (o d'Aguerre)。王の助言者で侍従である。

リアに上陸する。シチリアに艦隊とともに送られていた兵である。彼らは即刻、多くの住民と合流し、レッジョ市は直ちに降伏する。その城塞は常にフェルディナンドの名で保持されてきたのである。同じ時期、ヴェネツィア海軍もプーリア沖に現われる。隊長はアントーニオ・グリマンノ(9)である。共和国で大きな権威を有している人物である。

しかしこれによっても、しかもその他未来の変転についてのいかなる前兆があろうとも、王の出発の決意を延期させたり、あるいは何らかの形で遅らせたりはしない。なぜならば、状況の必要性《ネチェシタ》とは別に、フランスに帰国したいという王および全宮廷人の願望が信じられないほどのものであったからである。あたかも、彼らにあのような勝利を達成させた幸運だけで、十分その勝利を維持していけると信じているかのようである。この時期、フェルディナンドはイスキア島とナポリ王国の一部であるリパリ諸島を押さえている。もっとも、リパリ諸島はシチリア島に近接した島々である。それにレッジョはつい最近、奪還している。またカラヴリアのテルラヌオーヴァ(10)とその要塞を、その周辺のいくつかの砦や都市とともに回復する。ドン・フェデリーゴの亡命したブリンディジ、ガリポリ、マンティア、それにトゥルピアも押さえている。

しかし王の出発する前、教皇と様々な事柄が議論される。しかも合意の望みがまったくないわけではない。このため、サン・ディオニジ枢機卿(11)は教皇から王の下に赴き、次いでローマに戻る。他方、王は教皇の下にモンシニョーレ・フランツイ(12)を派遣する。王は何よりもナポリ王国の叙任を望んでいる。そして教皇に対して、己れの同盟者にならないにしても、少なくとも敵の側に加わらないよう、友人としてローマで彼を快く迎えて欲しい、と要請する。教皇は最初から、これらすべてに耳を傾けているが、シャルルを信用していない。彼は同盟を放棄したくないし、シャルルに叙任を与える気も

(9) サン・マルコ寺院の管理者。海軍大将。

(10) おそらくテルラノーヴァ・サッポ・ミヌリオであろう。

(11) サン・ドニ枢機卿。ジァン・ド・ビリエール・ラグローラ (Jean de Bilhières)。

(12) フランソア・ド・ルクサンブール (François de Luxembourg)。マルティグー子爵。

ない。叙任を与えても真の和解を確実にするものではないと思っているからである。したがって、彼の他の要求に関して様々に言いがかりをつけている。叙任に関しても王は他の人の権利を認めて、それを受け入れることに同意している。にもかかわらず、教皇は法的に誰に属するかが、まず最初に示されるのが望ましい、と応えている。他方、武力で王のローマ入城を阻止したいと望んで、教皇はヴェネツィアの元老院とミラノ公に援助を要求する。彼らは教皇に千の軽騎兵と二千の歩兵、それに千の重装騎兵を派遣する旨、約束している。教皇は、これらの兵と彼自身の兵をもって持ちこたえることができるであろうと思っている。しかしミラノ公は、彼らの兵を己れ自身の国から遠く離れたところに送ることがあまりにも危険すぎると思う。予定している全軍がまだ編成されていないことを考えたからである。軍の一部はアスティ問題に忙殺されているのである。彼らはまた、教皇の裏切りを思い起こす。王がローマに差しかかった時、教皇はフェルディナンドを兵とともにローマに呼び、次いで彼を再びお払い箱にしているではないか、と言うのである。かくして彼らは心を変えて、教皇に対してローマを防衛しようとして重大な危険に身を曝すより、むしろ安全な場所に移動するよう要請しはじめる。王がローマに入って来たとしても軍を率いて直ちに出発すればよいではないか、と言うのである。このような状況は、王に教皇と取り決めに達する希望を増大させる。

したがって、王は五月二十日、ナポリを出発する。しかし、いまだ通常の儀式によって王の称号と王章を受け取っていなかったので、出発の数日前に大聖堂で豪華を極めた即位式典が開かれ、ナポリ王家の伝統に従って厳粛に王の称号と王章、新しい国王に与えられる栄誉令と忠誠の誓いを受ける。ジョヴァンニ・イオヴィアーノ・ポンタノが(13)、ナポリ国民の名で式辞を述べる。ポンタノはその学識の深さにおいても、市民的な活動や行動においても名声が高かったが、その彼が式辞を述べたことは

(13) ナポリの高名な人文主義者。カラヴリア公の秘書官であった。ポンタノはシャルルがナポリ遠征の準備を始めた頃、イタリア諸国に対し対仏同盟の結成を呼びかけている。しかしこれは実現されなかった。

その名声を傷つけるものであった。なぜなら彼は長い間、ナポリ諸王の秘書官であり、彼らに対して大きな影響力があったからである。またアルフォンソのギリシャ語とラテン語の教師でもあった。したがって、雄弁の形式に対する関心からにせよ、あるいはフランス国王に取り入るためにせよ、あれほど大きな恩顧を与えられてきた諸王を中傷したのは、あまりにも行き過ぎではなかったかと思われたからである。このように、人に教えた節度や訓戒を自ら奉ずることは時に極めて難しいのである。たとえその人物が学識に溢れ、道徳的ヴィルトゥについて物を書き、学問のあらゆる分野での普遍的な才能ゆえに、驚嘆すべき名声を博していたとしても、そう言えるのである。

シャルルとともに出発したのは、八百のフランス人槍騎兵と貴族から成る二百の近衛兵、百の槍騎兵を率いたトリヴルツィオ、三千のスイス人歩兵、千のフランス人歩兵と千のガスコーニュ兵である。二百五十の重装騎兵を率いたカミルロ・ヴィッテルリとその兄弟たちは、トスカーナで合流するよう命じられる。他方、海軍はリヴォルノに戻ることになる。

ヴェルジーニオ・オルシノとピティリアーノ伯が護衛もなく王の後について行く。許可なく王の下を立ち去らない旨、誓約している。われわれは不当に捕虜にされた、と彼らがその非を訴えると、その訴えはまず王室会議で取り上げられる。彼らはその場で次のように主張する。すなわち、降伏した時、彼らの安全通行が王自身の言葉によって彼らの派遣した使者に対して、確認されただけではない。文書として書かれており、王自身によって署名されてさえいる。したがって、正式文書を作成するための秘書官の到着を王側が待っているという状況であるという報告を使者から得て、その確約に基づいて、ノーラに最初の急使が来た時に王の旗を掲げ、少数の騎兵のみを率いてきた最初の隊長に鍵を引き渡したのだ。その時、彼らは四百を超える重装騎兵を擁していたのであるから、抵抗しようと思えば容易にできたはずなのである、と言うのである。ヴェルジーニオとピティリアーノ伯は過去、常にゲルフ党を支持してきたオルシニ家の古くからの忠誠心を思い起こさせる。彼ら自身も、彼らの父祖たちも、またその子孫たちも、すべて永久にフランス王室の名と紋章を心に刻んできたではないか、と言うのである。このことがローマ周辺の彼らの領地で、即座に王を迎え入れた理由なのである。したがって、彼らが捕虜とされたのは正しくもないし、公平でもない。あるいは王の確約とも一致しないし、彼ら自身の行動とも一致していない、と言うのである。

しかしリーニィはすかさずこれに応える。ノーラを取ったのは彼の兵である。安全通行は王によって同意され、署名もされているが、しかし王の封印と秘書官の署名によって確認され、次いで受け取り人に手渡されるまでは絶対的に効力を持つとは見なされ得ない。これがすべての容認、すべての特権を与えるにあたっての、すべての宮廷の古くからの慣習である。このようにして、君主がよく考えもせず口に出すことに対して一定の抑制がなされるのである。君主の関心事は様々であり、責任も多い。また状況について必ずしも十分な情報を与えられているわけでもないからである。他方、オルシニ家をして、あれほど少数の兵に降伏させるに至ったのは王の遠征に対する信頼ではなくして、恐怖と必要《ネチェシタ》のためなのである。というのも、彼らは防衛することも逃亡することも、ともにできなかったからである。既に周辺部の彼らの領土はすべて征服者によって占領されていたのである。彼らがその功績について述べたことはすべて真実ではない。また他の人びとが彼らの功績についてそのように言ったとしても、彼らは己れの名誉のためにそれを否定すべきである。というのも、彼らがその領土を王のために開いたのは彼らの自由意志からではない。危険を避けるためであったことは誰にとっても明々白々たる事実だからである。このようにして彼らはアラゴン家が繁栄している時には彼らから大きな恩恵を与えられていたにもかかわらず、逆境にあるアラゴン家を見捨てたのである。彼らは敵の傭兵であり、フランスの大義には敵対していた。このために王は、適切な形で、彼らが安全であるというい かなる保証も受け取っていなかったがゆえに、戦争の正当な法によって捕虜とされたのである、云々。

オルシニ家の言い分に対して言われたのはこのようなことであった。これはリーニィの力とコロンナ家の権威に支持される。コロンナ家はオルシニ家の積年の仇敵であり、対立する党派であったために、公然と敵意を示したのである。このため、いつまで経っても宮廷人によるいかなる裁定も為されない。決定されたのは、彼らが捕虜として王に付き従わねばならぬ、ということであった。ただし、アスティに到着すれば釈放されようという一定の希望は与えられている。

同盟側は教皇に対してローマを去るよう要請していたが、教皇の方はシャルルと和解し得るやも知れないと考えていて彼との交渉を続けている。しかし最終的には、不信の念が勝ちを制する。シャルルにはローマで待とうと言って一定の希望を与えていたが、彼がローマに入る二日前に教皇はオルヴィエートに行く。お供をするのは枢機卿会議と二百の重装騎兵、千の軽騎兵と三千の歩兵である。教皇はサン・タンジェロ城には守備兵が十分に配備されているのを知っている。そしてサンタ・アナスタシア枢機卿[14]を教皇特使としてローマに残して、シャルルを歓迎し敬意を表させる。シャルルはサン・タンジェロ城を避けるためにトラステヴェーレから入城している[15]。宿泊地はボルゴ[16]である。バチカン宮殿の中に教皇に代わってシャルルのために提供された宿所を拒否したのである。教皇はオルヴィエートからペルージアに向かう。王がヴィテルボに向かっているという知らせを聞くと、再び教皇はヴィテルボとオルヴィエートの間のどこかで会見しようと申し出て、シャルルに一定の希望を持た

(14) アントニオット・パラヴィチーニ(Antoniotto Pallavicini)。
(15) 一四九五年六月十日である。
(16) ボルゴは「ライオンの城壁内の地域」と呼ばれていた。

せたりしている。教皇の意図は、シャルルがこの道を取ればアンコーナに出て、海路、絶対に安全な場所に逃れることにある。シャルルは教皇に対して激怒していたが、しかしチヴィタヴェッキアとテルラチーナの要塞は放棄する。オスティアは保持する。このオスティアはシャルルがイタリアを去る時に、オスティアの司教サン・ピエロ・イン・ヴィンコラ枢機卿の手に委ねられる。シャルルはまた、教会領を通過する。あたかも友好的な領土であるかのようである。しかし、例外としてトスカネルラ(17)の住民が宿泊を拒否すると、先遣隊は武力を行使して多くの住民を殺して、これを略奪に付している。この後、王はシエーナに六日間、とくにこれといった理由もなく滞在している。サン・ピエロ・イン・ヴィンコラ枢機卿やトリヴルツィオがシャルルに対して、敵にこれほど多くの時間を与え、彼らの兵力の準備を許し、集結させることが、どれほど危険なことかを強く気付かせようとしたが、シャルルはこのことを気にしていない。しかも彼は、時間のロスを彼の下す諸々の決定の有益さによって償ってもいないのである。なぜなら、シエーナにおいて彼らはフィレンツェ人の要塞の返還を話し合っている。これは王がナポリを離れる時に王によってきちんと約束されたことであり、その後、途中、数度にわたって確認されたことである。このためフィレンツェ人は、フィレンツェで合意された金額の残高三万ドゥカーティを支払うつもりになっていただけではなく、七万ドゥカーティをシャルルに貸し付け、彼とともにアスティまで彼らの隊長フランチェスコ・セッコを同行させよう、という提案をしている。セッコには三百の重装騎兵と二千の歩兵を率いさせよう、というものである。王には金が必要であり、兵力の増加も有利である。また王の誠実さ、王の行った誓約に対する顧慮もあって、王室会議のすべてのメンバーが強く要塞の返還を助言する。ただし、ピエトラサンタとセレザーナは返還しないでおく。ジェノヴァ人の心を王に対する献身に向かわせやすくするための手段として、で

(17) 実際はトスカネルラではなくて、トゥスカーニア (Tuscania) である。

ある。

　しかしイタリアには、さらなる大災害のための材料が残るように運命づけられていたのである。若くて経験のないリーニィ[18]ではあるが、彼の母は王の母の妹であり、王の寵臣の一人であったが、そのリーニィが気紛れによるものか、あるいはフィレンツェ人がサン・マロ枢機卿の味方についていることに対する怒りによるものか、このような決定の為されるのを阻止する。根拠としては他ならぬピサ人に対する同情をあげ、フィレンツェ人の援助の申し出を侮蔑してのことである。なぜなら、フランス軍はイタリア人すべてを一絡げにしても打ち破ることができるからというのである。リーニィはモンシニョーレ・ディ・ピエネス[19]によって支持される。というのも、彼はピサとリヴォルノの統治権がシャルルによって与えられるよう望んだからである。

　シエーナでは彼らはまた、この都市の政権についても話し合っている。大衆《ポポロ》と改革者たち[20]の集団《オルディニ》が、モンテ・デ・ノーヴェの権力を弱体化しようとする。彼らは、モンテによる市壁の防衛をリーニィ指揮下のフランス兵に取って代えるよう要請する。また新しい統治形態の導入も要請する。このような提案は王室会議において、あまりにも一時的なものとして、また現状にふさわしいものではないとして拒否される。それでも、リーニィは自惚れてシエーナの支配者になろうという計画を立て、シエーナをシャルルの保護下に置かせる。すなわち、協定の条項に基づいて、モンテプルチアーノ[21]を除いてシエーナの全領土の防衛にシャルルが当たるというものである。モンテプルチアーノについては、それがフィレンツェ人に付こうが、シエーナ人に付こうが干渉したくない、と彼は言うのである。また協定には触れられていないが、シエーナ市当局はシャルルの同意を得てリーニィをその隊長に選出する。年間／二万ドゥカーティをリーニィに約束するが、これに対しリーニィはシエーナを防衛するた

（18）ルイ・ド・ルクサンブールの息子。母はマリア・ディ・サヴォイアである。フランス王妃カルロッタの姉妹である。

（19）ルイ・ド・ハルウィン（Louis de Hallwin）。ピエネスの領主。ルイ十一世との戦いで捕虜となるが、後、ルイに仕える。

（20）十五人の改革者に率いられた大衆党である。

（21）モンテプルチアーノについては第2巻第1章本文200頁、第4章本文225頁。

めに三百の歩兵とともに代理を置かねばならない、というものである。リーニィはフランス軍兵士を一定数、残す。これらの決定の空しさはすぐに明らかになる。というのも、その後まもなくモンテ・デ・ノーヴェが暴力によってそれまでの権威を再び取り戻し、シャルルがそこに残していた大使モンシニョール・ディ・リラ(22)を追放したからである。

(22) イールの領主ジァン・デュ・マであろう。(Jean du Mas, signore de l'Isle, Bannegon e Yvoy)

第6章

フランス軍に対する同盟側の準備――オルレアン公に対するロドヴィーコ・スフォルツァの通告と脅迫、オルレアン公のアスティ防衛の準備――オルレアン公のノヴァラ占領――ヴィジェヴァーノの戦い

ロンバルディアの状況は既に騒然としている。というのも、ヴェネツィア人とロドヴィーコ・スフォルツァが、シャルルがフランスに帰るのを阻止するために、あるいは少なくもロドヴィーコにとってはミラノ公国の安全を確保するために、大規模な準備をしていたからである。シャルルはこのミラノ公国内を長距離にわたって縦断せねばならない。ロドヴィーコ・スフォルツァはつい最近、皇帝からことのほか厳かにミラノ公国の叙任を受け、諸々の特権を手にする。[1]またそれらを携えて来た大使たちに対して公けに臣従の誓いを行い、忠誠を誓っている。彼とヴェネツィア人はそれぞれの軍を再編成する。そして共同で、あるいは個々別々に、重装騎兵から成る大兵力を集めている。様々な障害を経て、彼らはジョヴァンニ・ベンティヴォーリオを傭い入れ、ボローニァ市とともに同盟に加入させている。ジェノヴァ市の防衛のため、ロドヴィーコはジェノヴァで彼自身の費用で、十隻のガレー船を武装させ、四隻の大型船を教皇とヴェネツィア人とともに武装させる。この間、同盟条項に基づ

(1) 手にしたのは一四九五年五月二十六日である。

くアスティ占領の義務を履行すべく、彼は人をドイツに派遣して二千の歩兵を徴集させ、ガレアッツォ・ダ・サン・セヴェリーノに七百の重装騎兵と三千の歩兵を与えてアスティ遠征の任に当たらせる。

ロドヴィーコは勝利を確信している。生来、幸運に恵まれた時には傲岸であるところから、オルレアン公を侮辱せんと欲してこれ以上ミラノ公の称号を簒奪しないよう警告を与えるために人を遣る。この称号は、彼の父シャルルがフィリッポ・マリア・ヴィスコンティの死に際して称していたものである。[2] フランス兵がこれ以上、イタリアに入るのを許さないし、アスティにいる者どもはアルプスを越えて送り返すというのである。これらの条件で彼の服従を証明するために、アスティをガレアッツォ・ダ・サン・セヴェリーノに引き渡すよう要求する。王はサン・セヴェリーノの方をオルレアン公以上に信頼し得るであろう。というのも、一年前にフランスで彼をサン・ミケーレ修道会[3]とその兄弟団に入るのを認めているからであるというのである。さらに同じように、自信満々彼は、己れの兵力の強大さとイタリアで王に対抗するために同盟軍によって行われている準備や、山の彼方で王と戦うべくローマ王やスペイン王によって準備されている軍備を誇張する。しかし、オルレアン公はこのような脅迫にはまったく動じることはない。同盟結成の最初の動きについての知らせを聞くと、直ちにアスティの強化に努め、フランスからの新たな兵力増加を執拗に要求している。これらの兵は大変な速度で山脈を越えはじめている。王が自らのための増援として送らせたからである。かくしてオルレアン公は敵を恐れることなく兵を平原に繰り出し、サルッツォ侯領のヴァルフィナラ[4]の町と要塞を占領する。これはアントーニオ・ダ・サン・セヴェリーノが所有している。その結果、ガレアッツォはいくつかの小さな城塞を取ってはいたが、攻撃する希望もなく、あるいは攻撃される恐れもなく、アノン[5]に軍とともに撤退する。ここはアスティ近くのミラノ公国内の都市である。しかしロドヴィーコ

(2) オルレアン公ルイの父シャルルの母は初代ミラノ公ジァン・ガレアッツォの娘である。母ヴァレンティナを介してヴィスコンティ家の相続権を主張したのである。系図参照。

(3) サン・ミケーレ修道会は三十六人の貴族から成り、永遠の忠誠を王に誓っている。

(4) Gualfinara おそらくヴァルフェネラ(Valfenera)であろう。

(5) Anon アンノーネ城塞(Castell d'Annone)。

は生来、突然大きな失費を伴う遠征に手を出す強い傾向があり、他方、絶対に必要な場合ですら金を出すのを嫌っていた。そしてこのことが彼の公国を重大な危険に晒す原因となる。というのも、支払いがなされず、到着したドイツ兵は極めてわずかであったからである。同じ理由から、ガレアッツォの率いる兵も日ごとに減少していたからである。

同じ時期、増援部隊は絶えずフランスから到着している。王個人の救援のために召集されたがゆえに、急拠、イタリアに入って来るのである。オルレアン公は既に、三百の槍騎兵、三千のスイス人歩兵、三千のガスコーニュ兵を擁している。公はシャルルから、いかなる出撃も避け、呼ばれた時にはいつでも彼の下に馳せ参ずるようにという緊急の命令を受けている。しかし、己れの利益に抗するのは困難である。かくして機会を見てノヴァラの町を占領しようと決意する。オピツィーニ・カザ家の二人、一人は〝黒〟、一人は〝白〟と綽名されている二人[6]がノヴァラを公の手に託そうと申し出て来たからである。彼らはミラノ公を嫌っていた。というのも、偽りの中傷と不正な法的裁定によって、彼らとその他の多くのノヴァラ市民から水路と土地を奪っていたからである。彼らは合意に達する。オルレアン公はサルッツォ侯ロドヴィーコ[7]に伴われて夜分、ポンテ・ア・ストゥーラ[8]でポー川を渡る。ポンテ・ア・ストゥーラはモンフェラート侯[9]のものである。オルレアン公は兵とともにノヴァラの陰謀家たちによって迎えられる。いかなる抵抗にも遭っていない。ノヴァラから彼は兵の一部をヴィジエヴァーノに送る。彼が全軍をもって急ぎミラノに向かっていたならば、大反乱が勃発したのではないかと信じられている。なぜなら、ノヴァラ喪失の知らせを聞くと、ミラノ人は政府転覆の気運に傾いていたからである。ロドヴィーコは繁栄している時は傲慢であったが、逆境になるとこれに劣らず臆病であった。傲慢さは常に臆病と結びついているからである。ロドヴィーコは臆病さを露わにし、

(6) オペッツィーノ(あるいはオピツィーノ)・カッチァ・ディ・マンデルロが黒、オペッツィーノ・カッチァ・ディ・カルティニァーガが白である。

(7) ロドヴィーコ二世である。

(8) ポンテストゥーラ(Pontestura)である。

(9) グリエルモ二世パレオローゴ(Guglielmo II Paleologo)。当時、ビアンドラーテ伯ベンヴェヌート・サンジョルジョの後見下にあった。ベンヴェヌート・サンジョルジョはフランス国王に絶対的な忠誠を誓っている。

涙を流すが詮方ない。ガレアッツォに任せておいた兵は今のところ、どこにも見当たらない。この兵にのみ、ロドヴィーコの防衛はかかっているのである。

しかし、隊長たちというものは敵の状況や困難さを知らないので、戦争での素晴らしいチャンスはしばしば失われるのである。またこれほど突然の運命の変化が、これほど強力な君主に襲いかかるなどとは不可能のように思われたのである。オルレアン公はノヴァラ占領を確実なものとするために、そこにとどまって要塞を取ることにする。翌日、救援が来なければ五日目に降伏することに同意していたからである。この休止期間に、サン・セヴェリーノはその兵を率いてヴィジェヴァーノに到着することができる。ミラノ公も軍を増強し、以前に課していた多くの税を撤廃することを公けに宣言することによって住民を味方に付けることができたのである。それにもかかわらず、オルレアン公はヴィジェヴァーノの市壁まで押し寄せる。そして敵に対して戦いを挑む。しかし敵の方は大いに恐れて、ヴィジェヴァーノを放棄して、建設していた船の橋を通ってティチノ川(10)を渡ろうかという気になっている。戦うのを拒否しているのである。このためオルレアン公はトレカーテ(11)まで撤退する。その後、ロドヴィーコ・スフォルツァの状況は改善しはじめるのである。騎兵隊と歩兵が彼の軍に集まり続けている。というのも、ロドヴィーコがパルマに派遣していた兵の一部を召集することにヴェネツィア人が同意したうえ、四百のストラディオッティ(12)を彼に送って来たからである。ヴェネツィア人はシャルルと戦う重荷の多くをロドヴィーコに荷ってもらうことに満足していたからである。このようにしてオルレアン公は前進するのを阻止される。彼が新たにヴィジェヴァーノに五百の騎兵を送ると、敵の騎兵はこれに攻撃を加えるべく出撃して来る。オルレアン軍は手痛い敗北を喫す。次いで、いまや優勢になった軍を率いて、サン・セヴェリーノがトレカーテで戦いを挑むべく出撃する。彼は軍全体

(10) テキストでは Tesino と表記されている。

(11) テキストでは Trecas と表記されている。

(12) stradiotti ギリシャあるいはダルマチアの騎兵をいう。

を集結して、最終的にノヴァラから約一ミーリアのところに野営する。いまやその軍はイタリア兵の他に、千の騎兵と二千のドイツ人歩兵を含んでいる。オルレアン公は全軍を率いてノヴァラに退却する。

第7章

ポッジボンシにおいてサヴォナローラはシャルル八世に対しフィレンツェ人の領土を返還するよう求めるが徒労に終わる――ピサ人とフィレンツェ人に対する王の矛盾した約束――シャルル、兵の一部をジェノヴァに送る――ポントレモリの略奪

ノヴァラ反乱の知らせを聞くと、シャルルは行軍を急がせる気になる。フィレンツェ人は盛大な儀礼をもってシャルルを迎え入れる準備をしているものの、過去の危険を警告として、またピエロ・デ・メディチがシャルルの陣営にいることに疑惑を深め、予防措置として市を武器と兵で満たしつつある。これを聞いてシャルルは、行軍を遅らせるような突発事の起こるのを避けて、フィレンツェ領を通ってフィレンツェ市を右手に望みながら、直接、ピサに向かう。ポッジボンシで彼は、イエロニモ・サヴォナローラと会見している。サヴォナローラはいつものように、演説の中で神の御名と権威に訴えて、フィレンツェ人にその領土を返還するようシャルルに強く要請している。彼はその要請に重大な威嚇をも付け加える。シャルルが聖書に手を置いて、いわば神の御前で、あれほど厳かに誓ったことを遵守しないのであれば、間もなく神によって厳しく罰せられることになろう、と言うのである。王はそれに応えて、ピサに着いたら返還しようと約束する。しかし翌日、カステルフィオレンテ

ィーノでは誓約に反して、ピサ市民にその自由を維持させようと約束したのはフィレンツェで誓約する以前のことであった、と言う。このようにシャルルの返答は異なっている。猫の目のように変わるのである。しかし同時に、フィレンツェ人の大使にはピサに着いた時(1)に返還を実行しようという希望を依然として与えてはいる。

ピサでこの問題は再び王室会議で話し合われる。同盟側の準備や、彼らの軍がパルマ近郊に集結されている、などといった知らせが日ごとに増えていく中、彼らはロンバルディア通過の困難さの重さを測りはじめている。したがって、会議のメンバーの多くはフィレンツェ人によって提案されている金と援軍を手にした方がよいと思っている。しかし、このような決定はシエーナでそれに反対した同じ人びとによって反対される。ロンバルディアを通過するにあたって敵の抵抗のために、たとえ何らかの障害あるいは困難に遭遇しようとも、ピサをフィレンツェ人に返すよりも、彼ら自身の手に保有していた方が遥かに良いであろう。必要な場合にはそこに退却できるのであるから、と言うのである。フィレンツェ人がその領土を取り返せば、彼らは他のイタリア人同様、信頼し得なくなろう。さらに、ナポリ王国の防衛のためにもリヴォルノ港を押さえておくのは大きな強味である。というのも、期待通り王がジェノヴァを取ることに成功した暁には、マルセーユ港からナポリ港に至るまでのほとんどすべての港は王の支配下に入ることになろうから、と言うのである。このような議論が王に一定の影響を与えたことは確かである。王は自ら正しい方向を選ぶことができなかったからである。しかし、より影響力のあったのはピサ人の嘆願と涙であった。女や子供を連れて彼らはやって来て、王の足下にひれ伏す。それぞれが宮廷人と見れば自分たちの言い分を力説し、兵士たちにすら嘆願する。大声で泣き叫んで、彼らを待ち受けている悲惨さ、フィレンツェ人の飽くなき憎悪、ピサの最終的な荒廃

(1) シャルルがピサに着くのは六月二十日である。

などについて嘆くのである。王は彼らに自由を与え、それを維持することを約束したではないか、というのが唯一、彼らの不満の種なのである。彼らは敬虔なキリスト者の王の言葉が断固として不動のものであることを信じていたがゆえに、勇気を与えられフィレンツェ人の敵意をさらに挑発するようなことまでしたのである。このような涙と抗議をもって、彼らは一人ひとりの兵士の心さえ動かす。石弓兵、多くのスイス兵の心さえも動かすのである。かくして、これらの兵たちは大挙して王の下に押しかける。大騒動である。王の年金受給者[2]の一人であるサラザールを代表者として、彼らは王に対して力強く、王自身の名誉にかけても、フランス王室の名誉のためにも、またいついかなる時でも王のために死ぬ覚悟でいる、しかもフィレンツェ人の金で買収されている助言者以上に有能な、かくも多くの兵士たちの満足のためにも、王が自らピサ人に与えた祝福を彼らから奪わないように、と嘆願する。金が必要なために、この恥ずべき行為を考えているのであれば、すぐにでも王は彼らの鎖や銀を取ればいいし、彼らが王から受け取る俸給や年金を支払わなくていい、と彼らは言う。兵士の間でのこのような強い感情は昂じて、単なる石弓兵がサン・マロ枢機卿を不敵にも脅迫するところまで行く。他の者たちは、ジエ元帥やガネー院長に向かって不遜な言葉を吐く。彼らは返還に好意を抱いていると見られている人びとである。王はこのような正反対の助言に混乱して、問題を棚上げする。明白な決定を下すことのできない王は、まさにこの瞬間、再びピサ人に決して彼らをフィレンツェ人の手に返還することはないと約束する。そしてルッカで待機していたフィレンツェ人の大使には、現在それなりの理由があって行うことのできないことをアスティに着き次第、行うつもりでいると告げ、したがって共和国は必ず大使をアスティの彼の下に派遣するように、と言うのである。

彼は城塞の城代を交替させ、城には必要な衛兵を残してピサを出発する。他の町の要塞でも同様な

(2) pensionari

措置を取る。王自身、ジェノヴァを取りたいという信じられないほどの貪欲さに捉えられ、またサン・ピエロ・ア・ヴィンコラ枢機卿やフレゴーソ枢機卿、さらにはオビエット・デル・フィエスコ、その他の亡命者たちによって説得され、王はセレザーナから遠征軍を送る。これらの人びとも同行する。彼らは、ジェノヴァには容易に政変が起こるであろうという希望を王に与えている。王室会議のメンバーはすべてこの兵力の弱体化を批判したが、その忠告を無視しての遠征である。それを率いるのはフィリッポ・モンシニョーレ[3]である。百二十の槍騎兵と五百の歩兵で、彼らは最近、海路フランスから到着したばかりである。王はまた後方に残しておいたヴィッテルリの重装騎兵との合流に間に合わず、これに対してジェノヴァ遠征軍の後に続くよう命じている。さらに一定の他の亡命者たちにも、サヴォイア公の提供した兵とともに西リヴィエラに入るよう命じている。他方、海軍は七隻のガレー船、二隻のガレオン船、二隻の小さなガレー船[4]にまで減少していたが、ミオラン[5]を隊長にして陸軍を支援するよう命じている。

この間、ジエ元帥に率いられた先遣隊はポントレモリに到着していた。この町はトリヴルツィオの忠告に基づいて外国の守備兵三百を解雇して直ちに降伏する。生命や財産にいかなる危害を加えないという了解に基づいて、である。しかし隊長の言葉は価値がなかった。というのも、スイス兵が武力に訴えて突入し、この町を略奪し、火をつけるからである。すべての住民を残忍に虐殺している。これは復讐のために為される。先年、ルニジアーナを軍が通過中、約四十人のスイス兵がポントレモリの兵との間に偶然起こった喧嘩で殺されたことに対する復讐である。

(3) フィリップ・ド・コミーヌ (Philippe de Commynes)。アルジァントンの領主で、この時代の著名な宮廷付年代記作者。
(4) fuste 小さな軽い櫂で漕ぐガレー船。
(5) ルイ・ド・ミオラン(Louis de Miolans)。セルヴェの領主。

第8章

フランス軍、同盟側の軍とフォルノーヴォで相対する——同盟軍内部での疑惑と不一致——シャルル軍における躊躇

この時期、同盟軍がパルマ領で緊急に編成されている。二千五百の重装騎兵、八千の歩兵、二千以上の軽騎兵である。その多くはアルバニアとその周辺のギリシャ諸州の出身者から成る。これらのアルバニア兵はヴェネツィア人によってイタリアに導入されたが、故郷で呼ばれている名称を保って、ストラディオッティと呼ばれている。同盟軍の主力はヴェネツィア兵である。というのも、ミラノ公の兵は全軍の四分の一にも満たなかったからである。ミラノ公はほとんどすべての兵をノヴァラに投入していたのである。ヴェネツィア軍には有名な傭兵隊長が多くいたが、マントヴァ侯のフランチェスコ・ゴンザーガによって指揮されている。彼の称号は、司令長官である[1]。若者であるが[2]、年齢以上に大きな名声を博している。勇気があり、栄光への情熱があるというのである。彼とともにプロヴェディトーリ[3]として元老院の主要なメンバーの二人、ルーカ・ピサーノとマルキオンネ・トリヴィザーノがいる。ガイアッツォ伯は同じ称号の司令官としてスフォルツァ軍を指揮している。彼はミラノ公に信任が厚いが、武勲の点で父のロベルト・ダ・サン・セヴェリーノ[4]の栄光に比べて欠けるところがあり、大胆な隊長というより、むしろ用心深い隊長という評判を得ている。彼とともにコミサー

(1) governatore generale

(2) 一四六六年生まれであるから、この年二十九歳である。

(3) Proveditori フィレンツェではコミサーリオと呼ばれる。戦争に際して主として兵の徴集、糧食の調達など、輜重関係の仕事に当たる。外交交渉などを行う場合もある。

(4) マドンナ・ボーナの摂政時代からロドヴィーコ・スフォルツァの権力奪取の時期に至るまで、ミラノ公国における第一級の傭兵隊長であった。

リオとして、フランチェスコ・ベルナルディーノ・ヴィスコンティ(5)がいる。ミラノのギベリン党の指導者である。したがって、ジァンヤコポ・トリヴルツィオ(6)の仇敵である。フォルノーヴォは山の麓にある少数の民家から成る村である。このフォルノーヴォで野営すべきかどうかが、これらの隊長やその他の主要な軍の幹部の間で議論される。しかしフォルノーヴォでは野営しないことが決定される。その理由は一つには地形の狭さであったが、おそらくは敵軍を平原に導くため（そのように言われている）の措置であったろう。野営地は、フォルノーヴォから三ミーリア離れたところにあるギアルオーラ(7)修道院ということになる。このためにフランス軍の先遣隊がフォルノーヴォに野営することになる。この先遣隊は軍の本隊が山を越える遥か前にここに到着している。本隊は重砲をアペニン山脈の険しい山道を大変な混乱を重ねて引きずっているうちに遅れてしまったのである。しかもこの困難は、スイス兵がポントレモリの略奪によって王の名誉を傷つけたことで、それを回復しようと大砲を通すために途方もない努力を傾けなかったならば、遥かに大きなものであったろう。先遣隊がフォルノーヴォに着くと、ジエ元帥(8)は軍使をイタリアの野営地に派遣して来る。王の名の下に軍の自由通過を求めるのである。王は何ぴとをも傷つけずに、糧食の公正な代価を支払ってこの道を通り、フランスに帰国したいと願っている、というものである。同時に彼は敵について、また地形についての情報を得るために、少数の騎兵を斥候に出している。しかし彼らは、フランチェスコ・ゴンザーガによって、彼らに対抗するために送られた二、三のストラディオッティによって追い散らされる。この機会にイタリア人がフランス軍の野営地まで前進していれば、先遣隊を破ることは容易であったろう。そして、ひとたびそれが為されていれば、王の軍隊は先に進むことはできなかったであろう、と思われている。この機会は翌日にも失われずに依然、存していた。もっとも、元帥は危険を悟り、兵をより高いとこ

（5） Francesco Bernardino di Sagromoro Visconti.

（6） テキストはここでは Triulci とある。

（7） ジァローラ（Giarola）である。

（8） il mariscialo di Gies mariscallo をとりあえず元帥と訳しておく。

ろに移動させてはいた。しかしイタリアの隊長たちはあえて出撃し、彼らを攻撃しようとはしていない。彼らの移動した地形が堅固であるのを恐れ、また先遣隊の数が実際以上に多いのではないかと恐れ、さらに本隊が実際よりももっと近くに迫っているのではないかと恐れたからである。この時点でヴェネツィア軍がすべて集結していなかったことは事実である。彼らはギアルオーラの野営地に集結するのにあまりにも緩慢であったため、シャルルが途上、シエーナやピサ、その他必要もなく泊まった多くの場所で、あれほども時を浪費しなかったならば、彼はいかなる抵抗、あるいはいかなる障害にも遭わずに通過し得たことは明らかである。翌日、ついに先遣隊と合流したシャルルは、全軍とともにフォルノーヴォで野営する。

同盟側の君主たちは、彼らよりも遥かに少数の兵を率いた王が直接のルートを通って、アペニン山脈をあえて越えようとは思ってもみなかったのである。したがって、彼らは最初から王がその大多数の軍をピサに残し、残りの兵を率いて艦隊でフランスに帰るものと確信していたのである。次いで、王が陸路に従っていることを聞くと、彼は同盟軍を避けるために、ボルゴ・ディ・ヴァルディタークロとモンテ・ディ・チェントクローチェ(9)を通るルートを通って山を越えるであろう。これは極めて険峻で困難な山であるが、ここを通って次いでトルトナに出て、アレッサンドリア近くでオルレアン公に会おうとするであろう、と思う。しかし、フォルノーヴォへの道をとっていることが確実になったように思われると、いまやその大いなる志気を幾分か失うのである。それまでは勇気に満たされ、数多くの隊長の存在や敵軍の数が少数であるといった風聞などによって元気づけられていたのではあったが。彼らはフランスの槍騎兵の勇敢さについて思う。スイス人歩兵の勇気について思う。スイス兵に比べれば、イタリアの歩兵は極めて劣ったものと思われていたからである。またフランス軍の大砲の

(9) チェントクローチ(Centocroci)峠である。

熟練した扱いについても考える。これらと比べると、イタリア軍の場合はまったく逆である。また、あれほど少数の兵でありながら、彼らに近づいて来るフランス兵の予期せぬ大胆さを考えると、大きな驚きを禁じ得ないのである。

これらの理由からして隊長の志気さえ低下し、彼らは元帥の送って来た軍使にいかなる返答を与えるべきかについて話し合う。一方においてイタリア全体を運命の女神《フォルトゥナ》の気紛れに任せるのは極めて危険であるように思われたが、他方では、かくも少数の兵をもって、しかも実際に彼らの見ている中であえて通過しようとしているフランス軍に対して、イタリア軍が抵抗する勇気を持っていなかったとなれば、イタリア軍の恥さらしとなろうとも思われる。このような議論にあって隊長たちの意見はまったくバラバラであったため、大いに討論した後、ミラノに王の要求を伝え、ミラノ公と同盟国の大使たちが、こうすべきであると同意したことを行おうと決定する。このような相談を受ける中で、ミラノ公とヴェネツィア大使は同じ意見であった。というのも、他ならぬミラノ公とヴェネツィアが最も危険に直面していたからである。敵が真に帰国したいと望んでいるのであれば、それを阻止してはならない。諺にもあるように、むしろ敵に銀の橋を架けてやった方がよい。さもなければ、絶望に変じた恐怖は、多くの先例もこのことを示しているが、分別なくそれに抵抗した者を惨たる流血に巻込んで力ずくで進んで行く危険があるから、と言うのである。しかし、スペイン王の大使は執拗に次のように論ずる。ほとんど抗議していると言ってよい。すなわち、フランス軍を通してはならない。この軍隊を打ち破る機会を逸してはならない。なぜなら、この軍隊が無傷のままでいるならば、イタリアの状況は依然として前と同じ危険に晒されるであろう。むしろ危険は悪化するであろう。というのも、王はアスティとノヴァラを押さえ、ピエモンテ全体を支配しているうえ、背後には豊かで強大なフランス王国があり、スイス人は近くにおり、いつでも彼らを傭うことができる。しかも数も王の望む通りである。したがって、同盟軍が、彼自身の兵よりずっと多いにもかかわらず、かくも臆病なやり方で彼の通過を許すことになれば、いまや彼の名声と勇気はいや増すであろうし、そうなれば彼は以前にもまして残忍にイタリアに攻撃を加えるであろう、と言うのである。スペイン大使はこれに続けて言う。スペイン両王はイタリア人がフランス人と戦おうとしない、あるいは戦うのを恐れているということを知れば、実際上、その立場を考え直さざるを得なくなろう、と言うのである。スペイン大使は彼自身の王には何の危険も及ぼさずに、同盟軍がその幸運を試すのを望んでいるのである。

しかしながら、慎重な意見が支配的となり、彼らはヴェネツィアに書簡を送る。ここでも同じ意見が優勢である。しかしこのような議論は今では無用になる。というのも、軍の隊長たちはミラノに書簡を送った後、その返答の届くのが間に合いそうもないと考え、またフランス軍を自由に通過させたならば、イタリア軍はどれほど名誉を傷つけられることになるかを考えて、彼らは軍使に明白な返答を与えずに送り返すからである。フランス軍が動けば攻撃するのである。ヴェネツィアのプロヴェディトーリの二人はこの決定に同意するが、トリヴィザーノの方がその同僚よりも、より積極的に同意している。

この間、フランス軍は尊大に、大胆に前進している。あたかも、これまでイタリアではいかなる抵抗にも出合ったことがないので、今回も敵軍は戦わないであろう、また戦ったとしても簡単に敗走することになろうと信じているかのようである。これほどまで彼らはイタリア軍を軽んじていたのである。しかし彼らが山を下りはじめた時、イタリア軍が無数の大小のテントとともに野営しているのを目にする。しかも広大な野営地である。ということは、イタリア人の習慣に従って、その内部で戦闘態勢を取ることができよう。彼らは敵の数がこれほど多いのを見る。戦闘の意図がないのであれば、これほど接近して野営することはなかったであろうと考えて、彼らの尊大さは醒めはじめる。イタリア人が単に彼らを通過させるだけで満足するであろうといったことを聞ければ、どれほど彼らは喜んだことであろうか。オルレアン公に対してシャルルが七月三日、出来るだけの兵を率いてピアチェンツァで彼を迎えるべく行軍して来いと書き送っていたので、なおさらそうであったことであろう。シャルルはその返答を受け取っている。指定の時に、その地に必ずいよう、というものである。しかし後になって、公からの便りが届く。それによれば、彼と対決しているスフォルツァ軍は九百の重装騎兵、千二百の軽騎兵、それに五千の歩兵から成り、極めて強力である。したがって、出撃すれば危険は目に見えている。アスティとノヴァラを守備するための兵を残しておかねばならないので、とくに危険は大きいというものである。したがって、王は状況を考え直さねばならなくなって、フィリップ・ダルジャントンに命じて、ヴェネツィアのプロヴェディトーリに書簡を添えて軍使を送らせる。相互の利益のために話し合いをしたいという内容である。アルジャントンは最近、王の大使としてヴェネツィア元老院に派遣されている。ヴェネツィアを去る時、彼は、既にプロヴェディトーリに任命されていたピサーノとトリヴィザーノに対して、王を説得して平和の方向に持って行くようにと提案している。彼らはいまや両軍の間の適当な場所で翌日、アルジャントンと会見することに同意している。しかしシャルルは、野営地での糧食不足のためか、あるいはその他の理由が存したのか、決心を変えてこれらの交渉の結果をその地で待とうとはしない。

第9章

両軍の陣地――フォルノーヴォの戦いとその推移。フランス国王の危険――ヴェネツィア軍もフランス軍もともに勝利を宣言する――ロドヴィーコ・スフォルツァの態度についての噂に対する論駁――シャルルは無傷でアスティに到着。その後を近接して敵軍が追う――ジェノヴァに対するフランス軍の攻撃は失敗する

両軍の位置は三ミーリアほども離れていない。ターロ川の右岸に沿って展開している。ターロ川は川というより急流である。アペニン山脈に源を発し、二つの丘陵に囲まれた小さな谷を貫流し、ロンバルディアの広い平原に出てポー川に注ぐ。川の両岸にまでなだらかに下っている、これら二つの丘陵の右側に、同盟軍が野営している。隊長たちの助言で同盟軍は、左岸ではなく右岸に陣取っている。フランス軍がパルマ方面に走るのを阻止するためである。敵軍はここで川を渡って左岸に出るはずである。パルマ市はその党派間の内紛のために、ミラノ公はこの市を実際には信頼していない。とくに、王がフィレンツェ人からその傭兵隊長フランチェスコ・セッコをアスティまで借り受けて以来、そうである。セッコの娘がパルマ領の強大な貴族の一つ、トレルリ家(1)の者に嫁いでいたからである。同盟

(1) モンテキァルゴロ伯マルシーリオ・デイ・クリストフォロ・トレルリである。ミラノ人フランチェスコ・セッコの娘パオラと結婚している。

軍の野営地は溝や土塁によって強化され、大砲も多く備えている。フランス軍がアスティ地方に出ようとして、ターロ川をフォルノーヴォ付近で渡ろうとすれば、この陣地を通らねばならない。彼らの間には唯一、川以外の何物もない。

　フランス軍は夜通し悩まされる。イタリア軍がストラディオッティを彼らのテントにまで突入させていたからである。しばしば夜襲との声があがり、武器を執る。野営地ではちょっとした物音にも騒然となるのである。次いでやって来たのは突然の豪雨である。恐ろしい雷鳴が轟き、一瞬の稲妻が走る。これは何か恐ろしい惨事の兆しであるかのように思われた。これはイタリア軍よりもフランス軍の方をいっそう脅かす。山や敵に囲まれ、惨事が起こった場合には逃れる望みのないような場所におり、イタリア軍よりも遥かに不利な地形に陣取っていて、イタリア軍より遥かに恐れねばならぬ正当な理由があったからだけではない。何か大きな機会にのみ出現する天界の脅威が、強大な権力と尊厳に包まれた一国王の野営地の方を狙っているに違いない、そうでなければならぬ、その方がよりありそうに思われたからである。

　翌朝、七月六日、フランス軍は夜明けとともに川を渡りはじめる。砲兵隊の多くが先に行く。その後を先遣隊が続く。王はこの軍に三百のフランス人槍騎兵、百の槍騎兵を従えたジァンヤコポ・ダ・トリヴルツィオ、それに軍の主力であり希望でもあった三千のスイス兵を投入している。敵の攻撃の矢面に立たねばならぬと思ったからである。これらとともに、クレーヴェ公の弟エンジリベルト(2)と、これらのスイス兵を徴集したバリ・ディ・ディジューノ(3)が徒歩で従っている。これらにさらに、王は三百の歩兵弓兵と彼自身の親衛隊から一定の騎馬石弓兵、王の擁するほとんどすべての残りの歩兵を加えている。先遣隊の後に、完全に武装して、荒々しい駿馬に乗った王を中央に、本隊(4)が来る。彼の

（2）グイッチァルディーニは Engiliberto と表記している。クレーヴェ公にしてネヴェル伯ジァンの弟、エンジルベール・ド・クレーヴェ（Engilbert de Clèves）。

（3）ディジョンの騎士団長である。

（4）la battaglia

傍らには王の権威と助言に基づいてこの本隊を指揮するためにモンシニョーレ・トラモーリア(5)がついている。フランス王国の最も有名な隊長である。このあとに後衛隊が来る。フォア伯(6)に率いられている。そして最後に輸送隊の馬車が続く。

それにもかかわらず、協定に達するのを望んで、王は軍が動きはじめたその瞬間に、アルジァントンをヴェネツィア人と交渉すべく派遣する。しかし、この行軍に対してイタリア軍は既に武器を執っており、隊長たちは戦闘を決意しており、時間はあまりにも短く、両軍はあまりにも接近していて、話し合いの余地がなく、あるいはその機会もない。既に軽騎兵があらゆる側面で小競り合いを始め、大砲は至るところで火を吹き、恐ろしい効果をあげている。イタリア軍は既に野営地から出て、川の土堤で大隊を展開しつつ戦闘に備えている。しかしフランス軍はその前進をやめることはない。その一部は川床にあり、その一部は狭い平原のため隊形をとることができなかったので、丘陵の麓のなだらかな傾斜地にあった。先遣隊が敵の野営地の真正面に差しかかった時、マントヴァ侯が六百の選りすぐられた重装騎兵とストラディオッティの大軍と五千の歩兵を率いて、フランス軍の後衛の背後から川を渡る。対岸には、故ウルビーノ公フェデリーゴの庶出の息子アントーニオ・ダ・モンテフェルトロが中隊を率いて備え、呼ばれれば最初の攻撃を強化するため川を渡ることにしている。公はまた、戦いはじめた時に、もう一隊の軽騎兵が敵の側面を突き、さらに残りのストラディオッティがフォルノーヴォで川を越えてフランス軍の輸送車輌を襲うよう手配している。これらの車輌隊には護衛が付けられていない。それらを略奪しようと欲する者に曝されたままである。その理由は兵の不足ともいわれ、噂によれば、トリヴルツィオの助言によるものとも言われている。

ガイアッツォ伯は二千の歩兵と四百の重装騎兵を率いている。その中にはドン・アルフォンソ・デ

(5) ルイ・ド・ラ・トレムイユ(Tremoille)である。

(6) テキストには conte di Fois とあるが、ジァン・ド・フォア (Jean de Foix)。ナルボンヌ子爵ならびにエタンプ伯である。

ステの中隊が入っている。彼らは野営地にやって来てはいたが、しかしドン・アルフォンソは父の要求で同行していない。彼らは他の地点でターロ川を渡り、フランスの先遣隊を攻撃する。対岸にはアンニーバレ・ベンティヴォーリオが二百の重装騎兵を従えて待機しており、呼ばれれば支援することになっている。野営地を守るために、重装騎兵二中隊と千の歩兵が残る。というのも、ヴェネツィアのプロヴェディトーリがあらゆる突発事に備えて自らの安全を確保したいと望んだからである。

王は隊長たちの期待を裏切って、大兵力が後衛を攻撃するのを見て、先遣隊に背を向け本隊を率いて後衛を支援する。自ら率先して素早く一中隊を率いて移動したため、他の中隊の前に出てしまい、攻撃が始まった時には最前線の兵の中にいる。ある記録によれば、マントヴァ侯の兵は川を渡る際に土堤の高さとか、通常、急流の両岸を覆っている樹木や樹の根、枝などの障害物によって混乱が生じたという。他の記録もこれに付け加えて、侯の歩兵はこれらの障害のために、また夜降った雨による増水のため、戦闘に参加するのに遅れ、またすべての兵が渡れず、少なからぬものが岸に残された、と言っている。その理由がどうであれ、侯の攻撃が凄じい猛烈なものであったことは確かである。そして敵から同様の勇猛さ、残忍さで応えられることはなかった。中隊はそれぞれ、あらゆる方面から戦闘に入り、乱闘となる。これはイタリアの戦争の習慣にはないものであった。イタリアの戦争の習慣では、一中隊と一中隊が戦闘に入る。最初の中隊が打ち負かされるか、あるいは後退しはじめると、他の中隊がこれに取って代わる。このようにして最後の手段として以外は、いくつかの中隊から成る一大隊を構成しないのである。その結果として戦闘で殺される者は極めて少なく、通常、戦闘はほとんど一日中続き、しばしば夜の帳《とばり》とともに終わり、双方とも確実な勝利を得るということはなかった。

会戦で槍が折られ、多くの重装騎兵や馬が地に倒れ、次いで彼らはすべて同じような激しさで鎚鉾や短剣、その他の小さな武器を振るいはじめる。馬も人間同様、蹴ったり噛んだり突いたりして戦う。確かに初めは、イタリア軍の兵が、主としてマントヴァ侯の戦闘精神のおかげて素晴らしい勇気を示す。侯は、勇敢極まる隊長に特有の資質に事欠いていない。侯の後には、勇敢な若い貴族の中隊とランチェ・スペッツァーテ(7)が続く。(これは正規の中隊以外に編成されている選り抜きの兵たちであるが、即刻、あらゆる危険に挑んでいく)。フランス兵は勇敢にこの凄じい猛攻撃に耐える。しかし圧倒的に優勢な兵に圧迫され、ほとんどすべての兵が既に目に見えて後退しはじめる。これによって王に危険が迫る。事実、王から数歩離れたところで、庶出のブルボン(8)が激しく戦った後で捕虜となる。ここでマントヴァ侯は王自身に対しても同じ成功を収めようとする。王は護衛もなく、またこれほど偉大な君主にふさわしい慎重さもなく、性急に大きな危険の場に身を晒している。侯は多数の兵をもってシャルルに接近しようと大いに努力している。王は周辺に部下も従えず、侯の攻撃に対して大きな勇気をもって高貴に自らを守っている。部下の助けはない。むしろ乗っている駿馬の荒々しさに守られているのである。このような危険に遭って、彼は通常困難な状況に陥った場合、恐怖が心に生み出す様々な思いに欠けてはいない。彼は部下にほとんど見捨てられているのを知り、天を仰いで助けを求める。聖ドニと聖マルタンに誓いを立てる。兵とともに無事、ピエモンテに脱出できたならば、直ちにフランスに戻り、豪勢な贈り物を携えてこれらの聖なる御名に捧げられた教会を訪ねるであろう。パリ近くの教会とトゥール(9)の教会である。さらに毎年、彼らによって与えられた恩寵に対して、厳かなお祭りと供物をもってその証人となろう、というものである。聖ドニと聖マルタンは、フランス王国の特別な守護聖人といわれている聖人たちである。

このような誓いを立てると彼の力は蘇り、彼のような体力と肉体を持った者にとって可能と思われ

(7) Lance spezzate 槍騎兵である。

(8) ブルボン公ジァンの息子。マシュー・ド・ブルボン (Mathieu de Bourbon)。ベテオン・アン・フォレの領主である。

(9) テキストには Torsi とある。

る以上の活気をもって激しく戦いはじめる。しかし王の危険は、遠くないところにいた兵を奮い立たせ、王の身を守るためにすべての者が馳せ寄りイタリア人を後退させる。この瞬間、遅れていた中隊が追いつく。もう一つの中隊が敵の側面を激しく攻撃する。これが敵の勢いを大いに抑制する。経験を積んだ傭兵隊長《コンドチエーリ》である、マントヴァ侯の叔父リドルフォ・ダ・ゴンザーガ[10]は、部下を督励し、隊列の崩れはじめているところでは、それらを立ち直らせ、あちこち動いて、秀れた傭兵隊長としての仕事を行っていたが、たまたま面頬をあげた瞬間、フランス兵の剣で顔を切りつけられ落馬する。彼自身の兵は大混乱、大騒動の中で、また恐ろしい馬の重圧の下で彼を助けることができない。事実、彼の上には他の兵や馬が倒れかかり、敵の武器によるというよりも、むしろ衝突の中で窒息死する。これは彼にふさわしくない最期であったことは確かである。なぜなら、前日の議論においても、また当日の朝の議論においても、運命の女神の力に、必要もなく、これほど多くを賭するのは軽率である、と彼は主張していたからである。彼は甥の意欲に反して、戦闘を避けるべきだと忠告していたのである。

戦闘は一方に傾くかと思うと他方に傾くといった風に揺れ動く[11]。イタリア人もフランス人もいずれも他に対して優位に立ったようには思われなかったので、いずれが勝利者であるかは極めて疑わしかった。双方に等しく恐怖と希望が走っていたがために、彼らは信じられないほどの激しさをもって戦い、すべての者が勝利は己れの右手にある、己れの勇猛さにあると感じたのである。フランス軍の勇気は、彼らの王の存在とその危険によって喚起される。というのも、王の権威は神の御名に劣らず、この国民の間で古くからの慣習に従って崇められていたからである。また状況からして、勝利によってのみ生命が救われるという事実によって勇気は倍加されたのである。イタリア人を勇気づけたのは略奪への貪欲さであり、マントヴァ侯の勇猛さとその先例である。また戦闘開始の早い時期に成功し

（10）ルッツァーラ侯（Marchese di Luzzara）。およびインペロの君主。

（11）戦闘についてはリコルド「C」一二七、「B」二八がある。巻末『リコルディ』抄、第2巻第9章注（11）参照。

たことであり、兵が多いためにいつでも他の兵の助けを期待できるという事実であった。フランス軍はそのような援助の希望を持てなかった。というのも、彼らの方はすべて戦闘に従事しているか、あるいはいついかなる時に敵に攻撃を受けるか分からない状況にあったからである。しかし、すべての人間の行動には誰もが知っているように、運命《フォルトゥナ》の女神の力が巨大な影響力を持っている。とくに他のいかなるものにも増して、軍事的な事柄においていっそう大きいのである。運命《フォルトゥナ》の女神の力は戦闘行為において計り難く、巨大であり無限なのである。命令の取り違え、拙劣な作戦行動、性急な動き、兵卒の無益な叫びでさえも、敗北したように思われる人びとに勝利をもたらすのである。隊長の能力によって、おそらくは予想されもしない、あるいは支配し得ない無数の突発事が予期せずして生じるのである。したがって、戦闘という、このように茫漠とした状況にあって、運命の女神はそのいつもの仕事を忘れることなく、人間の勇気《ヴィルトゥ》も武力も為し得ない物事を行うのである。

フランス軍の輸送車輌を攻撃するために送られていたストラディオッティは、抵抗も受けずに略奪をはじめ、騾馬や馬、その他の装備を川の向こう側に引いて行くのに忙殺されている。その時、フランス軍の側面を攻撃しているはずのその他のストラディオッティだけでなく、既に戦闘に入っていた者たちも、仲間が戦利品を積んで野営地に戻って行くのを目にすると、貪欲さに駆られ車輌の略奪に向かっている。騎兵や歩兵も彼らの例に倣って同じ目的で戦闘を放棄する。したがって、イタリア人はその計画的な兵の増強を欠いただけでなく、戦闘者の数もこのような混乱によって減少しつつある。アントーニオ・ダ・モンテフェルトロは動かなかった。なぜなら、時を見て彼を呼ぶ役目はリドルフォ・ダ・ゴンザーガに与えられていたが、その彼が戦死していたからである。アントーニオを呼ぶ者はほかにいなかったのである。このような状況にあって、フランス軍は息を吹き返しはじめる。いまや目に見えて衰えつつあるイタリア軍を支えていたのは、依然としてマントヴァ侯の勇気であった。勇猛果敢に戦いつつ、彼は依然として敵の攻撃に耐えていた。自ら率先して範を垂れ、不名誉よりも死をと大声で叫んで、部下を激励している。しかしいまや、少数者をもって多数に抵抗することは不可能である。戦いはあらゆる面で彼らの周辺に集中しつつあった。多くの者が戦死し、多くの者が傷ついた。とくにマントヴァ侯自身の隊でひどかった。かくして、彼らはすべて川を渡って逃走せざるを得なかった。夜降った雨のために、また戦闘中もたびたび雹《ひょう》が降り雷鳴が轟く中で雨が降り続いていたために、川の流れは高く膨れあがっており、川を渡るのは極めて困難であった。フランス軍は彼らを川に向かって激しく追いつめ、逃げる者を狂暴に殺害することに専念する。捕虜にすることもなかったし、略奪のため手を緩めることもなかった。しばしば戦場に叫び声があがる。――戦友よ、ギュイヌガットを忘れるな――。ギュイヌガット[12]とは、ピカルディ地方のテルアンヌ[13]近くの村である。ここでルイ十一世の治世の終わり頃、ローマ王マクシミーリアーンとの戦いでほとんど勝利を手にしていたフランス軍が略奪を始めたために大混乱に陥り、逃亡せざるを得なくなったのである。[14]

しかし軍のこの部分がこのような勇気と獰猛さをもって戦っていたこの瞬間、フランス軍先遣隊がガイアッツォ伯が送った騎兵隊の一部を相手に猛烈な勢いで戦闘行動に移る。このためイタリア軍はとくに自分たちの後に味方の兵が続いて来ないのを見て、ほとんどひとりでに大混乱に陥る。その部隊の何人かが殺されると、その中にはジョヴァンニ・ピッチニーノとガレアッツォ・コレッジョがいたが、彼らは敗走して主力部隊に逃げ帰る。しかしジエ元帥は、ガレアッツォの兵以外に川の対岸に戦闘隊形をとった重装騎兵から成る別動隊が控えているのを見て、兵に彼らを深追いするのを許さない。この決断は後になって議論される。多くの者はこれを慎重な決断であったと判断する。他方、原

（12）テキストには Guineguaste とある。
（13）テキストには Terroana とある。
（14）一四七九年八月七日の戦いである。この戦いによってマクシミーリアーンはブルゴーニュ公の遺領を確保できた。

因よりも結果を重視した者は、慎重であったというより、むしろ臆病な決断であったとする。というのも、追い打ちをかけていたならば、伯とその従隊は潰走し、これは川の対岸に配置されていたすべての兵に恐怖を与え、その結果、それらの兵の逃走を阻止することは事実上、不可能となっていたであろうからというのである。マントヴァ侯は対決していたフランス軍から逃れ、部下の兵とともにできるだけ整然と川を再び渡る。しかしこれらの兵は動揺しており、いずれも己れの生命と財産を救うことのみしか考えていないのを知る。

ピアチェンツァからパルマに至る街道は、既に兵や馬、車輌に溢れていて、それらはパルマ方面に退却しつつある。侯の存在と権威は一部、このような騒然たる状況に〝待った〟をかける。というのも、兵を再び整え、一定の紀律を取り戻したからである。しかし、ピティリアーノ伯の到来がもっと大きな役割を果たす。両軍が大混乱に陥っている最中、伯は機会を捉えてイタリアの野営地に逃れ、ここで兵の志気を鼓舞し、充実させたからである。敵の方が遥かに恐れており、かつ混乱していることを絶えず断言したのである。事実、彼の言葉がなかったならば、その時であれ、あるいは少なくとも夜に入ってであれ、全軍が恐怖に囚われて、総崩れになっていたであろうと一般に広く言われたのである。

イタリア軍はいまや野営地に撤退していた。しかし戻って来ない兵もいた。混乱と騒動のなか（このような状況にあって常に生じることであるが）、水嵩《かさ》の増した川の流れに怯え、散りじりなって逃走した者たちである。これらの兵は多く、周辺の農村地帯に散らばったフランス軍によって発見され、虐殺されている。

王は次いで兵を従えて先遣隊と合流する。先遣隊はその持ち場から移動していない。ここで直ちに川を渡って敵の野営地を攻撃すべきかどうか、隊長たちと協議する。トリヴルツィオとカミルロ・ヴィッテルリは、王に直ちに攻撃するよう進言する。カミルロ・ヴィッテルリの部隊はジェノヴァ遠征軍の後を追って派遣されているが、彼は少数の兵を率いてこの戦闘に加わるべく王に従って来たのである。なかでも、フランチェスコ・セッコは最も強くこの意見を押す。遠くに見える街道には兵や馬で満ちている。これは彼らがパルマ方面に逃走しているか、あるいは逃走しはじめたものの思い直していまや野営地に撤退しつつあるか、そのいずれかを示しているからである、と指摘するのである。それにもかかわらず、川を渡るのは容易ではなかった。戦闘を行っていた兵も、戦場で戦闘隊形で持ち場に待機していた兵たちも、ともに疲労しており、フランス人隊長の助言で、野営に入ることに決定する。彼らはメデサーノ村で野営に入る。戦った戦場から一ミーリアほども離れていない丘の上である。ここで彼らは、計画性もなく秩序もなく野営する。しかも、少なからず不便である。敵によって輜重車輌の多くが略奪されていたからである。

　これがイタリア人とフランス人との間でターロ川で戦われた戦闘であった。イタリアで戦われて来た殺戮と流血を伴う最初の戦闘であったがゆえに、その後、極めて長期間にわたって記憶に値するものとなった。これ以前では戦闘で死ぬ者の数は少なかった。しかしこの戦闘では、イタリア軍は三百以上の重装騎兵とその他三千余の兵を失っている。これに対しフランス軍の方は少なく、殺されたのは二百に満たない。イタリア軍の戦死者の中には、ヴェネツィアの傭兵隊長リヌッチョ・ダ・ファルネーゼ、その他、社会的に名声のある多くの貴族、貴顕[15]が含まれている。ベルナルディーノ・ダル・モントーネ[16]は、鎚鉾の一撃で打ち倒され死体となって放置される。彼もまたヴェネツィアの傭兵隊長である。しかし彼はむしろ、祖父ブラッチョ・ダル・モントーネ[17]の名声のおかげで有名なのである。

(15) molti gentiluomini di condizione

(16) ベルナルディーノ・フォルテブラッチ・ダ・モントーネ(Bernardino Fortebracci da Montone)。

(17) アンドレア・フォルテブラッチである。通称ブラッチョ・ダ・モントーネ。

彼自身の成功、あるいは武勲によってなのではない。ブラッチョ・ダル・モントーネはイタリアの戦争の第一級の代表者の一人であった。このような殺戮がイタリア人にとっていっそう脅威的であったのは、戦闘時間が一時間も続かなかったうえ、戦いは大砲はほとんど使われず、どこでも肉弾戦であったからである。両軍がその日の勝利と栄誉を主張しようとする。イタリアはその野営地と輜重車輌が無傷であったことにより勝利を要求する。これに対してフランス軍は、多くのテントや車輌を失っている。その中には王自身のテントもいくつか含まれているではないかというのである。また彼らは、戦闘に入っていたはずの兵の一部が略奪に走らなかったならば、敵を打ちのめしていたであろうと誇る。フランス軍はこれが真実であることを否定していない。ヴェネツィア人はひたすら勝利の栄光を自分たちによるものであると印象付けようとする。公式の布令に従って、全領土を通して、とくにヴェネツィアそのものにおいて、喜びのボン・ファイアとその他の祝賀行事が催される。後年、個々の人間が積極的にこの公式の先例に従う。というのも、小修道士教会にあるマルキオンネ・トリヴィサーノの墓には次のような言葉が刻まれるからである――ターロ川で彼はフランス国王シャルルと戦い、勝利を得た――。しかし世論は、戦闘はフランス軍の勝利であったと判定している。殺された者の数が大きく違っているからである。またフランス軍は敵を対岸に駆逐したからであり、その前進を何の妨げもなく続けることができたからであるというのである。なぜならば、この戦いはフランス軍の前進を阻止するがために戦われたからである。

翌日、王は同じ野営地にとどまっている。その日、アルジァントンを通して敵側と一定の話し合いがなされている。その結果、その夜までの停戦が合意される。他方、王は自由通過を求めている。戦闘に加わらなかったイタリア兵が多数残っているのを知っていたからである。これらの兵が彼らの野営地に依然としてとどまっているのを見て取り、彼らを背にしてミラノ公国領を通って何日間も旅をするのはあまりにも危険であると思ったからである。他方、彼はいかにすべきかを決定できないでいる。というのも、彼は良き助言を、習慣的に軽蔑し、決定を下すにあたっては自らの貧弱な判断に従おうとしているからである。イタリア軍側にも同じような不確かさが存していた。イタリア人は当初、大いに恐れていたにもかかわらず、今では大きな自信を持ち、戦闘が終わった後の夕刻、ピティリアーノ伯によって為された提案について議論している。ピティリアーノ伯は野営中のフランス軍に夜襲をかけようと言うのである。野営の状況は極めて劣悪であり、防衛措置も一切とられていないからである、と言う。しかし多くの者がこれに反対する。この提案はあまりにも危険すぎるとして無視されるのである。

当時、一つの噂がイタリア全体に広がっている。すなわち、ロドヴィーコ・スフォルツァの兵は、彼からの秘密の命令で戦う意志を持っていなかったというものである。というのも、あれほど強大なヴェネツィア軍をミラノ領内に置いていたので、フランス軍の勝利もさることながら、何よりもヴェネツィア人の勝利を恐れていたからである。ロドヴィーコはフランス軍が勝利するのを望んでいなかった。かといって、敗北するのも望んでいなかった。また何事が起ころうとも、己れ自身の安全をより確かなものにするために、兵を無傷のままで温存しておきたかったからである、と言うのである。このことがイタリア軍が勝利を逸した理由だとされたのである。このような意見はマントヴァ侯や、その他のヴェネツィアの傭兵隊長たちによって歓迎される。彼ら自身の名声を高めるためである。また、イタリアの軍事的栄光が増大するのを期待しているすべての人びとによっても積極的に受け入れられる。

しかし私は、極めて信頼すべき一人の人物がこの噂の真実をきっぱり否定するのを聞いている。この人物は当時ミラノで、この問題について完全な情報を手にし得る地位に就いていた人物である。彼によれば、ロドヴィーコはほとんどすべての兵力をノヴァラ包囲のために送っていたので、戦闘に大きな影響を与えるほどの兵をターロ川に送れなかったというのである。同盟軍が勝利を飾れなかったのは兵数が足らなかったからではなく、その兵同士の混乱にある、とくにヴェネツィア兵の多くが戦闘に加わらなかったからなのだ、と言うのである。ガイアッツォ伯が敵に対して兵の一部しか当てなかったのは事実であるが、それはフランスの先遣隊が極めて強力であって、兵を危険に晒すのはあまりにも重大なことと思っていたからなのである。伯が安全な行動ではなく、果敢に打って出たことの方がわれわれにとっては驚くべきことなのである。それにもかかわらず、スフォルツァ軍はまったく役に立たなくはなかった。というのも、戦わなかったにせよ、彼らは、王が孤立してごく少数の兵とともに戦いの矢面に立っていた時に、フランスの先遣隊が王の救援に向かうのを阻止していたからである、と言うのである。

このような意見が、私の思い違いでない限り、理性によっても、また消息筋によっても、同じように支持されているといえる。というのも、ロドヴィーコ・スフォルツァが先のような意図を抱いていたのであれば、むしろ彼は己れの隊長たちに、フランス軍の通過に抵抗するのに反対するよう命じていたであろう。その方が筋が通っていないであろうか。王が勝利しておれば、彼自身の兵も他の兵と同様、安全ではなかったであろう。戦闘に加わらなかったにしても、敵にあれほど近接していたのであるから。また、いかなる論拠からして、いかなる思慮をもってして、いかなる経験からして、王が勝利者にならないように、同じように敗北しないようにといったことについて確信し得るのであろうか。というのも、いかなる戦闘にあっても運命の女神《フォルトゥナ》は等しく働くからである。またヴェネツィア人が戦ったのは、ロドヴィーコの隊長たちの意志に逆らってのことではなかった。というのも、その安全と無事のためにのみ、ミラノ公国に派遣されていたのであるから、その意志に反するようなことはないからである。

シャルルは翌日、夜明け前に軍とともに出発する。トランペットの合図もない。できるだけ出発を隠そうとするためである。その日は同盟軍の追尾はなされない。同盟軍の方でそう望んでも、新たな降雨によって夜の間に水嵩の増していた川の水のために阻止されたのである。その日一日中、渡ることができなかったからである。日没になって初めてガイアッツォ伯は二百の軽騎兵を従えて川を渡るが、水の力による危険がないわけではなかった。フランス軍は直接ピアチェンツァに出る街道に沿って移動している。その後を兵とともに追っているが、伯はフランス軍の行軍に難儀を与え遅延させることができる。とくに翌日がそうである。それにもかかわらず、フランス軍は疲れてはいたが道を進んで行く。とくに揉め事もなく、兵士一人の命を失うこともない。糧食は周辺の農村部からふんだんに供給された。一部は住民たちが略奪されるのを恐れていたからであり、一部はトリヴルツィオを通してである。トリヴルツィオは糧食調達のために軽騎兵の先頭に立って馬を駆る。脅迫と権威にものを言わせて人びとを説得する。彼の権威はミラノ公国ではどこに行っても極めて大きいのである。とくにゲルフ党の間において、そうである。

同盟軍はフランス軍の出発した翌日、移動を始める。しかし運命の女神を再び試す気はない。とくにヴェネツィアのプロヴェディトーリはその気がない。同盟軍はフランス軍に接近して些かでも面倒をかけることさえもない。第二日目、フランス軍はピアチェンツァから少し先を流れているトレッビア川のほとりで野営している。また二百の槍騎兵とスイス兵、それにほとんどすべての砲兵隊がトレッビア川とピアチェンツァとの中間地点に、野営に便利であるとしてとどまっている。夜の間に川が大雨で増水したため、どれほど努力しても歩兵も騎兵も日が高く昇るまで川を渡ることができないでいる。日が高くなって水が引きはじめても、渡ることは極めて困難である。このような状況にあっても、彼らは敵軍に攻撃されることはない。敵軍は遠くにいるからである。あるいはガイアッツォ伯によっても攻撃されることはない。ガイアッツォ伯はピアチェンツァに入っていたが、何か騒ぎが起こるのではないかと疑っていたからである。彼の疑惑は根拠のないものではなかった。というのも、シャルルがトリヴルツィオの助言に従って、ジョヴァン・ガレアッツォの小さな息子フランチェスコの名で軍旗をあげれば、公国内には革命が勃発するであろうと信じられていたからである。それほど彼らの正当な支配者の名は愛されており、簒奪者の名はそれほど憎悪されていたのである。また、トリヴルツィオの支持者と友情はそれほど力が強かったのである。しかし王は行軍のみを考え、いかなる助言にも耳を傾けず、全速力で道を辿る。出発して最初の数日がたった後、糧食にさえ不足する。先に進むにつれ、各都市がよく防備されているのに気づく。ロドヴィーコ・スフォルツァが、ノヴァラ包囲の軍のうち多くの騎兵と千二百のドイツ歩兵を割き、それを展開させたからである。一部はフラカッサと綽名されたグァスパルリ・ダ・サン・セヴェリーノに率いられてトルトナに、一部はアレッサンドリアに配置される。フランス軍は後方からもガイアッツォ伯によって悩まされる。トレッビア川を越えて以来のことである。ガイアッツォ伯は、麾下の軽騎兵にピアチェンツァを守っていたドイツ人歩兵を加えて兵力を増大している。伯はその他の軽騎兵と四百の重装騎兵を要求していたが、これは確保できないでいる。ヴェネツィアのプロヴェディトーリがターロ川で危険を経験したことで、それに懲りてその要求を許そうとはしなかったからである。アレッサンドリアに到着したフランス軍は、山に近い上の道を取る。この辺はターロ川の水深が浅くなっているところである。アスティの市壁に沿って八人一列で行進する。兵の喪失も、あるいはその他の死傷者も出ていない。王は町に入るが、兵は町の外に野営させる。兵を増強しノヴァラを救うまではイタリアにとどまろうとしてのことである。トルトナまでシャルルを追尾して来た同盟軍は、これ以上、彼を害そうという希望を放棄し、ノヴァラ周辺のスフォルツァ軍と合流すべく出発する。この都市は既に食糧に不足している。というのも、オルレアン公も公の隊長たちも食糧を調達するための努力をまったくしていないからである。周辺の農村部は大変、肥沃であったために、容易に食糧を調達できていたからである。事実、救済策の可能性がなくなるまで危険を悟らないでいたので、持っていた食糧を惜しみなく費やしてしまっていたのである。

ほとんど同時に、枢機卿と隊長たちが、不成功に終わったジェノヴァ攻撃からシャルルの下に戻って来る。海軍はラ・スペーツィアに到着した後、すぐにそれを取る。次いでラッパロに向かい、それを簡単に占領する。しかしジェノヴァ港から一艦隊が出現する。八隻の軽ガレー船と一隻のカラッカ船[18]、二隻のビスケー平底船[19]から成る艦隊である。夜になって七百の兵を上陸させ、何の障害もなくラッパロ市と中にいるフランスの守備兵を押さえる。次いで湾に停泊しているフランス艦隊に襲いかかり、長期間にわたる戦闘の後、すべての船を捕らえ、火をつけ、隊長を捕虜としている。この勝利とともに、ここはさらに有名になる。というのも前年、アラゴン軍が敗北したのも同じくこの場所であったからである。フランス海軍のこの不運は陸軍によっても救済されなかった。というのも、東海岸に沿ってヴァル・ディ・ビサーニァとジェノヴァの郊外まで進出したのであるが、彼らはジェノヴァ

(18) una caracca カラッカ船とは大型の帆船で、船首と船尾には甲板があり、大砲《カノーニ》で武装されている。
(19) Le barche biscaine 四角い帆を持った船で、ビスケー湾に起源がある。

に反乱が起こる希望が失われ、失望する。他方、海軍が失われたことを聞いて山を越えて事実上、敗走したからである。敗走のルートはヴァル・ディ・ポッゼヴェリ[20]に出る荒々しい、険しい道で、ジェノヴァ市の反対側に面している。彼らの数はサヴォイア公によって彼らを支援すべく送られた農民や兵によって増加していたが、そこから同じ速度でピエモンテまで突っ走っている。ジェノヴァ内にいた人びとが、フレゴーソ党が反乱を惹き起こすのではないかという恐怖から出撃をためらったのであるが、仮に出撃していたならば、彼らを完全に打ち破り、潰走させていたであろうことは疑いない。しかし、このどんでん返しのためにキアヴァーリに着いていたヴィッテルリの騎兵は、合流しようとしている連中に何が生じたかの知らせを聞くと急拠、危険のなかセレザーナに引き返す。ラ・スペーツィアは別として、亡命者たちに占領されていたリヴィエラ海岸の他の町も、ジェノヴァ人を直ちに召還する。西リヴィエラのヴェンティミーリアの町がそうしたのに倣うのである。この町も同時に、ポル・バティスタ・フレゴーソ、その他の亡命者によって占領されていたのである。

(20) ヴァル・ポルチェヴェラ（Val Polcevera）である。

第10章

ナポリ王国におけるフランス軍とスペイン－アラゴン連合軍との合戦――フェルディナンド・ダラゴナのナポリ帰還――いくつかの都市、フランス軍に対して反乱を起こす――ヴェネツィア人、プーリアの二、三の港を占領――カステルヌオーヴォ、フェルディナンドに降伏――カステル・デル・ウオーヴォの引き渡し協定――アルフォンソ・ダラゴナの死

この時期、ロンバルディアに劣らず、ナポリ王国においても多くの騒動と推移が存した。しかも、その結果はロンバルディア以上に様々であった。レッジョを取った後、フェルディナンドはその周辺地域を奪還しようとしている。彼に従っているのは六千の兵である。その中にはこの地域およびシチリア島の義勇兵も含まれている。それにコンサルヴォ・エルナンデス(1)に率いられたスペイン人騎兵と歩兵が加わる。コンサルヴォ・エルナンデスはアギラル家出身のコルドヴァ人であり、グラナダ戦で長期間経験を積んだ勇猛果敢な武人であった。最初にイタリアにやって来た時、彼は大将軍《グラン・カピターノ》と綽名されれる。いかにもホラ吹きのスペイン人らしい綽名の付けようではある。この称号によって、スペイン

(1) コンサルロ・フェルナンデス・デ・アグイラル（Consalo Fernandez de Aguilar）である。

人たちは彼らに対する彼の最高の権威を認めたのである。しかし後に、彼はその輝かしい勝利によってこの称号を永久のものとし確認している[2]。これは軍事科学における偉大な才能と卓越性を示すものであった。オービニィは、カラヴリア防衛のために駐屯していたフランスの重装騎兵とフランス国王を支持するこの地の貴族たちによって徴集された騎兵と歩兵を従えて、セミナラ近くで彼らと会戦するために出撃する。セミナラは海に近い町である。戦闘に入ると、ベテランから成る常備軍の能力が、訓練されていない兵の未経験さを圧倒する。フェルディナンドによって急拠徴集されたイタリア兵やシチリア兵だけでなく、スペイン兵ですら戦争の経験のない新人であったからである。しかしながら、しばらくの間、激しい戦闘が続く。というのも、与えられた義務に忠実な隊長たちの勇気と権威が、あらゆる面で劣っている兵たちを支えるからである。とくにフェルディナンドはその勇猛さで戦っていたが、乗っている馬が殺される。フェルディナンドの身は確実に殺されるか、捕虜となるか、そのいずれかである。その時、ジョヴァンニ・カープアが馬を降り、自分の馬をフェルディナンドに渡す。かくしてジョヴァンニは王の命を救うために自らの命を差し出すのである。これは忠誠と愛の記念すべき先例であった。ジョヴァンニは即座に殺されたからである。彼は子供の時から王の小姓であったテルミニ公[3]の兄弟である。

コンサルヴォは山越えしてレッジョに逃れる。フェルディナンドはセミナラ近くの海岸に位置するパルマ[4]に出て、艦隊とともに出航しメッシーナに帰る。もう一度、運命の女神を試したいというフェルディナンドの意志と欲求は、このような逆境によっても増大する。というのも、彼はナポリ市全体がどれほど彼の帰還を望んでいるかを知っており、また多くの主要な貴族や一般人から秘密の伝言を受け取っていたからである。したがって、カラヴリアでの敗北の知らせや遅延が、ナポリでのこのよ

（2）これについてはグイッチァルディーニ『フィレンツェ史』三七九、三九二―三頁参照。

（3）グイッチァルディーニは duca di Termini と表記しているが、テルモニ公アンドレア・アルタヴィラ・ディ・カープア (Andrea Altavilla di Capua, duca di Termoli) である。

（4）パルミ (Palmi) である。

うな好意に水を差すことになるのではないかと恐れたフェルディナンドは、イスキア島から持って来たガレー船や父アルフォンソがナポリを出発する際に率いて来た四隻のガレー船以外にも、スペイン艦隊からの船やシチリア諸都市および領主たちからできるだけ多くの船舶を集める。次いで、それらを武装するだけの兵数が不足しているにもかかわらず、メッシーナ港から出航する。このような大遠征に当然必要な資力を欠いているが、大芝居も打たねばならぬ、実質を考えてはいられぬ、といった具合である。彼は六十隻の中檣付きの大船、その他二十隻の小船とともにシチリアを去る。フェルディナンドに付いているのは、スペイン海軍の司令官カタロニア人のリカイエンシオ(5)である。海戦に経験のある、大きな才能に恵まれた人物である。しかし戦闘員は少数で、大多数が操船に必要な人員のみである。このように彼の兵力は小さかった。しかし大衆の好意と支持は大きかった。サレルノの海岸に着いた時には、サレルノとマルフィ(6)海岸、それにラ・カーヴァ(7)は直ちに彼の軍旗を掲げる。彼は二日間、ナポリ沖で遊弋《ゆうよく》する。市内で反乱の起こるのを期待してのことである。しかし徒労であった。というのも、フランス軍は素早く武器を執り、戦略的な都市に強力な守備隊を配備しつつ、既に脅威となっていた反乱を抑圧したからである。彼らは同僚のうちの少数者の忠告に大胆に従っていたならば、一切の困難な問題を解決していたことであろう。アラゴン軍の船には戦闘員が配備されていないと推測する者が数人いる。彼らは、モムペンシエーリに対して港に停泊中のフランス艦隊を兵と戦闘員で満たし、敵を攻撃するよう勧めている。しかし三日目になってフェルディナンドはナポリでの蜂起に望みを失い、海上に出てイスキア島に向かう。次いでナポリの陰謀家たちは、陰謀が実際に発覚したのではないかと思い込み、集って、やむを得ず決行することにし、密かに船を送ってフェルディナンドに帰国するよう促す。フェルディナンドと生死を共にしようというのである。フェルディナン

(5) ガルセラン・レクエセンス (Galcerán Requesens) である。トリヴェント伯。カトリック王フェルディナンドに仕える海軍総指令官である。

(6) アマルフィ(Amalfi) である。

(7) カーヴァ・ディ・ティレーニ (Cava dei Tirreni) である。

ドを支持し、そのために蜂起しようとしている人びとを助け、勇気づけてくれるよう要請するのである。すなわち、フェルディナンドの擁する兵の一部、あるいはすべてを上陸させようというのである。このようにしてフェルディナンドはターロ川の戦いの翌日、ナポリ近郊のマッダレーナに艦隊とともに入って兵を上陸させる。ナポリから一ミーリアのところにあり、セベト川が海に流れ込んでいる。川というより、むしろ小さな流れといった方がよい。ナポリの詩人たち(8)によって歌われていなかったならば、まったく知られていない土地である。

モムペンシエーリはこれを知ると直ちに、ほぼ全軍をもってナポリから出撃し、その上陸を阻止しようとする。その結果、ナポリ人はかつて望むべくもなかった絶好の機会を手にしたのである。モムペンシエーリは慎重さが要求されている時に大胆に行動し、昨日大胆さが要求されていた時に慎重に過ぎたのである。ナポリ市民は一斉に武器を執って立ちあがる。蜂起の最初の合図となったのは、まず市壁近くのカルメラ教会(9)の鐘が打ち鳴らされたことである。次いで、すべての教会の鐘が鳴り出す。彼らは市門の守りにつき、フェルディナンドの名を公然と叫びはじめる。この突然の反乱はフランス兵を仰天させる。市には反乱が起こっており、前面には敵軍が控えている。その中間にとどまることは危険であるが、後戻りして出撃して来た門から市に入ることはおそらく不可能であろう。したがって、市壁の周囲を取り囲む道を迂回して、カステルヌオーヴォ近くの門から市に入ろうと決断する。(この道は長く起伏に富んだ、難しい道である)。

この間、フェルディナンドはナポリに入城している。ナポリ人に、二、三の部下とともに馬に乗せられる。筆舌に尽くし難いような喜びに満たされた情景の中、彼らは市中を馬で行く。群衆は熱狂的な叫びをもって彼を迎える。婦人たちは窓からひっきりなしに花や香水を惜しみなく彼の上に浴びせ

(8) ポンタノの Carmina を指していよう。

(9) テキストには Carmino とある。

ている。事実、最も高貴な婦人たちの、ある者は街路に走り出て、彼を抱擁し、額の汗を拭うのである。

これらすべてのお祭り騒ぎにもかかわらず、防衛に必要な準備は怠りなくなされている。フェルディナンドと一緒に入城した兵を率いたペスカラ侯とナポリの若者たちは、フランス軍が攻撃して来るはずの市門を障害物で固め、防備を強化しはじめる。フランス軍はカステルヌオーヴォから攻撃して来るであろう。フランス軍がカステルヌオーヴォの広場に着く。彼らは市内に入るためにあらゆる努力を試みるが、石弓や小火砲の攻撃を浴びせられ、いかんともなし得ない。市内に通ずるすべての門は十分に防御されているのである。日没とともにフランス兵はカステルヌオーヴォに入る。馬は広場に繋がれたままである。二千頭ほどの馬である。城内にそれらを収容できるほどの厩舎もなかったし、その余裕もなかったからである。

高名な隊長であるイーヴォ・ダレグリ、サレルノ公アントネルロ、その他多くのフランスやイタリアの貴族たちは、モムペンシエーリとともに城に引き籠ったままである。それでも数日間かは、彼らはしばしば広場や港周辺に出撃し小競り合いを展開するが、敵軍に撃退されナポリ市を再び取り返す望みを失っていく。ナポリが先例となって、その後まもなくカープア、アヴェルサ、モンドラゴーネの港、その他多くの都市が反乱に成功する。王国の大半が革命を考えはじめる。それらの中で、ガエタ市民が武器を執る。フェルディナンドのガレー船が数隻、港に現われたからである。しかしこれは勇気ある行為であったが、力不足であった。彼らはフランスの守備隊によって圧倒され、多くの生命が失われる。そして勝利の熱狂の中にあって、ガエタは完全に略奪される。同じ頃、ヴェネツィア人の艦隊がプーリアの町、モノポリに侵入する。ストラディオッティ、その他の兵を上陸させ、陸と海から攻撃する。この戦いで、ヴェネツィアの一ガレー船の船長ピエトロ・ベンボが守備隊の大砲の砲火によって殺される。町はついに強襲された後、占領される。要塞は、恐怖に駆られたフランス人長官によって引き渡される。後に合意によってプリニァーノも引き渡される。

しかしフェルディナンドは、カステルヌオーヴォとカステル・デル・ウオーヴォを取ろうと決意している。間もなく飢えのために降伏するであろうと思っている。糧食は中にいる兵士の数に比べて少ないからである。彼は城を取り囲むあらゆる地点を絶えず監視させ、敵の窮状をさらに高めようとする。フランスの艦隊は五隻の船、四隻の細形ガレー船[10]、一隻の小型快速ガレー船[11]、それに一隻のガレオン船[12]から成っていたが、ナポリ港に安全に停泊していることができない。そのため彼らはこれらの艦船を、トルレ・ディ・サン・ヴィンチェンツィオ、カステル・デル・ウオーヴォ、それにピッツィファルコーネの間に撤退させる。これらの要塞はまだフランス軍が握っていたからである。フランス軍はまたカステルヌオーヴォの後背地、ここには王室庭園があるが、この地帯をカッペルラに至るまで掌握している。ラ・クローチェ修道院に武装を施しているので、彼らはピエ・ディ・グロッタやサン・マルティノまで出没している。フェルディナンドは彼らの馬を奪って王の厩舎を強化した後、密かにインコロナータまで塹壕を掘って、モンテ・ディ・サンテルモを占領する。また、ピッツィファルコーネの丘も占領する。この丘の頂上にある砦はフランス軍に押さえられている。この砦が取られれば、ここから敵艦隊を砲撃することができよう。その砦にフランスの救援がなされるのを阻止するために、フェルディナンドの兵はラ・クローチェ修道院を攻撃するが、激しく砲撃され、力でこれを取る望みが失われる。それではと、力に代えて陰謀によって取ろうとする。しかしこれは、それを思い付いた者に死をもたらす。修道院の中に一人のムーア人がいる。かつてペスカラ侯に仕えていた者である。このムーア人が偽ってペスカラ侯に対して院内に入れようと約束する。かくして一夜、このム

(10) Le galee sottili 細長い形をした吃水線の浅いガレー船である。

(11) La galeotta ガレー船に似ているが、ガレー船より小型で、敏捷。速度も速い。

(12) ガレオン船（Il galeone）は大型のガレー船である。軍事用と貨物用がある。櫂がなく容積トン数が大きい。

ーア人は、同夜のいつ、いかにして侵入するかについて話し合おうと侯をおびき出し、修道院の壁に掛けられた木の梯子を登らせる。一石弓兵が矢を放ち、侯は殺される。矢が侯の喉を突き刺すのである。二重の裏切りによる死である。

プロスペロ・コロンナが傭い主を代える。後にファブリーツィオもこれに従う。これはフェルディナンドにとって少なからざる利益となる。彼らはまだフランス国王との傭兵契約に拘束されていたが、フェルディナンドがナポリを奪還するや否や、ほとんど同時に彼との契約に入る。自分たちの態度を弁解して、彼らは次のように言う。彼らは約束の支払いを約束の時にきちんと受け取っていなかった。さらにヴェルジーニオ・オルシノとピティリアーノ伯がとくに王から偏愛され、これに対し彼らの価値は一顧だにされなかったからである、と。これらの言い分は多くの人にとって説得力がないように思われる。というのも、王が彼らに与えた恩恵の大きさを思い起こすからである。しかし、彼らをつなぎとめておく馬銜であったはずのものが、彼らに逆のことをさせる突き棒となったことを誰が知ろう。彼らはフランス軍の勢いが下り坂に差しかかりはじめたことを見て取る。さればこそ、彼らの受け取っていた報酬が大きいだけに、それだけその報酬を維持していきたいという欲望がたまたま大きくなったのである。

城はこのように包囲され、海はフェルディナンドの船に封鎖されていたため、糧食不足は刻々悪化していく。フランス軍を支えているのは唯一、海上からするフランス軍からの救援の望みである。シャルルはアスティに着くや否や、ペローネ・ディ・バッチエを派遣して、ニース近くのヴィルフランシュから一艦隊を送らせる。二千のスイス兵とガスコーニュ兵が乗り込み、糧食も満載されている。指揮するのはモンシニョール・ディ・アルバーノ(13)である。好戦的な隊長であるが、海の経験はない。

(13) アルバンの領主ルイ・アレマン (Louis Alleman, signore di Arbent) である。

(14) ポンツァ (Ponza) 島である。

(15) navetta biscaina 四角帆を持ったビスケー湾起源の帆船。第9

この艦隊はポンツォ島[14]に到着するが、フェルディナンドの艦隊が近くに控えているのを見て即刻逃走する。フェルディナンドの艦隊は、三十隻の帆船と二隻のジェノヴァの大型船から成っている。フランス艦隊はエルバ島まで追尾され、途中、一隻のビスケー帆船[15]を失っている。艦隊はリヴォルノ港に逃げ込む。兵は恐怖に捉えられており、多くの兵が命令に反して下船、ピサに立ち去るのを隊長は阻止することができない。この艦隊の撤退とともに、モムペンシエーリとその他の隊長たちは糧食の補給が絶たれる。このため、やむを得ずフェルディナンドに、三十日以内に救援が来ない場合には城を明け渡し、プロヴァンスに向け出発することに同意する。彼らはここに三カ月間、包囲されていたことになる。条件は、中にいるすべての人びとの身体および財産にいかなる危害も加えられることはない、というものである。この合意の保証として、彼らはイーヴォ・ディ・アレグリとその他三人を人質としてフェルディナンドに引き渡す。しかし彼らは三十日という短い期間内に、既に王国内にいるフランス軍以外の援軍を期待することはできなかった。したがって、フランス国王の隊長の一人、モンシニョーレ・ディ・ペルシ[16]は、スイス兵とフランス人槍騎兵を率いてナポリに向け出発する。ビジニァーノ公とその他多くの領主《バローニ》たちも従っている。彼らの進軍の知らせを聞くと、フェルディナンドはマタローナ伯[17]を送ってエボリで彼らと対決させる。マタローナ伯の率いるのは大部分が急拠、友人たちや支持者たちの間から集められた兵である。彼らはエボリ近くのピッツォロ湖[18]で敵と遭遇する。数は敵より大いに優勢であったが、敵が接近して来るとたちまち戦わずして逃走する。逃走中、カメリーノの領主ジューリオ・ダ・ヴァラーノ[19]の息子ヴェナンツィオが捕虜となる。しかしフランス軍は彼らを深く追撃しない。彼らの逃れた先はノーラである。死傷者はいない。次いで、ノーラからナポリに入る。

章訳注（19）参照。

（16）モンタルギスの隊長であるフランソア・ドゥ・トゥルツェル・ダレグル（François de Tourzel d'Alégre）である。ジョアニィ伯（conte di Joigny）であり、プレシィ男（barone di Précy）である。

（17）マッダローニ伯（conte di Maddaloni）ジョヴァンニ・トッマーゾ・カラファ（Giovanni Tommaso Carafa）である。

（18）ラーゴピッコロ、あるいはラーゴピッツォロ（Lagopiccolo o Lagopizzólo）。ナポリ宮廷の避暑地である。

（19）ジューリオ・チェーザレ・ダ・ヴァラーノ（Giulio Cesare da Varano）。一四四四年から一五〇二年までカメリーノの領主。

勝利者たちは行進を続け、城を救出しようとする。その勝利によって敵の名声が高まっていたために、フェルディナンドは再度、ナポリを放棄しようかという思いに駆られる。しかしナポリ人の激励で再び勇気を取り戻し、カッペルラにとどまる。ナポリ人を動かしたのは反乱を起こしたことに対する彼ら自身の恐怖であり、フェルディナンドに対する愛である。そして敵が城に到達するのを阻止するために、モンテ・ディ・サント・エルモとカステル・デル・ウオーヴォの間に既に掘りはじめていた大きな塹壕を完成させている。さらにカッペルラとその先までの丘陵に砲兵と歩兵を配置する。このため、ノチェラに通ずるサレルノ街道を取ってラ・カーヴァとピエ・ディ・グロッタ経由でやって来たフランス軍は、ナポリ近くのキアーラに着くが、しかしそれ以上進むことができない、あるいはカッペルラに攻め登れない。至るところに防備が施されていたからである。またフェルディナンドが勇敢に振舞い、砲兵隊をもって彼らを大いに悩ませたからである。とくに、カステル・デル・ウオーヴォを見下ろすピッツィファルコーネの丘に展開させた砲兵隊がそれである。ピッツィファルコーネは、ルクロがあの豪華な、有名な宴会を催したところでもある。また彼らはキアーラにもとどまっていられない。なぜなら、海岸に沿ってあらゆる快適さに富む自然ではあるが、ここでは新鮮な水の供給がなかったからである。このようにして、彼らは何事をも為すことなく撤退せざるを得ない。撤退した後には、二、三の大砲と城を救うための糧食の一部が残されている。

彼らはノーラ方面に向かう。彼らの行く手を阻むためにフェルディナンドは城を包囲している兵を残し、サルニ近くのパルマ平原[20]に兵を率いて陣を布く。しかし、モムペンシエーリはフランス軍が去ったことで、いまや救援のすべての希望を失い、三百の兵を城に残すことにする。城の防衛のためにも、残された糧食のためにも適当な兵数である。同じくカステル・デル・ウオーヴォにも守備隊を残

(20) パルマ・カムパーニア (Palma Campagnia) である。

して、二千五百の兵を連れて夜中、艦隊の船に乗船しサレルノに向け出航する。

フェルディナンドはこれに対して激しく抗議する。降伏について合意された期間中に、城とカステル・デル・ウオーヴォを明け渡すことなく兵を連れて立ち去る権利はない、と言うのである。このような侮辱に対して、また合意された時に城を明け渡さなかったことに対して、フェルディナンドは人質の血をもって復讐しようという気になっているが、一カ月ほど後、カステルヌオーヴォに残されていた兵は、これ以上、持ちこたえることができず、釈放を条件として降伏する。ほとんど同時に、カステル・デル・ウオーヴォの守備兵も同じ理由からして、来るべき四旬節の第一日までに救出されなかった場合には降伏することに同意する。

この時期、アルフォンソ・ダラゴナがメッシーナで没する。(21) カラヴリア公であった時分、彼は至るところで、その栄光と幸運のため名声を高めていたが、王としての在世中に汚名に塗《まみ》れ、不運に終わるのである。アルフォンソは息子にナポリに帰還するのを許して欲しいと懇願したという。彼に対するかつてのナポリ人の憎悪がほとんど好意に変じていたからである。人間の本性からして、支配欲の方が一般に、子供としての父に対する敬愛の念よりも強いので、鋭く、賢明に次のように答えたという。王国が安定して二度と亡命する必要がなくなるまで待たなければならない、と言うのである。そして己れの立場をスペイン王との強い絆で支えるために、フェルディナンドは教皇の特免を得て、伯母のジョヴァンナと結婚している。ジョヴァンナは、祖父フェルディナンドとスペイン王の姉ジョヴァンナの娘である。

(21) アルフォンソの亡くなるのは一四九五年十二月十八日である。

第11章

ヴェネツィア軍とスフォルツァ軍によるノヴァラ包囲――シャルル八世、新たにスイス兵を徴集する――サヴォイア公妃に対する疑惑と同盟国側の恐れと用心――教皇のシャルルに対する警告、シャルルの皮肉な回答――シャルルとフィレンツェ人との協定

既に述べてきたように、ナポリではいくつかの城塞が包囲されている。その中には成功したものもあり、成功しないものもあるといった具合で様々である。他方、ノヴァラ包囲はますます重大な局面を迎えつつあった。ミラノ公はそこに大軍を投入していた。ヴェネツィアも進んでその支援に乗り出してきたからである。今までの、のんびりした軍事行動とは一変しており、そのような時があったなどとは夢想だにし得ないほどである。かくして同盟軍の野営地には極めて短い間に、三千の重装騎兵、三千の軽騎兵、千のドイツ人騎兵、五千のイタリア人歩兵が集結している。しかし軍の主力は一万のランツェケネッキ[1]であった。(一般にドイツ人歩兵はこのように呼ばれている)。これは主としてスイス兵に対抗させるためにミラノ公によって徴集されたものである。というのも、スイス人歩兵の名声はイタリア人歩兵にとって大きな脅威となっていたからである。フランス軍の到来以来、イタリア人

(1) テキストには lanzechenech とあるが、Lanzichenecchi である。ドイツ語の Landsknechte に当たる。

歩兵の名声と勇気は地に堕ちていたのである。ドイツ人歩兵は多くの勇猛な隊長に指揮されている。最も評判の高い隊長はジョルジョ・ディ・ピエトラパンタ(2)である。オーストリア生まれで、数年前、ローマ王マクシミーリアーンに仕え、ピカルディのサン・トメールをフランス国王から奪ったことで大きな名声をかち得ている。ヴェネツィア人は急拠、多くの兵を包囲のために送っただけではなく、彼らの軍により大きな勇気を与えるために、マントヴァ侯を昇進させて、司令官(3)から総司令官(4)に任命している。ターロ川の戦いで彼の見せた勇猛さを評価してのことである。彼らはまた、極めて歓迎すべき称讃に値する前例を示す。すなわち、勇敢に戦った者の契約料を増額し、同様に、戦闘で倒れた多くの兵士の息子たちに年金や報償金を与え、娘たちには持参金を与えたのである。このように、極めて強力な軍が包囲に使われつつあった。というのも、同盟側は主としてロドヴィーコ・スフォルツァの要求でやむを得ざる場合を除いて、フランス国王との決戦の危険を冒さないよう決定していたからである。ノヴァラ周辺の有利な地に塹壕を掘って身を守りつつ、防衛者たちに補給が届くのを阻止しようとするのである。なかには糧食が少なく、しかも大量に必要とされているので、長期間、彼らは持ちこたえることはできないであろうと期待してのことである。オルレアン公は、ノヴァラの全人口とそこに避難していた農民たちに加えて、七千以上のフランス兵、スイス兵から成る選り抜きの兵力を擁している。守り手の兵力がかくも大きいのである。したがって、ミラノ公の兵を率いたガレアッツォ・ダ・サン・セヴェリーノは、町を急襲する考えを放棄してムーネ(5)に野営する。ここは幹線道路に沿ったところで、ヴェルチェルリから来る補給を止めるには最適の場所である。

　ヴェネツィア軍を率いたマントヴァ侯は、到着すると直ちに周辺地帯のいくつかの町を占領し、数日後にはブリオネ(6)の城塞を奪っている。これはある程度重要なことであった。次いで彼は、ノヴァラ

(2) ゲオルグ・フォン・エーベンシュタイン（Georg von Eben-stein）である。テキストでは Giorgio di Pietrapanta とあるが、一般にエーベンシュタインをイタリア語にしてピエトラプラーナ Pietraplana と呼ばれている。一四八九年、マクシミーリアーンのためにサン・トメールを征服している。

(3) governatore

(4) capitano generale

(5) ルメルローニョ（Lumellogno）である。

(6) ブリオーナ（Briona）である。

とヴェルチェッリの中間にあるカマリアーノ(7)とボルガリ(8)を要塞化している。補給路をより効果的に遮断するために、彼らはノヴァラ周辺の多くの地点に兵を分散し、彼らのすべての野営地の防備を強化する。

他方、フランス国王はノヴァラに、より接近するためにアスティからトリノに移動している。キアーラに住んでいる貴婦人に対する愛のために、しばしばその地を訪れてはいたが、王はこのために戦争準備を怠ることはない。絶えず兵をフランスから送らせている。二千のフランス人槍騎兵を戦場に投入するつもりなのである。彼らはまた、同じような性急さで一万のスイス兵の到着を急き立てている。このためバリ・ディ・ディジューノが派遣されて、これが徴集に当たる。彼らが到着次第、ノヴァラ救出に全努力を傾けようと計画しているのである。彼らを抜きにしては、あえて重大な攻撃を仕掛けるつもりはない。フランス王国は当時、騎兵に秀れていて数も多く、また大量の大砲があり、その操作にも熟練していたが、歩兵となると極めて貧弱であった。武器と軍事的職業が貴族に独占されていたからである。このようにして、この国の昔からの好戦的な精神は平民や一般人の間で消滅してしまっていたのである。彼らは長い間、戦争に使われず、全面的に平和的な仕事や職業に携わっていたからである。フランス国王たちは多く国民の力を恐れ、王国内で起こった様々な陰謀や反乱を教訓として、慎重に彼らの武装を解除し、軍事的な営為から遠ざけてきたのである。したがって、フランス人はもはや己れの歩兵に信を置かず、スイス兵部隊が軍にいない限り、戦いに行くのを嫌がっていたのである。スイス人は記録にない古い時代から、獰猛で好戦的であったが、その名声を大いに高めたのは、この時よりほぼ二十年前のことである。当時、スイス兵はブルゴーニュ公シャルル(9)の強力な軍隊の攻撃を受けていた。公はその権力と侵略のために、フランス国王やその他周辺のすべての人び

(7) テキストは Cariano とあるが、カメリアーノ (Cameriano) である。

(8) 現在のボルゴ・ヴェルチェッリ (Borgo Vercelli) である。

(9) シャルル・ル・テメレール（豪胆公）である。Charles le Téméraire

とに恐れられていた人物である。それにもかかわらず、スイス兵は数カ月のうちに、ブルゴーニュ公を三度にわたって破っている。[10]そして最後の戦闘では、公は逃走中、あるいは戦闘中、いずれであれ殺されている。(彼がいかにして殺害されたかは、はっきりしていないのである)。フランス人はスイス人と何事かをめぐって競っているわけでもない。また争ってもいない。さらに、スイス人に対して疑念を抱く理由もこれといってない。ドイツ人に対しては、そうはいかない。したがって、外国の兵を傭うとなると、その勇猛さからしてもスイス兵以外にないのである。このようにしてフランス人は、すべての重要な戦いで彼らを使ってきたのである。今回も彼らを傭い入れたが、ノヴァラ救出が困難で危険な仕事であったがゆえに、なおのこと積極的に傭うのである。ノヴァラを包囲しているのは大軍であり、しかも数多くのドイツ人傭兵を相手にせねばならないからである。彼らはスイス歩兵とまったく同じ規律をもって戦うのである。

ヴェルチェルリの町はトリノとノヴァラの間にあるが、かつてはミラノ公国の一部であった。しかし、フィリッポ・マリア・ヴィスコンティがヴェネツィア人とフィレンツェ人を相手に長期間、戦争を行っていた時、サヴォイア公アミーデオにこれを譲渡している。[11]アミーデオをヴェネツィア人との同盟から離脱させるためである。ヴェルチェルリには今、フランス軍も同盟軍もいずれも入っていない。なぜならば、若きサヴォイア公[12]の母であり、後見人でもある公妃が全面的にフランス側に心を寄せていたにもかかわらず、フランス国王がはっきりと優勢になるまでは、彼の側に付こうとはしなかったからである。この間、公妃はミラノ公に親切な言葉と希望を与え続けている。しかし、王と彼の強化された軍が同じサヴォイア公国の都市トリノに到達すると、彼女は王の兵の一部がヴェルチェルリに入るのを許している。このことは増援部隊がすべて到着した時には、王のノヴァラ救出の機会を

(10) 一四七六年三月のグランソンの戦い、七六年六月のモラーの戦い、最後は一四七七年一月のナンシーの戦いである。シャルルはこのナンシーの戦いで戦死する。ブルゴーニュ公領の遺産はすべて娘のマリアに与えられる。マリアはハプスブルク家のオーストリア大公マクシミーリアーンと結婚。これはヨーロッパ政治史の重大な出来事となる。

(11) アミーデオ八世。譲渡したのは一四二七年である。

(12) カルロ二世。

高める。ヴェルチェルリは極めて好都合な位置にあったからである。かくして同盟側は深刻な疑いを抱きはじめるのである。このような困難な状況にあって、いかにすべきかをもっと完全に決定するために、ロドヴィーコ・スフォルツァは妻のベアトリーチェを伴って軍の下に赴く。妻のベアトリーチェは重大な問題においても、快楽においてもロドヴィーコの変わらぬ伴侶なのである。多くの議論が尽くされた後、隊長たちはロドヴィーコの面前で、またそのように言われているが、ロドヴィーコの助言で全員一致で次のように決断を下したという。すなわち、全員のより大きな安全のためにヴェネツィア軍はムーネでスフォルツァ軍と合流する。ただし、包囲を続けていくためノヴァラ周辺のすべての町には十分な守備隊を残しておく。ボルガリは放棄する。ボルガリはヴェルチェルリから三ミーリアしか離れていないので、フランス軍が大挙してこれを取りに来た場合には、不面目にそれを失うことになるか、あるいは全軍をもってその救出に向かうか、そのいずれかが必至となるからである。全軍をもって救出に向かうのは、既に決めたばかりの決断に反することになる。ムーネの野営地から三ミーリアのカマリアーノの守備隊は増強されねばならない。野営地全体そのものが要塞化されねばならない。塹壕や盛り土を巡らし、大量の大砲を配置せねばならない。その他の決断は敵の動きに従って日々、為されねばならない。この間、農村部は無人にせねばならない。樹木はすべてノヴァラの市壁に至るまで切り倒されねばならない。兵および騎兵による略奪のための出撃の障害とするためである。市内には数多くの騎兵がいるからである、云々。これらの事柄が決定され、全軍の閲兵が行われると、ロドヴィーコ・スフォルツァはミラノに戻る。日々必要となるやもしれぬ準備に、より迅速に対応するためである。

世俗的な力を精神的な武器や権威で支援するために、彼とヴェネツィア人は教皇に高位聖職者の一人をシャルルの下に派遣させる。シャルルに十日以内に全軍とともにイタリアを去るように、また彼の兵をナポリ王国から、さらに短い期間内に撤退させるよう命じるためである。これに応じなければ自らローマの教皇の下に出頭せよ、出頭せぬ場合には、教会の科す宗教的処罰を覚悟せねばならぬ、というものである。このような措置は以前、昔の教皇たちによって盛んに利用されたものである。というのは、われわれは書物から次のようなことを知っているからである。すなわち、同じ武器を用いてハドリアーヌス一世は、強力な軍隊を率いてローマを攻撃する途上にあったランゴバルド王デジデーリオを、到着したばかりのテルニからパヴィーアに撤退させている。[13]しかし、教皇たちの生活の神聖さが人びとの心に喚び起こした、あの畏敬の念や威厳さは今では欠如しているので、ハドリアーヌスと同様の結果を期待するのは愚かである。昔の習慣や前例とはまったく異なっているからである。したがって、シャルルはこのような命令の空しさを嘲笑して応えている。ナポリからの帰路、教皇の御足に真実、接吻したいと望んでいたが、教皇はローマで私を待とうとはしなかったではないか、それが今になってしきりにローマに来いと要求しているので実は驚いている。しかし教皇の命令に従うために、ただ今、ローマへの道を再び取ろうとして、それに忙殺されており、教皇にはそこでお待ち頂きたい、こんな大変な苦労が無駄にならないためにも、ぜひそうして頂きたい、と言うのである。

この時期、シャルルはトリノでフィレンツェ人の大使たちと新しい条約を締結している。[14]この締結にも、他の機会に同じ態度を取った人びととの反対がなかったわけではない。これらの人びとの持ち札は次のような事実によって強化されていた。すなわち、シャルルの帰路の途上、フィレンツェ人が失っていたピサ周辺の丘陵地にあるいくつかの砦を回復していた時であるが、フィレンツェ人はポンテ・ディ・サッコ[15]を包囲して、これを降伏させて取る。中にいる兵士の安全は保証されていた。しか

(13) 七七三—七四年にかけてのことである。

(14) 一四九五年八月二十二日である。

(15) ポンサッコ(Ponsacco)である。ピサ平野にある。

しこの保証に反して、彼らが投降すると、ほとんどすべてのガスコーニュの歩兵とピサ人は虐殺され、死者の四肢は切断される。しかし、これはフィレンツェ人のコミサーリオの命令に反して生じたことであり、それでもコミサーリオは大変苦労して、その何人かは救出している。これを行ったのは数人の兵士で、フランス軍の捕虜になっていた時に、極めて苛酷に取り扱われていたのである。しかし、王の宮廷ではフィレンツェ人の敵によって、これはフランス軍に対する深い敵意の明白なしるしであると解釈される。そしてこのことがさらに協定の締結を難しくしたのである。しかしながら、結局のところ、協定は締結される。すべての思惑は覆される。彼らの約束や厳粛な誓いの記憶によってではなく、金を手に入れ、ナポリ王国に援軍を送らねばならぬ、という彼らの焦眉の必要によってである。

したがって、次のような協定が成立する。いかなる遅延もなく、シャルルの手にあるすべてのフィレンツェ人の要塞と領土は返還されるべきこと。ただし、条件がある。すなわち、次の二年以内に、王がそのように望んだ場合には、フィレンツェ人はピエトラサンタとセレザーナをジェノヴァ人のために放棄する。それには適切な補償がなされる。しかし、これはジェノヴァ人が王の臣民となっている場合である。このような返還を期待してフィレンツェ人の大使たちは、フィレンツェで合意された通り三万ドゥカーティを即金で支払う。しかし担保として宝石を受け取る。これは彼らの領土が、あれこれ、何らかの理由で返還されなかった場合に、支払った金を保証するためのものである。返還がなされた場合、フィレンツェ人は王にフランスの財務長官を保証人として七万ドゥカーティを貸与する。王の代わりにナポリ王国の軍隊にそれらを支払う。その額の中にはコロンナ家に対する支払い分も含まれる。ただし、フェルディナンドに身を転じた場合は別である。（ここで言われているフランスの財務長官とは、全王国の税収を受け取る四人の大臣を指す称号である）。王は既にプロスペロによってなされていたフェルディナンドとの傭兵契約について、何らかの情報を得ていたが、まだその確証を握っていなかったのである。さらにトスカーナに戦いがない場合には、フランス軍を支援するために二百五十の重装騎兵を送る。トスカーナに戦いがある場合、しかもそれが単にモンテプルチアーノをめぐっての戦いである場合には、この兵力をピサ領にいるヴィッテルリにつけてナポリまで送る。[16] しかし十月以後までナポリにとどめておく義務は負わない。ピサ人は犯したすべての罪を許される。押収された財産の返還についての取り決めがなされる。様々な職業や専門職について一定の規定が定められる。このような協定の実施を保証するために、王によって指名された六人の主要なフィレンツェ市民が人質として一定期間、フランスの宮廷にとどまるべく、王に引き渡される。[17]

このような協定が締結され、三万ドゥカーティの支払いに対して宝石をその担保として受け取ると、城塞を直ちにフィレンツェ人に返還すべしという内容の、王の命令と書簡が城塞の城代たちに発送される。フィレンツェ人の支払った三万ドゥカーティは、スイス兵を傭い入れるために直ちに送金される。

(16) モンテプルチアーノの反乱については本文200頁および225頁参照。またグイッチァルディーニ『フィレンツェ史』一八四頁参照。

(17) これらについてはまたグイッチァルディーニ『フィレンツェ史』一九三―一九六頁参照。

第12章

ノヴァラにおけるフランス軍の窮状――フランス国王とミラノ公との秘密の協定交渉――フランス国王に提案された和平協定と王室会議でのそれについての議論――シャルル八世、ミラノ公と和平し、フランスに帰国する

しかしながらノヴァラの状況は、兵の勇気は大きかったが日ごとに困難になっていく。ノヴァラ人の防衛の決意は、その反乱からして一層大きかった(1)。今では彼らの糧秣《りょうまつ》は底を尽き、人びとは食糧不足に深刻に苦しみはじめる。オルレアン公はこのような難局にあって、役に立たないものをすべて追放したが、これだけでは十分でなかった。事実、フランス人歩兵、スイス人歩兵の中で、このような食糧不足に耐えることができず、病に倒れ伏す者が多く出はじめている。オルレアン公自身も四日熱に罹り、たびたび使節や書簡で、シャルルに遅れることなく救援軍を送るよう懇願している。しかし、いまだ十分な兵を集めていなかったので、公の緊急の要請に応えることはできない。それにもかかわらず、フランス軍は夜陰に乗じて何度か騎兵と歩兵から成る強力な護衛をつけて糧食をノヴァラに送ろうとするが、そのたびごとに敵に発見され退却を余儀なくされる。時には護衛に大きな損害が出る。あらゆる方面からの補給を遮断するために、マントヴァ侯はノヴァラの市壁近くにあるサン・

(1) 第2巻第6章、本文242―243頁参照。

フランチェスコ修道院を襲撃する。これを占領した後、彼は二百の重装騎兵と三千のドイツ人歩兵を入れ、監視に当たらせる。これによって、同盟軍の仕事は極めてやりやすくなる。彼ら自身の補給路は安全となり、モンテ・ディ・ブランドラーナに面する市門に至る道は封鎖されたからである。ノヴァラに入るにはこの市門からが最も簡単なのである。さらに侯は、翌日フランス軍がボルゴ・ディ・サン・ナザーロの縁《へり》に築いた稜堡を奪い、次の夜にはボルゴそのものと市門近くの他の稜堡も占領している。この際、ピティリアーノ伯が火縄銃で冑を撃たれ、瀕死の状態で伏している。彼はゴヴェルナトーレの称号でヴェネツィア人に傭われていた。

敵側のこのような成功を見て、オルレアン公はノヴァラに撤退した時に、防備を強化していた郊外のその他の地も守ることができないのではないかと恐れる。したがって、公はそれらに火をつけ、翌日の夜、すべての兵を引き上げてノヴァラ市そのものの防衛に集中させることにする。極度の飢えに苦しみつつも、ますます救援の希望に身を託しているのである。なぜなら、いまやスイス兵が到着しはじめていたからである。またフランス軍はセッシア川を渡り、ヴェルチェルリから一ミーリアのところに野営する。さらにボルガリに守備隊を置き、残りのスイス兵の到着を待っている。彼らの到着を待って、直ちにノヴァラ救援に向かおうというのである。救援は極めて困難な仕事となろう。というのも、イタリア軍は防衛のための強力な武器を配置した堅固な要衝に野営しており、ヴェルチェルリからノヴァラに至る道は水に溢れ険しかったからである。この地一帯には極めて広い、かつ深い溝が散在しているのである。フランス軍によって守備されているボルガリとイタリア軍の野営地との間には、カマリアーノがあり、これはイタリア軍に守られている。これらの障害のために、王もその他の者も熱狂的にはなれなかった。それにもかかわらず、仮にスイス兵がすべてもっと早く到着していたならば、思い切って戦いに挑んでいたことであろう。しかしその結果は両軍にとって、ともに疑わしいものであったとしか言いようがない。したがって、危険は双方とも承知しているので、秘密の和平交渉がフランス国王とミラノ公との間で間断なく続けられていた。交渉はとくに楽観できるようなものには思われなかった。相互に強い不信感があり、双方とも名声にこだわって合意に達したくないように振舞ったからである。

しかし機会がより急速に道を拓き、次のような結末へと導く。モンフェラート侯妃がまさにこの時期、亡くなる。(2) 彼女の残した息子を誰が後見すべきかの話し合いが続けられる中、サルッツォ侯と亡くなった侯妃の弟コンスタンティーネの両人が名乗りをあげる。コンスタンティーネは、何年も前にオスマン帝国のメフメトによって占領されたマケドニアの旧支配者の中の一人である。(3) 王は侯国の平和を守ろうとして、アルジァントンをカザーレ・チェルヴァジョ(4)に派遣し、住民の意志に従って問題を解決しようとする。マントヴァ侯の家令もまた同地に行っており、侯妃の死の弔問を行っている。このようなことから、これら両者の間に、平和が双方にもたらす利益についての議論が持ちあがる。話し合いが進展するうち、アルジァントンは家令の示唆に応じてヴェネツィアのプロヴェディトーリにこの問題について書簡を送る。その中で彼は、ターロ川で彼らと話し合いを始めていた論点を再び取りあげる。彼らはこれに興味を示し、ミラノ公の隊長たちにこの情報を伝える。最後にすべての者が同意してヴェルチェッリに来ていた王に、側近を何人か派遣して、どこか適当な場所で彼ら自身の代表者と話し合いをさせるよう要請する。王の同意とともに翌日、彼らはボルガリとカマリアーノの間で会見する。ヴェネツィアを代表するのは、マントヴァ侯と、ストラディオッティのプロヴェディトーレであるベルナルド・コンタリーノである。ミラノ公を代表するのは、フランチェスコ・ベルナ

(2) 一四九五年八月二十七日である。息子とはグリエルモ二世である。本書第1巻第9章122頁訳注(4)参照。

(3) コンスタンティーノ・アリアニティ(Constantino Arianiti)、通称コムネノ(Comneno)と呼ばれる。マケドニアが占領されるのは一四六一年である。

(4) カザルジアーテ(Casalgiate)である。

ルディーノ・ヴィスコンティである。フランス国王を代表するのは、サン・マロ枢機卿、オラニエ公、ジエ元帥、ピエネスとアルジァントンである。オラニエ公(5)は最近、イタリアに入り王の任命により全軍の指揮に当たっている。これらの人びとは数回、会合を開き、数日にわたって軍との間を往復しているうちに、主要な難問は結局、ノヴァラに関するものに絞られる。王はノヴァラを引き渡すことについては反対していないが、引き渡しの方法について異議を唱えたからである。自らの名誉を救うために、王は要求する。すなわち、ノヴァラはミラノ公国の直接の支配者であるローマ王の名において、イタリア軍にいるドイツの隊長の手に引き渡されねばならぬ、というものである。しかし同盟側は、ノヴァラはいかなる条件もなく明け渡されねばならない、と主張して譲らない。

あれやこれやの難題が生じて、ノヴァラに籠城している人びとが要求するほど素早く解決することができないので、事実、オルレアン麾下《きか》の兵のうち、ほとんど二千名が飢えと飢えの結果生じた病のために死亡するほどまで窮状は深刻になっていたので、一週間の休戦が取り決められる。その結果、オルレアン公とサルッツォ侯は少数の兵を率いてヴェルチェルリに赴く。ただし、和平が成立しない場合にはすべてノヴァラに戻るという約束である。オルレアン公は敵軍の中を通って行かねばならないので、その安全を保証するためにマントヴァ侯がボルガリ近くの物見の塔に出向く。ここはフォア伯が掌握している。ノヴァラを出るにあたって公は、中に残る兵たちに対して、三日以内に帰って来ると約束する。あるいは、彼らがノヴァラを出ることができるよう努力すると約束する。また公を護衛するためにノヴァラに入ったジエ元帥が、甥の一人を人質として残していく。このようなことが為されなかったならば、ノヴァラに残る兵たちは決して公を行かせることはなかったであろう。

彼らの食糧はすべて食べ尽くされてしまっていた。それのみか、生ゴミでさえすべて食べ尽くして

(5) オラニエ公ジァン・ディ・シャロン (Jean di Chalon) である。

いる。それを怺《こら》えることさえできないほどの恐ろしい窮状であった。しかしオルレアン公が王のいるところに着くと、休戦は数日間延期される。そして公の兵はすべてノヴァラから出て、ノヴァラは住民の手に委ねられることが同意される。ただし、双方の同意がない限り、そのいずれにも市を渡すことはない旨、誓わされている。またオルレアン公のために三千の兵が要塞を守る。食糧は毎日、イタリア軍の野営地から運び込まれる。このようにしてすべての兵がノヴァラを出る。これをマントヴァ侯とガレアッツォ・ダ・サン・セヴェリーノが安全のために護衛する。しかし、兵は飢餓のために弱り果て消耗しきっていたために、ヴェルチェルリに着いた時には多くの兵が死に、他の者もこの戦いで二度と使われることはなかった。

このような日々に、バリ・ディ・ディジューノが残りのスイス兵を率いて到着する。一万名のみを集めるとしていたが、ほとんどすべての者といってよいほど、多くの者が彼の軍旗の下に群がって来るのを阻止することができなかった。フランス国王の富の評判に誘われたのである。このため、その数はおよそ二万を数える。その半数がヴェルチェルリ近くの野営地と合流する。その他の半数は十ミーリア離れたところにとどまる。同じ民族から成るこれほど多くの兵を一つの軍に一緒に入れておくことは、必ずしも安全とは思われなかったからである。

これらのスイス兵が数日前に到着していたならば、協定のための交渉は決裂していたことであろう。というのも、そうなれば王の軍はこれ以外に八千のフランス人歩兵、ナポリにいた二千のスイス兵、それに千二百の槍騎兵から成ることになるからである。しかし交渉は進展しており、ノヴァラからは既に兵も撤退していたため交渉の決裂はなされなかった。もっとも、オルレアン公は交渉に反対して、出来るだけのことを行い、またその他多くの者もそれを支持したが、交渉は続けられる。

したがって、ミラノ公と話し合うために使節が毎日、イタリア軍の野営地に出入りする。公はこうした重要な事柄を自ら処理するために、つい最近、野営地に戻っていたのである。もっとも、公は常に同盟国の大使たちの立ち合いの下で交渉に当たっている。ついに使節たちは以下のような最終的な協定の条項を携えて王の下に帰る。すなわち、フランス国王とミラノ公との間には永久の平和と友情が存する。しかし公は他の同盟国を否定するものではない。ノヴァラの住民が市をミラノ公に返還することに王は同意する。フランス軍はその要塞を明け渡すが、ラ・スペーツィア[6]とその他双方に占領されている地は元に戻される。王はジェノヴァで自由に何隻でも艤装するのを許される。ジェノヴァは王の封土である。したがって、ジェノヴァのすべての資源を王は利用できるが、ジェノヴァの敵を利するためであってはならない。ジェノヴァ人はこれらの保証として一定数の人質を差し出す。ミラノ公はラッパロで失われた船の代わりに、他の船をジェノヴァ人に用意させる。また、ジェノヴァに拘留している十二隻のガレー船を引き渡す。そして即刻、彼ら自身の費用で王のために大型のジェノヴァのカラッカ船[7]を二隻艤装する。王はこれらの船に、王自身の費用で艤装させた他の四隻の船を加えて、ナポリ王国の救援のために派遣しようと目論んでいるのである。翌年、ジェノヴァは王に同じようにして三隻の船を与える。王がナポリ救援のために陸路送る兵は、ミラノ公から自由通過を認められる。しかし、一度に二百以上の槍騎兵はその領土を通過できない。王がこの作戦のために自らイタリアに戻って来る時には、ミラノ公は一定の兵員とともに王に従う。ヴェネツィア人は二カ月後、この協定に加わるのを許される。加わった場合、ヴェネツィア人はその艦隊をナポリ王国から引き上げ、フェルディナンドを援助しない。ヴェネツィア人がこれに同意しない場合には、ミラノ公は王がヴェネツィア人と戦う際には王を援助する義務を負う。そしてこの軍事行動で奪ったヴェネツィア領

(6) テキストでは la Spezie と表記されている。

(7) 第2巻第9章訳注(18)参照。

は、いかなるものもミラノ公と王が保有する。ミラノ公は翌年三月末までに五万ドゥカーティをオルレアン公に支払う。公がノヴァラで使った費用の代償である。王がイタリアに入った時に、王に貸与された金額のうち八万ドゥカーティを帳消しにする。残額は支払われねばならない。しかしその時期は後でよい。トリヴルツィオは公によって言い渡された追放処分を解除され、その財産は返還される。ターロ川の戦いで捕虜とされた庶出のブルボンと、ラッパロで捕虜となったミオランおよびその他のすべての捕虜は釈放される。ミラノ公は、先にピサに派遣していたフラカッサと彼自身の兵をジェノヴァ兵とともに召還する。そして、フィレンツェ市民がその領土を回復するのを阻止しない。一カ月以内にミラノ公はジェノヴァの小さな砦をフェラーラ公の手に渡す。フェラーラ公はこのために双方から呼ばれてイタリアの野営地に着いている。彼は砦を二年間、双方の費用で保持する。ミラノ公がその義務を満たさない場合には、二年以内の場合でさえも砦をフランス国王に返還する旨、宣誓してのうえである。ミラノ公は平和条約が締結されるや直ちに王に人質を差し出す。これは合意された時に砦を引き渡す保証のためである。

これらの条件が、それらの交渉の任に当たってきた使節たちによって王に報告される。王はこれらを王室会議にかける。王室会議では意見が大きく分かれる。モンシニョーレ・ディ・トラモーリア(8)は次のように演説する。

——偉大なる王よ、現在行われている議論によって、ひたすら新たな栄光を数々の武勲によってフランス王室にもたらそうとしているのでしたら、私は王の御身を新たな危険に晒すようお勧めするようなことは致すつもりはありません。もっとも、王御自身の御手本がございまして、それ

(8) ルイ・ド・ラ・トレムイユである。本文169頁、257頁参照。

によりますとまったく逆のことをお勧めせねばなりません。と申しますのも、陛下は唯一、栄光への欲求に動かされまして、昨年、ほとんど全王国の忠告や嘆願にもかかわらず、ナポリ王国を征服するためにイタリアに侵入することを決意されたのであります。陛下の遠征の御成功は、そこで大きな名声と栄光をもって飾られました。したがいまして、私どもの本日の議論は、新たな栄誉と栄光を拒むべきかどうかを論ずるのみであってはなりません。陛下があれほどの費用をかけ、あれほどの危険を冒して手に入れられました、あのような栄誉と栄光を侮蔑し、それらを失うべきかどうか、また手に入れました栄誉を完全な屈辱に変えるべきかどうか、陛下御自身、態度を変えられ、陛下御自身、自らの遠征の決定を非難してよいものかどうかについても議論すべきなのです。と申しますのも、陛下はそのつもりになられれば、フランスにとどまっていることも出来たのですし、その場合にはいかなる非難も招くことはなかったのですから。また、誰もがここでは、大いなる小心さ、大いなる臆病さによるものとしている決定も、フランスにおられれば、単に無関心さ、あるいは若者の享楽欲のせいにされるでありましょうから。陛下におかれましては、アスティに到着なされた際、これほどの恥辱を受けることもなく、フランスに帰国されることもお出来になったはずです。ノヴァラ問題は陛下には関心がないとお示しになれば、それで良かったのです。しかしいまや、ここに軍とともにとどまったということによって、陛下の御意図がノヴァラ包囲の救援にあることが明白になりました。さらにあれほどの貴顕をフランスに派遣し、途方もない巨額の費用を費やして多くのスイス兵を傭い入れました以上、ノヴァラを救わなかったならばどのようになるでしょうか。陛下と陛下の王国の栄光は永遠の汚辱に塗られるのではないでしょうか。これは疑いありません。しかしもっと強烈な、あるいは少なくとももっと必然的な理由があります。(王たる者の度量の大きい御心には名声と栄光欲以上の、大きな、あるいは燃えるような刺激が存するとしてのことですが)。と申しますのも、仮に私どもがノヴァラの放棄に同意致しまして、フランスに撤退したと致しましょう。その結果はいかようになりましょう。ナポリ王国全体が失われるのです。多くの隊長たち、多くのフランスの貴族が破滅するのです。陛下を信じ、陛下の御約束を信じてナポリ防衛のために後に残った人びとの破滅なのです。陛下は即刻、援軍を送るからと御約束したではありませんか。彼らは援軍に絶望するでしょう。ここイタリアの辺境にあって、これほど多くの兵を擁し、これほど強大な軍を抱えていながら、敵に譲歩しようというのですから。戦争というものは、どなたも御存知の通り、名声に左右されます。名声が落ちれば、それとともに兵の勇気も衰えます。臣民の信頼は揺らぎ、戦争を支えるための特別の税収入も消散してしまいます。他方、敵の名声は高まります。ふらふらしている、どっち付かずの者もはっきり陛下に背きます。このようにしてすべてが難しくなるのです。したがいまして、この不幸な知らせを知ったならば、わが軍はその活力を失い、敵の力と名声が増大するでしょう。このようにして、私どもはやがてナポリ王国全体の反乱を耳にするでしょう。そして私どもの軍の敗北についても耳にするでしょう。このことは疑いを入れません。あのような栄光をもって始まり、あのような栄光をもって行われた遠征の果実が、なんと計り知れないほどの損失と汚辱ということになるのです。と申しますのも、この平和条約が誠実に締結されつつあると信じておりますすは、現状というものをまったく考慮に入れておりません。私どもの相手としておりますす連中の性格というものを、まったく理解しておりません。私どもがイタリアに背を向けるや、ただいま同意されておりますす条項のいかなるものも尊重されなくなるであろうことは容易に理解されます。私どもに約束されました援軍も、私どもにではなくフェルディナンドに送られることになりましょう。私どもがこのように臆病なやり方で逃げ出したのは、彼らがそうさせたのである、と言って彼らは法螺《ほら》を吹くでしょう。そしてこれらの兵はナポリに向かって行って、わが軍の戦利品で渇きを癒すことになりましょう。

わが軍の勝利にわずかでも疑念の存するようなところがあれば、このような汚辱に耐えるのはもっと容易になりましょう。しかし、私どもの勝利について疑う人がいるでしょうか。私どもの軍の偉大さについてお考え下さい。私どもの、周辺の国々に対する優位さをお考え下さい。長い行軍に疲れ果て、糧食に事欠いて、兵力も少なく、敵意ある国々に囲まれて、私どもはタ一ロ川で圧倒的な敵軍を相手に勇猛果敢に戦わなかったでしょうか。当日、ターロ川の流れは速かった。その川の水よりも敵の血の方が大量に流れはしなかったでしょうか。私どもは剣先で道を拓きました。そして一週間というもの、ミラノ公国領を凱旋行進したのです。すべて敵国領内です。ここで私どもは再び二倍の兵を擁しております。当時よりも二倍の兵を持っているのです。それに三千のスイス兵ではなく、今では二万二千のスイス兵を擁しているのです。敵軍の方はドイツ人傭兵によって増強されてはおりますが、私どものようにはまいりません。騎兵は同じままですし、隊長たちも変わっておりません。私どもに一度、叩きのめされて痛手を蒙っておりますので、再び私どもと戦うことに恐れを抱いております。私どもの勝利の果実はそんなにも小さなものなのでしょうか。軽蔑してよろしいのでしょうか。むしろ、危険を冒してでも追い求めねばならないものではないでしょうか。と申しますのも、私どもは勝ち得た偉大な栄光を維持するために、ナポリ王国を保持し、陛下の多くの隊長たち、多くの貴族たちの安全を確保するためにのみ戦っているのではないからです。この戦闘には全イタリアの支配権がかかっているのです。ここで勝利を得たならば、全イタリアが私どもの勝利の戦利品となるのです。と申しましても、敵はこれ以外のいかなる兵、これ以外のいかなる軍に頼ることができるでしょうか。彼らの野営地には、彼らが集めることのできたすべての兵、すべての隊長たちが揃っているのです。私どもの越える塹壕の一つひとつ、私どもの突破する障害の一つひとつが、これら偉大なものを私どものものにさせるのです。すなわち、全イタリアの支配と富、かくも多くの侮辱に復讐できる能力などです。通常、気の弱い臆病な人間を駆り立てるこれら二つの刺激が、私ども好戦的で勇猛な民族を動かさないというのでしたら、私どもを見捨てたのはチャンスではない、勇気であると言うことができるでしょう。これは確かです。私どもにはチャンスが与えられているのです。このような小さな戦場で、このような短い時間で、このように大きな価値のある戦利品を手に入れるチャンスです。おそらくこれ以上大きな、これ以上価値のある戦利品を望むことはできないでしょう。それほど大きな、価値あるものなのです。——

次いでオラニエ公が次のように反論を行う。

——畏れ多き、キリスト者の王よ、われわれの状況は時間に急かされております。また軍には慎重さと勤勉さが欠けております。戦争を続けようとすれば、がむしゃらに、戦争の技術のあらゆる規範に背いて続けざるを得ません。実はわれわれの状況がこのようでなかったなら、私もまた協定を拒否するよう勧める者の一人であったはずです。なんとなれば、それを受け入れるべきでないといえる多くの理由があるからです。これは真実です。戦争を続けることはナポリにおけるわれわれの状況にとって極めて栄誉あることであるとともに、極めて有益だという事実を否定し得ないからです。しかし、ノヴァラとその要塞が陥っている窮境を考えますと、それを救出しようとするならば、われわれは即刻、敵を攻撃せねばなりません。ノヴァラには一日たりとも糧食がないのですから。それではノヴァラを無視すると致しましょう。戦争をどこかミラノ公国の他の場所に移すとしましょう。たとえそう致しましても、冬の季節がやってまいります。冬になれば水に溢れたこれらの低い土地で戦うのはまったく困難になります。われわれの軍の性格を考えますと、急いで用いないかぎり、敵にとってよりもわれわれ自身にとっていっそう危険になります。スイス兵の数が圧倒的に多いからです。またスイス兵の性質からしても、そう言えるのです。われわれの金不足は深刻です。長期間にわたってここに居座ることはできません。これらすべての状況を考えますと、たとえこの協定を受け入れないとしても、早めに戦争を終わらせねばならないのです。このためには即刻、敵を攻撃せねばなりません。しかしこれは大変危険な行動です。敵の陣地と地形のためです。このように戦争を始めることは、向こう見ずな軽率さの極みと言わざるを得ません。

敵の野営地は自然と人工によって極めて堅固です。それを強化するための時間が敵には十分にありました。敵の守備している土地は守るに好都合な位置にあり、糧食の備えも十分です。周辺地帯は深い溝と水の障害のために馬を走らすことは極めて困難です。したがって、彼らを直接攻撃しようとする者は危険を冒すことになります。大きな危険、しかも避けようもない危険が待ち構えているからです。したがって、彼らには徐々に、ゆっくりと優位を保って接近し、いわゆる少しずつ地歩を確保し、戦略的な位置を占めねばならないのですが、これほど堅固な陣地に構えた、これほどの大軍を、しかも多量の大砲を擁している大軍を急襲できるなどとは、いかなる軍事学によっても、いかなる議論によっても、また卓越した指揮官の先例によっても考えることはできません。偶然を当てにして戦争を始めるのでしたら別ですが、理性によって行うとすれば、まず、敵をその堅固な陣地から移動させねばなりません。そのためには、彼らの陣地よりも優越した陣地を占めねばなりません。あるいは糧食を遮断せねばなりません。このようなことは、いずれも注意深く、たっぷり時間を使ってのみ望み得ることなのです。われわれは誰もどの程度、時間をかけることができるかを承知しております。これは別として、われわれの騎兵は多くの人たちが信じているほど、数が多いわけでもなく、また強力でもありません。と申しますのも、どなたも御存知の通り、彼らの多くは病に罹っており、他の多くは休暇あるいは無断でフランスに帰国しているからです。残っている者の多くは長い間の軍務に疲れており、戦うことより休暇をとって帰りたいと望んでいるのです。わが軍の基幹をなすスイス兵の多くは、われわれにとっておそらく不利になりましょうし、少数のスイス兵は役に立ちません。と申しますのも、スイス人の性格と習慣を知っている者であれば、これほど多くの者が一緒に集められますと、彼らを管理することがいかに難しいかは自明のことであるからです。とくに戦いがだらだらと続くような場合、危険な騒動を惹き起こさないという保障はありません。そのような騒ぎが起こった場合、俸給の問題で彼らを怒らせるような事例が無数に生じるかもしれません。俸給の支払いに対しては、彼らは飽くことなく貪欲であります。またその他、支払い問題以外にも突発事が出来《しゅったい》するかもしれません。したがいまして、われわれは彼らの援助が薬であるのか、毒物であるのか、決して確信が持てないのです。要するに、このような不確定さの中で、われわれはどうして決断を下すことができるでしょうか。偉大で、勇敢な何らかの決断にいかにして達することができるのでしょうか。

条約よりも勝利の方がナポリ王国の防衛にとってより名誉あることですし、より良いことであるのを疑う人はありません。しかし、人間のすべての行動においては、とくに戦争においては、われわれは決定をしばしば必然に合わせねばなりません。そしてあまりにも困難な、ほとんど不可能なものを手に入れたいという欲望から、われわれの持っているものをすべて明白な危険に晒すべきではありません。勇敢に行動することは秀れた隊長にとって義務であります。しかしそれに劣らず、賢明に行動することも同じく義務なのです。ノヴァラの仕事はとくに陛下御自身の仕事ではありません。単に、間接的に関係するのみです。陛下がミラノ公国を要求しているのではないからです。また陛下がナポリを発ちましたのは、ピエモンテでとどまり、戦争をするためではないのです。フランスに帰国して、新たに兵や軍資金を得てナポリ王国を助けることができるためなのです。目下のところ、ナポリはニースから送られた海軍の支援を得て、ヴィッテルリの兵とフィレンツェ人からの援助と資金で自らを守ることになりましょう。陛下がフランスに帰還されれば強力な補給がなされますので、ナポリは容易にそれを待つことができます。

ミラノ公がこの条約を守るであろうと、はっきり断言できる立場には私はおりません。しかし、公とジェノヴァ人によって人質が差し出されておりますと、疵も協定の条項に従って引き渡されておりますので、陛下は一定の担保と一定の保証が与えられていると申せましょう。公が平和を望んだのは陛下に攻撃される最初の者であるのを避けるためであったとしても、これはそれほど驚くべきことではないでしょう。この同盟には多くの者が参加しております。したがって、その性格上、それほど強力ではありません。あるいは、それほど調和しているとも言えません。このため、その一つ、あるいは他の者が冷えてしまう、あるいは他の者から分裂してしまう、といったことも望めないわけではないでしょう。彼らの間にごく小さな亀裂を生じさせることができれば、ごく小さな空隙を見出すことができれば、その時にはわれわれの勝利は容易になり、確実なものとなりましょう。結論を申しあげますと、畏れ多き、キリスト者の王よ、私は協定を結ぶようお勧め致します。協定自体、有益であるとか誉むべきであるとかいう理由からではありません。困難にして厄介な決断を下すにあたって必然的なものを、あるいは他と比べて困難さや不快さが著しく少ないものを、望ましきもの、心配がないものとして承認することは、賢明な君主の義務であるからなのです(9)——

オルレアン公はオラニエ公の言葉を鋭く遮る。このため両者とも猛烈に衝突し、激した言葉から侮辱に変わる。オルレアン公は会議に出席している全員の前で、彼を嘘つき呼ばわりする。しかし王室会議全体の間に、またほとんどすべての兵の間に平和への願望が存していた。というのも、彼らのすべてが王をも含めてフランスに帰るのを望んでいたからである。かくして彼らはこのためにナポリの危険を認識することができなかったし、ノヴァラをまさに彼らの目の前で無視し、かくも非道な条件でイタリアを立ち去ることの汚辱をも認識し得なかったのである。非道な条件というものには、これらの条約が尊重されるという確たる保証は存しなかったからである。平和条約を結ぶ決定はオラニエ公によって強く要請される。したがって、多くの者が疑いを抱く。すなわち、オラニエ公はローマ王

(9) リコルド「C」二一三。『リコルディ』抄、第2巻第12章訳注(9) 参照。

の要求でフランス国王の利益よりもミラノ公のそれを優先させたというものである。オラニエ公はローマ王に忠誠を誓っていたからである。シャルルに対する彼の影響力は大きかった。一つには公の才能と知性のためであり、一つには君主という者が己れ自身の欲求と最も良く一致する助言をいつでも、より賢明なものと見なしがちであるということにもよるのである。

このようにして和平が成立する。[10] ミラノ公は直ちにこれを遵守することを誓う。王はフランスに帰ることに熱心で、トリノに向け出発する。王がヴェルチェッリを離れるのを急いだのには他に理由がある。すなわち、野営地にいるスイス兵が、三カ月分、全体の支払いを確実にするために脅迫を始めたからである。野営地にいるスイス兵が、三カ月分、全体の支払いを確実にするために脅迫を始めたからである。しかし三カ月分をまとめて支払うという約束はなされていなかったし、また実際、スイス兵は三カ月もシャルルに仕えてもいなかったのである。スイス兵の言い分は、ルイ十一世は常にそのようにしていたではないか、という点にある。シャルルはこのような危険を突然の出発によって脱するが、スイス兵は捕虜として彼らを徴集したバリ・ディ・ディジューノとその他、彼らを傭った責任者を押さえる。結局のところ、彼らの要求に対しては、このように人質と約束をもって応ぜざるを得なかったのである。トリノから王はミラノ公にガネーの院長、ジエ元帥、それにアルジァントンを派遣して会見を持つよう申し入れる。平和条約をより確実なものにしようというのである。ミラノ公は会見の申し込みに対して、それに応じたい旨を明らかにするが、一方、裏切られるのではないかと懼れている。このような疑惑によるものか、あるいは同盟国を怒らせないために、おそらく意図的に問題を惹き起こそうとしたためであるのか、あるいはフランス国王と同等の立場で会見に臨みたいという野心からなのか、ミラノ公は次のような提案を行う。すなわち、会見はどこか川の上で行われるべきである。川に

(10) ヴェルチェッリ条約。一四九五年十月九日締結。

は船を繋いで橋が架けられねばならない。あるいは船でなくともよい。その他の材料を使ってでもよいが、両人の間を隔てる木材でできた強固な仕切りを設けた橋である。実は、このようなやり方でフランス国王とイギリス国王がかつて会見したことがある。西側の偉大な君主たちの会見の仕方なのである。ミラノ公のこの提案は王にふさわしくないとして拒否される。王は人質を受け取った後、ペローネ・ディ・バッチエをジェノヴァに派遣し、約束の二隻のカラッカを受け取る。[11]そして他の四隻を王の負担で艤装させる。すべてナポリの城塞を救出するためである。いまや、すっかり判明しているのは、ナポリの城塞はニースから送られた艦隊の援助を受け取っておらず、したがって、三十日以内に救出されない場合には降伏に応じるという事実である。フランス軍の計画は、これらの船に三千のスイス兵を乗船させ、リヴォルノ港に撤退している艦隊と合流させることである。これに、プロヴァンスから予定されている、その他の船も加えるというものである。ジェノヴァの大型船なしでは、この救援軍は十分なものではなかったであろう。というのも、ナポリ港は既に大艦隊で満たされていたからである。というのも、フェルディナンドの持ち込んだ船の他に、ヴェネツィア人がモノポリを奪った艦隊の中から二十のガレー船と四隻の船を送って来たからである。

王はまた、アルジャントンをヴェネツィアに派遣して平和条約に加わるよう求めている。次いで、王と宮廷人はフランスに向け急ぎ道を取る。一刻も早くフランスに戻りたいのである。ジェノヴァ人が約束の人質を送って来るのを待とうともしないのである。あと数日間イタリアに滞在していれば、ジェノヴァ人は疑いもなく人質を送って来たはずである。かくして一四九五年十月末、シャルルは山を越えて帰国する。多くの戦いで勝利していたにもかかわらず、征服者というより、むしろ敗残者のようであった。彼はアスティをオルレアン公から買い取ったと称して、五百のフランス人槍騎兵とと

(11) 第9章訳注(18)参照、本文270頁。

もにジァンヤコポ・トリヴルツィオを代官としてアスティに残す。しかしこれらの槍騎兵のほとんどすべては数日後、王の後に随って自らの意思で帰国している。

　王はナポリ王国を援助するためにいかなる物をも残していない。残したのは艦船をジェノヴァとプロヴァンスで艤装させよという命令と、ナポリ支援のためにフィレンツェ人が王に約束した援軍と金の割り振りのみである。

第13章

フランス人が《ナポリ病》と呼び、イタリア人が《フランス病》と呼ぶ疾病の出現——この疾病の起源と拡散

ここで、今まで語ってきたこととはまったく異なった事柄について触れておこう。決して記憶に値しないことではないと思われるからである。イタリアのすべての災厄はフランス人の侵入に起源を有している。少なくともそれに原因が求められるが、他ならぬ、このようなイタリアにとって宿命的なこの時期に、フランス人がナポリ病と呼び、イタリア人が一般にぶつぶつ、あるいはフランス病と呼んでいる疾病が初めて出現したのである。フランス人はこの病にナポリで罹った。そしてフランスへの帰路、これをイタリア全体に広げたのである。この疾病はまったく新しいものであった。あるいはこの時期まで、わが半球では知られていなかった。最果ての最も遠隔の地の疾病なのである。これは長年にわたって猛威を振るったが、まさに天災というに値するものであった。その兆候はまず、ぶつぶつが出来る。これはしばしば癒し難いほどの炎症になる。あるいは激しい痛みとともに身体全体の関節や神経に来る。医者はこの病気についてまったく知るところがなかった。したがって、適切な措置を取ることができず、しばしば誤った治療を行ったため、病状をいっそう悪化させたりする。あらゆる年代の人びと、男も女も問わず、多くの人びとがこの病で亡くなる。また、その他、生き延びて

も恐ろしいほど奇形になったり、病に抵抗できず、絶えざる苦痛に晒されるのである。短期間で癒えたように思える人びとも、再び同じような苦痛に陥るのである。しかし何年もたつうちに、この病をあれほど悪性にしていた星の影響が和らぐ。あるいは適切な治療が長い経験を通して知られるようになり、それほど酷いものではなくなっている。またこの病はそれ自体で、最初の形とは異なったいくつかの型を生み出している。

この病は天災であったが、当然ながら、われわれの世代にとっては大いにこれを告発することができよう。というのも、われわれ自身の過失から生じたものではないからである。というのも、この病の特徴をしっかり観察してきた人びとは、この病が性交時の接触以外には決して感染しない、あるいはほとんど感染しないと断言しているからである。しかし、フランス病という汚名をこの病から取り除くことは妥当なことである。というのも、後になって、この病がスペインからナポリに持ち込まれたこと、しかもスペイン人に特有な病でもないことが判明したからである。この病はジェノヴァ人クリストファーノ・コロンボの航海を通して、この同じ時期、わが半球に知られるようになった島々からもたらされたものなのである。これらの島々については、もっと適切な時に詳細に話すつもりである。しかしこれらの島々では、この病は自然の恩恵によって素早く癒される。というのも彼らは、注目すべき多くの性質を持った高貴な樹液(1)を単に飲むだけで、これを簡単に治しているからである。

（1）ユウソウボク。熱帯アメリカ産のハマビシ科の低木の樹液。

付録——『リコルディ』抄

『リコルディ』について

一、フランチェスコ・グイッチァルディーニの『リコルディ』は一五一二年から一五三〇年にかけて書き継がれたものである。この間、十八年にわたる。

一、『リコルディ』に関するグイッチァルディーニの自筆写本で今日残されているものは四つである。「Q_1」、「Q_2」と呼ばれている一五一二年に書かれたもの。Qとはイタリア語のquadèrno（ノート・ブック）の頭文字Qからきている。「Q_1」に収められたリコルディは十三個、「Q_2」はこれら十三個に新たに十六個を追加して二十九のリコルディが収められている。

次いで今日「B」と呼ばれているものがある。これは一五二八年春のもので、百八十一個のリコルディからなる。

「C」は一五三〇年の五月から秋にかけて書かれたものである。フィレンツェ共和政権の最終的崩壊を目の前にした時期である。「C」には二百二十一個のリコルドが集録されている。『リコルディ』の最終的な完成である。

一、ここでいう『リコルディ』「A」というものは、ラファエレ・スポンガノが文献学的にその再現を企てたものである。

詳細は拙訳『グイッチァルディーニの訓戒と意見―「リコルディ」』（太陽出版）解説参照。

『リコルディ』

[第1巻]

第1章訳注

——注2——

「C」三〇

注意深く観察する者は、人間の事柄に運命の女神（la fortuna）が大きな影響力を与えているのを否定できない。なぜならば、よく目にするのだが人事が最も大きく動かされるのは、常に偶然の突発事によってであり、しかもそれらを予見したり避けたりすることは人間の力ではできないからである。人間の思慮や心づかいは多くのことを調節できるが、それでもそれだけでは十分ではない、幸運もまた必要なのである。

「C」一六一

人間の生活が数知れぬ仕方でどれほど突然の災厄や病気や偶発事故や暴力の危険にさらされているかを考えると、また豊作を期待するには一年を通してどれほどの好条件に恵まれねばならないかを考えると、年老いた人を見たり、豊かな一年を見たりすることほど私を驚かせるものはない。

——注9——

「C」二一四

受け取った恩義の記憶ほどはかないものはない。したがって、おまえが恩を与えた人を信頼するより、どうしてもおまえなしではいられないような状況にいる人を当てにせよ。なぜならば、彼らはしばしばおまえの恩義を記憶していないだろうし、あるいは恩義が実際よりも少なかったと思うかもしれない、あるいはおまえが恩を与えたのはそうせざるを得なかったからだとさえ思っているかもしれないからである。(「B」四二、「A」一九に対応)

——注10——

「C」二三

未来の出来事は極めて当てにならぬもので、数多くの偶然に左右されるものであるから、どれほど賢明な人でもそれに欺かれること再三である。彼らの言うことに、とくに物事の詳しい点について——なぜなら一般的なことについての判断はしばしば正しいことがあるので——注目し判定を下せば、賢明さに欠けると思われている他の人びとの言うことと比べて、ほとんど差異を見出せないであろう。したがって、将来の悪を恐れて現在の善を放棄することは、その悪が極めて確実であり、切迫しており、あるいは善に比べてはるかに大きい場合は別としても、そうでない場合には常に狂気の沙汰である。さもなければ、あることに対するいわれのない恐怖のために、おそらく手に入れることもできたであろう善を失うことになるのである。(「B」九六、「A」七一に対応)

「B」九六

この世の物事というものは極めて不定（varie）で多くの偶然事に左右されるものであるから、未来について予測することは非常に難しい。賢明な人の予言がほとんど常に間違うのをわれわれは経験から知っている。したがって、私は未来のより大きな悪を恐れて現在の善を、たとえ小さなものでも、それを放棄しようとする人びとの決意（el consiglio）に賛同しない。もちろん、未来の悪が目睫に迫りかつ確実であれば別である。なぜなら、おまえの恐れている物事はしばしば実際に生じないものであり、その時にはおまえは必要もない恐れのために（per una paura vana）気に入ったものを放棄してしまったことになる。したがって、物から物が生まれる（di cosa nasce cosa）という格言は賢いものである。

「C」一〇八

どれほど賢い人間でも時折りは過ちを犯すものである。しかし人間の幸運は次の点に存するといえる。すなわち、誤っても小さな過ちを犯すこと、あるいはあまり重要でない事柄で誤つこと、これである。（「B」一五二、「A」一二八に対応）

「B」一五二

この世ではいかなる人間といえども間違いを犯す。それらの間違いは多かれ少なかれそれに付随する突発事や状況に応じて損害を与える。重大でない間違い、あるいは損害の少ない間違いを犯す人は幸運である。

——注16——

「C」三二

野心（la ambizione）は非難されるべきものではないし、野心的な人間も、合法的で名誉ある手段によって栄光を追い求めて来た限り、辱しめられるべきではない。それどころか偉大な卓越した仕事をやり遂げるのはこれら野心的な人びとなのである。そしてこのような欲求に欠ける者は冷たい精神（spirito freddo）であって、活動（faccenda）よりも一層怠惰に傾きやすいのである。野心でも一般に君主の場合がそうであるように、その唯一の目的として権力（grandezza）を求める時には、その野心は危険であり嫌悪すべきものである。権力を偶像視（idolo）し、権力へと導くものについてはこれを獲得せんとするような輩は、良心も名誉も、人間性もその他すべてのものをばらばらに崩してしまうものである（fanno uno piano della coscienza dell' onore, della umanità e di ogni altra cosa）。（「Q1」・「Q2」二、「B」一、「A」七八に対応）

——注23——

「C」九一

私は、ミラノ公国がロドヴィーコ・スフォルツァの子供たちによって享受されるのを神の正義が許しておくなどとはどうしても考えられなかった。ロドヴィーコ・スフォルツァこそミラノ公国を悪辣なやり口で手に入れ、しかもそれを得るために全世界を滅ぼした張本人なのだから。[訳注]（「B」一〇七、「A」八三に対応）

訳注　このリコルドはおそらく一五二一年暮れ、ロンバルディアで書かれたものであろう。当時、グイッチァルディーニはレオ十世のコミサーリオとしてフランス軍と戦っている。フランス軍は敗れ、ミラノを失う。その後、ロドヴィーコの次男フランチェスコがミラノ公に据えられている。なお、長男のマッシミリアーノは一五一二年、ルイ十二世がミラノを去ってからミラノ公になるが、フランソワ一世のミラノ奪回によってミラノを追われている。

「B」一〇七
ロドヴィーコ公の子供たちがミラノ公国を治めるのを神が許すだろうと信じることは、私にはいつもできなかった。彼があれほど恥知らずに公国を簒奪したからではなく、簒奪するに際してイタリア全体の隷属と破滅をもたらし、さらにキリスト教王国全体にわたって多くの付随した災厄をもたらしたからである。

第4章訳注

――注39――

「C」一四二
人間の持ち得る最大の幸運の一つは己れ自身の利益のためにしたことが、公けの福祉のために為されたかのように見せる機会である。これこそまさにカトリック王[訳注]の事業をあれほど光栄あるものにしたのである。これらの事業は常に彼自身の安全と権勢のために為されたのであったが、しばしばキリスト教信仰の強化のため、あるいはローマ教会の擁護のために為されたかのように思われたのである。

第5章訳注

――注5――

「C」五七
占星術者は他の人びとと比べてどれほど幸福なことか。百の嘘のうち一つの真実を語ることによって彼らは信頼をかち取り、彼らの言う虚偽は信じられるのである。これに対し、他の人びとは多くの

訳注　アラゴン王フェルディナンドはイザベルラとともに一四八六年から九二年にかけてイスラム教徒のグラナダ王国を滅ぼす。この功績によって、イル・カトリコなる称号を教皇より与えられている。またシャルルのナポリ王国の征服に当っては、シャルルとの中立条約があるにもかかわらず、教皇を擁護するという名目でナポリ問題に介入。最終的にはフランスからナポリ王国を奪っている。

真実のうち一つの嘘をつくことによって信用を失い、彼らの言う真実はもはや信用されなくなってしまうのである。このようなことが生じるのは、未来を知りたいという人間の好奇心あるゆえである。未来のことは知りたいが、それを知る他の方法がないために、教えてやると約束する人のところに駆け込もうという気にもなるのである。(「B」一四五、「A」一二一に対応)

「B」一四五

占星術師はなんと幸運であるか。術そのものの欠陥によるにせよ、あるいは占星術師自身の欠陥によるにせよ、彼らの術は幻想である。たとえそうであるにせよ、百の虚言によっても彼らからは信用が奪われないで、一つの真実を予言すれば多くの信用を集めるのである。これに対し一般の人は一つの嘘を吐いたことが知られると人びとはその人の言うことを、たとえそれがどれほど真実であっても信じようとはしない。このようなことがどうして生じるかというと、一般に人は未来を知りたいという非常に大きな欲求を持っているからである。未来のことを知り得る他の方法がないので、未来を告げることができると主張する人を誰であれ容易に信じてしまうのである。これはちょうど患者が健康を約束してくれる医者を信じるのとまったく同じである。

「A」一五八

諸々の予測(giudici)を広く印刷・出版しようとしている占星術師の権威を失墜させたいと望んでいる君主の最も簡単な方法は、次のようなものである。すなわち、来るべき年の予測が印刷・出版される時には、それと並べて過ぎ去った年についてなされた予測をもう一度印刷するよう法律で規定することである。なぜなら、人びとは過ぎ去った年についてなされた予測を再び読んで、いかにそれらが当たっていなかったかを知れば、来るべき年の予測も信じようとはしなくなろうから。過ぎ去った年についての偽りの予測（le bugie del passato）を忘れてしまえば、来るべきことを知りたいという、人間の有している生得の好奇心のために人はそれらを安易に信じてしまうのである。

「C」二〇七

占星術については、つまり未来の出来事を判断する科学については語るも愚かである。この科学は真実ではないし、この科学に必要なすべての事柄は知ることができないし、人間の能力もそこまで達することができないからである。結論を言えば、そのような手段で未来を知ることができると思うのは一つの夢なのである。占星術師は自ら話していることを御存知ないのである。彼らの予想は行き当たりばったりの偶然による。したがって、たとえばどこかの占星術師の予言と、運まかせになされた普通の人間の予言とを取りあげてみれば、後者も前者と劣らず真実であるかもしれないのである。

――注11――

「Q1」・「Q2」九

賢人（savî）で勇敢なる者は非常に少ない。勇敢さ（animosità）が知恵（sapienza）の反対物であるからではなく、危険を認めると賢人は恐れるからである。また危険を正しく見極める精神力（virtù）を持っている者も少ない。したがって勇敢でないのは賢人の欠陥である。もっとはっきりいえば、危険を見てそれを実際以上に大きなものと考える者は完全に賢人とはいえないのである。

「Q1」・「Q2」一〇

賢人のみが勇敢である。その他の者は軽率であるか、向こう見ずであるか、そのいずれかである。したがって、勇敢な者はすべて賢人といえるが、賢人のすべてが勇敢であるとはいえない。

「C」九六

古い格言に曰く、賢人はすべて臆病なり、と。なぜならば、賢人はすべての危険を認めるがゆえに恐怖も大きいからというのである。私に言わせれば、この格言は誤っていると思う。なぜならば、危険を正当に判断せず、実際よりも大きく思い込むような人は賢人と呼ばれ得ないからである。私が賢人と呼びたいのは、危険をよく見極め、恐れる必要のあるだけ恐れるような人である。したがって、臆病な人間ではなくて、勇敢な人こそ賢人と呼ばれてしかるべきなのである。両者ともよく物を見てはいるが、両者の相違がどこからくるかというと、臆病な人間が、あり得るかもしれない危険まで認め、それらをすべて考慮に入れて、その最悪のものを常に前提としているのに反し、勇気のある人間は、同じくそれらの危険をすべて認めてはいるが、そのうちどれほど、人間の努力によって避けられるか、どれほどひとりでに消滅してしまうものかを見極め、それらすべての危険に怖気づかされることなく、生起し得るもののすべてが必ずしも生起するわけではないことを知り、かつそれを希望して冒険にのり込んでいく、このようなことから、両者の違いが生じるのである。(「Q1」・「Q2」九、一〇、「B」九〇、「A」六五に対応)

「B」九〇

賢人はすべての危険を見て取るので勇敢にはなり得ないと多くの者が信じている。しかし私は逆の意見である。すなわち、臆病な者は賢くなれないのである。なぜなら、危険を必要以上に大きなものと思う者は判断力に欠けるところがあるからである。この込みいった(confuso)点をはっきりさせるために次のことを指摘したい。すなわち、危険はすべて現実のものとならないということである。それらのあるものは注意力(la diligenza)と機敏さ(industria)、あるいは大胆さ(franchezza)によって避けることができるのである。その他の危険は次々と生じる予期せぬ出来事や無数の突発事によって一掃されるであろう。したがって、危険を認める者はそれが確実に生じるものと思うべきではない。何によって切り抜けられるか、その可能性のあるものをすべて慎重に検討し、思いがけない出来事があるいは幸いするかもしれない場合を考えて、冒さねばならぬすべての危険を恐れて男らしい名誉ある仕事から手を引いてはならないのである。

「B」**八九**

結果（quello che importino）を考えずに危険に相対する者は野獣と呼ばれるべきである。しかし危険を承知していて必要のため（per necessità）あるいは名誉のためにそれとがっしり相対する者は勇敢である。

「C」**九五**

危険に臨んで、危険を危険とも認めず、考えもなく一目散にそれに飛び込んでいく者は獣的である。危険を認めはするが、必要以上にそれを恐れることのない人、そういう人が勇敢な人である。（「B」八九、「A」六四に対応）

「C」**七〇**

人間の勇気が真に試されるのは、不意の危険に背後からさらされた時である。これに持ちこたえる者は、——このような者は非常に数少ないが——真に勇敢で豪胆であると言われるであろう。（「B」六一、「A」三六に対応）

「B」**六一**

予想もしなかった出来事は予想していたものより比較にならないほど、われわれの心を動かす。それゆえに、私は突然の危険や突発事に圧倒されずに持ちこたえていくような精神を偉大な恐れを知らぬものと呼ぶ。事実、そのような精神は私の意見によれば極めて稀なものである。

「C」五九

私はかつて、危険という危険には見境なく恐怖の色を示す教皇クレメンスに対して言ったものだ。そのような軽率な恐怖に陥らないためには、今まで同じようなことに対してどれほど言われなく恐れてきたかを思い起こすのがよい療法である、と。私はこの言葉をもって、これから決して恐れることのないようにと言うつもりはない。常に恐れてばかりいないよう習慣づければよいのである。

「B」一〇五

名誉を重んずることほど大きな力（virtú）はない。名誉を重んずる者は危険を恐れず恥ずべき行為を為さない。このことを肝に命じておきなさい。そうすれば、おまえの為すことが悪くいくことはないであろう。Expertus loquor（経験者が語るのである）。

「C」一一八

名誉を高く評価する者は、あらゆることに成功する。なぜなら、彼は労苦も危険も金銭も無視してかかるからである。私は自分自身、それを経験したのである。したがって、私はこのように言うことができるし書くこともできる。この燃えるような刺激（questo stimulo ardente）を持たない人びとの行為は死んでいて空しいものである、と。（「B」一〇五、「A」八一に対応）

「C」一二三

未来の出来事は極めて当てにならぬもので、数多くの偶然に左右されるものであるから、どれほど賢明な人でもそれに欺かれること再三である。彼らの言うことに、とくに物事の詳しい点について——なぜなら一般的なことについての判断はしばしば正しいことがあるので——注目し判定を下せば、賢明さに欠けると思われている他の人びとの言うことと比べて、ほとんど差異を見出せないであろう。したがって、将来の悪を恐れて現在の善を放棄することは、その悪が極めて確実であり、切迫しており、あるいは善に比べてはるかに大きい場合は別としても、そうでない場合には常に狂気の沙汰である。さもなければ、あることに対するいわれのない恐怖のために、おそらく手に入れることもできたであろう善を失うことになるのである。(「B」九六、「A」七一に対応)

「B」九六

この世の物事というものは極めて不定(varie)で多くの偶然事に左右されるものであるから、未来について予測することは非常に難しい。賢明な人の予言がほとんど常に間違うのをわれわれは経験から知っている。したがって、私は未来のより大きな悪を恐れて現在の善を、たとえ小さなものでも、それを放棄しようとする人びとの決意(el consiglio)に賛同しない。もちろん、未来の悪が目睫に迫りかつ確実であれば別である。なぜなら、おまえの恐れている物事はしばしば実際に生じないものであり、その時にはおまえは必要もない恐れのために(per una paura vana)気に入ったものを放棄してしまったことになる。したがって、物から物が生まれる(di cosa nasce cosa)という格言は賢いものである。

第6章訳注

——注3——

「C」三三にについては第1巻第3章訳注（16）参照。

「Q1」・「Q2」二

名声を追い求める市民は称讃に値し都市に役立つ（laudabili e utili alla città）。ただし派閥（sette）や簒奪によってではなく、善良で慎重（buoni e prudenti）であると思われようとして、また公共のために何か良い仕事を為すことによって求める場合である。共和国がそのような野心に満たされるよう神に祈ろう。

「B」一

フィレンツェ（città）で名誉と栄光を追い求める市民は称讃に値し役に立つ。ただし、派閥や簒奪によってではなく、善良で思慮があると思われようとして、また祖国のために良い仕事をしようとして求める場合である。わが共和国がこのような野心（ambizione）に満たされるように神に祈ろう。しかし権力（grandezza）のみをその目的とするような市民は危険である。なぜなら、権力を偶像視するような輩は正義や法（onestà）を顧慮することなく自らの目的を実現するためにいかなるものをも踏みにじってしまうからである。

——注4——

「C」一六三

「人間の真価は国家の要職に就けば現われる」（Magistratus virum ostendit.）という古代の格言

はいかに適切であるか。ある人間に仕事と権威を与えるほど、その人間の資質を暴くものはない。うまいことは言えるが、実際にやるとなると何もできない人間がなんと数多くいることか。議会や広場では秀れた人物のように見えるが、実際に採用されてみると、なんと影絵でしかない、こうした人間がいかに多いことか。(「B」三六、「A」一一二に対応)

「B」三六

古代の人びとは「人間の真価は国家の要職に就けば現われる(Magistratus virum ostendit.)」という格言を高く評価していた。職務の責任はある人物が大物か小物かを暴くだけではなく、さらに高い地位によって与えられる権力と無拘束さ(la potestà e licenzà)がその人物の真の性癖、真の性格を暴くのである。なぜなら、権力を持てば持つほど、人はますます躊躇せず生得の性格に従うようになり、あるいは従うのを恐れなくなるからである。

——注30——

「C」六八

他が戦争している時に中立を維持することは、戦っているもののうち勝ち残る方を恐れる必要のないほど強い者にとっては良いことである。なぜならば、強い者は苦労せずして自らを維持できるし、他の混乱に乗じて利益を望み得るからでもある。これ以外の者にとっては中立は思慮のない有害なことである。なぜならば、勝者と敗者の餌食となるからである。最も良くないのは良識からではなく、不決断からなされた中立である。たとえば、中立を維持するかどうか決定できずに、当分の間はおまえの中立の約束だけで満足もしようという者に対してさえ満足させないようなやり方で身を処するといった場合である。この種の過ちに陥るのは君主ではなく共和国に多い。なぜならば、このようなことはしばしば決定を下すべき人たちの分裂に起因するからである。かくして、ある者がこれを進言すれば、他の者はあれを勧告するといったありさまで、一つの意見を決定するに十分なほど、多くの人びとが一致することは決してないからである。そしてこれこそ、まさに一五一二年に生じたことである。訳注（「Q2」一八、「A」八五、「B」一五、一六に対応）

「Q2」一八

条約によって（per convenzione）、あるいは何が起ころうと恐れるものがないほど大きな力によって安全が保証されていない者にとって、他が戦争している時に中立であること（a stare neutrale）は愚かなことである。なぜなら、その者は征服された者を満足させないし、勝者に対してはその餌食（prèda）となるからである。私の議論（alla ragione）に納得いかないのなら、教皇ユリウスとカトリック王がフランス王ルイに対して行った戦争の際、中立でいたことによってわがフィレンツェに何が生じたかを見よ。

「B」一五

条約によって、あるいは何が起ころうと恐れるものがないほど大きな力によって安全が保証されていない者にとって、他が戦争している時に中立であることは愚かなこと（pazzia）である。なぜなら、その者は征服された者を満足させないし、勝者に対してはその餌食となるからである。私の言うことに（ragione）納得いかない者は、教皇ユリウスとアラゴンのカトリック王がフランス王ルイに対して戦争を行った際、中立でいたことによってわがフィレンツェに何が生じたか、その例を見よ。

訳注　ソデリーニ政権は親仏政策を続けて来たが、この間、教皇ユリウスとスペイン王フェルディナンドは対仏同盟に加わるよう強く要求していた。しかしソデリーニ政権は曖昧な態度に終始する。一五一二年四月、ラヴェンナの戦い以後フランスの勢力が北イタリアから払拭されると八月末、フィレンツェはスペイン軍によって攻められ、ソデリーニ政権は崩壊し、メディチ家の帰還が実現する。マキァヴェリもグイッチァルディーニ同様、中立政策を否定している。

「B」一六

それにもかかわらず、中立を欲するならば、少なくともそれを望んでいる側と中立条約を結ぶべきである。なぜなら、それが一方に与《くみ》する一つの方法だから。その場合、もし彼らが勝ったとしてもおそらくおまえを傷つけるのに幾分か躊躇するであろうし、あるいは恥ずかしく思うであろうから。

第7章訳注

――注12――

「C」三七

人に知られたくないことは常に否定せよ、そして信じられたいことは肯定せよ。なぜなら、正反対の決定的な証拠が数多くあるとしても強力に肯定あるいは否定すると、聞いている者の心はしばしば迷ってくるものだからである。[訳注]（「B」四七、「A」一二四に対応）

「B」四七

次のことは確信してよいであろう。すなわち、おまえの行ったこと、あるいは試みたことを隠しておきたいならば、それを否定するのは常に良いことである。たとえそれが発見され公けになろうとしている場合でさえ、そうである。強力な否定は、たとえ証拠を握っている者、あるいは正反対のことを信じている者を確信させることはないであろうが、少なくともそれはある種の疑いを喚起することになろうから（gli mette almanco el cervello a partito）。

「C」一〇五

たとえ世に隠れなき評判の偽善者、ペテン師であるとしても、それにもかかわらず、彼のペテンは

訳注　グイッチャルディーニが鋭い洞察力を持った心理家であることが、これによって分かる。人間心理の偉大な分析家である。『イタリア史』に登場する主要人物はすべて、その動機を白日のもとに晒されるのである。

時折り信者を見出すことがある。このように言うのは奇妙なようであるが、大いに真実である。私はあのカトリック王[訳注]のことを思い出す。彼は他のいかなる人びとにもましてこのような評判の人であったが、それにもかかわらず、彼の計略においてしかるべき以上に彼を信じる人には事欠かなかったのである。このようなことは人間の単純さから、あるいは貪欲さから生じてくるに違いない。貪欲な人間は自分たちの望んでいるものを易々と信じてしまうし、単純な人間は物を認識できないがゆえに信じるのである。

訳注　アラゴン王フェルディナンド五世（一四五二―一五一六）。一五一二年、グイッチァルディーニはフィレンツェ政府から大使として彼のもとに派遣されている。

第9章訳注

——注5——

「C」一五六

私は生来、自分の行動において極めて決然としており意志堅固であった。それでも何か重大な決定を下すや、自分に下した決心に対しある種の後悔じみた気持ちを持つことがしばしばある。それは、もう一度考え直さねばならないようなら異なった決定を下すだろうと私が信じていることからくるのではない。そうではなくて、決定する前にいろいろ考えて、どちらを選んだ方がより困難であるかといった具合にそれぞれの困難さを心の眼で描いてみるのであるが、いったんある決断を下し、もはや他の、考えたすえ投げ捨ててしまった困難を恐れる必要がなくなると、これから始末しなければならない困難だけが意識されてきて、しかもそれはそれのみだけを考えてみると、他と比較された時よりはるかに強大なもののように思われてくるからである。このことからして、そうした苦痛から自由になるためには、後ろに残してきた他のすべての困難をじっくりと心によみがえらせねばならないので

ある。(「A」一五三に対応)

「A」一五三

あらゆる点からして正当な決断であっても、次のようなことはしばしば生ずるものである。すなわち、慎重に考えたあげく一定の決断に達したはずであるが、直ちにその後、その決断を選択したことが何か良くないことのように思われてくるといったことである。それはいったん一つのものに決断してしまうと、対立していた見解の根拠のみが思い描かれるからである。それらの根拠は、他の対立する分銅なしにそれだけを独立して考えてみると、決断する前以上に重大なもの、重要なものに見えてくるのである。このような苦痛から解放されるための良い方法は、初めからすべての意見の根拠を再検討することである。なぜなら、決断する前に思い描いた根拠をすべて一緒にして対立させれば、後に重要なものと認めた他の根拠は事実そうである以上に重大なもの、あるいは重要なものとは思われなくなるから。

——注12——

「C」六四

一四九四年以前には戦争は長期にわたり、戦闘の日には流血がなく、国土略奪のやり方も緩慢で難しかった。大砲は既に使われてはいたが、不器用に扱われていたため、破壊の力は大きくはなかった。このようなわけで国を保持していた者がそれを失うことはほとんど不可能に近いといえた。やがてフランス人がイタリアに侵入してきて、戦争にかつてない激しさを導入したことから、一五二一年頃には、戦闘の喪失が国家の喪失を意味するまでになったのである。このような軍隊の猛攻撃を撃退する術を教えたのは、ミラノ防衛に当たったシニョール・プロスペロが初めてである。この実例によって今や支配者に一四九四年以前とまったく同じ安全が保証されることになったが、それは異なった理由からである。すなわち、以前は攻撃術を持たなかったためであるが、現在は防衛術をよく心得ているがためである。(「A」九四に対応)

「A」九四

周知のごとく、一四九四年はロドヴィーコ公の野心と軽率さのためイタリアを破滅に導いた年であるが、この年以前には戦争の方法は今日とは大いに異なっていた。都市への攻撃は長期間にわたり、戦闘も今日とは異なりほとんど血を見ることもなかった。したがって、支配者が国を奪われることも容易にはあり得なかった。ところが、一四九四年以降、野戦の勝利者(signore della campagna)が一瞬のうちに戦争を制するという事態が生じた。戦場に両軍が到着すると直ちに会戦が行われ、かくして戦争に決着がつけられる。このようにしてわれわれは、ナポリ王国とミラノ公国が戦わずして敵の手に落ち、波乱に富んだ、たった一日の経過のうちにヴェネツィア共和国が失われるのを見たのである。今日に至って初めて、今までとは異なった方法処置を教えたのはシニョール・プロスペロである。彼こそ防備を施された都市に立て籠り、野戦の勝利者の攻撃を撃退したのである。しかし、これも従順な一般の市民の支持がなかったなら成功はしなかったであろう。彼にはフランス人に対抗するミラノ市民の支持が寄せられていたのである。

第14章訳注

——注6——

「C」一一〇

話をするたびにローマ人を引き合いに出す人びとはいかに間違っていることか。[訳注]ローマ人を引き合いに出すには、彼らとまったく同じ条件の都市を持たねばならないだろう。それから彼らの実例に従って統治せねばならないのである。釣り合いのとれない性質を持った都市にとっては、それはまことに調和しない。あたかもロバが競馬のレースに加わるのを欲するようなものであろう。

訳注　このリコルドは「C」一一七とともにマキァヴェリを批判しているものとして、よく知られている。

「C」一一七

実例（essempli）によって判断するのは、まったくもって当てにならぬものである。それらがすべての点で類似していないのなら、実例は役に立たない。なぜなら、ある場合の微小なあらゆる差異がすべて結果において大きな差異の原因となるであろうから。そしてその差異は小さいので、それを識別するには優れた透徹した眼を必要とするのである。

第15章訳注

——注5——

「C」一二一

各々の国において見出されるすべての格言は、異なった言葉ではあるがほとんど同一であり、類似したものである。その理由は、つまり格言というものは経験からあるいは事物の観察から生まれ出るのであるが、経験や事物の観察というのはどこにおいても同一のもの、あるいは、類似したものだからである。

「C」三三二

格言にもあるように、不正に獲得された富は第三代の相続者の享有するところとはならないという。[訳注] そのような富が穢れているがためにそうなのだとすれば、それを獲得した人こそ、それを享受すること最も少なしとせねばならない。その理由をかつて父は私に言ったものだ。つまり聖アウグスティヌスによれば、いかに邪悪な人でも何らかの善行を行うものであり、神はいかなる善行に対してもその報いをもたらさないことはなく、いかなる悪行に対しても罰せざるまま放置しておくことはないのであるから、そのような人間に、善行に対しては満足してこの世の享楽を与え、悪業に対しては次の世界で十分に罰するというのである、そして不正に獲得された富は浄化されねばならないがゆえに、三代目までは相続され得ないというのである、と。私は父に対して次のように答えたものである。そのような言い分がそれ自体、真実であるかどうかは分からないのではないか、なぜなら、それとは正反対の多くの経験を引き合いに出せるからである。しかし、それが仮に真実であるとしても、何か他の理由を考えることができるかもしれない。人間世界は自然に変転しかつて富の存在したところに貧をもたらすのである。そしてこのことは富の創始者（principale）においてよりも相続者において一層真実である。なぜならば、時が経過すればするほど変転は一層容易になるからである。さらに創始者、つまり富を獲得したものは富を愛することはるかに大であり、富を得ることを知っていると同時に、それを保持していく術をも知っているのである。つつましく生活するのに慣れ、それを浪費することはないのである。しかし相続者は苦労もせず家の中に富を見出すのであるが、そのため富に対する同様の愛情を持たず、富の中で育てられたためそれを稼ぐ術を習ったことがないのであるから、浪費の

訳注　ここにはグイッチァルディーニの合理的な物の考え方が鮮明に示されているが、われわれにとって興味深いのは父ピエロの考え方である。ピエロは学者肌の信仰深い、政治的にも極めて中庸を得た人物である。マルシリオ・フィチーノの弟子であるとともに、親密な友人であり、サヴォナローラの信奉者でもあった。グイッチァルディーニは父親に対して深い尊敬と愛情を寄せていたはずである。ピエロの議論は終始、キリスト教的な倫理規範の枠内でなされていて、旧世代の教養のある、調和のとれたフィレンツェ貴族を代弁するものであった。これに対するグイッチァルディーニの議論は

ためであれ統制力の欠如のためであれ、財産をすってしまったとしても何の不思議があろうか。(「B」六五、「A」四〇に対応)

「C」**四五**

同じく父は倹約をたたえて常に言っていたものである。財布の中に持っている一ドゥカートの方が使ってしまった一〇ドゥカートよりも一層信用を与える、と。(「B」一六四、「A」一四〇に対応)

「B」**一六四**

「財布にある一ドゥカートの方が費ってしまった一〇ドゥカートよりも一層おまえに信用を与える」と父はよく言っていたものである。これは肝に銘じておかねばならぬ格言(parola)である。これによって吝《け》ちになったり名誉ある当然の支出を控えるためにではなく濫費に対するブレーキとしてである。

「C」**七九**

「すべからく賢人は時の恩恵(el beneficio del tempo)を利用すべきである」というような格言は、正しく理解されない限り、危険なものといえる。なぜならば、望んでいるまさにその時がやってきても、その機会を失えば、もはやそこに再びそれを見出し得ないし、さらにまた多くの事柄においては迅速な決定と行動が必要とされるからである。しかし決心を下すのが難しい場合(in partiti difficili)、あるいは厄介な事柄に直面しているような場合には、出来るだけぐずぐずして時を待て。なぜならば、時はしばしばおまえの行く手を照らし、おまえを救い出してくれるからである。この格言はこのような具合に利用すれば常に有益である。しかし違って受け取られると、しばしば有害なことになろう。(「B」七六、「A」五一に対応)

著しく現実的である。まず、ピエロの意見が正しいかどうかは断言できない、なぜなら現実には逆の現象がみられるからというのである。テキストでは「多くの反対の経験をあげることができるから(potendosene allegare in contrario molte esperienza)」となっている。グイッチァルディーニは父親のような思弁家ではないのである。新しい時代の現実主義者であり経験主義者である。このような思考方式にグイッチァルディーニを導いたのは、あるいは法律家としての訓練であったかもしれない。

「B」七六

望んでいるものを手に入れるチャンスがあれば躊躇なくそれを手に入れよ。なぜなら、この世ではしばしば事物は変化し（si variano）、実際にそれをしっかりと手にするまでは、それを持っているとは言い難いからである。同じ理由からして、おまえを不愉快にさせるような物事が提示された場合には、できるだけ長くそれを受け入れるのを延ばすようにせよ。なぜなら、日常目にしているように、時というものは偶然の突発事をもたらすもので、それはおまえをそれら厄介なこと（difficultà）から救ってくれるから。このことがよく賢者に引用される次の格言の意味である。「時の恩恵を利用せねばならぬ」（che si debbe godere el beneficio del tempo）。

「C」九六

古い格言に曰く、賢人はすべて臆病なり、と。なぜならば、賢人はすべての危険を認めるがゆえに恐怖も大きいからというのである。私に言わせれば、この格言は誤っていると思う。なぜならば、危険を正当に判断せず、実際よりも大きく思い込むような人は賢人と呼ばれ得ないからである。私が賢人と呼びたいのは、危険をよく見極め、恐れる必要のあるだけ恐れるような人である。したがって、臆病な人間ではなくて、勇敢な人こそ賢人と呼ばれてしかるべきなのである。両者ともよく物を見てはいるが、両者の相違がどこからくるかというと、臆病な人間が、あり得るかもしれない危険まで認め、それらをすべて考慮に入れて、その最悪のものを常に前提としているのに反し、勇気のある人間は、同じくそれらの危険をすべて認めてはいるが、そのうちどれほど人間の努力によって避けられるか、どれほどひとりでに消滅してしまうものかを見極め、それらすべての危険に怖気づかされることなく、生起し得るもののすべてが必ずしも生起するわけではないことを知り、かつそれを希望して冒険にのり込んでいく、このようなことから、両者の違いが生じるのである。（「Q1」・「Q2」九、一〇、「B」九〇、「A」六五に対応）

「C」一**四四**

カトリック王の秘書官であったアルマツァーノは、ヴェネツィア人がカトリック王に対抗してフランス王と同盟を結んだというニュースが届いた時、当時スペインにいた私にカスティリアの格言を引き合いに出して次のように語った。すなわち、その格言をわれわれの言葉に直して言うと、糸は最も弱いところで切れるというのである。その実際に意味しているのは、最も弱い者が結局は詰め腹を切らされるということである。というのも、人間というものは道理に従って、あるいは他人に対する考慮に従って行動するものではないからである。むしろそれぞれの人が自分自身の利益を求め、力の弱い者には恐れるところがないので、すべての者が一致して力の弱い者を苦しめるのである。したがって、自分より力のある者と取り引きせねばならない者は常にこの格言を銘記しておくべきであろう。それは実際に絶えず起こっているのである。（「B」一二九、「A」一〇六に対応）

「B」一二**九**

カスティリアの格言に曰く。「糸は最も弱いところで切れる」（el filo si rompe dal lato più debole）。より強い者、あるいはより恐れられている者と同盟する場合には、弱い方が屈服するであろう。たとえ理性、正直さ、恩義が正反対のことを命ずるにせよ。なぜならば、一般に人は己れの義務よりも利害を一層重んずるからである。

「C」一六三については第1巻第6章訳注（4）参照。

「C」一九〇

自らの境遇に満足していない人びとを慰めて、格言としてよく引き合いに出されるのに次のものがある。すなわち「おまえの後ろを見て、前は見るな」である。つまり、おまえより困っている人びとの方が困っていない人びとよりどれだけ数多くいるか見よ、ということである。これは極めて真実をついた格言であり、人間をして自らの境遇に満足せしめるのに役立つはずである。しかし、そうするのは難しいことである。なぜなら自然は、無理をしない限り、前方しか見ることができないようにわれわれの顔を据えているから。

「C」二二〇

少なるは可、と格言は言う。多くのことを言ったり書いたりする者は、それだけ馬鹿げたことも数多く言わざるを得ないのである。しかし少数ならよく消化もされ簡潔に行き届くことになる。したがって、以上これらのリコルディのうち、これほど多くの問題を積み上げるより、最良の華ともいうべきものを選んでおいた方が良かったのかもしれない。

——注6——

「C」六六

自由というものをあまりにも力強く説く連中を信用するな。なぜなら、ほとんどすべての者は、おそらく誰をとってみても、自分の特殊な利益（gli interessi particulari）を目的としていないものはないからである。そして経験のしばしば示すところであるが、独裁政体（uno stato stretto）の下で、より良い条件が見出せると確信するや、彼らはその地位を求めて殺到することまったく確実である。

（「B」一〇六、「A」八二に対応）

「B」一〇六

自由について説教する者を嘲笑せよ。すべての者とまでは言わないにしても、ほとんどの者である。独裁政体の下ではるかにうまくやっていけると思えば、直ちに彼らは独裁政体の下に馳せ参じるからである。なぜなら、すべての人間は己れの利益（interesse suo）を重んじ、名誉や栄光の価値を認識している者は極めて稀だから。

「C」一〇九

すべての者による政治が、自由の果実ではないし、自由獲得の目的でもない。なぜならば、有能でそれに値する者でない限り、統治すべきではないからである。自由の果実、自由獲得の目的は、正しい法と秩序の遵守である。法も秩序もともに、一人あるいは少数者の権力の下にあるよりも、自由な生活の中でより安定しているのである。そしてわれわれの都市をかくも苦しめている過ちはこれなのである。なぜならば、人びとは自由で安定しているだけでは満足しないで、支配するのを求めてやまないのである。（「B」一四三、「A」一一九に対応）

「B」一四三

共和国においては自由が正義を与える（ministra）のである。正義の本来の目的は他ならぬ一人の人間が他の人間によって圧迫されるのを阻止することにある。したがって、一人による統治、あるいは少数者による統治において正義が行われていることに確信できれば、自由を強く望む理由はなくなるであろう。古代の賢人や哲学者は自由な統治を他のものより称讃せず、法と正義の維持に最もよく成功している統治を好んでいるのは以上の理由による。

第16章訳注

――注3――

「A」一五四

分別のない者は他人の助言なしにはやっていけない。それにもかかわらず、助言を求めるのは大変危険である。なぜなら、助言を与える者はしばしば助言を求めた者の利益ではなく、己れ自身の利益に一層配慮するからである。それどころか、助言を求めた者の利害がどれほど深刻で重大であろうとも、助言者はそれよりも己れ自身の小さな動機と満足とを優先させるのである。したがって、私はそのような状況に「いる者」（〈chi si truova〉）は誠実で善良な友人に巡り合わさねばならない、と言いたい。さもなければ、危険を冒してでも迷いなく助言を求めよ。助言を得ないのは、より大きな過ちのもととなる。

「C」一五七

猜疑心に富み信頼が置けないといった評判をとるのは良くないことである。それにもかかわらず、人間というものは嘘つきで、策略を弄し、人をだまし、悪だくみに抜け目なく、己れの利益には貪欲、他人の利益には空トボけているのであるから、それだけ人を信じることなく、信頼することもなければ、誤つこともないのである。

「C」二〇一

このような言い方は多分、意地の悪い胡散くさい言い方かもしれない。また真実でないことを神に祈りたいのだが、人間というのは善人よりも悪人の方がはるかに多いといえる。ことに財産や国家に関係してくるとなるとそうである。したがって、経験からして、あるいは最も信頼に値する交友関係からして善良であると認めている人びとは除いて、すべての人びとに対して油断なく目を見開きつつ交際せねばならない。その報いとして猜疑心が強いという評判が立たないように抜け目なく事を運べば上首尾である。しかし問題は次のことである。すなわち、はっきり信頼できるという見通しがないならば、みだりに信頼してはならないということである。

第19章訳注

――注4――

「C」九二

「善良であるがゆえに神は某々《ぼうぼう》をたすけ、某々は性邪悪なるがゆえに悪い目にあったのだ」などと言ってはいけない。なぜなら、その逆のことをしばしば目にするからである。しかし、これをもって神の正義が欠けているなどと言うべきでもない。神の意図は極めて窮《きわ》めがたく、大いなる深淵(abyssus multa)と言われているのもまことにむべなるかなである。

[第2巻]

第1章訳注

——注10——

「C」一八九

すべての都市、すべての国家、すべての王国は必ず滅びるものである。あらゆるものは、それ自体によるか、偶然の出来事によるか、いずれにせよいつかは終わり、死滅するのである。したがって、自国の滅亡に立ち合う市民は自国の不幸を悲しみ、それを不運であると呼ぶことはできない。むしろ自分自身を悲しみ不運と呼ばねばならない。なぜなら、自国を襲ったのは、何らかのやり方で起こらねばならぬことであったが、そのような災厄の必須な時代に生まれ合わせたことは不幸なことだからである。(「A」一五六に対応)

「A」一五六

長いあいだ繁栄したあと衰退した都市についてこれを不幸と呼ぶことはできない。なぜなら、これは人間的なものすべての帰結であるから。また、すべて他の都市に共通のこうした法則にそれが縛りつけられていることにも、これを不幸と見なすことはできない。しかし祖国が幸運に恵まれている時にではなく、その衰退する時期に生まれ合わせた運命を持つ市民は不幸といってよい。

——注15——

「C」一八九、「A」一五六については前訳注(10)参照。

「C」二九

何度も言ってきたことだし、極めて真実でもあるのだが、ヴェネツィア人がその広大な領土をつくり出すのより、フィレンツェ人がその所有する狭小な領土を確定することの方が一層困難であった。なぜならば、フィレンツェ人は自由の満ち溢れた地方におり、しかも自由というのは極めて消滅しがたいからである――それゆえ、これらの地方を征服するには最大級の労苦が伴い、たとえ征服しても少なからざる労苦をもって維持されねばならないのである。そのうえ、フィレンツェ人には近くに強力で決して滅びることのないローマ教会がある。それは時折り苦悩に喘ぐことがあっても、結局は再び起きあがって以前にもまして新たにその権利を主張するといった風である。ヴェネツィア人は隷属に慣れた、防御においても反抗においても粘り強さというものを持たない土地を取ったのであった。そして近くにはその生命や記憶の永続きしない世俗的な君主しかいなかったのである。（「B」一三一、「A」一〇八に対応）

「B」一三一

しばしば言ってきたことであるが、フィレンツェ人がその小さな領土を獲得したのは、ヴェネツィア人あるいはその他イタリアの諸君主がその広大な領土を獲得したのに比べて、さらに驚嘆すべきことである。なぜなら、自由はトスカーナの隅々まで（in ogni piccolo luogo）深く根付いているのでフィレンツェの拡大はいずこにおいても抵抗に出合ったからである。ヴェネツィア人あるいはその他イタリアの諸君主の国家の場合はこうではなかった。それらは隷属に慣れた、どの国に支配されようと無関心な国民（popoli）の間に位置していたからである。そのような人びとは頑固な、あるいは長期間にわたる抵抗に出ることは決してないのである。さらに、ローマ教会が近くに存したことがフィレンツェにとって極めて大きな障害であったし、現在もそうである。なぜなら教会は現にその根を深く根付かせているので、われわれの領土拡大の大きな障害となってきたのである。

「C」一〇七

望むらくは、隷属民（suddito）として生まれないことである。しかし隷属民であらねばならないのなら、共和国の隷属民よりも君主の隷属民の方がよい。なぜならば、共和国はすべての隷属民を抑圧し、それ自身の市民（cittadini）でない限り、その権力の分け前に少しもあずからせない。君主はすべてに対しより公平である。ある者も他の者も等しく隷属民として扱う。したがって、誰でも彼から恩恵を与えられ、仕事を与えられるという希望を持つことができるのである。

第2章訳注

——注11——

「C」一八八

一つの極端から逃れるために中道へと移っていけばいくほど、恐れていた極端に、あるいはそれと匹敵するほど悪い極端に陥ってしまうものである。享楽しているものの果実を取り出そうとすればするほど、それだけ早くその享楽は終わりを告げ、果実の取り入れは終わるのである。たとえば自由を享受している人びと（popolo）を考えてみても、自由を用いようと欲すれば欲するほど、それだけ自由の享受は少なくなり、それだけ早く暴政の下に、あるいは暴政と少しも変わらぬ状態に落ち込むことになる。（「B」一七五、一七六に対応）

「B」一七五

極端から遠ざかろうとして他の極端の方へ移動すればするほど、一層容易におまえの避けようとしている極端に陥ってしまうものである。中間にとどまる術を知らないからである。したがって、民主政体が独裁政から逃れるために無拘束さ（licenza）の方に近づけば近づくほど、それだけ容易にもとの独裁に陥ってしまう。残念なことに、フィレンツェのわが同胞はこの言葉を理解しないのである。

——注12——

「C」一六八

私を侮辱する者が、悪意からではなく無知のためにそれを行うとしても、このことがどうして私を救うことになろうか。むしろそれは、はるかに悪いことがしばしばである。なぜならば、悪意はそれ自身の明白な目的を持っていて、その規則に従って行動するので必ずしもそれが傷つけるであろうほど傷つけるとは限らない。しかし無知は目的も規則も尺度も持たないので、凶暴に振舞い、盲人の打撃を加えるのである。

第4章訳注

——注3——

「C」一四二については第1巻第4章訳注（39）参照。317頁。

第9章訳注

――注11――

「C」一二七

戦争にあって私のたびたび目にしてきたことだが、思わしくない状況にあると判断されるようなニュースがやってくるとする、と突然、次のニュースが入って勝利を約束しているように思える。これと逆の経過をとる場合もある。とにかく、こうした目まぐるしいこと（variazione）は実にしばしば生じるものである。したがって、有能な指揮官は簡単に落胆したり喜んだりすべきではないのである。

「B」一一八

（「B」二八、「A」五に対応）

戦争においては一瞬一瞬、無数の事柄が生じる。したがって、良いニュースによって過度に勇気づけられ（pigliare troppo animo）たり、あるいは悪いニュースによって過度に落胆（viltà）したりしてはならない。なぜなら、事態はしばしば変わるからである（spesso spesso nasce qualche mutazione）。したがって、戦闘中チャンス（le occasione）が生じた場合にはそれを逸することのないよう留意せねばならない。なぜなら、チャンスが続くのはほんのわずかな時間だから。

また次のようなものもある。

「C」一五二

戦争や新しい企てに突入する前には、最大の用心深さをもってせよ。なぜならば、事が始まってしまえば後は自然の勢い（necessità）で動いていかねばならないからである。したがってしばしば人は、あらかじめその八分の一でも予見することができたなら、それから千マイルも離れていたであろうような困難の中をいつの間にか進んでいくといったことが生じるのである。しかし乗り出してしまった以上、引き返すことはできないのである。こうしたことはたいてい、喧嘩や党派争い、戦争などに多く起こるものである。したがって、こうしたこと、あるいはその他すべてのことにおいて、着手する前にいかほど思いめぐらし注意を払っても、し過ぎということはないのである。

第12章訳注

――注9――

「C」二一三

人間の行う決断と行為にはすべて、不都合にも、それとは逆の決断、行為も正しいと思わせるような点がある。なぜならば、いかなるものも何らかの混乱を伴わないほど整然と秩序立った風にはいかないし、いかなるものもまったく善いところのないほど悪いものではなく、悪いところがないほど善いものではないからである。このことから多くの人びとが迷うことになる。なぜなら、小さな障害の一つひとつが彼らには気にくわないからである。これらの人びとは自ら、良心的にこまかいと自認している人びとである。というのも、彼らは一つひとつのことに注意を向けているからである。われわれはこのようであってはならない。各々の立場の不都合な点を秤《はかり》にかけ、より不都合でない方に決定すべきである。そしてあらゆる点において、完全にして正確な解決手段を取ることはできないということに思いをいたすべきである。

訳者あとがき

一

本訳書『イタリア史』はフランチェスコ・グイッチァルディーニ晩年の不朽の傑作である。執筆年代は一五三七年から四〇年にかけてである。日本がヨーロッパと接触するのは一五四二年であるから、それよりわずか二年前ということになる。

グイッチァルディーニはこの二千頁にも及ぶ大作をわずか二、三年間で書き上げている。驚異的な速さである。この間、卒中で倒れ、四〇年五月、グイッチァルディーニは五十九歳で生涯を閉じている。病床にありながら最後まで作品の完成を目指して文章に手を入れ、削除し訂正し新たな史料を加え推敲に推敲を重ねている。しかしそれも最晩年、放棄される。その意味で未完の大作といえよう。死に臨んで『イタリア史』の原稿をいかに扱うべきかを家人に問われた時、病床のグイッチァルディーニは「焼いてくれ」と言ったと伝えられるが、幸い、原稿は焼かれずに残り、一五六一年刊行されることになる。没後、二十一年目のことである。

グイッチァルディーニはフィレンツェの名門の出である。一四八三年の生まれである。当時、ロレンツォ・イル・マニーフィコの時代で、富においても文化においてもフィレンツェの全盛時代であった。グイッチァルディーニ家はコジモ・デ・メディチ以来、メディチ家と結びついて繁栄してきた家柄である。コジモを亡命先のヴェネツィアから帰還させるのに最も力を尽くしたのは、グイッチァルディーニの曽祖父ピエロであった。それ以後、ピッティ陰謀事件にせよ、パッツィ陰謀事件にせよ、反メディチ運動が起こるたびに変わることなき熱情をもってメディチ家の擁護に奔走してきた家柄なのである。それにもかかわらず、一四九四年十一月、ピエロ・デ・メディチがシャルル八世のイタリア侵入を機としてフィレンツェから追放されても、グイッチァルディーニ家は安泰であった。これはサヴォナローラの新しい民主政権に対する影響力によるところが大きかったからかもしれない。彼は反メディチ派の市民たちの復讐を抑えたのである。グイッチァルディーニの父ピエロは敬虔な学者肌の人物で、サヴォナローラの信頼を得ていた。したがって、政変後も一定の市民としての政治的役割を果たしている。ただし、政争に巻き込まれることは決してなかった。そのため、サヴォナローラが失脚し処刑されても、グイッチァルディーニ家は再び安泰である。

このようにグイッチァルディーニはメディチ家追放後の、自由な民主政権下で生長する。シャルル八世がフィレンツェに入城した時、グイッチァルディーニはわずか十一歳である。一四九九年、ルイ十二世がミラノ公国を征服した時には十六歳になっている。この時、グイッチァルディーニは既に法律の勉強を始めている。当時のグイッチァルディーニには、シャルル八世やルイ十二世のイタリア侵入の歴史的意味をよく理解し得たはずはない。これこそ後に『イタリア史』の基本的モチーフとなるのであるが、当時のグイッチァルディーニは何よりも野心家で、法学博士の称号を得てフィレンツェの政界に乗り出そうとしている若き共和主義者である。国際政治の動きなど視野に入ってくるはずはなかった。マキァヴェリは人文主義的教育を受けている。グイッチァルディーニも当然ながらその影響を受け、一時はギリシャ語すら習っている。それにもかかわらず、グイッチァルディーニは人文主義的な学問に深入りすることなく、どうやら自らの意志で意欲的に法律家の道を選んだようである。法律家が高い社会的な地位を保証されていた時代である。マキァヴェリは人文主義的教育を受けたといったが、財政的にそれ以上の専門教育を受けることは許されなかったのである。マキァヴェリ家は貧しかったからである。

グイッチァルディーニはフィレンツェ、フェラーラ、パドヴァと大学を変え、一五〇五年、フィレンツェで法学博士の称号を取得して一人前のメッセルと呼ばれる身分になっている。洋々たる前途が開かれていよう。

フィレンツェの民主政治はうまく機能していない。サヴォナローラの処刑は一四九八年である。この事件はグイッチァルディーニに忘れ難い印象を与えたことであろう。民衆の圧倒的な支持を得ていたサヴォナローラの失脚である。民主政権の基盤となったコンシーリオ・グランデ（大会議）を導入させた当の人物の処刑である。子供の頃からサヴォナローラの説教と予言を聞き、反教権的・反僧侶的批判を耳にしていたグイッチァルディーニにとって、その失脚は小さな出来事ではなかったはずである。事実、生涯を通してグイッチァルディーニは、サヴォナローラについて考えることになる。

フィレンツェの政治がうまく行かなかった理由は、コンシーリオ・グランデにおける名門貴族層と一般大衆との深刻な対立である。しかし、この対立はチェーザレ・ボルジアの脅威によって妥協を迫られる。一五〇二年、妥協の所産として任期二カ月のゴンファロニエーレ職（フィレンツェの最高の行政長官職）が終身となり、ピエロ・ソデリーニが初代の終身ゴンファロニエーレに就任している。マキァヴェリが活動するのはこのソデリーニ政権下である。マキァヴェリはグイッチァルディーニより十四歳年上である。既にチェーザレ・ボルジアの下に派遣されて外交交渉を行うほど、その力量が認められつつあった。終身ゴンファロニエーレに就任したソデリーニは、次第にマキァヴェリを信頼するようになる。マキァヴェリはソデリーニの右腕として辣腕を振るうのである。ソデリーニは名門貴族の一人であったが、終身ゴンファロニエーレに就任すると名門貴族層から離れ、自らの支持層をコンシーリオ・グランデの多数派に移していく。これは名門貴族層にとっては裏切りと映る。ソデリーニを終身ゴンファロニエーレに就けるに当たっての最大の功績者はアラマンノ・サルヴィアーティであった。彼の助力なしにソデリーニは終身ゴンファロニエーレに就くことは出来なかったはずである。それにもかかわらず、ソデリーニはサルヴィアーティ派の勢力を殺ごうと意図的に工作してくる。かくして、サルヴィアーティ派はソデリーニの不倶戴天の政敵となるのである。

グイッチァルディーニは結婚相手にあえてこのソデリーニの政敵であるアラマンノ・サルヴィアーティの娘マリアを選び、父ピエロの反対にもかかわらず一五〇八年に結婚している。愛のためでも美のためでもなく、フィレンツェ政界に乗り出すための結婚である。後年、グイッチァルディーニはマキァヴェリと親交を結ぶことになるが、当時は激しく対立する党派にそれぞれ属していたのである。当時、グイッチァルディーニは一般大衆を無知蒙昧と決めつける貴族的な共和主義者で、理想と野心に燃えていた。一五一二年、グイッチァルディーニはスペイン王フェルディナンドのもとに大使として派遣される。その指令書を書いたのはマキァヴェリであろう。この派遣はグイッチァルディーニの年齢を考えると、かつてない異例の抜擢である。おそらく、サルヴィアーティの影響力によるものと考えられる。当時、フィレンツェは親仏政策を取り、教皇ユリウスとスペイン王との関係は微妙であった。グイッチァルディーニが派遣されたのは、スペイン王の意図を探るとともに、かつての同盟関係を再確認するためである。グイッチァルディーニ最初の国際舞台での外交交渉である。

この頃、閑暇を得てスペインで書き記されはじめた『リコルディ』には、グイッチァルディーニが政治的野心に駆られた共和主義者であったことを示すものがいくつか見出される。グイッチァルディーニの最終的な狙いは、ソデリーニの就いている終身ゴンファロニエーレの地位であったのかもしれない。そして目下、政敵のソデリーニのためにフェルディナンドと交渉しているのである。フィレンツェ共和国の安全のために努力しているのである。グイッチァルディーニはフェルディナンドとの交渉が順調にうまく行っていると自信を持っている。それについて父親にも知らせている。その矢先、こともあろうにフェルディナンド自身からフィレンツェの政変の知らせを受け取る。しかも、当のフェルディナンドの兵によってソデリーニ共和政権が倒されたというのである。ユリウス二世の支持を得てジョヴァンニ枢機卿を家長とするメディチ家が、フィレンツェに帰還したのである。これは共和主義者グイッチァルディーニにとって青天の霹靂とでも言える知らせであったろう。〝古狐にやられた〟と後にグイッチァルディーニは回想している。グイッチァルディーニの政治的野心は共和政あってのことである。それでもグイッチァルディーニは心の中でおそらく不愉快を感じつつも早速、メディチ家と接触することに躊躇することはない。メディチ家にお祝いを伝え、忠誠を誓うのである。メディチ家との接触はソデリーニ政権下では厳しく禁止されていた事柄である。翌年、ユリウスの死とともにジョヴァンニ枢機卿が教皇に即位すると、なおのことメディチ家に結びついていく。メディチ家の方でも、古くからの盟友としてグイッチァルディーニ家を信頼している。とくに、フランチェスコは法学博士としての知識のゆえに、また若くしてスペイン大使として派遣されたその実績からしても大いに注目され、帰国すると直ちにシニョリーア入りを果たし、重く用いられることになる。その後、レオ十世は新しく手に入れた教会領のモーデナとレッジョの代官としてグイッチァルディーニを登用し、その統治に当たらせている。モーデナの代官は一五一六年、レッジョのそれを兼ねるのは一七年である。この間、イタリアをめぐっての国際関係は大きく動いている。ルイ十二世はイタリア経略の失敗を認め、再起を期しつつも一五一五年一月一日没する。後を継ぐのはフランソワ一世である。ルイの雪辱を期したフランソワは大軍を率いてイタリアに侵入、マリニァーノの戦いでスペイン軍を破りミラノ公国を回復している。レオ十世とも、ボローニァで和解が成る。かくして北イタリアはフランスの支配下に置かれるのである。他方、一五一六年にはスペイン王フェルディナンドが亡くなり、その後を孫のカルロスが継ぐ。スペイン王カルロス一世である。またカルロスは皇帝マクシミーリアーンの孫でもある。したがって一五一九年、マクシミーリアーンの死とともに、カルロス一世はハプスブルク家の所領とともに祖母、ブルゴーニュ公女マリアの遺産をすべて相続する。さらに皇帝選挙では立候補したフランソワ一世を破り、カルロス一世が神聖ローマ皇帝として選出される。

カール五世である。これによって、イタリアをめぐってのフランソワ一世とカール五世の有名な戦いが開始される。レオ十世は一五二一年、カールと同盟し北イタリアからフランス軍を一掃しようとする。グイッチァルディーニはそのコミサーリオとしてロンバルディアに従軍している。戦いはレオに有利に展開しているが、その勝利の知らせを受け取った直後、レオは急赴している。フランス軍はいったんミラノを放棄し、フランスに撤退する。ミラノにはロドヴィーコ・スフォルツァの息子フランチェスコが皇帝の保護の下に返り咲いている。

レオの没した後、グイッチァルディーニは教皇ハドリアーヌスの下でモーデナ、レッジョ、パルマの代官を名目上は維持しているが、このカール五世の元師傅であった教皇はローマに到着して間もなく亡くなる。再び教皇選挙である。このたびはグイッチァルディーニのジューリオ枢機卿が教皇に選出される。クレメンス七世である。グイッチァルディーニは一五二四年、このクレメンスによってロマーニァ総督に任命され、ロマーニァで統治に当たっている。クレメンスはレオの従兄弟である。パッツィ陰謀事件の際、サンタ・マリア・デル・フィオーレで殺害されたジュリアーノの息子である。ジュリアーノはレオの父ロレンツォ・イル・マニーフィコの弟なのである。レオは教皇に即位すると即刻、ジューリオを枢機卿に任命している。彼はレオの補佐をして名声を高めるのである。グイッチァルディーニは一五二一年ロンバルディアでの交遊以来、クレメンスとは極めて親密な関係にあった。それがロマーニァ総督という形をとるのである。

グイッチァルディーニがロマーニァ総督としてイタリアの一地方の統治に当たっている間、ミラノ公国をめぐってのフランソワとカールの戦いが激化する。有名なパヴィーアの戦いが行われたのは一五二五年二月である。この戦いはフランス軍の惨敗であった。国王フランソワ一世が捕虜となるというような前代未聞の大敗である。一四一五年のアジァンクールの敗北以来のフランス軍の大敗である。その後、フランソワはマドリッドに送られ、厳しい和平条件の交渉に当たらされる。その結果、締結されたのがマドリッド条約である。これはブルゴーニュ公領の割譲を含む苛酷なものであった。王は莫大な身代金を払い、二人の王子を人質に残して釈放されると、強制の下で結ばれたこの条約は無効であるとしてこれを反古にしている。教皇クレメンスもこれを支持する。この時点でイタリアにとって決定的であったことは唯一、カールの圧倒的な優越という厳然たる事実である。南のナポリ王国はカールの支配下にあり、いまや北のミラノ公国が事実上、カールのものとなっているのである。イタリアはカールの隷属下に置かれようとしているのである。教皇クレメンスはこれにいかに対応しようというのか。

一五二五年五月、マキァヴェリは一五二〇年に当時枢機卿であったクレメンスに依頼されていた『フィレンツェ史』の執筆が完成したので、ローマに上ってこれをクレメンスに献呈する。その際、イタリアを取り巻く政治状況について様々な議論がなされたようである。マキァヴェリはメディチ家のフィレンツェ帰還以来、職を奪われた共和派である。そのマキァヴェリにクレメンスは、このような状況下にあっていかに対応すべきか、助言を求めるのである。マキァヴェリはカールに対抗するために持論の市民軍の構想を熱心に説いたようである。マキァヴェリはかつて自ら創設したフィレンツェ市民軍をもってスペイン軍に立ち向かい、これに失敗してメディチ家の帰還を許したことがある。その市民軍の構想をマキァヴェリは再び試みたいのである。傭兵軍ではイタリアは救われない――これがマキァヴェリの基本的な考え方なのである。カールに当たるにはぜひとも市民軍をもってせねばならない、と言うのである。クレメンスはこれに乗り気になる。クレメンスの側近たちもこれに賛成する。それでマキァヴェリをロマーニァに派遣することにする。ロマーニァの総督はグイッチァルディーニである。グイッチァルディーニもマキァヴェリ同様、イタリアを救うためにはフランソワと同盟してカールに当たらねばならないと考えている。しかし、ロマーニァで市民軍を編成することに関しては現実的かつ技術的に不可能であるとして反対し、マキァヴェリの革新的な構想は実現に至らない。この問題が検討されたのは、一五二五年六月から七月末にかけてのことである。クレメンスの優柔不断に痺れを切らしたマキァヴェリは、ファエンツァを去っている。

その後、カール五世との関係が悪化する中、状況はクレメンスにとっていよいよ切迫したものになっていく。しかし、クレメンスはこれにいかに対応すべきかについて決めかねている。グイッチァルディーニの言うクレメンスのいわれなき恐怖と優柔不断である。このような状況の中、グイッチァルディーニは急拠、教皇の直接の補佐官としてローマに呼び出される。ローマーニァという一地方の総督から、ローマというヨーロッパ国際政治の舞台に登場するのである。一五二六年二月のことである。

グイッチァルディーニはカールに対抗して積極的に同盟を推進する。躊躇する教皇を中心にフランソワ一世、ヴェネツィア共和国、ミラノ公国、フィレンツェ共和国を糾合しての同盟である。同盟が結成されるのは一五二六年五月、コニャックにおいてである。いよいよカールとの戦いが始まろうとしている。グイッチァルディーニに与えられたポストは教皇総代理《ルオーゴテネンテ・ジェネラーレ》(Luogotenente generale)というものである。教皇軍、フィレンツェ軍の最高の地位である。もちろん、軍の指揮権はない。指揮権はそれぞれの隊長《カピターノ》にあるからである。また、ヴェネツィア軍やフランス軍にその権限は及ばない。グイッチァルディーニの仕事は兵の徴集、金や糧食、その他軍需品の調達などである。主として輜重関係の仕事である。しかし作戦会議にも出席し、戦争遂行の方法や時期について、また作戦計画についても、教皇の権威に基づいて意見を述べることができた。このようなポストはフィレンツェではコミサーリオと呼ばれている。ヴェネツィアではプロヴェディトーレ(Provveditore)である。グイッチァルディーニの地位は最初はコミサーリオであったが、それにもっと権威を持たせるためにルオーゴテネンテ・ジェネラーレと改められた事情がある。教皇の権威を無条件で代行できる地位である。

一五二六年六月、グイッチァルディーニは意気揚々と、自信に満ちてロンバルディアの戦場へと向かう。グイッチァルディーニは勝利を確信していたようである。途中、フィレンツェでは有力市民を集めて金を調達している。しかし実際の戦いとなると、様々な障害のため一向に進まない。その障害の一つは、ヴェネツィア軍の司令官ウルビーノ公フランチェスコ・マリア・デㇽラ・ローヴェレにある。グイッチァルディーニはこのフランチェスコ・マリアとことごとく対立する。彼については後に「来て、見て、逃げた」と言ってうっ憤を晴らしている。このようにして決戦らしい決戦は一度もなく、徒らに一年が過ぎる。悲劇は翌年、一五二七年五月に起こる。歴史上有名な「ローマ劫略《サッコ・ディ・ローマ》」である。ブルボン公に率いられた一万二千のドイツ人傭兵ランツクネヒトがイタリア半島を南下し、ローマに殺到、一週間にわたってローマ市を徹底的に略奪するのである。実は最初、彼らはフィレンツェを狙っていたが、グイッチァルディーニがそれを予想して、あらかじめ配下の兵数千をフィレンツェに派遣していたために難を逃れている。当時、グイッチァルディーニに同行していたマキァヴェリが、「私はメッセル・フランチェスコ・グイッチァルディーニを愛する。私は自分の魂よりも祖国を愛する」(amo Francesco Guicciardini, amo la patria mia più che l'animo) とフランチェスコ・ヴェットリに書き送ったのはこの時である。

「ローマ劫略」はグイッチァルディーニにとって痛恨事であった。責任の一端がわが身にあると思っていたからである。そればかりではなく、「ローマ劫略」はイタリア人全体にとっても一つの時代の没落の象徴となるのである。この間、クレメンス七世は間一髪、サン・タンジェロに逃れることができたが、ドイツ人傭兵軍を排除することができず、その後数カ月間、和平交渉が成立するまで幽閉という形でサン・タンジェロ城内にとどまらざるを得ない。敵の司令官ブルボン公は、ローマ攻撃中に戦死している。チェㇽリーニはその有名な『自伝』の中で、われわれの隊がやったのだと言わんばかりに述べている。チェㇽリーニはクレメンスとともにサン・タンジェロ城に入って砲兵隊を指揮した、と言うのである。

長い交渉の末、クレメンスは四十万ドゥカーティの身代金を払って、サン・タンジェロ城を出て、地に堕ちた教皇位の尊厳と権威を再び回復しようと努力する。この間、フィレンツェには政変が起こって、メディチ家が再び追放されている。コニャック戦争中、グイッチァルディーニと行を共にしていたマキァヴェリは政変の知らせを聞くと、グイッチァルディーニによって派遣されていたチヴィタヴェキオから単身フィレンツェに戻っている。新しい共和政権の下で書記として復帰しようとしたのか、どうかはよく分からない。しかし数人の友人たちの推薦で立候補している。結果は圧倒的な票差で敗れている。マキァヴェリの亡くなるのはその直後である。

グイッチァルディーニも教皇総代理の地位を失ってフィレンツェに引退する。フィノッキエートでの隠棲生活が始まるのである。しかし、フィレンツェの雰囲気はグイッチァルディーニにとって決して良いものではなかった。長期間、外国で生活し、しかもメディチ家の恩顧に浴し二人の教皇に仕え、モーデナ、レッジョの代官を経て、ロマーニァ総督、教皇総代理という教皇庁の顕職を歴任してきたグイッチァルディーニである。傲然とした物腰はフィレンツェの平等主義に反するものである。共和派の支配するフィレンツェで敵意ある目をもって見られることは避けられなかったからである。

極めてグイッチァルディーニらしいことは、新しい共和政権初代のゴンファロニエーレ（終身職ではなく任期一年となり再選も可能と改正されている）、ニッコロ・カッポーニの息子に娘シモーネを嫁がせていることである。生命、財産の安全を確保するためである。しかし、急進共和派が台頭し、日ごとに力を増し過激化していく中、グイッチァルディーニはいつの日か反逆罪の容疑で法廷に召喚されるかもしれないと考えたのかもしれない。架空の法廷闘争、『告発』と『弁明』を執筆している。（事実、これは一五二九年から三〇年にかけて現実のものとなる。もっとも、グイッチァルディーニは法廷に出頭せず、亡命の道を選んでいる。その結果、欠席裁判によって反逆罪が確定、全財産が競売にかけられる）。『弁明』は途中で終わっているが、グイッチァルディーニという人間を考える上で極めて面白い読物となっている。
フィレンツェにおける急進化は、当然ながらカール五世とクレメンス七世の和解への模索と対応している。カールとクレメンスのボローニァ会談は一五二九年十月、双方からする大袈裟な儀礼と、盛大な儀式をもって行われたが、これにはフィレンツェ共和政にとって重大な内容が含まれていた。すなわち、皇帝はメディチ家をフィレンツェに帰還させるために武力を提供するというものである。有名なフィレンツェ包囲が始まるのは一五二九年十月からである。合理的で、商人的な、長い間、戦いから遠ざかっていた軟弱なフィレンツェ市民の示した抵抗は目を見張るものがあった。グイッチァルディーニは『リコルディ』Cの冒頭で次のように書き記している。

「C」一
信仰の人びと (le persone spiritualis) の言い草に、偉大なことを成し遂げる者は信仰の人である、あるいは福音書にも、信ずるものは山をも動かす、云々というのがあるが、その理由は信仰が頑固さ (ostinazione) を生み出すからである。信仰とは理に合わない物事を頑なな考えをもって、ほとんど確信をもって信じ込むこと、あるいはたとえ理に合っていても理性が納得する以上の決然たるさまで、それらを信じ込むこと以外の何物でもない。それゆえ信仰を持つ者は、その信じていることに頑固に (ostinato) なり、困難や危険をものともせず、あらゆる極端なことに身をまかせ、恐れを知らない断固たる途に進んで行くのである。そしてこのことから次のようなことが生ずる。すなわち、世の中の物事は無数の事件や偶然の突発事に支配されているので、長い時間が経るうちに数多くのやり方で (per molti'versi) 思いもかけなかった救いが、粘り強く耐え忍んでいる者に生じるというようなことである。そして、このような頑固さは信仰から生じるものであるから、信じる者は偉大なことを為し得る、云々といったことは当然言われて然るべきなのだ。われわれの時代におけるその最大の実例は、フィレンツェ市民の示した次のような頑固さである。すなわち、世間のあらゆる理性に反して、フィレンツェ市民は教皇と皇帝を向こうに回して戦争を待ち受け、他から何の救援の望みもなく分裂した状態で、多くの困難に遭いながらも遂行し、七日も持ちこたえられまいと信じられていたのが、既に七カ月間も敵の軍隊を城壁に籠って持ちこたえてきており、最初はすべての人びとによって破滅だと言われていたにもかかわらず、今ではたとえ勝ちを制しても何ぴとも不思議に思う者はいないようなやり方で事を処理してきたのである。このような頑固さはフェラーラのイエロニモ師の予言によれば、決して滅びることはないという信仰に由来するものなのである。

このリコルドには、皮肉な言い方ではあるが、グイッチァルディーニ自身、フィレンツェ市民の抵抗に感銘を受けているような節が読み取れそうである。しかし刀折れ矢も尽きて、また裏切りもあって抵抗は一五三〇年八月、ついに終わる。

グイッチァルディーニはクレメンス七世の命令を受けて、亡命先のローマからフィレンツェに帰還する。復帰したメディチ政権の基盤を確立するとともに、共和政権の指導者たちの逮捕、裁判、処刑等を行うためである。その措置は苛酷なものとなる。欠席裁判で有罪に処せられ、財産を没収され競売に付せられたことに対する復讐心もあって、必要以上に苛酷になっていたのかもしれない。グイッチァルディーニの復讐である。復讐についてはは『リコルディ』に次のようなものがある。

「C」七四

復讐は必ずしも常に憎悪から、あるいは悪意ある性格から生まれるものではない。時には復讐の実例を示して、人がおまえを傷つけないようにすることが必要である。したがって、復讐の相手である当の人物に対してたとえ怨恨を抱いていなくとも、その人物に復讐することはまったく正しいのである。

「C」二〇二

復讐に当たって、相手にそれと気付かれないようなやり方で行えば、何のことはない、憎悪あるいは怨恨を満足させるためにのみ行ったと言われるだけである。その行為がどこから来るかを誰もが知っているようなやり方で、はっきりと行った方がずっと高潔である。かくすれば、憎悪から、あるいは復讐欲から行動したのではなく、名誉のために行ったと思われるからである。つまり、侮辱に耐えるような人間でないと誰もが知るのである。

「C」一七五

統治者、すなわち行政長官（magistrato）は加えられた侮辱に対して憎悪を示したり、復讐したりしないよう注意しておかねばならない。個人的な侮辱に対して公共の武器を使うことは、彼に大きな非難を与えることになるからである。忍耐して時機を待つようにせよ。というのも、必ずや正当に少しも怨恨の印象を与えずに、同じ結果を達する機会はしばしば現われるからである。（「B」三七、「A」一三に対応）

フィレンツェでのメディチ政権の基盤が安定すると、グイッチァルディーニは元のロマーニァ総督の地位を要求している。しかしこれは果たされない。代わりにクレメンスは、グイッチァルディーニに新しく確保したばかりのボローニァに派遣する。しかし、ここには教皇特使が既に駐在していて、グイッチァルディーニに与えられたポストは代官兼副特使である。グイッチァルディーニはその権限について不満を漏らしているが、結局は赴任することになる。他方、クレメンス七世はフィレンツェの政体をより絶対的なものにしようとして、改革のための十二人委員会なるものを設立する。そしてグイッチァルディーニをその一員に加え、問題を提起し、かつ検討させている。次いで一五三三年、十二人委員会はフィレンツェの古くからの最高の行政機関シニョリーアを廃止し、アレッサンドロ・デ・メディチをフィレンツェ公として承認する。グイッチァルディーニはシニョリーアの廃止には私見として強く反対しているが、結局は承認する。ヴェットリなど、他の委員も承認するからである。フィレンツェ共和政の終焉である。アレッサンドロは公式にはウルビーノ公ロレンツォ（一四九四年、フィレンツェから追放されたピエロ・デ・メディチの息子である）の庶出の子とされているが、実際はクレメンス自身の子供である。

クレメンスは亡くなる前、ロレンツォの娘カテリーナを、フランス国王フランソワ一世の第二王子アンリに嫁がせている。グイッチァルディーニは法律顧問としてマルセーユまでクレメンスとカテリーナに同行し、結婚式に立ち会い、結婚契約書を作成している。このカテリーナの相手アンリは後にアンリ二世としてフランス国王となる。五八年、槍試合の事故でアンリが亡くなると、フランソワ二世、シャルル九世、アンリ三世の母后としてフランスの宮廷に君臨し、絶大なる権力を振るうことになる。ユグノー戦争中の聖バーソロミュの虐殺は彼女が関与したとされている。

クレメンス七世は一五三四年没する。新教皇はパウルス三世である。これによって、グイッチァルディーニのローマ教皇庁での仕事は終わる。本書『イタリア史』もパウルス三世の選出をもって終わるのである。ボローニァからフィレンツェに帰国したグイッチァルディーニはアレッサンドロに暖かく迎えられ、政治顧問としてフィレンツェの政治に深く関わっている。アレッサンドロはグイッチァルディーニに畏敬の念を抱いていたようである。これは当然のことであろう。アレッサンドロをフィレンツェ公とし、フィレンツェの亡命者たちを相手にカール五世に対してアレッサンドロの正当性を擁護したのもグイッチァルディーニなのであるから（これらの問題については拙著『グイッチァルディーニの生涯と時代』下巻、三五三頁以下参照)。

一五三七年、予期せぬ事件が起こる。アレッサンドロの暗殺である。暗殺したのは同じメディチ家出身のロレンツィーノである(メディチ家系図Ⅱ参照)。予期せぬ事件といったのは、すなわちロレンツィーノは常にアレッサンドロと行を共にしていて、一見仲のよい気の合った仲間と周囲から見られていたからである。アレッサンドロを殺害した後、ロレンツィーノはフィレンツェ国境を越えて逃亡している。どこを探しても公の姿が見えないことで異変に気付いた護衛兵が、フランチェスコ・チボに知らせ、チボはグイッチァルディーニやフランチェスコ・ヴェットリに知らせる。極秘のうちに、である。フィレンツェ市民はまだ気付いていない。知られれば反メディチ暴動が起こる可能性が高いからである。グイッチァルディーニは様々な選択肢の中から、メディチ家の傍系コジモ・デ・メディチの擁立を選んでいる。ヴェットリなど他の数人のメディチ派市民と工作し、密かにコジモをフィレンツェに呼び入れる。コジモにフィレンツェの統治権を与えるためである。後の絶対君主トスカーナ大公コジモ一世である。当時、コジモは十七歳の少年である。グイッチァルディーニは娘をコジモに嫁がせようとしている。コジモも暗黙の了解を与えていたようである。しかしグイッチァルディーニはしばらくして、この若者に完全にしてやられていることに気付く。結婚問題はいつの間にか忘れ去られる。最高の栄誉と丁重な扱いをもって遇されてはいるが、内政、外政を問わずフィレンツェの政治問題から次第に遠ざけられ、やがては一切関与することは許されなくなるのである。誇り高きグイッチァルディーニは心の中で憤激を禁じ得なかったであろう。このような時、パウルス三世からある教会領の代官の話が持ちかけられる。グイッチァルディーニはこれをコジモに伝えるが、フィレンツェに慰留されるどころか、積極的にパウルスに仕えるよう促される。

なぜこのようになってしまったのであろうか。グイッチァルディーニには誤算があったようである。同時代の歴史家ヴァルキが報告しているように、グイッチァルディーニは十七歳のスポーツ好きの若者に年間/一万フィオリーノほどの金を与えて遊ばせ、政治の実権は自分が握ろうとしていたのかもしれない。「一万二千、これは使うには一寸した額だ（è un bello spendere）」と言ったという。そうすればアレッサンドロ同様、コジモも政治のことは一切自分に任せきるであろう、このようにグイッチァルディーニは楽観していたのかもしれないのである。（コジモ・デ・メディチの擁立に関しての詳細は拙著『グイッチァルディーニの生涯と時代』下巻、三七五頁以下を参照していただきたい）。かくしてグイッチァルディーニの政治からの引退が決定される。老いも迫っている。グイッチァルディーニに唯一残された仕事は、已れの生きた時代の歴史を書くことである。『イタリア史』の執筆である。ここにはグイッチァルディーニという人間のすべてが投入されることになろう。世界に対する凝縮された思想感情のすべてである。

二

生涯を通してグイッチァルディーニという人間は行動の人であった。この点、マキァヴェリも同様である。政治をおいて生きる術はないのである。マキァヴェリの『君主論』『政略論』などは、一五一二年以降のいわゆる「失脚」がなかったならば生まれなかったかもしれないのである。グイッチァルディーニの場合も同様であろう。『イタリア史』を生んだのは政治的失脚なのである。グイッチァルディーニが物を書くのは閑暇（otia）を得た時である。スペイン大使時代のリコルドには次のようにある。

「Q1」・「Q2」一

閑暇は必ずしも気まぐれな考え（ghiribizzi）を生み出すことはないが、閑暇がなければ気まぐれな考え

もあり得ない。（「B」モットーに対応）

グイッチァルディーニの執筆活動はマリアとの結婚を契機として始められる。年齢制限のため公職に就くことができなかった時期である。『わが一族の追憶』『フィレンツェ史』がそれである。グイッチァルディーニの二十五歳から二十七歳にかけての作品である。ここには既に文筆家としての十分な力量が見出されよう。『わが一族の歴史』には秀れた肖像画家としての才能が既に認められる、と言ったのはロベルト・リドルフィである。『フィレンツェ史』は未完ではあるが、主として一四九二年から一五〇九年にかけての詳細なフィレンツェ史で、ここには既に成熟した政治的判断や心理描写、行動の背後にある隠された動機などについての鋭い分析などが見出される。ピエロ・ソデリーニを終身ゴンファロニエーレに選出するに当たって、アラマンノ・サルヴィアーティが貢献しているが、その後ソデリーニの政敵として行動するに至る経緯の叙述などは圧巻である。またこの問題はリコルドとしても定着される。

「B」一二六

政権を握った者と政権を握るに当たって彼を支持した者たちとの間に直ちに敵対関係が生じるといったことは、わがフィレンツェにしばしば生ずることである。その理由は次のように言われている。すなわち、政権を握った者は、それを助けた者たちが一般に名門出身であり才能にも恵まれ、またおそらくは絶えず変化を求めている（inquieto）ので彼らを疑いの目で見るようになるからであるというのである。これにもう一つの理由が付け加えられよう。すなわち、かつてのそのような支持者たちは自分たちが大いに働いたと思っているので、しばしば要求が当然以上に大きくなり、それが満たされないとなると腹を立てるからだという。

このことから敵意と猜疑が生じるのである。

スペイン時代の『ログローニョ論稿』『リコルディ』Q_1・Q_2なども、フェルディナンドの宮廷に伺候する以外、これといった実務的な仕事がない状態の中で書かれるのである。『ログローニョ論稿』はフィレンツェ共和政をいかに安定させ、より良きものにするか、についての若き共和主義者グイッチァルディーニの構想を論じたものである。皮肉にも、これが完成した直後、ソデリーニ政権が倒れている。しかしこの構想は『フィレンツェの政体をめぐっての対話』に引き継がれる。この書の執筆も一五二一年秋から暮れにかけてのロンバルディアでの無為を利用して書きはじめられ、一五二五年、ロマーニァでマキァヴェリが去った後の暇を見て完成されたものである。一五二八年の『リコルディ』B、『フィレンツェ事情』、一五三〇年の『リコルディ』C、『マキァヴェリ論稿』(未完)、一五三一年以降の『回顧録《コメンタリ》』(呪われたコニァック同盟戦争に関する回顧録)の断片、これらの著作はすべて強いられた無為の中で書かれるのである。

いまやグイッチァルディーニに最終的な無為の日々が訪れる。グイッチァルディーニは畑仕事も楽しんでいる。住居《すまい》はサンタ・マルゲリータにある。美しいトスカーナ地方の田園である。

グイッチァルディーニはわれわれに厖大な数の書簡を残している。しかし一五三八年になると、グイッチァルディーニはほとんど手紙を書いていない。われわれに残っているのはわずか三通である。一五二八年、『フィレンツェ事情』を執筆している時もそうであったが、今回はより徹底している。何か途方もなく大きい、まったく新しい著述に没頭しているのである。われわれは今日、二十巻の『イタリア史』を持っている。最近出版された、エマヌエラ・スカラーノ監修による『イタリア史』の総ページ数は一九四一ページである(本訳書はこの版に基づいている)。もちろん、人名索引、地名索引を除外した本文そのもののページ数である。稀に見る大著述である。ここではその成立史をロベルト・リドルフィの考証に従って見ていく。

既にわれわれは、グイッチァルディーニが、「あの呪われた戦争、すべての災害、彼自身のそれをも含めてすべての災害の起源ともなったあの戦争の回顧録《コメンタリ》」の執筆に乗り出したことを知っている。しかし、それらの記述はその扱う出来事と同様、魔法にかけられている（stregate）かのように途中で中断され、書記の手を煩わすことなく自ら最初から書き写している。しかも、注意に注意を重ねてそれをすべて、訂正したり手を加えたりしながら書き写すのである。しかし中断していたところを過ぎて、少し進んだところで再び中断される。次いで、これで三度目になるが、グイッチァルディーニは再び最初からやり直す。書記に口述しつつ始めるが、今回もまた「魔法使いに魅せられたかのように」中断している。同盟軍とともにマリニャーノに到着する前である。この三度目の修正版はリドルフィによれば、美しく製本された本に書記官風の優雅さで筆写された、綺麗な一冊本として始められたものという。これからしても、大変な意気込みが感じられる。しかしこれも中断である。これには何か重要な意味があるようである。リドルフィは「一つの秘密な苦悩が」（un segreto travaglio）グイッチァルディーニを「制止しているのに疑いない」と言う。それではその秘密な苦悩とは何か。われわれはこれをグイッチァルディーニの思想の発展の流れから推察するのが普通である。すなわち、若き日の『フィレンツェ史』から一五二八年の『フィレンツェ事情《コーゼ・フィオレンティーネ》』『リコルディ』、教皇総代理、最高軍事顧問の『回顧録《コメンタリ》』を経て『イタリア史』に至るグイッチァルディーニの歴史思想、政治思想の発展の流れから突き止めていくのが普通である。『フィレンツェ事情』が完成されなかったのは何故か、同じく『回顧録』が完成されなかったのは何故か、を『ログローニョ論考』『フィレンツェの政体をめぐっての対話』『リコルディ』などの分析を通して迫っていくのである。もちろんその際、グイッチァルディーニの体験した十五世紀末から十六世紀前半のヨーロッパ国際政治の展開の意味についての分析も不可欠であろう。このようにして、われわれはグイッチァルディーニの「秘密な苦悩」がいかなるものであるかを理解し、『イタリア史』成立の背景を理解するのである。『フィレンツェ史』でもなければ『回顧録』でもない、『イタリア史』でなければならない必然性が存するのを理解するのである。これは思想史的な考慮に基づく理解である。ロベルト・リドルフィはこれに文献学的な根拠を与える。大型のノート・ブックに書き込まれた、『回顧録』の最初の自筆原稿や、二度目の書き直し原稿、これらにはそれぞれ無数の訂正箇所、追記、注、書き込みなどが付されているのであるが、そのような未整理のオリジナルな文書の中から、リドルフィは一つの重要な書き込みを発見する。これによって、文献学的にも『イタリア史』成立の必然的な経緯が判明するのである。われわれは今は亡き偉大な文献学者に心からの敬意を表さざるを得ない。

グイッチァルディーニは書記を相手に『回顧録』の三度目の書き直しを行っているが、その際、グイッチァルディーニの目の前にあるのはその下書き原稿である（口絵参照）。実は、その原稿の上には次のような文章が書かれている。「君主たちの無分別とイタリア自身の不運によって外国人が侵入して来たその時から、イタリアで生じたいかなる会戦も……」（Nessuna giornata successa in Italia da poi che per la imprudenzia dei principi e per il malo fato suo vi entrorono gli oltramontani……）。しかしこれらの言葉は、リドルフィによれば、その他の試験的な書き出しとは異なって、線で消されることなく、逆に線でとくに囲まれていて、新しく書き直す時のために取っておかれている。これらの言葉はグイッチァルディーニを「魅了していた」（affascinavano）のだ、とリドルフィは言う。「そして計画した作品、これにグイッチァルディーニは三度、立ち返ったのであるが、これはますます目の前で萎んでいく。これはいまやグイッチァルディーニにとって巨大な壁画の単なる一細部にすぎないように思われる」。苦悩に満ちた彼の心には、いまや巨大な壁画の構想が生まれつつあるのである。グイッチァルディーニの記述しようとしたあの「呪われた戦争」は、実はシャルル八世のイタリア侵入の時から、イタリアに始まった大動乱の嘆かわしい帰結にすぎないのである。いまや「呪われた戦争」の叙述も『フィレンツェ史』も、一四九四年以後のイタリア全体の歴史、ヨーロッパ全体の歴史との関連でしか叙述できないのである。「かくして彼は既に、〈フランス軍をイタリアに呼び入れたのは他ならぬわれわれ自身の君主たちであるが、このフランス軍がイタリアの平和を乱しはじめ大きな変動をもたらして以来この方、イタリアに生じた物事を……書こうと決心〉(diliberato di scrivere……le cose accadute in Italia dappoi che l'arme de' Francesi chiamate da' nostri principi medesimi cominciorono con grandissimo movimento a perturbarla) している」(口絵参照) のである。

当時までイタリアで知られていたのは都市の歴史でしかない。「それらは単なる概略であったり、あるいは分厚い編纂物であったり、書物というよりはむしろ冊子に近いものもある」。グイッチァルディーニの『イタリア史』に至って、初めて地理的に統一された歴史が生まれるのである。しかも叙述の目的は「すべての出来事の明白な、あるいは隠れた原因とその最終的な結果を追求すること」である。グイッチァルディーニは既に、失望し、辛酸をなめ、誇りを傷つけられ、悲しみも知っている。ヴィルトゥの限界も知り、フォルチュナの悪意も味わっている。イタリアの悲劇を書く精神的な準備が整っている。厖大な文書史料、数多くの歴史家の作品からの抜粋、書簡類も集めている。いよいよ、晩年の大きな労苦を伴った大事業が始まるのである。

リドルフィによれば、こうした厖大な資料の中から必要なものを集め、それらを整理し、要約を作りはじめたのは一五三六年の暮れである。この仕事においてグイッチァルディーニは、奇妙な事実によって大いに助けられる。この事実は従来、グイッチァルディーニの研究者、古文書学者のいずれによっても見過ごされてきたものである。すなわち、一五三〇年九月、グイッチァルディーニはフィレンツェに戻って復讐劇を演じるが、その際、グイッチァルディーニは「十人委員会」が保管してきた文書類をすべて押収して家に持ち帰っている。当時、グイッチァルディーニはこのような乱暴なことをするだけの権限を持っている。共和政権の弁明を審理するためには、これらの文書が必要であるというものである。しかしリドルフィは、「歴史家としてのグイッチァルディーニの計画がこのことに関係していた」ものと考えている。審理のために必要なもの以外の、時代のもっと古い他の往復書簡などをも押収しているからである。このようにして、グイッチァルディーニは書斎を離れることなく、フィレンツェ共和国の外交文書から成る途方もない情報の鉱脈を自由に利用できたのである。もちろん、グイッチァルディーニが文書を利用して歴史を書いた唯一の歴史家ではない。レオナルド・ブルーニがいるではないか、とリドルフィは言う。しかし、グイッチァルディーニは『イタリア史』において、彼以前の誰よりも厳格な方法をもって文書を利用したのである。グイッチァルディーニ以後も、ランケに至るまでは彼ほど批判的なやり方で文書を利用した歴史家はいないのである。

グイッチァルディーニが「十人委員会」の文書をすべて持ち去ったことについては、ドナート・ジァンノッティの証言が最も重要なものである。ジァンノッティは「十人委員会」の書記で、フィレンツェの降伏以後、職を奪われ、追放処分を受けた人物である。一五四七年六月十六日、ジァンノッティはヴァルキに宛てて次のように書き送っている。「十人委員会のすべての文書はグイッチァルディーニの手に入ったことを私は存じております。それらの文書はおそらく彼の個人遺産の中にあると思います」。ヴァルキは当時、コジモ公に仕える歴史家である。リドルフィは、ヴァルキの通報によって、コジモがそれらの文書の大部分を回収させたものと考えている。今日、グイッチァルディーニ家の文書室には、それらの中のいくつかの文書のみが残されている。

『イタリア史』を執筆するにあたってグイッチァルディーニが用いたノート・ブックや抜粋したものなどが多く残っていて、それを見ることによって、われわれは『イタリア史』執筆の現場に立ち合うことができる、とリドルフィは言っている。グイッチァルディーニは必要とする文書にさっと目を走らせると、書記に対して短い概要、あるいは抜粋を口述する。書記はそれに日付を入れ、資料を明示する。たまたま書記がいなかったり、他の仕事をやらせている時など、稀にグイッチァルディーニ自身ペンを取り、自ら書き入れることもある。一連の最初の抜粋は乱雑で荒っぽいものであるが、これをグイッチァルディーニは後になって、時と場所に従って順序づけて書き直している。これが二度目の修正である。最後に、資料を順序正しく整理し組み立てる。これが三度目の修正である。三度目になると、これは既に単なる情報の集積ではない。作品に近いのである。他のノートには、ビオンドやボルジア、カッペルラ、コミーヌ、ジョーヴィオ、プラティナ、ルッチェライ、サベリコ、ヴェジョウといった歴史家たちから、覚え書きを作っている。他方、ルーズリーフあるいはノート・ブックの余白には、グイッチァルディーニ自身、見たり聞いたりした様々なことが記される。大物政治家との交際や、様々な外交交渉の場での体験をもとにしたものである。たとえば一五二八年、ロートレックのロンバルディアでの遅れについて、チボ枢機卿から得た奇妙な詳しい経緯《いきさつ》などがそれである。『イタリア史』には至るところ、この種のいわゆるオーラル・ヒストリの要素、あるいは個人的な見聞といったものが見られる。グイッチァルディーニの物語った事件は、実はグイッチァルディーニ自身扱ったものであり、あるいは少なくとも個人的に観察したもの、権力者の中にあって権力者の立場から考えたことである。このようなことがなく単に歴史家によって書かれたものであるなら、『イタリア史』は内容においても、文体においても、今日われわれの手にするものとは異なっていたはずである。グイッチァルディーニは、文書の伝えることのできない多くの事柄の情報を持っているのである。そのことが『イタリア史』の叙述に独特の勢いを与えるのである。

すべての資料を手にすると、グイッチァルディーニは迷わずシャルル八世のイタリア侵入、あるいはむしろそれを準備した出来事から書きはじめる。リドルフィは、これを一五三七年春のこととしている。もちろん、推定である。シャルル八世の侵入、それに道を拓いた出来事は最終的に『イタリア史』の第1巻をなす本文の一部である。次いで、グイッチァルディーニはここで中断する。続けて先に進まないのである。書記に口述して、新たに修正を行っている。そして、これに一部は口述で、一部は自筆で第2巻を付け加える。次いで、「しばし躊躇《ためら》った後、難しい冒頭の部分をさらにもう一度修正した後、今度は決然と一気呵成に15巻の終わりまで進む」。ここでいう15巻とは、もちろん最終稿のそれである。グイッチァルディーニはここで『回顧録《コメンタリ》』の第1巻と第2巻を持ってくる。したがって、最終稿ではこれらが第16巻と第17巻を構成することになる。『回顧録』を執筆した際、グイッチァルディーニは三度ほど初めから修正し直すが、その際、まるで「魔法にかかったように」中断してしまう地点まで来ても、今回は中断されない。無事、予定の目的地に到着する。すなわち、クレメンス七世の死とパオロ三世の選出である。これが『イタリア史』の第一稿である。しかし、グイッチァルディーニはこれに満足しない。読み返してみると、様々な疑念が生じてくる。それらの疑念はページごとに際限もなく続く。その例として、リドルフィは「ヴァイラ会戦の真実を追求するために調べねばならぬ事実のメモ」(Nota delle cose delle quali s'ha a investigare la verità nella giornata di Vaila) を挙げている。これは詳細なもので、グイッチァルディーニの良心的な真理追求の証しとして出版されている。ランケが『近世歴史家批判』の中でグイッチァルディーニを「威張り屋で嘘つき」としたのは有名であるが、ランケはこのメモの存在を知らない。グイッチァルディーニのロ・スクードとの会見についても、グイッチァルディーニが同じ日に二通、ジューリオ枢機卿に送った書簡のうち、後で送ったものをまったく知らなかったためにランケは判断を誤っている(ロ・スクードとの事件については、『グイッチァルディーニの生涯と時代』上巻、二九三—四頁参照)。リドルフィはこのメモについても、ランケが知らなかったことを残念がっている。このように、ランケはグイッチァルディーニに対して多くの歪曲された偏見を抱いていたが、しかし『イタリア史』の芸術性は評価していたようである。ランケはアリオストと比較している。

『イタリア史』執筆にあたっての、グイッチァルディーニの歴史家としての飽くなき事実追求の他にも、われわれを驚かせる点がある。それは文体、文章に対する異常なこだわりである。グイッチァルディーニは、言語学的・正書法的研究にのめり込む。ピエトロ・ベンボの『俗語散文論』（Prose della Volgar Lingua）の研究だけでなく、ラテン語や学者の使う俗語、これに対するフィレンツェの慣用語的なトスカナ方言との比較研究も行っている。文章においても、完全を期そうとしているのである。

　このような調査、探求にあって、グイッチァルディーニは書記に命じて、今日われわれの手にしている『イタリア史』の最初の五巻にあたる本文の清書をさせている。それを自ら手を入れて訂正し、次いで全作品を新しい形に分かつ。前は十巻であったものを十九巻に分けるのである。最後にこれを清書させるのが、一五三八年の晩秋ではなかろうか、とリドルフィは言っている。書記の清書は二カ月か三カ月かかっている。この間、グイッチァルディーニはさらに厳密な探求を継続して、矛盾した史料相互の真実を追求する。またリヴィウスから格言、慣習句などを取り出して『イタリア史』を飾ったりする。

　『イタリア史』は出版を前提としている。この時期、グイッチァルディーニはブジアルディーニにペンを手にした肖像画を描かせているが、机の上に置かれた原稿には『イタリア史』の有名な冒頭の部分が読み取れるのである。出版した後のことを考えての肖像画である（口絵参照）。『イタリア史』を書いたのはこの人物である、ということを示すためである。『イタリア史』の完全を期すために、グイッチァルディーニは友人のジョヴァンニ・コルシに原稿を読んでもらう。ジョヴァンニ・コルシは学識のある有名な人文主義者である。かつてグイッチァルディーニの後任としてスペインに赴任している。その際、「この類の商品はこちらでは少しも売れないでしょう。実際、ここでは、誰だれがおかしいと言いたい時には、慣用句で、学者よりも気が狂っているという言い方をするくらいですから」と弟ヤコポに書き送って、グイッチァルディーニがからかった人物である。また一五二九年、カゼンティーノの山々を通ってフィレンツェを脱出する際、行を共にしている。

ノート・ブックに美しく清書された原稿は、数枚のメモとともに戻ってくる。訂正したらどうか、付け加えたらどうか、というものである。追加せよというのは、主としてスペインでコルシが関係した事柄である。訂正は、書き間違いとか、単語の使い方とか、コルシの好まぬフィレンツェ風の口語表現とかいったものである。それに「完全な数として」十九巻ではなく、二十巻にした方が良くはないかといった提言もある。グイッチァルディーニは素直にこれに従って二十巻にする。リドルフィは、フィレンツェ風の表現については、グイッチァルディーニはコルシの忠告には従わなかったようである。コルシの要求する追加も、全体のバランスが崩れるとして入れていない。ここに「教養のある理論家と偉大な作家との、知性の違いが示されている」としている。

コルシの、『イタリア史』に関する感想は熱狂的なものである。「イタリアの不運が終わったことが残念である」と書いている。「なぜなら、それらを読むことは大変な喜びを与えてくれたから」と言う。後になってコルシは「秀れた人文主義者として、美しいラテン語の書簡」をグイッチァルディーニに送る。それには『イタリア史』に関する一般的な意見が述べられている。リドルフィはこれについて、「修辞的なスコラ的な美辞麗句の中に、鋭い、繊細な観察がなされている」と言っている。コルシは『イタリア史』を驚嘆すべき女性に譬える。宝石もつけていない、豪華な衣装も着していない、しかも他のいかなる女性にもまして美しい、と言うのである。イタリアは一千年にわたってこのような女性を目にしたことがなかった、と言うのである。グイッチァルディーニはかつて歴史を書いたいかなる人びとよりも優れているように、コルシには思われる。それはグイッチァルディーニの持っている、最も正確な事実についての知識のためである。次いで、文体も常に荘重で、常に洗練されており、常に不動で、常にグイッチァルディーニのものであるように、コルシには思われるのである。コルシだけではなく、当時、既にこのような『イタリア史』に対する期待感が広がりつつあったようである。

友人であり、批評家でもあるコルシによる修正は、一五三八年の暮れか、あるいは一五三九年の初頭に完了したはずである。今度は、グイッチァルディーニ自らが修正に乗り出す。文体と形式の最終的な完成を狙ってのことである。このことはピエトロ・ベンボ宛ての書簡からしてもうかがえる。この時期、グイッチァルディーニはほとんど手紙を書いていない。ベンボ宛てのものは例外である。この書簡には日付が欠如している。しかし日付の推定は可能である。ベンボが枢機卿になったのを祝うための書簡である。ベンボが枢機卿になるのは一五三九年三月十九日である。したがって、この書簡は三月末に書かれたはずである。リドルフィによれば、この書簡が重要なのは、グイッチァルディーニの書簡のギャップを埋めるからだけではなく、ベンボという極めて著名な人物に宛てられているからであり、さらに書簡の美しさにあるという。優雅な生きいきした書簡で、グイッチァルディーニとベンボの二人が友好関係にあったことがうかがえる。もっとも、これを証明する他の証拠はない。しかし当時、グイッチァルディーニはベンボの『俗語散文論』を注意深く研究していたからである。その目的は『イタリア史』の言葉を完全にすることである。

グイッチァルディーニは「一五三九年の春から夏にかけて懸命にこの仕事に打ち込んでいる。加筆したり、線で消したり、ページ全体を再三にわたって書き直したりしている。七月には二十一冊から二十八冊までのノート・ブックに取りかかり切りである。今回の修正分はこれらのノートでなされている。半分以上を修正し、広い余白に追加したり訂正したり、書き直したり、メモを付したりしている」。この時、グイッチァルディーニは病に倒れる。重い病である。この病気が何であったかは分からない、とリドルフィは言う。オテテアの言うように、卒中ではないという。また、グイッチァルディーニ自身言っているように、痛風でもないという。われわれが知っているのは、七月の初めからグイッチァルディーニが「家に閉じ込められ」たことである。その後、病の状態が悪化する。発作が起こったからである。七月二十四日の、バルトロメーオ・ランフレディーニ宛ての書簡には次のようにある。「灌水のため私は好きなように物を書くことができません。発作のため舌がもつれ、口述することもできません」。

グイッチァルディーニは仕事の続行を断念する。書記に命じて、全体の最終的な清書を作らせる。最後の五巻も含めての清書である。最後の五巻には修正の筆が入っていない。これから行うはずのものである。最期の近づいているのを知り、『イタリア史』を望み通り完成できないことに絶望したグイッチァルディーニは、大きな不安にとらえられる。そして少なくとも、きちんと整理したものを残そうとする。忠実な書記が急ぎ清書している間に、グイッチァルディーニは震える手で最後のメモをとっている。なお修正しようというのである。このような仕事への異常な執着は、若い時代からのグイッチァルディーニの精神的特質である。『リコルディ』には仕事に関するものが、いくつかある。

「C」一九二

仕事上のモットーとして次のことを忘れるな。すなわち、仕事を始め、その方向を与え、それを動かすだけでは十分ではない。最後までそれに従い、決して離れてはいけない。このように仕事に従う者は、それを完成させるに少なからず貢献したことになるのである。これ以外のやり方で仕事をする者は、仕事が始められるや否や、もうそれが完了したものと思い込んでいるか、あるいは障害に突き当たって不可能とされてしまったと思い込んでいるか、いずれかである。これほどまで人間の怠惰、愚かさ、邪悪さは大きく、同様に物の本質にはさらに多くの障害や困難が内在しているのである。この教訓を利用せよ。これは時おり私に大きな名誉をもたらしたが、それと同じく逆のことを行えばその者は不名誉を受けるのである。

しかし、このような猛烈な仕事への献身がグイッチァルディーニの死を早めたようである。われわれを驚嘆させるのは、イタリア語で二千ページにもわたる超大作がこれほどわずかな時間で書かれたことである。作品完成のための誠実な努力と、テキストの絶えざる手直しを考えると、驚きはさらに強まる。まさに、グイッチァルディーニには仕事に対する途方もない能力が備わっているのである。グイッチァルディーニの没後二十年ほどして、レミジョウ・フィオレンティーノが『生涯』(Vita)を出す。レミジョウの情報源はおそらくアニョーロ・グイッチァルディーニであろうが、『生涯』の中でレミジョウは次のように述べている。「彼は頑健な男であった。しかし研究と仕事による疲労のために彼は消耗していく。研究と仕事に専念し、食事や睡眠の時間さえしばしば惜しんだために、その結果、彼の健康が損なわれたのである」(Fu di complessione assai gagliardo, ma le fatiche degli studi e de' negozi lo consumavano ; ai quali era tanto inclinato e con tanto fervore gli eseguiva che si privava spesso del cibo e dei sonno, per il che egli ne diventava malsano.)。

グイッチァルディーニは翌年五月に入って再び病に倒れる。病は急激に悪化する。五月二十一日、最後の遺書を作成する。臨終に当たって、グイッチァルディーニは『イタリア史』の扱いをいかにするかを尋ねられる。それに対する返答は短く、既述のように「焼いてくれ」(Bruciatela)であったと伝えられている。この言い伝えが本当であるかどうかを、われわれは確かめることはできない。リドルフィは「そうでないことを願う」と言っている。あれほどの労力を注ぎ込み、食事や睡眠も忘れるほどに熱中して書きあげた大作である。何度も繰り返し書き直し修正し、最後の最後まで手を入れていた作品である。それを「焼け」というのである。晩年のグイッチァルディーニの絶望とペシミズムの深さをうかがわせるに足る言葉である。しかし、妻のマリアは焼かずに大切に保管したのである。『イタリア史』が印刷に付され出版されるのは、グイッチァルディーニ没後二十一年目の一五六一年である。

翌五月二十二日、コジモ公は涙を流す。そしてピルロ・ムゼフィロ宛てに次のように書き送っている。「今晩、メッセル・フランチェスコは死と戦っている (laborat in extremis)。彼の良い資質のためにも、われわれにとってこれ以上悲しむべきことはない。私自身にとってばかりでなく、フィレンツェ全体にとっても損失である」。事実、この晩、グイッチァルディーニは逝く。後になって一つの噂が流れる。コジモがジローラモ・デリ・アルビッツィに命じてグイッチァルディーニを毒殺させたというものである。コジモの名は口にされないが、誰もがそのようにとるのである。ジローラモが悪名高いコジモの側近だからである。リドルフィはこの噂を何の根拠もない中傷だとしている。

翌二十三日、グイッチァルディーニはサンタ・フェリチタに埋葬される。一族の眠る古い教会である。葬儀については、グイッチァルディーニは遺言で次のように命じている。「サンタ・フェリチタ教会の先祖の墓に埋葬すべきこと。費用は下記相続人たちによって示されるべき額とすべし。世俗的な華々しい儀礼、あるいは過度の失費を伴ってはならない」。葬儀の実際の模様は、ニッコロ・グイッチァルディーニが父のルイジに宛てて報告している。「修道士たちと司祭たちとろうそくをもって丁重に埋葬されました。しかし聖堂参事会員やフィレンツェ市民からの特別の儀礼はありませんでした」。生存中、あれほど豪華に生活してきたグイッチァルディーニが、世俗的な儀礼なしに静かに埋葬されることを望んだのである。

三

『イタリア史』(全二十巻) は、一四九二年ロレンツォ・イル・マニーフィコの死より、一五三四年クレメンス七世の死に至るまでのイタリアを舞台とした歴史である。イタリアは当時、ミラノ公国、ヴェネツィア共和国、フィレンツェ共和国、ローマ教皇領、ナポリ王国など五つの大国の他、フェラーラ公国、マントヴァ侯国、ウルビーノ公国といったいくつかの小さな君主国に割拠し、近代的な統一国家の形をなしていない。あくまで中世的な都市国家の世界であった。したがって正確にいえば、『イタリア史』とはこのような諸国家が互いに分裂抗争している中世的なイタリアという舞台で展開された近代的なヨーロッパ国際政治の開幕の歴史をダイナミックに描いたものである。この間、四十二年にわたる。四十二年というとそれほど長い期間とは思われないかもしれない。事実、他の安定した時代であったなら平穏にすぎた一日に比すこともできよう。しかし『イタリア史』の扱っている四十二年間は、稀に見る激動の時代であった。歴史にはこのような時期が時に見られるものである。あたかも突然の洪水が、既存の樹木、田畑、風景をすべて流し去ってしまったかのごとき観のある四十二年間である。この間、中世的な秩序が急速に崩壊していく。西洋中世史の枠組みが完全に破壊されるのである。大航海時代が始まり、レヴァント貿易に取って代わる。オスマン・トルコ帝国が膨張し、ヨーロッパに大きな脅威を与える一方、ヨーロッパ国際政治の体系に組み入れられる。十字軍の時代は既に完全に過去のものとなっている。アルプスの彼方ではフランス、イギリス、スペインにおいて王権を中核にして中央集権的な統一国家が出現する（スペイン、フランスの地図参照）。ルターの宗教改革は中世的普遍教会の理念を一掃する。新しい戦争の仕方の出現、今まで旧大陸では知られていなかったまったく新しい恐ろしい病気の蔓延等々、これらすべてはこの四十二年間のうちに生じたことである。この時期は解体の時期といえるかもしれない。というのも、新しい秩序、新しい価値体系はいまだ生まれていないからである。荒々しいエネルギーに満ちた激動の時期なのである。全体の内容については巻末の総目次を一覧すれば明らかである。

本書は『イタリア史』二十巻のうち第1巻と第2巻を扱ったものである。叙述は、シャルル八世侵入以来のイタリアの数々の災厄に触れ、ロレンツォ・イル・マニーフィコ時代のイタリアの繁栄と平和を回想するところから始まる。次いでロレンツォの死とピエロの相続、教皇インノケンティウス八世の死とアレクサンデル六世の即位について触れ、次第に物事がイタリアの悲劇を予兆するような形で進行していくことが指摘される。ピエロ・デ・メディチの愚かな性格と軽率さが、些細なことからロドヴィーコ・イル・モロの疑惑を生み、これがフランス国王シャルルのイタリア侵入とナポリ王国の征服を結果することが詳細に語られる。フィレンツェ市民の意に反してナポリ王国を支持したピエロは、シャルルの軍の出現によって彼に屈服、フィレンツェの要塞をシャルルの要求通り引き渡したことから、フィレンツェ市民の怒りを買い、メディチ家はフィレンツェから追放される。ピエロはフィノヴィツァーノでの戦慄すべきフランス軍の略奪を知って恐れを抱いたのである。フィレンツェにはサヴォナローラの影響のもとに民主政権が成立する。シャルルのピサ入城とともにピサがフィレンツェから独立、独立をめぐってのシャルルの態度とフィレンツェ政府のそれに対する外交的な措置、シャルルのフィレンツェ入城とシャルルとの条約成立までの交渉の経緯が描かれる。ピサの奪回にフィレンツェはその後十五年を費やすことになる。

シャルルのフィレンツェ出発、シエーナでのシャルルの措置、さらにローマ教皇との交渉とローマ入城が次々と展開される。次いで、トルコ皇帝バヤジト二世の弟ジェムの引き渡しとジェムの死が語られ、いよいよシャルルはナポリ王国に侵入、シャルルに対する抵抗は二、三の例を除いてほとんどなされない。親仏派の領主《バローネ》ばかりでなく、一般のナポリ人がシャルルを解放者として歓迎する。ナポリ入城の際のナポリ市民の熱狂ぶりを、グイッチァルディーニは念入りに描いている。シャルルがナポリ王国を征服するのは一四九五年二月である。シャルルは直ちに王国の統治のための様々な措置を取るが、これは組織立ったものとはいえない。しかしナポリ王国はシャルルの支配下に入ったことはこの段階で事実である。この事実は今まで比較的傍観者的な態度を取っていたヴェネツィアを驚かす。何よりもフランス軍をイタリアに呼び入れたロドヴィーコ・スフォルツァに深刻な不安を抱かせる。ロドヴィーコをそのような行為に導いたのは、何よりもピエロ・デ・メディチがナポリと同盟したことによって己れのミラノでの地位が脅かされているという恐怖であった。正当なミラノ公は暗殺された兄ガレアッツォ・マリアの子ジョヴァン・ガレアッツォであり、その妻イザベルラはナポリのカラブリア公アルフォンソの娘であったからである。ロドヴィーコはいまやミラノ公として皇帝マクシミーリアーンに叙任され、甥のジョヴァン・ガレアッツォはこの世にはいない（ロドヴィーコによって毒殺されたと噂されている）。したがって、ロドヴィーコは既に己れの安全を確保し、そのうえ野心を実現している。となると、目下の最大の危険は甥ジョヴァン・ガレアッツォの従兄弟であるシャルルをおいて他にない。事実、シャルルによってミラノから排除される可能性は高かったのである。ロドヴィーコは恐れざるを得なかったのである。

このようなことから、ロドヴィーコはヴェネツィアと教皇、スペイン王フェルディナンドに働きかけ対仏同盟を提唱する。ヴェネツィア同盟である。イタリアからフランス軍を駆逐するための同盟である。フィレンツェにも働きかけがあったが、ピサ、その他要塞問題に関するシャルルとの条約のため、これを拒否している。しかしフィレンツェは再三、シャルルによって裏切られることになる。この対仏同盟は近代政治史における最初のバランス・オブ・パワーの力学が働いたものとして注目されよう。グイッチァルディーニはこの同盟が成立するに至る複雑な経緯を、それぞれの支配者の立場や動機、心理の鋭い分析とともに詳細に叙述している。次いでフォルノーヴォの戦いの詳細が語られ、ノヴァラ包囲戦、飢えに苦しむフランス兵のありさまが描き出される。ミラノ公ロドヴィーコとの和平をめぐっての虚々実々の交渉のあげく、シャルルが最終的にイタリアから撤退するまでが、本訳書で扱われる。第2巻最終章は「フランス人がナポリ病と呼び、イタリア人がフランス病と呼ぶ疫病の出現——この疫病の起源と拡散」と題するもので（監修者による）、コロンブスの大航海によってもたらされた梅毒についての最初の歴史的記述となっている。グイッチァルディーニにとってこの新しい疾病もまたイタリアの災厄と没落のもう一つの象徴なのである。したがって、その記述を欠かすことはできないのである。

四

『イタリア史』は中世的な都市国家の没落の歴史を扱ったものである。しかもこのような歴史叙述は、その視野からしても、またその手法からしても当時、類例のないものであった。この書は独立した一都市国家の誇りに満ちた年代記や自国の栄光を称える歴史的頌歌の類ではない。伝統的な都市国家の変質、解体を描きながら、実は危機に直面し、激動に晒されたヨーロッパ全体の再編成の歴史を扱ったものである。ここではトルコ帝国や新大陸もしっかり視野に入ってくる。ヨーロッパ国家体系への予感も既に見られる。しかもその描き方は画期的なものであった。厖大な文書史料の極めて批判的な利用に基づく叙述である。さらに個人的な体験や、最近よく言われているオーラル・ヒストリの手法も加えられている。『イタリア史』の躍動感や臨場感はこれに負うところがあろう。

グイッチァルディーニの手法に多くの批判がなされていることは事実である。これは率直に認めねばならないであろう。たとえば、人文主義的な古典的歴史叙述のパターンに従っている点に対する批判である。大事件の生じる際の超自然的な前兆、彫像が汗を噴き出したり、太陽が三つ出現したり、その他様々な幻聴の叙述などがそれである。また不吉な予言、噂ばなしや、とくに架空の演説の挿入に対する批判などである。われわれはこれらを率直に認めねばならない。それにもかかわらず他方、これらのいずれもが『イタリア史』を引き立て面白くしている点についても否定し得ない。とにかく面白いのである。

グイッチァルディーニの『イタリア史』について、その史学史的な価値や批判、その特質の詳細についての専門的な議論はここでは差し控えたい。この問題は他の場所で扱っているし、今後もさらに検討を重ねねばならないからである。ここで申し上げたいのは、理屈や議論ではなく、『イタリア史』の真の面白味は一読すれば直ちに感得し得るということである。理屈は読んだ後で自然に出て来よう。『イタリア史』はそれほど面白いのである。その面白さの根源は何よりもまず、この書を貫く強烈な人間臭さに求められよう。卑俗な人間臭さである。グイッチァルディーニは生涯、神の超越的存在を疑ったことがないにもかかわらず、あるいはまさにないがゆえに、人間社会の卑俗な性格を鮮烈に描こうとしたのかもしれない。グイッチァルディーニは人間を本来は善なるものと見なしているが、「悪から利益あるいは快楽を引き出す機会が多く存するがゆえに」、人間はその善なる本性から逸脱してしまうと考えている。その結果、グイッチァルディーニは「真実でないことを神に祈りたいのであるが、人間というのは善人より悪人の方が遥かに多いといえる。ことに財産や国家に関係してくるとなるとそうである」と結論せざるを得ないのである。グイッチァルディーニにとって歴史を動かす本源的な力とは、このような人間の「己れ自身の利益」(lo interesse proprio) に他ならないのである。グイッチァルディーニは、『イタリア史』に登場する人間の様々な政治的行動の背後にあってそれを導く様々な人間的動機を解明し、分析しようとする。登場人物の性格、野心、貪欲さ、復讐心、嫉妬、征服欲、勇気と恐怖、大胆さと怯懦、そのすべてを執拗に描き出そうとする。ここには高貴さ、清純さ、善良さはほとんど見出されない。

十九世紀後半から二十世紀にかけてグイッチァルディーニはマキァヴェリとは対照的に嫌悪すべき卑劣漢、唾棄すべき祖国の裏切り者と見なされてきた。しかし二つの大戦を体験し、近代の価値体系とモラルの全面的崩壊を目にしつつある現在、われわれはグイッチァルディーニをまったく別の観点から見ることができるようである。

『イタリア史』の魅力は一つには登場人物に対して下しているグイッチァルディーニの評価があろう。ロレンツォ・イル・マニーフィコ、ロドヴィーコ・イル・モロ、シャルル八世、サヴォナローラ、教皇アレクサンデル六世、ナポリ王フェルディナンド、チェーザレ・ボルジア、皇帝マクシミーリアーン、ピエロ・デ・メディチ、ピエロ・ソデリーニ、ユリウス二世、レオ十世、フランソワ一世、クレメンス七世、カール五世、傭兵隊長のプロスペロ・コロンナ、大将軍の綽名を持つコンサルヴォ、アラゴン王フェルディナンド二世などに対するグイッチァルディーニの人物評価である。ただし、グイッチァルディーニの評価は概して著しく低いのが特徴である。

当時、近代的な国際政治、国際関係の開幕にあたって脚光を浴びるのは君主たちだけではない。外交官の時代でもある。大使たちの活躍の躍動的な描写もまた『イタリア史』を読む魅力となっていよう。

最後にモンテーニュによるグイッチァルディーニ評を全文紹介してこの稿の結びとしたい。極めて的確な、モンテーニュならではの鋭いグイッチァルディーニの総括となっている。書かれたのは十六世紀後半、『イタリア史』が世に出た一五六一年以後、しばらくしてからのことであろう。


次は十年ばかり前にわがグイッチャルディーニの中に書き記したものである。（私の書物がいかなる言葉で語ろうとも、私は自分の言葉で語る。）「彼は入念な歴史家である。私の考えでは、彼からは他の誰よりも、正確に、当時の事件の真相を学ぶことができると思う。しかも、たいていの場合、彼はそれらの事件の立役者として枢要の地位にあった。彼が憎悪や依怙贔屓《えこひいき》や虚栄から、事実を偽った様子はまったくない。そのことは、彼を引き立てて用いてくれた偉い人々、たとえば法王クレメンス七世に関する自由な判断を見れば明らかである。彼がもっとも自慢にしているらしい部分は、余談と談話であるが、その中には面白いものや美しい調子に富んだものがある。けれども、彼はここで少し調子に乗りすぎている。というのは、あまりに豊富なほとんど無限と言ってもよいほどの材料をかかえて、何一つ言い残すまいとするために、冗漫に流れ、いささかスコラ的なおしゃべりの匂いがするからである。私は次の点にも気がついた。すなわち、あれほど多くの人間の心と行為、あれほど多くの動機と意図を判断しながら、その中に道徳や宗教や良心のせいにしたものが一つもないことである。まるでこれらの要素は世界から絶滅したかのようである。また、それ自体はどんなに美しく見える行為でも、その原因を何かの不徳な動機か利欲に帰していることである。彼が判断を下したあれほど無数の行為の中に、正しい理性から生まれたものが一つもなかったとは考えられないことである。いかなる堕落も、その伝染を免れた者が一人もないほどに、あらゆる人間をつかんだということはありえない。こう考えてくると、彼の好みがいくらか不徳に染まっていたのではないか、おそらく自分自身をもとにして他人を評価していたのではないかと心配になる。」(『エセー(二)』モンテーニュ著、原二郎訳。岩波文庫、三七五—六頁)

本稿執筆に当たっては一部、拙著『グイッチァルディーニの生涯と時代』下巻(三九三頁以下)から転載している。

『イタリア史』全20巻 総目次（第3巻―第20巻）

【第3巻】

第1章

イタリアをフランス人から解放したことに対して、ヴェネツィア元老院およびミラノ公に寄せられた一般的な称讃——ロドヴィーコ・スフォルツァは和平条件のすべてを守るわけではない——ロドヴィーコ・スフォルツァはフィレンツェ人の大使からフィレンツェ人とシャルル八世との協定文書を奪う——ピサ支配を狙うヴェネツィア人とスフォルツァの野心——リヴォルノおよびその要塞のフィレンツェ人への返還——王の返還命令書にもかかわらず、エントラーゲスはピサを返還せず、フィレンツェ人がそれを占領するのを阻止する

第2章

連合国側からするフィレンツェ人に対する難題——ペルージアとウムブリアにおける党派争い——ピエロ・デ・メディチはフィレンツェに入るための支持を得ようとするが徒労に終わる——ヴェルジーニオ・オルシノ、フランス国王に傭われる

第3章

ナポリ王国内におけるフランス軍とアラゴン軍との戦いの、新たな展開——フランス軍の幸運《フォルトゥナ》、カラブリアで傾く——シャルル八世、リヨンで時を悦楽に過ごす——ナポリ王国問題を解決するためにヴェネツィア人によってなされた提案をシャルルは拒否する

第4章

フランス国王はピサ要塞の城代に、要塞返還に関する王の命令に従うよう厳命する——城代はピサ人に要塞を明け渡す——ピサ人は要塞を破壊し、ローマ王およびイタリア諸国家に援助を要請する——ピサ人、ヴ

ェネツィア人の保護下に入るのを要請し、ヴェネツィア元老院はこれを受け入れる――ロドヴィーコ・スフォルツァの知恵と才能がミラノにおいて称讃される――ロドヴィーコ・スフォルツァの工作によってセレザーナとセレザネルロ要塞がフィレンツェ人にではなく、ジェノヴァ人に引き渡される

第5章

フェルディナンド・ダラゴナ、敵軍の新たな到着によって脅威に晒される――ヴェネツィア人、その他の同盟国によるフェルディナンド支援――戦闘におけるさらなる推移――相対立する両軍の均衡

第6章

シャルル八世、懇願されて再びイタリア問題を考える――王室会議での決定と新たなイタリア遠征の準備――ロドヴィーコ・スフォルツァの恐怖と政治工作――サン・マロ枢機卿による遠征準備の遅れ――イタリアに対するシャルルの援助は十分ではない

第7章

ナポリ王国内における戦闘のさらなる推移――フランス軍の幸運《フォルトゥナ》は再び傾く――カラブリアにおけるコンサルヴォの勝利――アテルラの降伏――アラゴン軍の絶えざる前進――フェルディナンドの死とフェデリーコの継承――イタリアへのフランス遠征軍の遅延、さらに続く

第8章

ロドヴィーコ・スフォルツァと皇帝マクシミーリアーンとの会話および協定――イタリアにおける皇帝マクシミーリアーン――フランス人に対するフィレンツェ人の忠誠とサヴォナローラの政治的助言――フィレンツェ人によるピサ再征服戦の推移――ピエロ・カッポーニの死――ピサに対するヴェネツィア人の援助の増大。ロドヴィーコ・スフォルツァに対するピサ人の信頼が弱まる

第9章

皇帝マクシミーリアーン、ピサ問題の解決を彼に委ねるようフィレンツェ人に要求する――ヴェネツィア人、兵を新たにピサに派遣する――皇帝マクシミーリアーンに対するフィレンツェ人の返答――フィレンツェ人の使節とミラノ公との会話

第10章

フィレンツェ人のための穀物、リヴォルノ港に無事陸揚げされる――皇帝マクシミーリアーンによるリヴォルノ港占領の企ては不運に終わる――皇帝マクシミーリアーン、トスカーナとイタリアを放棄し、ドイツに撤退。皇帝の名の尊厳を大いに傷つける――ロドヴィーコ・スフォルツァ、兵をピサから撤退する

第11章

タラント、ヴェネツィア人に降伏――フランス国王、ジェノヴァ占領を計画――教皇、オルシニ家の領地の没収を宣言――オルシニ家との戦いと和平協定――オスティア占領――コンサルヴォ、勝利のうちにローマと教皇に迎え入れられる

第12章

シャルル八世、スペイン両王と休戦交渉を行い、兵をジェノヴァおよびミラノ公国に送り、いくつかの都市を占領する――遠征の失敗とその理由――フランス王とスペイン両王との休戦条件。フランス人はイタリアにおいて最近占領したすべての都市を失う――フィレンツェ人はピサ再征服に忙殺されているため、不本意ながらこの休戦を受け入れる

第13章

ミラノ公はフィレンツェ人をフランスとの同盟から引き離すために、ピサをフィレンツェ人に譲り渡すよ

う同盟諸国に提案する――この提案は失敗する――フィレンツェの国内状況――フィレンツェに帰還しようというピエロ・デ・メディチの試みは徒労に終わる――教皇の家族の破廉恥と悲劇――ピエロ・デ・メディチの陰謀に加担した者たちの処刑

第14章

フェデリーコ・ダラゴナは次々と都市を奪い返す――スペイン両王とシャルル八世との休戦条約の帰結――サヴォイア公フィリッポの死――フェラーラ公はジェノヴァの要塞をロドヴィーコ・スフォルツァに引き渡す――フランス国王のさらなる疑いと不注意。イタリア問題に対するその帰結――ピサをフィレンツェに譲り渡す問題をめぐって、イタリア同盟諸国間で再び議論される――ヴェネツィア人の反論と抵抗

第15章

シャルル八世の死とその結果――フィレンツェにおけるサヴォナローラの権威の失墜。ローマ教皇との衝突。サヴォナローナの処刑

【第4巻】

第1章

新しいフランス国王のミラノ公国に対する権利。それらの権利を要求しようという彼の熱望――新王に対するイタリアの諸君主および諸政府の態度――ヴェネツィア人、教皇、フィレンツェ人は新王に大使を派遣する――王は彼らを陽気に迎え入れ、直ちに交渉を開始する

第2章

ロドヴィーコ・スフォルツァは兵をもってフィレンツェ人を支援し、ピサを回復させようと決意する――

サント・レーゴロ渓谷におけるフィレンツェ軍の大敗――ロドヴィーコ・スフォルツァに対してフィレンツェは援助を要請する――ローマ領におけるコロンナ家とオルシニ家との紛争と和解――ロドヴィーコ・スフォルツァ、公然とフィレンツェ人を援助する。また教皇にもフィレンツェ人を援助するよう求めるが、これは成功しない――ミラノ公はピサ人から彼らを支援している国々を遠ざけようと努力する

第3章

フィレンツェ人はピサに対する戦いをより積極的に再開する――ピサに関するフィレンツェ人とヴェネツィア人の交渉は不調に終わる――ヴェネツィア人はシエーナの援助を得ようと試みるが失敗。シエーナはフィレンツェと合意に達する――ヴェネツィア軍はロマーニァからトスカーナに入ろうとするが失敗する

第4章

パオロ・ヴィッテルリ、ピサ人から新たにいくつかの都市を奪う――マントヴァ侯、ロドヴィーコ・スフォルツァの傭兵隊長を辞し、ヴェネツィア人に仕える。次いでヴェネツィア人の緩慢さに腹を立て、ミラノ公の下に戻る――アルヴィアーノ、ビッビエーナを占領する――フィレンツェ人はカゼンティーノ防衛のために兵をピサの農村部から引きあげる――フィレンツェ人はカゼンティーノの諸都市を再征服する――ピサ戦争によるヴェネツィア人の消耗が増大し、合意に達しようとする

第5章

教皇とフランス国王との合意――フランス国王はスペイン両王、イギリス王、皇帝および大公と条約を結び、それを確認する。またヴェネツィア人とフィレンツェ人との同盟を求める

第6章

ロドヴィーコ・スフォルツァに対抗して同盟を結ぼうというフランス国王の申し出をめぐってヴェネツィ

アではプレガーティ会議で議論される――ヴェネツィア人の決定――フランス国王とヴェネツィア人の間に同盟が成立する

第7章

カゼンティーノにおけるヴェネツィア人とフィレンツェ人の戦いの推移――エルコーレ・デステがヴェネツィアにおいて、ピサをめぐってのヴェネツィア人とフィレンツェ人との仲裁案について意見を述べる――仲裁案に対するヴェネツィアにおける不満とピサの大使の愁訴――フィレンツェ人の知らぬ間に仲裁案に修正がなされる――ヴェネツィアはピサから兵を撤退することを決定――ピサではフィレンツェの支配下に戻らないために、全力を尽くすことが決定される

第8章

フランス国王はロドヴィーコ・スフォルツァに対する遠征の準備に入る――フィレンツェ人はフランス国王とロドヴィーコ・スフォルツァ双方から急き立てられるが、いずれの側にもつかず、ピサの再征服のみに専念する旨決定する――フランス軍はアスティに、ヴェネツィア軍はブレッシァに集結する――ロドヴィーコ・スフォルツァの防衛準備

第9章

フランス軍によるミラノ公国諸都市の征服――ロドヴィーコ・スフォルツァは臣民を抵抗に駆り立てる――アレッサンドリアの喪失――パヴィーアはフランス軍と了解に達し、ヴェネツィア人はローディまで進軍――ミラノの暴動――ロドヴィーコはドイツに逃亡――フランス国王、ミラノに入城

第10章

フィレンツェ軍、ピサの農村部全体を押さえる――フィレンツェ軍、陥落の危機に瀕しているピサに攻撃

を加える――しかしパオロ・ヴィッテルリは攻撃を中断――フィレンツェ軍内に疫病が広がる――ヴィッテルリはピサ包囲を解く。ヴィッテルリは捕らえられ、フィレンツェに護送されて首を刎ねられる――ヴィッテルリの主な罪状

第11章

イタリアの諸君主、ミラノにいるフランス国王に敬意を表す――フランス国王とフィレンツェ人の間にぎりぎりの協定が結ばれる

第12章

ヴァレンティーノ公はフランス国王から援助を与えられ、ロマーニァ領に対する教会の権利を要求する――本来は純粋に宗教的な支配のために設立された教会が世俗的な国家、世俗的な権力となる――ロマーニァ諸都市の状況とヴァレンティーノ公の事業の開始――ヴァレンティーノ公、イーモラを取る――ヴェネツィア人とトルコ人の戦争の推移

第13章

聖年――ヴァレンティーノ公、フォルリを取る――王のフランス帰還。ミラノに不満が高まる――ロドヴィーコ・スフォルツァ、ミラノ公国を再征服し同盟と援助を求めるが、フォルトゥナは微笑まない――ロドヴィーコ・スフォルツァ、ノヴァラを取る

第14章

ミラノ公国を再び手に入れるためのフランス国王による迅速な準備――ロドヴィーコ・スフォルツァのスイス兵、フランス国王のスイス兵と合意に達し、ノヴァラを明け渡す――ロドヴィーコ・スフォルツァ、フランス軍の捕虜となる――アスカーニオ枢機卿も親族と友人に裏切られ、捕虜となる――スイス兵、ベリン

ツォーナを占拠――ロドヴィーコ・スフォルツァの最期。筆者のロドヴィーコ観――アスカーニオ枢機卿、ボルジェスの塔に幽閉

【第5巻】

第1章

フランス国王の成功によるマクシミーリアーンの不安――王はピサ再征服のためにフィレンツェ人に援助を与える――フランス軍はルッカ人からピエトラサンタを受け取る――ピサに対して一度だけ攻撃した後、フランス軍は暴動を起こし、解散する。ピサ人のリブラファッタ攻略――この出来事によるフランス国王の動揺。フランス国王の新たな提案をフィレンツェ人は拒絶する。フィレンツェ人の状況の悪化

第2章

教皇とフランス国王との合意――ロマーニァでのヴァレンティーノ公の前進――ファエンツァでのヴァレンティーノ公の挫折。ファエンツァ市民の英雄的な抵抗――一五〇〇年の聖年とヴァレンティーノ公に対する教皇の資金援助

第3章

マクシミーリアーンとフランス国王の休戦――フランス国王とスペイン王はナポリ王国の征服と分割をめぐって極秘に合意に達する――フランス国王、公然と遠征の準備を始める

第4章

攻撃者に対し再び重大な損害を与えた後、ファエンツァ人はヴァレンティーノ公に降伏する――フィレンツェ人に対するフランス国王の怒りとフィレンツェに対するヴァレンティーノ公の敵意――ベンティヴォー

リオとヴァレンティーノ公の合意――ヴァレンティーノ公、フィレンツェ領を離れ、ナポリへ進軍中のフランス軍と合流する

第5章

フェデリーゴ・ダラゴナの防衛準備――フランスとスペインの大使が教皇に締結された合意について通告する。イタリアに驚きを与える――フェデリーゴ、戦いの運命に賭けようと決意する。フランス軍のカープア占領。フェデリーゴとフランス軍との協定――フェデリーゴの家族の不運――フェデリーゴはフランスに、カラブリア公はイスパーニァに

第6章

ヴァレンティーノ公、ピオムビーノを取る――ルクレーツィア・ボルジアとアルフォンソ・デステの結婚――フランス国王、マクシミーリアーンと和平を協議する――フランス国王とトスカーナ諸国との交渉――トレントにおけるマクシミーリアーンとローアン枢機卿との交渉――ドージェ、アゴスティーノ・バルバリーゴの死――フランス国王との同盟を更新したフィレンツェ人、ピサ戦を再開

第7章

ナポリ王国でのフランス人とスペイン人の不和の原因。戦争の開始――フランス国王によって新たに派遣された軍隊

第8章

フィレンツェ人に対するアレッツォ人の反乱――フィレンツェ人は教皇とヴァレンティーノ公の関与を疑う――フランス国王はフィレンツェ人に援軍を派遣

第9章

ヴァレンティーノ公、ウルビーノ公国を奪い取る――ヴィッテロッツォ・ヴィッテルリ、フィレンツェ人のいくつかの都市を占拠――ヴァレンティーノ公のやり方に対する、バリオーニ、ヴィッテロッツォ、ペトルッチ、オルシニの恐怖――ヴィッテロッツォはアレッツォをフランス軍に明け渡し、フランス軍はこれをフィレンツェ人に引き渡す――フィレンツェの制度改革、任期二カ月のゴンファロニエーレ・ディ・ジュスティーツィア（正義の旗持ち）が終身となる

第10章

アスティにいるフランス国王に対する諸君主、諸政府による敬意の表明――すべての者の期待を裏切ってフランス国王はミラノでヴァレンティーノ公を丁重に迎え入れる――ナポリ王国内での戦争の推移――王は突然フランス帰還を決定する――王とヴァレンティーノ公との協定は人を驚かす

第11章

ヴァレンティーノ公がロマーニァに戻ったことは諸君主と諸政府を恐れさす――とくにベンティヴォーリオに対するフランス国王の態度はこのような恐怖を正当化する――王に対してヴェネツィアは抗議するが無益である――ヴァレンティーノ公に対する同盟――同盟者を離反させるための教皇とヴァレンティーノ公の策略――ヴァレンティーノ公とパオロ・オルシニの会談――ヴァレンティーノ公とパオロ・オルシニ、ヴァレンティーノ公とベンティヴォーリオとの合意――ヴァレンティーノ公の兵がシニガーリアを取る――ヴィッテロッツォ・ヴィッテルリとリヴェロット・ダ・フェルモ、ヴァレンティーノ公によって絞殺される――ロドヴィーコ・デ・ピキ、フェデリーコ・デ・ピキが兄ジョヴァン・フランチェスコから権力を奪い取る

第12章
教皇の捕虜となったオルシニ一門――オルシニ枢機卿の疑わしい死――ヴァレンティーノ公のシエーナ人に対する通告とシエーナ人の回答――トスカーナの問題に対するフランス国王の関心――ラツィオにおけるヴァレンティーノ公、オルシニ家と対立――新たにヴァレンティーノ公に占領された都市
第13章
ナポリ王国内のフランス人とスペイン人の戦争の推移――スペインの援軍が到着する――フランス軍の挫折――バルレッタの決闘。イタリア軍の栄光ある勝利
第14章
スイス兵、ルケルナとラ・ムラータを占領――その結果生じたスイス兵とフランス兵の戦闘――スイス兵とフランス兵の合意
第15章
フランス国王とスペイン王代理フィリッポ大公との和平協定――ナポリ王国内の戦いは続く――フランス軍の不運――チェリニョーラの戦い――フランス軍の大敗――コンサルヴォ、ナポリ入城

【第6巻】
第1章
フィリッポ大公との間で結ばれた協定が守られていないことに対するフランス国王の苦情。スペイン王のいかがわしい政策――フランス国王の戦争準備――スペイン軍によるカステルヌオーヴォの攻略――コンサルヴォ、ガエタに向け進撃――ピエトロ・ナヴァラ、カステル・デル・ウオーヴォを占領――戦闘のその他

の経過

第2章

ピサ戦におけるフィレンツェ人の成功——ピサ人とヴァレンティーノ公との交渉。トスカーナ支配の彼の野心——フランス国王に対する教皇とヴァレンティーノ公のいかがわしい政策——ジァンジョルダーノ・オルシニ領に対する教皇とヴァレンティーノ公の渇望

第3章

イタリアにおけるフランス国王の兵力——常に曖昧な、教皇とヴァレンティーノ公の政策に対する王の疑惑

第4章

教皇の死。ヴァレンティーノ公の病気。教皇の死によるローマの喜び——ヴァレンティーノ公、コロンナ家と和解する——ローマにおける紛争——教皇領およびヴァレンティーノ領の諸都市に権力を奪われていた諸君主が帰還してくる——ヴァレンティーノ公とフランス国王との合意——教皇選出枢機卿会議が開かれ、ピウス三世が選出される

第5章

ヴァレンティーノ公とオルシニ家との反目によるローマの混乱——オルシニ家はスペインに傭われる——ジァンパオロ・バリオーニのフランス国王に対する態度——オルシニ家とコロンナ家の和解——ヴァレンティーノ公、オルシニ家の攻撃を受け、ヴァティカーノに逃れる。次いでカステル・サンタンジェロに移る——ピウス三世の死とユリウス二世の選出

第6章

ロマーニァにおけるヴェネツィア人の活動——教皇とヴェネツィア人との間でのファエンツァ問題——フ

ァエンツァはヴェネツィア人に身を任す――ヴァレンティーノ公、教皇の手に落ちる――ルーアン枢機卿、フランスにおける教皇特使として追認
第7章
スペインとの戦いにおけるフランス軍の不運――スペイン－フランス国境地帯における作戦行動の中止――ガリリアーノ川の戦闘――フランス軍兵士の間に疫病が広がる。指揮官の不和――フランス軍の敗北。ガエタの引き渡し――フランス軍敗北の原因
第8章
ヴェネツィア人とトルコ人との和平。相互の満足。和平の協定項目
第9章
ポルトガル人とオリエント人との交易。それに由来するヴェネツィア人の損害――クリストフォロ・コロンボと新大陸の発見――古代人の誤りが新しい発見によって明らかとなる
第10章
イタリアでの戦闘の不名誉な結果に対するフランス国王と宮廷の悲憤慷慨――フランス人支持者たちの恐怖。これに対しコンサルヴォは何もしない――ヴァレンティーノ公、コンサルヴォの下に逃亡。コンサルヴォの捕虜としてスペインに送られる――フランス国王とスペイン両王との休戦――ナポリ王国内でのスペイン兵による略奪
第11章
教皇、フォルリを取る――フィレンツェ人のピサに対する戦争における推移。寛大な措置でピサ農村部の敵意を減じようというフィレンツェ人の試みは失敗に終わる――ピサ人、ジェノヴァに援助を要請

第12章

和平条約の締結が難しいため、フランス国王はスペイン大使を帰国させる――フランス国王とマクシミーリアーン、および大公と締結された協定――フェデリーゴ・ダラゴナの死――エリザベッタ・ディ・カスティーリアの死。その遺言項目

第13章

ロマーニァの諸都市をめぐっての教皇とヴェネツィアとの最初の論争――マクシミーリアーン、大公、フランス国王の条約の公表――ピサ戦争の推移。ポンテ・ア・カッペレーゼの戦い――ジァンパオロ・バリオーネ、フィレンツェとの傭兵契約を破棄

第14章

パンドルフォ・ペトルッチ、ジァンパウロ・バリオーニ、バルトロメーオ・ダルヴィアーノ間の協定。これに対するフィレンツェ人の恐れ――フィレンツェ人、フランス国王に訴える。王は厳しい条件をもって応える――大将軍《グラン・カピターノ》はフィレンツェ人を攻撃しないよう命ずる――アルヴィアーノとフィレンツェ人の対決――エルコーレ・ベンティヴォーリオに指揮されたフィレンツェ軍、アルヴィアーノの兵を敗走さす

第15章

激しい意見の対立の後、フィレンツェではピサに陣営を設営することが決定される――しかし兵の弱さのため失敗。陣営をピサから撤収する

第16章

フェルディナンド・ダラゴナとジェルマーナ・ディ・フォアの結婚。フェルディナンドとフランス国王との和平協定――イッポリート・デステ、庶出の兄弟ドン・ジューリオの両眼をくり抜かせる。嫉妬深い愛の

ためである

【第7巻】

第1章

来るべき平和破綻の兆し——教皇によるフランスとの協調政策——しかし教皇は王とルーアン枢機卿に嫌悪を抱いている

第2章

フィリッポ大公の波瀾万丈のスペインへの航海。フェルディナンド・ダラゴナとの合意——帝冠を得るためにイタリアに入ろうというマクシミーリアーンの計画——マクシミーリアーンはハンガリア国境に赴く。病に倒れたウラースロ王の相続の希望を持っている

第3章

教皇はペルージア、ボローニァの完全な支配を渇望する——フランス国王は教皇の援助要請に対して好意的に応える——マクシミーリアーンのヴェネツィア人に対する要求。すなわちローマに行くために完全武装でヴェネツィア通過の許可を得たいというものである。ヴェネツィア人のそれに対する回答——教皇とジァンパオロ・バリオーニの協定——教皇、イーモラに入る——ベンティヴォーリオ家はボローニァを放棄、教皇のボローニァ入城

第4章

フェルディナンド・ダラゴナ、イタリアに入る——大公フィリッポの死——諸君主、諸政府の大使がナポリに滞在しているフェルディナンドの下に参集——フェラーラ公に対する陰謀が発覚——ヴァレンティーノ

公、ナヴァラに逃走、そして死

第5章

ジェノヴァにおける不和と騒乱、反乱――ジェノヴァ人はモナコ攻略を決意。これに対しフランス国王はジェノヴァ人を隷属下に置く準備に取りかかる――教皇は突然ローマに帰還しようとする。ジェノヴァ問題で王に腹を立てているのである

第6章

ジェノヴァでは騒乱が続いている。市民の多数はフランス人に対抗している――フランス国王、ジェノヴァに姿を現わす――フランス軍の成功とジェノヴァの降伏協定――王のジェノヴァ入城。ジェノヴァに課せられた条件

第7章

このようなジェノヴァ問題の処理に対して教皇はフランス国王に不満を抱く――フランス国王に反対してコンスタンツ帝国議会でマクシミーリアーンが演説を行う――演説の効果

第8章

フランス国王はフェルディナンド・ダラゴナと会談を持ちたいと願っている。フェルディナンドは当時、カスティリア王国の統治に再び乗り出そうとしていたからである――ナポリ王国内における失望と不満。教皇はフェルディナンドにその叙任を拒否している――サヴォナでの両王の心からの会談――グラン・カピターノ（大将軍）に対する称讃――両王の合意。ピサ問題――ベンティヴォーリオに対する教皇の怒り

第9章

フランス国王に対するマクシミーリアーンの脅迫。イタリアの精神的不安――教皇の態度――コンスタン

ツ帝国議会でドイツ諸君主の昂揚心が冷却する――議会の決議。イタリアにおける不安
第10章
ヴェネツィア人の不安――取るべき政略に関する議論――決定がなされマクシミーリアーンの大使たちに回答がなされる
第11章
マクシミーリアーンの障害――マクシミーリアーンの準備、フランス国王の準備、ヴェネツィア人の準備――ジェノヴァに対するジェノヴァ亡命者たちによる遠征は失敗する――フランス国王、教皇相互の苦情――ベンティヴォーリオによるボローニァ再征服の試みの失敗。ジョヴァンニ・ベンティヴォーリオの死
第12章
ヴェネツィア人に対するマクシミーリアーンの最初の攻撃――ヴェネツィアの要塞がいくつか彼の兵によって奪われる――ドイツ軍に対するアルヴィアーノの勝利。フリウリでの成功。トリエステ、フィウメ、ポルトゥミアの占領――トレンティーノの戦いの経過――マクシミーリアーンとヴェネツィア人の休戦
第13章
フランス国王、フィレンツェ人に対して苦情を言う。フィレンツェ人の回答――ピサに関してフランス国王、フェルディナンド・ダラゴナ、フィレンツェ人の間で話し合いがなされる

【第8巻】
第1章
新しい、より重大な疫病がイタリアを苦しめる――ヴェネツィア人の責任。マクシミーリアーンおよびフ

ランス国王の責任に対する憤激――ヴェネツィア人に対する教皇の怒りの理由。フランス人の成功に対する教皇の恐れ――ヴェネツィアに対する同盟（カンブレ同盟）――アラゴン王の条約批准。教皇が批准したのは、ファエンツァとリーミニの要求をヴェネツィア人に拒否されたからである

第2章
ピサ人の窮状。ピサに小麦を入れようとするジェノヴァ人とルッカ人の試みの失敗――フィレンツェ人とルッカ人との合意――フィレンツェ人、フランス国王、アラゴン国王の協約

第3章
フランス国王の戦争準備――ヴェネツィア人による素早い防衛措置。彼らにとっては不運な成り行きとなる――ヴェネツィア人の戦争計画――ヴェネツィア人に対するフランス国王の遠征が開始される

第4章
最初の戦闘――ヴェネツィア人を弾劾する教皇の大勅書――フランス国王の戦争通告とドージェの返答――フランス軍はアッダ川を渡りカッサーノに至る――次いでリヴォルタに至る――ギアラダッダの戦い――ベルガモ、ブレッシァ、フランス国王に降伏

第5章
大敗北後、ヴェネツィアに悲しみと恐怖が走る。ヴェネツィア政府の措置――フランス国王の新たな征服――教皇はロマーニァの都市を獲得――ヴェネツィア人の失ったその他の都市

第6章
パドヴァ、ヴェローナ、その他の都市は住民の意志に委ねられる――アントーニオ・ジュスティアーノがマクシミーリアーンの下に大使として派遣される――またアラゴン王に港湾を引き渡すためにプーリアに大

使が送られる。教皇に彼らがいまだ所有している都市を引き渡すためにロマーニァに人を派遣する

第7章

ヴェネツィア人の惨禍に対してイタリアには様々な感情が見られる——教皇はヴェネツィアの大使を受け入れるのに同意する——パドヴァ、ヴィチェンツァ、その他の都市はマクシミーリアーンの大使たちに鍵を渡す。他方、トレヴィーゾはヴェネツィアに忠誠を尽くす——マクシミーリアーンの無為と緩慢さ

第8章

フィレンツェ人、ピサ作戦をより決然と行う——包囲された者の窮状はますます増加する——農村部の深刻な不満——ピサ人の降伏協定

第9章

ヴェネツィア人に希望と活動力が戻ってくる。パドヴァの再征服。レニァーゴの農村部と要塞の再征服——教皇とフランス国王との新たな条約——ヴェネツィア人、イーソラ・デルラ・スカーラを占領し、マントヴァ侯を捕虜とする——マクシミーリアーンの軍事行動は穏やかであるが、その計画は壮大である——フリウリでの戦いの推移——ローマのヴェネツィア人大使の控え目な態度と枢機卿たちとの交渉

第10章

パドヴァ防衛のためのヴェネツィア人の準備。元老院でのドージェの演説。ヴェネツィア貴族の若者たちがパドヴァ防衛に駆け参ずる——マクシミーリアーンは農村部を荒らすが、都市はますます強化され糧食が供給される

第11章

パドヴァはヴェネツィア人にとって重要な領土である——敵の兵力とパドヴァの要塞——マクシミーリア

ーン軍の攻撃とヴェネツィア人の勇敢な防衛――マクシミーリアーン軍の撤退。同盟国に対するマクシミーリアーンの苦情――マクシミーリアーンとフィレンツェ人大使との合意――フランス軍、ミラノ公国内に撤退。ヴェネツィア人、マクシミーリアーンとの休戦を拒否

第12章

教皇とフランス国王との意見の不一致――ヴェネツィア人に対する教皇の寛大さ。これをめぐっての同盟国全体の対立の理由――教皇とヴェネツィア大使との話し合い

第13章

ヴェネツィア人、ヴィチェンツァその他の都市を再び取る――エステ公に対するヴェネツィア人の戦争。ヴェネツィア人、ポレジーノを占領。フェラーラ人への劫略

第14章

ヴィチェンツァへの迫り来る攻撃のためにヴェネツィア人は兵の一部をフェラーラ公領から撤退する――ポー川でのヴェネツィア軍の敗北

第15章

マクシミーリアーン、ヴェネトから撤退――ヴェローナの立場――マクシミーリアーンとヴェネツィア人との休戦交渉、不調に終わる――カスティリア王国をめぐってのマクシミーリアーンとアラゴン王との合意――フランス国王に対する教皇の新たな疑惑――ピティリアーノ伯の死

第16章

ヴェローナにおける党派抗争――ヴェネツィアの本土内領土《テルラフェルマ》をすべて征服するための新たな軍事行動をいつ起こすかについてフランス国王は迷っている――教皇の心を和らげるためのフランス国王の策略――教皇

がヴェネツィア人に免罪を許す。その条件

【第9巻】

第1章

フランス国王の敵を教皇は大いに煽動する——フランス国王とスイス人との合意が成立しがたい——教皇、フェラーラ公に対してコマッキオでの製塩を禁ずる

第2章

マクシミーリアーンとフランス国王は新たにヴェネツィア人を攻撃することに合意する。これに対する教皇の反対——ヴェローナを取ろうとするヴェネツィア人の試みは失敗する——フェラーラ公に対する教皇の新たな脅迫と苦情——公との争いをめぐっての教皇とフランス国王との話し合い

第3章

ヴィチェンツァその他の都市がフランス・ドイツ軍に降伏——ヴィチェンツァ使節団長の演説。アンハルト公の非人間的な返答——チアモンテの慈悲深き仲介。ドイツ軍の残酷さ

第4章

レニァーゴ、フランス軍に占領される——その他の都市もヴェネツィアから失われる。フリウリにおける荒廃した曖昧な戦い——マクシミーリアーンとフランス国王の新たな合意——モンセリーチェの占領——フランス軍、ミラノ公国内に撤退

第5章

フランス国王がフェラーラ公を保護することに対し教皇はますます王に対する憎悪を募らせる——フェラ

ーラ公およびフランス国王に対する教皇の敵意の新たな表明――フランス国王に対するアラゴン王の疑惑と嫉妬

第6章

フランス国王に対する教皇の企み――フェラーラに対する戦争の開始――ジェノヴァに対するヴェネツィア・教皇遠征軍の失敗――フェラーラにおける教皇軍の勝利

第7章

教皇のスイス傭兵軍、ヴァレーゼに至る――スイス軍に対するフランス軍の作戦――スイス軍の撤退

第8章

先に失われた都市をヴェネツィア人は素早く奪い返す――ヴェローナ攻略は失敗――マントヴァ侯の釈放

第9章

ヴェネツィア・教皇によるジェノヴァ遠征軍の再度の失敗――失敗にもかかわらず教皇は頑固に粘る。教皇はボローニャに出撃することを決意する。作戦が有効に行われているからである――フランス国王は公会議の召集を考える

第10章

執拗に教皇はフェラーラを取ろうとする――モンタニァーナにおけるヴェネチ派、フランス派の抗争――フランス軍、モーデナを脅す――フェラーラ公はチェントその他の都市を占領。次いでヴェネツィア人がポー川を渡るのを阻止するために駆けつける――フェラーラ公およびその支持者たちに対して教皇は宗教的武器を用いる――フランスの聖職者の決定。教皇と対立する枢機卿たち

第11章

教会がカルピを失う――ベンティヴォーリオとともにフランス軍が近づいて来たためボローニァには混乱と暴動が生じる――枢機卿たちの懼れ。教皇の気力がボローニァ人をして教会に忠誠を誓わせる――フランス軍は教会との合意の希望のために制止される――合意の努力は徒労に終わる――フランス軍の指揮官たちの作戦行動に対する論評と批判

第12章

教皇はますますフランス国王に憤激する。ヴェネツィア軍の援助――教皇の占領した都市――教皇はフェラーラおよびミランドラに対する作戦を決意する――マクシミーリアーンとフランス国王はアラゴン王の意図について確認する。フェルディナンドの返答――マクシミーリアーンとフランス国王の新しい協定――教皇軍、コンコルディアを取りミランドラに向かう――フィレンツェにおけるピエロ・ソデリーニに対する陰謀

第13章

教皇、軍をミランドラ攻略に向ける――教皇、危険を冒す。ミランドラ占領――フランス国王、決戦を命令

第14章

フランス軍とフェラーラ公の指揮官たちの議論と決定――トリヴルツィオの意見――教皇はローマ王にモーデナを引き渡す――チアモンテの死。筆者の彼に対する論評――教皇の敗北

第15章

マクシミーリアーンはアラゴン王の助言に基づいて平和の擁護者となる――フランス国王のフェルディナンドに対する懼れと疑惑――フランス国王はパリ枢機卿をマントヴァに派遣する。交渉の余地を残すためである――ポー川およびミランドラ領周辺の戦い――教皇の要請でマクシミーリアーンの大使がボローニァに

いる教皇の下に赴く

第16章

新しい枢機卿の任命――マクシミーリアーンの大使、ボローニァに入る。大使の尊大な態度――ヴェネツィア人との協定交渉――フランス人との和平に対する教皇の嫌悪、直ちに交渉は決裂――アラゴンの大使たちはマクシミーリアーンの使節の要請でスペイン兵を教皇軍から撤退させる

第17章

コンコルディアを占領したフランス軍はボローニァ近くに進出――教皇はボローニァを離れてラヴェンナに向かう――ボローニァにおける精神の興奮状態――教皇特使、ボローニァを去る。ボローニァにはベンティヴォーリオ家が呼ばれる――教皇軍・ヴェネツィア軍の撤退と喪失――王の指令を待つフランス軍――ボローニァ要塞の市民への引き渡し。フェラーラ公によって諸都市が回収される

第18章

敵の勝利を恐れた教皇は和平を要求する――ウルビーノ公、教皇特使の枢機卿を殺害――ピサ公会議が召集される――ピサが公会議に選ばれた理由――フィレンツェ人の容認――公会議の提唱者と反対派の判断

【第10巻】

第1章

フランス国王は軍をミラノ公国内に撤退するよう命令する。王は教皇に対して友好的かつ献身的な態度をとる。ベンティヴォーリオ家も王と同様の態度をとる――トリヴルツィオは兵の一部を解雇する――教皇の和平条件――マクシミーリアーンの計画と無力さ。計画を実行に移すことができない

第2章
ピサ公会議召集に対抗する教皇の行動。ラテラーノのサン・ジョヴァンニに一般公会議を召集。対立している枢機卿たちの召集――フランス国王に対する教皇の政略――フィレンツェ人とシエーナ人の同盟
第3章
ヴェネツィア人に対するフランス・ドイツ連合軍。ヴェネツィア人、いくつかの都市を放棄。戦闘。ヴェネツィア人、フリウリを放棄し、またそれを回復する――ピサ公会議に関して先にマクシミーリアーンの行った反対。フランス国王と教皇の和平交渉は続く
第4章
教皇、重い病に罹る。若いローマ貴族たちによる、聖職者の権力に反抗してのローマ人煽動の試み――教皇選挙における聖職売買に反対する教皇大勅書――教皇は和平をとるかフランスとの戦争の準備をとるか決めかねている――フランス国王の優柔不断と疑惑
第5章
教皇反対派の枢機卿の代理人たちはピサ公会議開催決議を行う。教皇はフィレンツェとピサに対し聖務停止令を出す――フィレンツェでの内紛。メディチ枢機卿に対する好意を多くの者が抱く――フィレンツェ人は聖務停止令を不服として上訴する――ピサ公会議とボローニァ問題が和平の障害となっている――教皇、アラゴン王、ヴェネツィア元老院の同盟とその条件
第6章
教皇の政略をめぐっての様々な判断――反対派枢機卿に対する教皇の行動。フィレンツェおよびピエロ・ソデリーニに対する教皇の怒り――ピエロ・ソデリーニの演説。教皇が戦いを始めれば教会財産からの収入

は使うことができる――フィレンツェ人を攻撃しないと決断した理由

第7章

フィレンツェ人は公会議の枢機卿に続いてフランス軍がトスカーナおよびピサに入って来るのを禁ずる――公会議に対するピサ人およびピサの聖職者の嫌悪――騒乱のために枢機卿たちは公会議をミラノに移すことを決定する――ミラノ人も公会議に反感を示す――マクシミーリアーンの公会議に対する冷淡さと政治問題に対する正面きった曖昧な態度――他の君主たちの政略、教皇の政略によるフランス国王の困難な状況

第8章

和平交渉中断後のフランス国王の計画――スイス人に関する近況――スイス人、ミラノ公国に入る――間もなく大方の驚きとともにミラノを出る――フランス国王、フィレンツェ人に戦争に加わり、援助を提供するよう要求する――フィレンツェにおける意見の対立――グイッチァルディーニ、大使としてアラゴン王の下に派遣される

第9章

ジェニヴォロの砦がスペイン歩兵によって奪われるが、フェラーラ公が即刻、奪い返す――スペイン・教皇連合軍、ボローニァ市壁下に陣営を張る――軍における議論と意見の分裂――ボローニァ攻撃。バラカーネ礼拝堂に据えられた地雷の奇跡的な効果――フランス軍、ボローニァに入る――スペイン・教皇連合軍、陣営を解いてイーモラに撤退

第10章

ヴェネツィア人、ブレッシァとベルガモを取る。敵に対抗するために直ちにフォアは出発する――マニァーニーノ塔でのフォアの勝利――ブレッシァ占領と略奪

第11章

王の命令によってフォアは同盟軍と対決すべく準備を始める――教皇とイギリス王の同盟――マクシミーリアーン、フランス国王について苦情を言う――スイス人に対する王の恐れ――王には融和へのいかなる希望もない――フィレンツェ人、教皇より懲戒を免ぜられる――敵を打ち破ったならばピサ公会議の特使とともにローマに進撃せよ、というフォアに対する王の命令

第12章

フォアの軍。敵と対決したいというフォアの熱望と敵の撤退――戦闘を早めよ、という王の命令。マクシミーリアーンとヴェネツィア人の休戦が成立したからである――ルッシの占領と略奪――ラヴェンナのフランス軍――マルカントーニオ・コロンナの守るラヴェンナ市への攻撃。効果なし

第13章

同盟軍はラヴェンナより三ミーリアの地点にある。これを攻撃しようとフォアは決意する――フランス軍の配置と兵に対するフォアの演説――同盟軍の配置――ラヴェンナの戦い――両軍の損失――ラヴェンナの劫略。フォアの戦死後のフランス軍

第14章

枢機卿たちは教皇に迫って和平を結ばせようとする。アラゴン王とヴェネツィア人の大使たちは逆の決意を主張してやまない。教皇は和平よりも戦争に傾いているが、いずれにも決断を下さない――束の間の平和への希望――教皇はフランス軍の脅威が遠ざかることに勇気づけられる――ラテラーノ公会議の開催

第15章

フランス国王は教皇との和平をいよいよ望む――これに対し教皇は終始これを阻止する――教皇特使であ

ったメディチ枢機卿は捕虜としてミラノに送られる。メディチ枢機卿に対する尊敬――フランス国王は軍をミラノ公国に召還しフィレンツェ人との同盟を更新する

第16章

教皇の傭ったスイス傭兵軍、コイラに集結――イタリアのフランス軍の激減――マクシミーリアーンの命令によってドイツ歩兵がフランス軍から離脱――フランス軍、ミラノ公国から撤退――メディチ枢機卿、ピエーヴェ・デル・カイロの人びとによって解放される――公国の諸都市、強制的にスイス兵に賠償金を支払わされる――フランス軍撤退後の政治的変動

【第11巻】

第1章

教皇とフェラーラ公との間で、ローマにおいて話し合いがなされるが実を結ばない――公はコロンナの援助でローマを離れる――フィレンツェ軍、ヴェネツィア人の傭兵によって略奪される――パテルナ村でのフランス軍の敗北――イギリス軍の攻撃。フランス王国の困難な状況

第2章

同盟諸国それぞれの様々な渇望。スイス人に対する教皇の好意――フィレンツェ人の中立に対する嫌悪――同盟諸国に対するフィレンツェ人の不安と懼れ――フランス軍、グルク枢機卿にレニァーゴを引き渡す。またヴェネツィア人はベルガモを占領――フィレンツェに対する同盟諸国の合意

第3章

スペイン軍と教皇の傭兵隊長、メディチ家がフィレンツェ共和国に対抗――フィレンツェの外交使節団が

副王に派遣される。副王の要求――フィレンツェ防衛の準備と教皇との協定の試み――副王の要求に対してフィレンツェでは意見が分かれる。コンシーリオ・マッジョーレ（大会議）の召集とゴンファロニエーレの演説。コンシーリオの決定。副王、プラートに至る――副王はフィレンツェとの協定に傾く

第4章

プラートの占領と劫略――フィレンツェにおけるゴンファロニエーレの罷免。フィレンツェ人と副王との協定――フィレンツェの政治改革。メディチ政権の復活――自由を失うに至ったフィレンツェの過誤――ジェノヴァの城塞の降伏

第5章

フランス軍側からするブレッシァの副王への譲渡。クレーマのヴェネツィア人への譲渡――ローマでのグルク司教に対する歓待――司教とヴェネツィア人、教皇とアラゴンの大使たちとの交渉。パルマとピアチェンツァ問題――皇帝と教皇との同盟。ヴェネツィアを同盟から排除――マッシミリアーノ・スフォルツァの荘重なミラノ入城――ヴェネツィアと皇帝マクシミーリアーンの和平のために教皇は再度努力するが徒労に終わる

第6章

イギリス人とスペイン人、フランスに対抗。アラゴン王側からするナヴァラ王国の占領。フランス国王に対する教皇の脅迫。イギリス軍がアラゴン王との意見の対立により作戦行動を放棄――フランス軍によるナヴァラ王国解放の試みは失敗する――フランス軍に逃亡しようというカラブリア公の陰謀の発覚

第7章

フランス国王の合意への希望。グルク司教、ヴェネツィア人、アラゴン王との秘密の交渉――スイス人と

の合意の試みは失敗――ヴェネツィア人と皇帝に関して取るべき政略をめぐってのフランス王室会議での意見の分裂――ヴェネツィア人と皇帝とを和解させようというアラゴン王の努力

第8章

ユリウス二世の死。筆者のユリウス観――スペイン副王の側からするピアチェンツァとパルマの占領――レオ十世の選出。分離派枢機卿たちに対するレオ十世の寛大な措置の約束――新教皇の盛大な即位式

第9章

フランス国王とアラゴン王との休戦――休戦条約締結によるイタリアにおける不安――フランス国王を新たにイタリア遠征に駆り立てた理由――ヴェネツィア人とフランス国王の同盟

第10章

教皇の態度と行動に対するフランス国王の疑い――教皇の慎重な態度――スペイン副王の曖昧な態度――フランス軍接近によるミラノの最初の不安――スペイン副王のトレッビア出発と突然の帰還――変事を待つ副王の態度

第11章

ヴェネツィア人の最初の作戦行動。ミラノ公国の諸都市、フランス軍に降伏――ヴェローナにおけるドイツ軍の勝利――ジェノヴァ、再びフランス国王に忠誠を誓う

第12章

フランス軍、ノヴァラを攻撃した後、ノヴァラから二ミーリアのところで野営。モッティーノ、敵の野営地を攻撃するようスイス軍に演説を行う――スイス軍の勝利とその豊かな成果――ヴェネツィア人の戦争の推移

第13章
分離派枢機卿の恭順な行動――皇帝に対する教皇の援助――ヴェネツィア人の懸念とその迅速な決定
第14章
ドイツ軍の優柔不断。レンツォ・ダ・チェーリの幸運な作戦行動――ノヴァラ以後、スペイン人の影響下にあったジェノヴァ政権を変えようというアドルニ家およびミラノ公の意図――パドヴァに対するドイツ軍とスペイン軍の作戦は失敗――ベルガモ、クレーマ領における戦闘――ヴェネツィアに対するドイツ軍とスペイン軍、教皇軍の行動
第15章
ドイツ軍の慌ただしく困難なヴェネト地方への撤退――ヴィチェンツァにおけるヴェネツィア軍の予期せざる大敗北
第16章
ヴェネツィア人と皇帝との妥協を調停する教皇――ヴェネツィア軍と皇帝軍の戦闘が続行――ジェノヴァに対するアドルノ家とフィエスキ家の新たな試み。フィレンツェ人とルッカ人との間の問題。ミラノ城塞とクレモナ城塞の降伏。フランス軍に取られたランテルナに対するジェノヴァ人の企て

【第12巻】
第1章
フランスに対するイギリス王の行動と準備。フランス国王の防衛準備――イギリス王の遠征――テルロアーナの占領――皇帝マクシミーリアーン、イギリス軍を訪問

第2章
スイス軍、ブルゴーニュに侵入――トレムーユとの合意――合意文書の批准の機会をめぐってのフランス国王の優柔不断

第3章
フランスにおけるイギリス人の戦いの新たな推移――フランス国王のさらなる不安と危険――王と教皇との和解――フランス王妃の死

第4章
フランス国王に対してもっと寛大な措置を取るよう、教皇はスイス人に助言する。また王に対してはスイス人と取り決めた合意に固執するよう勧告する――スイス人と王の和解の困難さ――フランス国王とアラゴン王の休戦条約の延長

第5章
ヴェネツィア人と皇帝マクシミーリアーンは教皇に対し新たに妥協のための仲介を願う――ヴェネツィア人とドイツ人との新たな戦闘――教皇の調停の条件と失敗――レンツォ・ダ・チェーリのクレーマに対する幸運な作戦――フリウリにおける戦いの推移

第6章
フランス国王に対するスイス人の執拗な嫌悪と王の教皇に対する疑惑――フランス国王と協約を結んだことに対するイギリス国王のアラゴン王に対する怒り――フランス国王とイギリス王の和平条約――皇帝マクシミーリアーンと教皇、アラゴン王と教皇との協約。フランス国王とのもう一つの協約

第7章
フランス国王とイギリス国王との間に締結された協約についての諸君主およびスイス人の思惑――ミラノ公国に行動を起こすよう教皇はフランス国王に要求する――ジェノヴァのランテルナの降伏――教皇の政略とフランス国王の新たな不安
第8章
アルヴィアーノに対するスペイン人の陰謀。ヴェネト地方におけるヴェネツィア人とスペイン人との戦闘――クレーマとベルガモ地方における戦闘の新たな経緯――ヴェネト地方におけるアルヴィアーノの活動――フリウリにおける静けさ――ジェノヴァにおけるフィエスキ家とアドルニ家の企て――ポルトガル王の教皇への贈り物
第9章
フランス国王の教皇に対する援助要求。教皇の王に対する回答――フランス国王の死。筆者の王についての論評
第10章
フランスの新王。才能とその熱望――イギリス国王と大公との合意――ヴェネツィア人との合意――フランス国王のミラノ公国征服の企てに対し、皇帝マクシミーリアーン、アラゴン王、ミラノ公、スイス人による同盟
第11章
フランス国王によるイタリア遠征の準備――教皇の好意を得ようという試みと希望――教皇の曖昧な態度――王とジェノヴァのドージェとの合意――イタリア遠征の開始

第12章

スイス人、ミラノ公国の防衛に当たる――フランス軍、スイス兵によって守られたアルプスの峠越えを避ける――リヨンからアルプスを越えてイタリアに入る――イギリス国王によるイタリア遠征に反対の助言――アルプスを越えたフランス軍、サルッツォ侯国に入る――プロスペロ・コロンナ、フランス軍の捕虜となる

第13章

イタリア侵入後、教皇のフランス国王に対する意向は改善される――エミーリアの諸都市を放棄しようという教皇の意図に対し、ジューリオ・デ・メディチは反対する――ナポリ副王を待とうという姿勢――スイス兵はフランス国王と協議しようとする

第14章

フランス国王は教皇が敵であることを知る。スイス兵の動揺。ノヴァラの降伏――フランス軍、ミラノに至る。住民の態度――フランス国王とスイス兵との和平、即刻阻止される――ナポリ副王はヴェローナからパルマに移動。アルヴィアーノはポリネジーネ・ディ・ロヴィゴからクレモナに移動――フランス国王、マリニァーノに至る。様々な軍の配置

第15章

教皇軍に対するナポリ副王の疑い――スペイン軍と教皇軍はポー川を渡ることを決定するが実行されない――スイス兵に対するセドゥネンセ枢機卿の激励の演説――スイス軍とフランス軍との戦闘の第一日――戦闘第二日とアルヴィアーノの突然の到着。戦闘の重大さと結果。その帰結

第16章

教皇とフランス国王の合意――フランス軍、ミラノ城塞を攻撃――フランス国王とマッシミリアーノ・ス

フォルツァの合意。マッシミリアーノ・スフォルツァ、フランスに赴く

第17章

ヴェネツィア人、フランス国王に援軍を要請――アルヴィアーノの死と兵士間の名声。筆者の評価――ヴェネツィア人の成功――ヴェネツィア人とフランス人、ブレッシァを攻撃。作戦の失敗

第18章

教皇とフランス国王、ボローニァで会見。様々な問題が話し合われる――王の帰国。スイス人との合意――シエーナにおける政変

第19章

アラゴン王の死。筆者の評価――大将軍《グラン・カピターノ》の死――ナポリ王国を獲得したいというフランス国王の渇望と希望――プロスペロ・コロンナの釈放

第20章

ドイツ軍とフランス・ヴェネツィア連合軍の戦いが再開される――皇帝、新しい軍隊を率いてイタリアに入る。皇帝の成功。ミラノ人に対する警告――フランス軍、ミラノに引き籠る――スイス兵の到着――皇帝の恐れ。ミラノ公国からの撤退――スイス兵、故国に戻る――ローディとサン・タンジェロの劫略――皇帝の遠征中、教皇は曖昧な態度をとる――ブレッシァ占領

第21章

ウルビーノ公に対する教皇の戒告状――ロレンツォ・デ・メディチによるウルビーノ公国の占領。要塞の降伏――ロレンツォの叙任――教皇に対するフランス国王の疑惑と不満の根拠

第22章

フランス国王とスペイン国王の交渉――ヴェローナ領とマントヴァ領におけるフランス軍――ロートレックのドイツ歩兵、ヴェローナ攻撃を拒否――ノヨンにおけるフランス、スペインの合意――フランス軍とヴェネツィア軍のヴェローナ攻撃――ロートレック、ヴィラフランカに撤退。ヴェローナの強化――フランス国王と皇帝の和平。王とスイス兵との合意。ヴェローナはヴェネツィアに復帰

【第13巻】

第1章

イタリアの平和と静けさの空しい希望――ウルビーノ公国再征服のためにフランチェスコ・マリア・ローヴェレは外国軍を傭う――教皇の懼れと疑惑――教皇とロレンツォ・デ・メディチはロマーニァに兵を送る――公国に入ったフランチェスコ・マリアに対する住民の慶ばしい歓待。ウルビーノの再征服――ファノに対する企て。ペーザロの立場

第2章

諸君主に対する教皇の苦情と援助要請――教皇に対する諸君主の回答。教皇とフランス国王の新たな協約――協約内容

第3章

ウルビーノ公領へのロレンツォ軍の侵入――フランチェスコ・マリアの大使、ロレンツォによって獄に入れられる――ロレンツォ軍の能力――フォソムブローネと代理者――勝利の最初のよき機会がロレンツォ軍から失われる

第4章
ロレンツォ軍、モンテ・バロッチョ方面に撤退。敵との小競り合い。先んじてこの地を占領する――両軍の陣地――ロレンツォ軍の再度の移動――サン・ゴスタンツォの占領――ロレンツォ軍、モンドルフォに至る。ロレンツォの負傷――城塞の降伏
第5章
サンタ・マリア・イン・ポルティーコ枢機卿、教皇使節として軍に派遣される。ドイツ兵とイタリア兵の口論から暴動が発生。その結果、作戦は中断される――スペイン兵とドイツ兵、教皇軍から脱走――軍の首脳がベンティヴォーリオをボローニァに復帰させるよう助言。これに対する教皇の怒り
第6章
フランチェスコ・マリア、ペルージアに向かう――敵と通じたスペイン軍首脳の処刑――ウルビーノ公の作戦を失敗させるための教皇の措置――ジァンパオロ・バリオーニとフランチェスコ・マリアの合意――敵の前進のためフランチェスコ・マリアは公国内に撤退せざるを得なくなる――教皇に対するアルフォンソ・ペトルッチ枢機卿の陰謀――審問と陰謀者たちの処罰――新しい数多くの枢機卿たちの任命。その中の若干名はローマの貴族の家門に属している
第7章
フランチェスコ・マリアは国境にいる――教皇に対してフランス国王は援助を申し出る。相互の不信。およびスペイン王の疑惑――リーミニのボルギにおける戦闘。フランチェスコ・マリア、トスカーナに入る。フランチェスコ・マリアと教皇の困難――合意――戦争とその方法についての筆者の考察――スペイン王はその領土を手に入れる。ヴェネツィア人はフランス国王と防御同盟を更新する

第8章

一五一八年はイタリアにとって平和と静けさの年。トルコ遠征のための君主間の交渉――家族内の犯罪とセリムの前進。マメルク――セリムの力――キリスト教君主に対する教皇の訴えと遠征計画。キリスト教君主間の五年間にわたる休戦が枢機卿会議で発表される――君主間には遠征に対する熱狂は見られない――セリムの死

第9章

教皇とフランス国王との間の誠意の表明――ヴェネツィア人と皇帝の休戦条約の延長――フランス国王とイギリス国王との同盟と姻戚関係――フランス国王とスペイン国王の和平の確認――ジァンヤコポ・ダ・トリヴルツィの死。筆者の評価

第10章

皇帝は孫がローマ王に任命されるのを望んでいる。皇帝はフェルディナンドを好んでいるが、側近の助言者たちはカルロを好む――フランス国王は皇帝の戴冠に反対の行動をとる――皇帝の死。筆者の評価

第11章

フランス国王とスペイン国王の帝権への渇望――両者の望み――教皇の不安と慎重さ――両王による軍の準備と偽りの友情――ロレンツォ・デ・メディチの死。ウルビーノ公国は教皇座のものとなる

第12章

選帝侯の好意を得るためのフランス国王の努力。ドイツ人は外国の君主に帝権が移るのを好まない――教皇の態度――スペイン王が皇帝に選ばれる――カルロ（カール）選出の印象――フランス国王との対立の理由

第13章
教皇はフェラーラ公国を狙っている――フェラーラを密かに攻撃する目的をもってヴェンティミーリア司教が軍とともに移動する――作戦の失敗の理由――計画の解消
第14章
ルターの思想の最初の拡散。教皇の宮廷から提供された機会。ドイツにおける免罪符販売に対する反感――ルターは教会の諸原則を否定しはじめる――ルターに対して教皇の取った措置。それらが有効でなかった理由
第15章
ジァンパウロ・バリオーニ、教皇によってローマに召喚される。投獄され、処刑される――フェラーラ公に対する教皇の新たな策謀――アクイスグラーナでの皇帝の戴冠式。その不安の理由――スペイン歩兵による教会領に対する威嚇

【第14巻】
第1章
一五二一年には強大な二人の君主の嫉妬のためにイタリアに新たな戦争がもたらされる。かくしてイタリアの平和は三年で終わった――教皇は六千のスイス傭兵を雇うが、いかなる作戦のためか知る人はいない――フランス国王と教皇の秘密協定――ナヴァラ王国は先王に征服されている――フランス軍の成功はスペインにおける融和を決定する――フランス国王に対する皇帝と教皇の同盟――ミラノ公国に対する皇帝の権利
第2章
ジェノヴァとミラノ公国に対する、スペイン人、教皇、スフォルツァ家および政治亡命者たちの計画とそ

の試み――フランス軍のレッジョ攻撃。レッジョで集められた亡命者にとっての出来事。スクードとグイッチァルディーニの会談――火薬の爆発とミラノ城塞の城壁の破壊

第3章

レッジョの事件に対する教皇の苦情と皇帝との公然たる協定――コモに対する企ての失敗――ミラノ公国に対する戦争準備と計画――フランス国王の防衛準備

第4章

パルマ近くの教皇軍とスペイン軍。グイッチァルディーニ、教皇軍のコミサーリオ・ジェネラーレに任命される――ドイツ軍の到着――指揮官の様々な意見――作戦行動の緩慢さ、コミサーリオによって叱責される。パルマに野営することが決定される

第5章

パルマ包囲。攻撃のための準備作業――包囲側はフランス軍によって放棄されたコディポンテを占領――ロートレック、軍を率いてパルマから七ミーリアの地点に至る――モーデナ領におけるフェラーラ公の幸運な作戦と公に対して派遣された軍隊――スペイン・教皇連合軍の指揮官の疑惑。彼らとコミサーリオ・ジェネラーレとの議論――パルマの野営を解く

第6章

スペイン・教皇連合軍の指揮官たちの決定に対して教皇は残念がり一般に驚きをもって迎えられる。敵軍の陣地――フランドルにおける皇帝軍の不運――スペイン・教皇連合軍の新たな戦争計画――ミラノ亡命者の不運と無謀さ――ジョヴァンニ・デ・メディチのポー川のポンテ・ディ・バルケに対する攻撃は失敗する――軍は素早くポー川を渡る――スイス兵は教会領に残りフェラーラ公と対決する

第7章

教皇軍とスペイン軍、カザルマッジョーレに至る——メディチ枢機卿、特使として軍に至る——オリオ川における軍——イタリア人歩兵とスペイン兵とのいざこざ。ジョヴァンニ・デ・メディチとストラディオッティとの戦い——敵軍の移動——フィナーレにおけるフェラーラ公軍の大敗

第8章

スイス兵の南下。彼らはミラノ公国を攻撃したくない。スペイン・教皇軍との協定——スイス兵、フランス軍から離脱。その理由——ロートレックはアッダ川で敵に抵抗できるのではないかと思う——川を渡るべくプロスペロ・コロンナによって送られた最初の軍隊——スペイン・教皇連合軍、アッダ川を渡る。ロートレック、ミラノに撤退

第9章

勝利を得たプロスペロ・コロンナの栄光——スペイン・教皇連合軍、マリニァーノに宿営。ここよりミラノに進軍——ミラノ入城。公国の他の都市もスペイン・教皇連合軍に投降——フランス軍と戦ったスイス歩兵軍の怒り

第10章

レオ十世の死。筆者の評価——フランス軍の手に残された都市と要塞。トルナイは皇帝が占領。ミラノ公国における教皇の死の余波。フェラーラ公の前進——フランス軍とヴェネツィア軍によるパルマ攻撃——コミサーリオであったフランチェスコ・グイッチァルディーニの働き——自信と叱咤激励に満ちた彼の演説——パルマに対する敵の攻撃は失敗

第11章

パルマ攻略失敗の帰結。ウルビーノ公、公国を再征服――ウルビーノ公とバリオーニの兵がペルージアを攻撃――敵軍、ミラノ公国に侵入――新しい教皇選出のための枢機卿会議《コンクラーヴェ》がイヴレア枢機卿の監禁のため延期される

第12章

ペルージアの政変――教皇選出の困難。メディチ枢機卿の野心――ハドリアーヌス六世の選出――ウルビーノ公とバリオーニ、シエーナに向け進撃――フィレンツェ人の懸念と準備。作戦の失敗――ウムブリア、トスカーナ、ミラノ公国内における暗黙の休戦

第13章

フランス軍、アレッサンドリアとアスティを失う――フランス国王に雇われたスイス兵、ミラノ公国に向かって進撃――ドイツ人歩兵、皇帝とミラノ市民によって雇われる――修道士アンドレア・バルバートのフランス兵に対する説法――ミラノにおけるプロスペロ・コロンナの戦争準備――フランス・ヴェネツィア軍の動き。ジョヴァンニ・デ・メディチ、フランス軍に移る――ロートレックの措置によってミラノ人は窮乏に突き落とされるが、これによく耐える

第14章

ミラノ公、トレントからパヴィーアに至る。敵軍の状況と戦闘。ミラノ公、ミラノに入る。住民の温かい歓待――ロートレック、パヴィーアに至り次いでモンツァに移る。スイス兵の不満と抗議――フランス軍、ビコッカを攻撃するが失敗――敗北の結果――ミラノ公国におけるフランス軍のさらなる敗北――ジェノヴァ、皇帝軍の手に落ちる

第15章
ベンティヴォーリオ、ボローニァを攻めるが失敗――シエーナおよびフィレンツェにおける政変の試みは失敗――ルッカにおける危険な事件――シジスモンド・マラテスタ、リーミニを占領

【第15巻】

第1章
フランス国王がミラノ公国奪取作戦を再び試みるのではないかという懼れ。スペイン軍、イタリア諸国に税を課す――ハドリアーヌス六世、ローマに着く――皇帝、ヴェネツィア人と合意に達しようとする。イギリス国王が、皇帝とフランス国王に対し停戦するよう勧告する――皇帝、フィレンツェ人に特権状を与える――スペインでの暴動の責任者に対する皇帝の措置――ローディがソリマーノの手に落ちる――教皇、リーミニを回復。ウルビーノ公の懲戒を解く――エステ公をフェラーラに再叙任する――ミラノ城塞の降伏

第2章
ヴェネツィア人と皇帝の和平交渉。フランス国王、ヴェネツィア人に同盟の維持と援助を約束――ヴェネツィア元老院における意見の分裂。アンドレア・グリッテはフランス国王との同盟を維持すべしと説く。ジョルジョ・コルナロは皇帝との同盟を支持する――ヴェネツィア人の決定。皇帝、オーストリア大公フェルディナンド、およびフランチェスコ・スフォルツァとヴェネツィア人との協定

第3章
トルコに対してキリスト教君主を大同団結させようという教皇の試み――ヴォルテルラ枢機卿、教皇の不興を買う――君主の同盟。教皇も加わる――フランチェスコ・スフォルツァに対する陰謀――ヴァレンシア

における暴動――コネスタビーレ・ブルボン公の脱走――ボニヴェのイタリア遠征。ティチノ川右岸の諸都市の占領――プロスペロ・コロンナの驚き。彼の最初の決定。フランス軍、ミラノに接近――教皇ハドリアーヌスの死

第4章

モーデナ、レッジョ領内での紛争と戦い――モーデナ守備隊、スペイン人歩兵とともにフェラーラ公と戦う――コミサーリオのグイッチァルディーニ、モーデナを守るため迅速な措置を講ず――レッジョとルビエラ、フェラーラ公によって占領される

第5章

フランス軍、ローディを占領。クレモナは失敗――ロンバルディアでの戦い。フランス軍に対する戦いはうまくいかない――モーデナ譲渡をめぐってのプロスペロ・コロンナとフェラーラ公の協定はコミサーリオのグイッチァルディーニの知るところとなる――モンツァを皇帝軍は再び取る。敵軍の状況――休戦の努力は徒労に終わる――フランス軍の撤退

第6章

コンクラーヴェとクレメンス七世の選出――新教皇の仕事に対する期待――アローナ城塞に対するレンツォ・ダ・チェーリの攻撃は失敗――プロスペロ・コロンナの死。筆者の評価――シャルル八世以後の戦争遂行の仕方の変化――フランスに対する皇帝の作戦は失敗

第7章

戦争を終わらせるための同盟諸国の合意――教皇の態度――ペスカラ侯とジョヴァンニ・デ・メディチの幸運な戦闘――敵軍の動き――ヴェネツィア人のガルラスコに対する、ジョヴァンニ・ドゥルビーノのサル

ティラーナに対する戦い――ミラノ公国内のその他の戦い

第8章

フランス人に雇われたグリジョーニ兵はクラヴィーナと合流して故国に帰る――フランス軍、ビアグラッサを失う。ミラノにペスト流行――ボニヴェ、ノヴァラに至る。次いでノヴァラからロマニァーノに出て、敵に追跡されつつセッシア川に至る。攻撃され、ボイアルドが重傷を負い、戦死する。ボニヴェのフランス帰還――イタリアはしばしの間、戦争の災厄から解放される。しかし戦争が新たに再開されるのではないかという疑念は残る

第9章

皇帝の兵、フォンテラビアを奪う。教皇は君主に和平を行うよう、あるいは休戦を受け入れるよう勧めるが徒労である。イギリス国王はフランスの王冠を要求。エボラチェンセ枢機卿の野心――戦いをフランスに移すための皇帝とイギリス国王の合意。教皇はこれに反対――ニース占領――プロヴァンスにおける戦いの経過――フランス国王は戦いをイタリアで行うことを決意――皇帝軍、プロヴァンスから撤兵――敵軍、ミラノ公国に侵入

第10章

ペスト以後のミラノの悲惨さ――ミラノ人に対するモローネの演説――フランス軍、ミラノに至る。ミラノの城塞を包囲するために守備兵を残す――皇帝の障害。旧同盟国の態度――フランス国王、パヴィーアを攻撃するが失敗。ティチノ川の流れを変えようという試みは失敗。パヴィーア包囲

第11章

教皇による新たな和解の試みと失敗。教皇とフランス国王の合意。皇帝の新しい不安と困難

第12章

フランス国王のナポリ王国遠征の計画と準備。教皇の異議申し立て――準備の中断と再開。ナポリ副王に対する教皇の提案――副王の教皇に対する回答――皇帝に対する教皇の書簡。皇帝の苦情に対する教皇使節の返答

第13章

フェラーラ公によるフランス国王に対する軍需品の発送――ナポリ遠征軍の司令官アルバニア公、ルッカに接近。ヴァラジーネの戦い。アルバニア公、シエーナに至る。シエーナ政権の再編成――ローマで公と公の敵コロンナ家によって歩兵が徴集される

第14章

パヴィーアにおける籠城軍の窮乏。皇帝の大使に対するヴェネツィア人の回答――皇帝軍における金の不足――皇帝軍、パヴィーアに進撃――フランスの王室会議での意見の対立。王はパヴィーアの包囲の続行を決定。包囲軍の新しい状況――フランス国王の力――皇帝軍、サンタンジェロ城を占領――フランス軍にとって不運な事件――プリジョニ人、自国の兵を王から召還する――皇帝に対するイギリス国王の援助

第15章

皇帝軍、パヴィーア近くを占領し敵軍に接近。籠城軍に対する軍需品の補給――敵軍の小競り合い。教皇使節による両軍間の休戦の試み――ジョヴァンニ・デ・メディチの負傷――パヴィーアの戦い

【第16巻】

第1章
パヴィーアの戦いの後の皇帝権力に対するイタリア諸国の懸念――ヴェネツィア人および教皇の懸念の特殊な理由――皇帝の敵意を教皇が恐れる理由――ヴェネツィア人、教皇に合意の提案を行う
第2章
教皇は全力をあげて皇帝との協定を求める――協定にヴェネツィア人を入れることの難しさ――アルバニア公のフランス帰還――教皇と皇帝の同盟――同盟に対する評価の多様性。筆者の評価
第3章
フェラーラに対する教皇たちの政策。彼らの野心――クレメンス七世の選出後の公の不安。教皇と皇帝の同盟に対する恐れ
第4章
ピストイア司教、教皇の求めでフランス国王を訪問し慰める――皇帝はルッカ人を保護下に置く。シエーナの新たな政変――他のイタリア諸君主と皇帝との合意。ドイツ兵、ドイツに帰る
第5章
いかにして皇帝は勝利の知らせを受け取ったか。会議の召集。オスマ司教の演説。アルバ公の演説――いかなる条件で王に自由を与えるか皇帝は王に知らさせる――王の返答
第6章
王の敗北と捕虜。フランスにおける悲しみ。皇帝に対する摂政の提案。ヴェネツィア人と教皇に対する提案――皇帝とイギリス国王の合意の難しさ――イギリス国王とフランスの摂政との合意――イタリアにおけ

る皇帝の隊長たちの尊大さ

第7章

ナポリ副王と結んだ合意を教皇は公表する。副王に対する教皇の不満の理由――皇帝は教皇との合意に一方的に批准するが、教皇は批准の字句を拒否する――ヴェネツィア人の待ちの態度――フランス国王、スペインに護送される。皇帝の王に対する態度――皇帝とフランス政府との休戦。イタリア問題の処理と皇帝軍

第8章

フランス国王をスペインに移送したことに対する様々な不満。ヴェネツィア人の不満、教皇の不満、ブルボン公の不満、ペスカラ侯の不満――ミラノ公の、皇帝への臣従の条件。臣下の不満。ペスカラ侯、教皇、ヴェネツィア人に対するモローネの反皇帝陰謀の提案――ペスカラ侯の態度。ペスカラ侯は皇帝に陰謀について通告する――フランスの摂政の約束――皇帝はペスカラ侯にカピターノの称号を贈る――フランチェスコ・スフォルツァの叙任――公の病。ペスカラ侯、新たに兵を徴集

第9章

フランス国王の病。皇帝の訪問と約束――皇帝とアランソン令夫人との交渉の難しさ――皇帝と教皇の交渉

第10章

モローネ、ペスカラ侯に捕らえられる――ペスカラ侯、ミラノ公国を占領、ミラノ人に皇帝への忠誠を誓わせる。またミラノ公のいるミラノ城塞を塹壕をもって包囲する。皇帝の力に対するイタリア全体の恐れ。ペスカラ侯の行動に対する評価――皇帝の使節に対するヴェネツィア人の回答

第11章

ブルボン公、スペインに行く。公に対するスペイン貴族の侮蔑――ペスカラ侯の死。筆者の評価――反皇

帝同盟の結成に対する教皇の優柔不断
第12章
レオ十世とジューリオ・デ・メディチの性格の違い。ジューリオの天分に対する一般の評価と教皇に選出されたことによる一般の期待。決断と実行における優柔不断――助言者たちと彼らの働きの仕方――教皇は既に反皇帝同盟の結成を決断していたが、皇帝の大使たちの到着によって合意を延期する
第13章
皇帝が教皇に大使を派遣した理由――皇帝の提案と大使の約束に対する教皇の反論――教皇と皇帝との暫定的な合意
第14章
皇帝に対する教皇の書簡。ミラノ公に対する教皇の支持――皇帝とポルトガル王女との結婚――フランス国王に対する政策とイタリアにおける政策についての皇帝の助言者たちの議論。大法官の演説。ナポリ副王の演説
第15章
皇帝、フランス国王との合意を決断する――合意条項――合意条件によって呼び起こされた印象。大法官、署名を拒否する――皇帝とフランス国王は互いに親密さを表明する
第16章
皇帝は教皇にフランス国王との合意とミラノ公国についての意向を通告する――教皇は決定の自由を維持することを決意。フランスにとくに大使を派遣して王の意向を知ろうとする――ヴェネツィア人も同一の政策に従う

第17章
フランス国王の釈放。人質としての王子たちの引き渡し――王、直ちにバイヨンヌに赴く。ここからイギリス国王に書簡を送る

【第17巻】

第1章
釈放されたフランス国王の決断に対してのイタリアにおける活発な期待――教皇とヴェネツィア人の大使たちに対しフランス国王は皇帝に対する遺憾の念を表明するが、その理由。王の真の意図――城塞に包囲されたミラノ公の困難な状況と皇帝軍兵士を支えるミラノ公国の住民の負担――ミラノにおける不満と騒動
第2章
教皇が皇帝に対抗して、フランス国王との合意を提案した理由――フランス国王と同盟を締結しようという、教皇とヴェネツィア人の決定――傭兵の徴集
第3章
フランス国王、ナポリ副王に対して皇帝と結んだ条件に関して説明し提案する。また教皇、ヴェネツィア人との合意の締結を遅らせる――フランス国王の提案に対する皇帝の怒りと皇帝の決断――教皇－ヴェネツィア人－フランス国王間の同盟条約――教皇とヴェネツィア人、戦争を決定
第4章
皇帝の名におけるウーゴ・ディ・モンカーダとミラノ公との合意交渉――皇帝の名におけるウーゴ・ディ・モンカーダと教皇との合意の試み――アントーニオ・デ・レーヴァの書簡が教皇総代理によって途中で

押さえられる——スイス兵のイタリア到着が待たれる。その遅れの理由——皇帝の隊長たちによって挑発されたミラノの騒動

第5章

同盟側によるローディ占領——この占領の重要さ。スイス兵の到着が待たれる。ヴェネツィア・教皇軍の移動。軍の首脳間の意見の不一致——スイス兵の到着。同盟軍と合流。城塞救援のためにミラノに進撃することが決定される

第6章

スペイン兵を率いてブルボン公、ミラノに到着——ヴェネツィア・教皇軍、ミラノに迫る。敵軍との小競り合い——ウルビーノ公、突然ミラノ離脱を決意する——同盟軍のミラノ撤退に対する一般の驚き

第7章

戦争の経過とローマにおける暴動の危険に対する教皇の不安——教皇、シエーナ政府を覆そうとするが失敗する。教皇軍・フィレンツェ軍・亡命軍、シエーナを包囲

第8章

フランス国王のスイス兵獲得の困難さ——皇帝軍の言いなりになったミラノ人の悲しき状況。ブルボン公に寄せられた希望。一ミラノ人の公に対する演説——ミラノ人に対するブルボン公の約束。しかし約束は果たされない——同盟軍の唾棄すべき放縦さ

第9章

同盟軍、ミラノ城塞の守備兵の困難な状況のために再びミラノに近づく——軍ののろさと優柔不断に対するスイス軍隊長たちの驚き——ミラノ城塞の降伏。降伏の条件——教皇軍、シエーナから撤退——ハンガリ

ア、トルコ軍に攻撃される

第10章

ウルビーノ公、同盟軍全軍の総司令官に任命されることを要求する。フランス国王からのスイス兵を待ってクレモナを攻撃することを決定――教皇の恐れと不安――フランス国王に対する教皇の要求と激励――イギリス国王とも教皇は交渉する――フェラーラ公との交渉

第11章

皇帝の戦争準備――同盟軍のクレモナ攻撃は失敗する――ウルビーノ公、新しい兵をもってクレモナ攻撃を行うことを決定――ミラノ遠征がなされた、その方法をめぐっての好意的でない評価――ヴェネツィア・教皇・フランス連合艦隊、ジェノヴァ周辺の海を制す――クレモナの降伏

第12章

教皇によるフランス国王、イギリス国王との交渉の結果――グリジオーニ兵、同盟軍に雇われる――両軍のロンバルディアにおける微温的な戦い――フィレンツェ人の重荷。シエーナ人の煩わしさ

第13章

教皇とコロンナ家との協定――ハンガリアでのトルコ軍の勝利の知らせ。教皇に対する影響――コロンナ家の裏切り。ローマにおける煽動された暴動――教皇と皇帝軍、コロンナ家との休戦――ロンバルディアにおけるその結果。ドイツ兵、スペイン兵、クレモナより出発

第14章

教皇－フランス国王－ヴェネツィア間で結ばれた同盟による皇帝に対する宣戦――同盟軍のロンバルディアにおける移動――フルンツベルク、ドイツにおいてイタリア侵入のための兵を徴募。ウルビーノ公の新た

な決定

第15章

教皇、フランス国王に新たに大使を派遣する――教皇軍、コロンナ領に入る――教皇とフェラーラ公との交渉の試みは失敗――マントヴァ領におけるフルンツベルク軍。ウルビーノ公の決定

第16章

ボルゴフォルテの戦い。ジョヴァンニ・デ・メディチの負傷と死――コデモンテ沖での敵艦隊との衝突。皇帝の艦隊、ガエタに入る――ドイツ軍の進軍。ミラノからパヴィーアに派遣された皇帝軍――同盟国の防衛準備。ドイツ兵、トレッビアに至る

第17章

皇帝宛ての教皇書簡と皇帝の返事。フランチェスコ修道会の会長、教皇に対し皇帝の名のもとで休戦交渉を行いたいと申し出る。休戦交渉と教皇の戦争準備。教皇に対するナポリ副王の態度が変化する――同盟側との和平にあたっての皇帝の過大な要求――フェラーラ公と皇帝の協定

【第18巻】

第1章

一五二七年は様々な事件と災厄に満たされた年――エミーリアに集結した皇帝軍の動き――教皇領における戦争の推移――同盟諸国とイギリス国王に対する教皇の援軍の要請。教皇とナポリ副王との交渉に対する同盟諸国の疑い

第2章

ナポリ副王、フロシノーネを攻撃するが失敗――教皇と副王の休戦。皇帝の教皇に対する申し出――副王軍、フロシノーネから撤退

第3章

同盟側、ナポリ王国の攻撃を決定――作戦の開始。教皇の優柔不断。ヴェネツィア艦船のカンパニーアに対する攻撃、アブルッツィにおける陸軍の作戦――ナポリ王国進攻が進まなかった理由

第4章

ウルビーノ公の提案した作戦計画――エミーリアにおける戦闘とガイアッツォ伯の変節――皇帝軍、トレッビアから移動。兵の驚くべき堅固さ――敵軍の動き――ミラノ公によるモンツァ占領――エミーリアにおけるドイツ軍の困難さ。同盟軍およびウルビーノ公軍の無為――フルンツベルクの病

第5章

教皇、戦争に自信を失う。フランス国王やその他の同盟国からの援軍は乏しい。フィレンツェと教会国家について教皇は恐れている。皇帝の代理人との合意――教皇の軽率な準備。結ばれた合意に対する教皇の過度の信頼――皇帝軍は頑固に戦争の継続を欲している――皇帝軍は休戦協定を守るつもりはない――ナポリ副王は教皇を安心させ、フィレンツェでブルボン公の代表者と交渉する

第6章

休戦の締結による教皇の希望は空しい。教皇総代理の仕事。同盟から見捨てられないための努力。同盟の不決断――ロマーニァの諸都市、ブルボン公によって占領される。ナポリ副王、ローマで締結された休戦協定の確認についてブルボン公に通達する――ブルボン公、アペニン山脈を越える。教皇総代理、同盟軍をト

スカーナに入れさせる。フィレンツェは安全を確保、ローマに危険が迫る――教皇は休戦を信じ、軍を解雇する

第7章

ブルボン公、アレッツォに接近。同盟軍の決定――フィレンツェにおける騒動。フィレンツェの危険な状況。騒動の鎮静化――教皇総代理に対する中傷――同盟軍の作戦による騒動の重大な結果――教皇とフランス国王、ヴェネツィア人の新しい同盟

第8章

ブルボン公、ローマへの進撃を決定。教皇の準備の遅れ――教皇の援軍要請に対するローマ人の熱意のなさ――同盟側、ローマに軍を派遣することを決定――ローマ防衛の可能性に対するレンツォ・ダ・チェーリの自信と教皇の信頼――皇帝軍のローマ攻撃。ブルボン公の死。ローマ劫略――同盟軍、ローマに到着するが直ちに撤退する

第9章

ローマに向けての同盟軍の進撃。教皇を解放しようという試みの挫折――同盟軍の緩慢さ。教皇と皇帝軍との降伏協定締結の遅れ――教皇総代理の懇願も空し

第10章

教皇と皇帝軍の合意。サン・タンジェロ城にいる教皇に対する厳しい監視――合意にもかかわらず教皇に忠実な都市。フェラーラ公、モーデナを占領。ヴェネツィア人、ラヴェンナとチェルヴィア占領。シジスモンド・マラテスタ、リーミニを占領――フィレンツェに民主政権が復活――フィレンツェ人のメディチ家に対する憎悪。メディチ家支持者に対する迫害

第11章
ローマの皇帝軍の混乱とペスト。フランス軍をイタリアに派遣。フランス国王とイギリス国王の同盟協定。同盟国間の反皇帝協定――イタリア各地でのペスト流行――フランス軍、イタリアに向け出発――ロンバルディアでの戦闘
第12章
教皇を解放するための皇帝の下での諸君主の行動――エボラチェンセ枢機卿、フランスに赴く。王との合意――イタリアにおける敵軍の状況と無為――同盟軍の隊長たちによってペルージアで行われた非難に値すべき行為――ラーツィオおよびウムブリアでの同盟軍の作戦
第13章
ロンバルディアでの軍の無為――ピエモンテにおけるロートレックの行動――ジェノヴァ、フランス国王に降伏――アレッサンドリア、フランス軍に降伏――アレッサンドリアの占領は同盟軍の不和による――パヴィーア占領とその劫略。ロートレック、ローマへの進撃とナポリ王国への進撃を決意――皇帝の和平条件と慶ばしき成功の希望
第14章
ロートレック、フランス国王の命令のため手間取る――同盟側と同盟する際のフェラーラ公の条件。マントヴァ侯、同盟側に加わる――中央イタリアにおける敵軍の状況。ロートレックは依然として遅れている――教皇を監禁から解放するための合意――教皇、オルヴィエートに至る
第15章
ロンバルディアでの戦闘――サルデーニァに対する同盟側艦船による作戦は失敗。ロートレック、ボロー

ニァに至る。教皇との交渉——同盟国に対する教皇の矛盾した態度——同盟側大使と皇帝との和平交渉は不調に終わる。宣戦

第16章

ロートレック、ボローニァから軍を率いてナポリに進撃——教皇と同盟国間の不信の理由——ロートレック、トロントに至る。フランス国王とイギリス国王との合意。フランドルでの戦争——皇帝に対するフランス国王とイギリス国王の挑戦——イギリス国王はカテリーナ・ダラゴナとの結婚の解消を望む。教皇に対する要請——教皇の態度

第17章

同盟国艦隊の障害。ドーリアとジェノヴァ人のフランス国王に対する不満——陸上戦の経過。金不足。アブルッツィの占領——皇帝軍、ローマを出る。ローマの状況——同盟軍、プーリアに侵入——戦闘。メルフィ占領——教皇、ヴィテルボに移動。既にヴェスパシァーノ・コロンナに属している城塞の占領

第18章

モノポリ、ヴェネツィア人に降伏——フェラーラ公、息子をフランスに送る。結婚——イタリアに派遣するための軍を新たに徴集。これに対抗するための同盟側の準備——ミラノ人の悲惨な状況と苦しみ。ムスの城代の変節——ロートレック、カンパーニアに侵入。ドーリアの艦隊、ナポリ港沖に出現。同盟軍、ナポリ市壁に迫る

【第19巻】

第1章

ロートレック、ナポリを攻略するのではなく包囲する――フィリピーノ・ドーリア、海戦で再び皇帝軍に勝利する――籠城軍の状況。ロートレックの時ならぬ頑固さ。他人の助言を聞き入れようとはしない――新たな戦闘。カラブリアにおけるフランス軍の動き――ナポリ包囲、強化にあたっての障害――ロートレックの頑固さについての筆者の考察――ナポリにおける戦闘――フランス軍にとってフォルトゥナが変わる――カラブリアとプーリアにおける戦闘の推移――ロンバルディアにおけるアントーニオ・デ・レヴァの成功

第2章

ドイツ軍、イタリアに到着――ローディ攻撃、そして包囲――ドイツ軍のほぼ全体がドイツに帰る。ヴェネツィア軍、フランス軍の作戦の遅れ――同盟国の教皇に対する要請は失敗。主張が過度のため――教皇は一族の手にフィレンツェでの権力を回復させようと強く望む

第3章

カラブリアとアブルッツィにおける戦争の推移――イギリス国王の結婚解消に対する秘密の教皇勅書――ナポリにおける皇帝軍の状況。籠城軍の状況――ナポリでの戦闘

第4章

アンドレア・ドーリア、フランス国王から離反――ドーリアと皇帝の合意。ドーリアの艦船、ナポリ港を去る――同盟軍、ナポリでの戦いに敗れる――ロートレックの準備が遅れる――同盟軍の悪い状況。ロートレックの死――同盟軍の壊滅――ナポリ遠征の不幸な結末の原因

第5章
ロンバルディアにおけるフランス軍、ヴェネツィア軍指揮官の合意――敵軍の力と運動――ジェノヴァ、フランス軍から失われる――同盟軍、パヴィーアを占領する。劫略
第6章
ジェノヴァに対するサン・マロの意図――ミラノに戻ったデ・レヴァの準備――サン・マロの遠征の失敗。サヴォーナとジェノヴァの小城塞の降伏――ジェノヴァの政変。市民間の党派抗争を取り除くための戦い――ドーリアの海軍とフランス海軍の衝突。同盟国の意見の衝突――サルッツォ侯国の政変――アンドレア・ドーリアに対するフランス軍の作戦は失敗――ロンバルディアでの戦闘――教皇は皇帝との関係改善の意志を明らかにする
第7章
ナポリ王国内で戦いを続けるための同盟側の準備。オラニエ公の行動。恐怖と金の取り立て。戦闘――和平への兆し。オラニエ公によるアブルッツィでの再征服――教皇の同盟国への約束と皇帝との交渉――プーリアにおける軍の状況――皇帝軍のモノポリ攻撃は失敗――新たな戦闘
第8章
ロンバルディアでの戦争。同盟諸国家の合意。ジェノヴァ領からスペイン歩兵がアントーニオ・デ・レヴァの下に到着――教皇のペルージアへの野心。マラテスタ・バリオーニの不安。フィレンツェ人とフランスとの合意――フェラーラ公に対する教皇の陰謀――イギリス国王の離婚に同意した教皇勅書を教皇が焼かせる。エボラチェンセ枢機卿の不運と死

第9章

フィレンツェのゴンファロニエーレ、ニッコロ・カッポーニの賢明な政策。野心的な市民の反対。大衆に疑惑を広める。ゴンファロニエーレの交代

第10章

同盟軍、モルタラで敗北――フランス国王と皇帝、和平に動く。最初の合意――ロンバルディアでの同盟軍の進展。同盟軍の隊長たちの議論と決定。ランドリアーノにおける皇帝軍の勝利

第11章

教皇と皇帝とのバルセロナ平和条約。和平の条件と結ばれた同意。フランス国王と皇帝間のカンブレ平和条約。和平の条件。同盟国の大使たちに対する王の態度

第12章

ロンバルディアにおける皇帝軍の新しい動き――フィレンツェ共和国を攻撃せよ、とのオラニエ公に対する皇帝の命令。オラニエ公と教皇の合意――皇帝、イタリアに入る。フィレンツェ人、皇帝に大使を派遣。ヴェネツィア人、フェラーラ公、ミラノ公の態度――フィレンツェ人の防衛準備――オラニエ公によるスペルレの占領

第13章

皇帝と交渉するために派遣されたフィレンツェ人の大使たちに対する彼の返答――皇帝および同盟国に対するフランス国王の態度――皇帝とミラノ公との交渉――ヴェネツィア人と皇帝との合意に対する教皇の行動。ミラノ公とヴェネツィア人との合意。パヴィーア、アントーニオ・デ・レヴァに降伏

第14章

オラニエ公のマラテスタ・バリオーニに対する提案。マラテスタ・バリオーニとフィレンツェ人との話し合い――ペルージアに関する公とマラテスタとの合意――フィレンツェ人に対する同盟国の援助は少ない

第15章

フィレンツェ人の意図。コルトナとアレッツォの喪失――フィレンツェ人の大使の言に耳を傾ける気はないと皇帝は言明する。ただしメディチ家がフィレンツェに留まることができれば話は別である――教皇はフィレンツェが彼の権力下に再び戻るよう要求する――フィレンツェでの意見の分裂。抵抗の決意――オラニエ公のフィレンツェ包囲。フィレンツェ人の兵力――最初の小競り合い

第16章

教皇と皇帝、ボローニァで会談――フィレンツェ攻撃の継続に関する合意――モーデナおよびレッジョ問題――ヴェネツィア人との和平をめぐっての、また皇帝のフランチェスコ・スフォルツァに対する許しをめぐっての話し合い――ロンバルディアでは戦いが続く――皇帝とミラノ公の和平。ヴェネツィア人との和平

【第20巻】

第1章

フィレンツェのみ戦う。オラニエ公、ラストラを取る。フィレンツェ領の諸都市、皇帝軍と教皇軍に降伏――マラテスタ・バリオーニと教皇との公然たる秘密の交渉――籠城軍の反フィレンツェの意図――死に至るまでフィレンツェを防衛するというフィレンツェ軍の誓い。ナポレオーネ・オルシニの背信――教皇の企みに対するフランス国王の曖昧な態度――皇帝の戴冠。教皇とフェラーラ公の問題の決着の仕方

第2章
フィレンツェでの小競り合い――フランチェスコ・フェルッツォ、教皇に屈したヴォルテルラを再征服する――フィレンツェ人と皇帝軍の新たな小競り合い――フランス国王にフィレンツェ人は望みを託す。援助は得られない――皇帝軍、エムポリの要塞を占領する――フランス国王からの援軍にフィレンツェ人が望みを断った理由――皇帝軍、ヴォルテルラを攻撃するが失敗。籠城軍、フィレンツェから出撃――フィレンツェ内の生活の困窮。ガヴィナーナの戦い。オラニエ公の死。フェルチョの殺害――フィレンツェの精神状態。マラテスタ・バリオーニ、フィレンツェ人に敵との合意を迫る――合意項目――フィレンツェの政変――処刑。フィレンツェの悲しむべき状況
第3章
ドイツにおける宗教的状況――宗教公会議開催への一般の欲求。公会議開催に対する教皇の反感とそれを召集するための教皇の条件――フランス国王とトルコの交渉
第4章
シエーナの政治状況――皇帝によって決定されたフィレンツェの政治形態――教皇とフェラーラ公との争いについての皇帝の判断。教皇の不満。公に対する教皇の敵意
第5章
ハンガリアに対するトルコの攻撃。トルコ軍の撤退と皇帝の緩慢さ。ドイツにおけるイタリア人歩兵の反乱――メディチ枢機卿とピエールマリア・ロッソの監禁と解放――イタリアに皇帝との戦いを移すことをフランス国王もイギリス国王も断念する

第6章

教皇と皇帝、ボローニァで再び会談。小さな合意の理由。教皇使節の政略。ヴェネツィア人、フェラーラ公との合意の困難さ。新しい同盟の条件——教皇と皇帝との公会議開催の時機をめぐっての話し合いは不調に終わる——フランス国王の息子と教皇の姪との結婚のための交渉。教皇の満足と皇帝の疑惑——教皇と皇帝との秘密同盟

第7章

皇帝のスペイン帰還——マルセーユでの教皇とフランス国王との会談。王の息子と教皇の姪との結婚。オルレアン公のためにミラノ公国を取ることに対し、教皇もフランス国王も意欲は十分。フランス人枢機卿たちの任命。教皇のローマ帰還——間近に迫った死についての教皇の予告。教皇の甥たちの悲しい最期——フランス国王に煽動されたドイツ内の騒動——バルバロッサによるテュニジア占領とフォンディの略奪——教皇の死。筆者の評価——フレッサンドロ・ファルネーゼの選出

人名索引（第1巻、第2巻）

ア行

アヴァーロス（ダ），アルフォンソ（ペスカラ侯）
Avalos(d') Alfonso, marchese di Pescara ………178, 216–7, 276–7
アヴァーロス（ダ），イニーゴ（ヴァスト侯）Iñigo, marchese del vasto ……………217
アスカーニオ枢機卿 → スフォルツァ，アスカーニオ
アテネ公 → ブリアンヌ・ディ・グアルティエーリ
アドルノ，アゴスティーノ Adorno Agostino ………………………………………128
アドルノ，ジョヴァンニ Giovanni ………………………………………………128
アッピアーノ（ダ），ヤコポ（ピサの領主）Appiano（d'）Iacopo, Signore di Pisa ………197
アッピアーノ（ダ），ヤコポ（ピオムビーノの領主）Signore di Piombino …………200
アラゴナ（ダ），アルフォンソ1世（ナポリ王，シチリア王，アラゴン王）
Aragona (da) Alfonso Ⅰ(re di Napoli) ………50–3, 55, 62, 72, 75, 86–7, 99, 100, 185
アラゴナ（ダ），アルフォンソ2世（カラブリア公，ナポリ王）
Alfonso Ⅱ(duca di Calabria e re di Napoli) ………39, 40, 46, 53–4, 56, 58, 68, 71, 79, 81–2, 92–6, 98–101, 103, 105–12, 114–20, 136–7, 139, 145, 149, 152, 169–70, 175–7, 185, 227, 234, 272, 274, 281
アラゴナ（ダ），イザベルラ Isabella ………………………………40, 54, 94, 110, 141
アラゴナ（ダ），エンリコ Enrico ……………………………………………………95
アラゴナ（ダ），カルロッタ（チァルロッタ）Carlotta（Ciarlotta）…………………80
アラゴナ（ダ），サンチェス Sances …………………………………………………82
アラゴナ（ダ），ジョヴァンナ（ファナ）Giovanna（Juana）………………79, 177, 281
アラゴナ（ダ），ジョヴァンナ Giovanna ……………………………………186, 281
アラゴナ（ダ），フェデリーゴ（フェデリーコ）Federigo（Federico）
………80–1, 109, 112, 114, 128–9, 152, 186, 214, 216–7, 232
アラゴナ（ダ），フェルディナンド1世（ナポリ王）Ferdinando Ⅰ(re di Napoli)
………39–41, 43–56, 58, 60, 63, 65, 67–72, 75, 77–83, 88–95, 98–101, 103–4, 106, 109, 149, 170, 175–6, 188, 226, 281
アラゴナ（ダ），フェルディナンド2世（カラブリア公，ナポリ王）
duca di Calabria e re di Napoli ………110, 115–7, 125, 137–8, 148, 151–2, 168–9, 172, 175–6, 179, 181–3, 185–7, 214, 216–8, 224, 227, 231–81, 288–9, 295, 299, 306
アラゴナ（ダ），（オルシニ）マリア・チェチーリア（Orsini）Maria Cecilia ………170
アラゴナ（ダ），ロドヴィーコ Lodovico（Ludovico）…………………………………95
アランダ（デ），ペドロ（カラホラ司教）Aranda（de）Pedro ………………………117
アリアニティ，コンスタンティーノ（通称コムネノ）
Arianiti Constantino（detto Commneno）………292
アルキメデス Archimede ………………………………………………………………132
アルジァントン（アルジェントーネ）（ディ） → コミーヌ（ド），フィリップ

アルタヴィラ・ディ・カープア，アンドレア（テルモリ《テルミニ》公）
Altavilla di Capua Andrea（duca di Termoli《Termini》）………273
アルタヴィラ・ディ・カープア，ジョヴァンニ（Giovanni）…………………………273
アルタクセルクセス（ペルシャ王）Altaserse（Altosersa）……………………………87
アレクサンデル6世 → ボルジア，ロデリーゴ（ロドリーコ）
アレグリ（ダ），イーヴォ（トゥルツェル・ダレグル《ド》，イーヴ）
Allegri（da）Ivo（Tourzel d'Alègre de Yves）………170, 276, 279
アレグル（ド），トゥルツェル，フランソア（バローネ・ディ・プレシィ）
Alègre（d'）Tourzel François（barone di Précy）………279
アレッツォ司教 → ベッキ・ジェンティーレ
アレマン，ルイ（Alleman Louis）…………………………………………………………278
アンジュー（ダ），カルロ（シャルル）1世（ナポリ王，シチリア王）
Anjou（Angiò）（d'）Charles（Carlo）Ⅰ（re di Napoli e di Sicilia）
………41, 60–1, 67, 97, 100
アンジュー（ダ），カルロ（シャルル）2世（ナポリ王，シチリア王）……………60–1
アンジュー（ダ），カルロ3世（デュラッツォ公）Carlo Ⅲ（duca di Durazzo）
………61
アンジュー（ダ），ジョヴァンナ1世（ナポリ女王）Giovanna Ⅰ（regina di Napoli）
………61
アンジュー＝デュラッツォ（ダ），ジョヴァンナ2世
（Angiò＝Durazzo《da》）Giovanna Ⅱ ………61–2
アンヌ（ブルターニュ公女）Anne, Bretagne ……………………………………84–5, 101
アンヌ（ブルボン公妃）Anne，Bourbon ……………………………………………………73
イーヴォ・ダレグリ → アレグリ（ダ），イーヴォ
イザベル（フランス王ジァン2世の娘）Isabelle（figlia di Giovanni Ⅱ）……………86
イザベルラ（カスティリア女王）Isabella di Castiglia ………………………83, 222, 224
インノケンティウス8世 Innocentius Ⅷ …………………38–9, 43–5, 49, 56–7, 118, 174
ヴァラーノ（ダ），ヴェナンツィオ Varano（da）, Venanzio …………………………279
ヴァラーノ（ダ），ジューリオ・チェーザレ Giulio Cesare …………………………279
ヴァレンシア枢機卿 → ボルジア，チェーザレ
ヴィスコンティ，ヴァレンティーナ Visconti Valentina ……………………………113, 241
ヴィスコンティ，ガブリエールマリア Gabrielmaria ………………………192–3, 197
ヴィスコンティ，ジョヴァン・ガレアッツォ Giovann Galeazzo
………86, 113, 193, 197, 241
ヴィスコンティ，ジョヴァン・マリア Giovann Maria ……………………………………86
ヴィスコンティ，ビアンカ・マリア Bianca Maria …………………………………………87
ヴィスコンティ，フィリッポ・マリア Filippo Maria …………41, 55, 75, 86–7, 241, 285
ヴィスコンティ，フランチェスコ・ベルナルディーノ Francesco Bernardino
………250, 292
ヴィスコンティ，マッテオ Matteo ……………………………………………………………86
ヴィッテルリ，ヴィッテロッツォ Vittelli Vittelozzo ……………………………………137
ヴィッテルリ，カミルロ Cammillo ………………………137, 234, 248, 264, 271, 289, 303
ヴィッテルリ，ジューリオ Giulio ……………………………………………………………137
ヴィッテルリ，ジョヴァンニ Giovanni ………………………………………………………137

ヴィッテルリ，ニッコロ Niccolo ……137
ヴィッテルリ，パオロ Paolo ……137
ヴィラノーヴァ（ディ），バルダサルレ・グラツィアーノ
Villanova（di），Baldassarre Graziano ………169
ヴィルヌーヴ（ド），ルイ Villeneuve（de）, Louis ……152
ヴェスプッチ，グイダントーニオ Vespucci, Guidantonio ……201, 207
ヴェルス（ディ），ステーファノ Vers（di）Stefano（Etienne de Vesc）
………73–4, 171, 194, 231
ヴェンツェル（皇帝）Wenzel ……86
ヴォルテルラ司教 → ソデリーニ，フランチェスコ
ウルバヌス4世 Urbanus Ⅳ ……60
ウルビーノ公フェデリーゴ → モンテフェルトロ（ダ），フェデリーゴ
エステ（デ），アルフォンソ1世（フェラーラ公）
Este（d'）Alfonso Ⅰ（duca di Ferrara）………224, 257–8
エステ（デ），エルコーレ（フェラーラ公）Ercole …………57, 76, 131, 137–8, 224, 296
エステ（デ），ベアトリーチェ Beatrice ……76, 94, 131, 286
エーベンシュタイン（フォン），ゲオルク（通称ジョルジョ・ディ・ピエトラプラーナ）
Ebenstein（von）Georg（detto Giorgio di Pietraplana）………283
オービニィ（ディ），エベラルド
Obigni（Ubigni）（di）Eberardo（Berold o Bérauld Stuart, Signore di Aubigny）
………97, 108, 116, 131, 136, 145, 159–60, 231, 273
オペッツィーノ，カッチァ・ディ・マンデルロ（通称“黒”）
Opezzino，Caccia di Mandello ………242
オペッツィーノ，カッチァ・ディ・カルティニァーガ（通称“白”）
Caccia di Caltignaga ………242
オルシニ（オルシノ），アルフォンシーナ・ディ・ロベルト
Orsini（Orsino）, Alfonsina di Roberto ………46
オルシニ（オルシノ），ヴェルジーニオ（ヴィルジーニオ）Verginio
………46, 49, 51–4, 56–7, 81, 91, 96, 109–11, 136,
168, 170, 179, 182–3, 187, 231, 234–5, 278
オルシニ（オルシノ），クラリーチェ Clarice ……46
オルシニ（オルシノ），ジァンジョルダーノ Giangiordano ……49, 170
オルシニ（オルシノ），ジューリオ Giulio ……129
オルシニ（オルシノ），ニコラ・アルドブランディーノ（ピティリアーノ伯）
Nicola (Niccola) Aldobrandino（Conte di Pitigliano）………107, 110, 139, 170, 179,
182–3, 187, 234–5, 263, 266, 278, 291
オルシニ（オルシノ），パオロ Paolo ……149, 155
オルシニ（オルシノ），バティスタ Battista ……172
オルシニ（オルシノ），ロレンツォ Lorenzo ……129
オルフェ（ディ），ピエトロ Orfé（di）, Pietro ……105
オルレアン公 → ルイ12世

カ行

カイアッツォ（ガイアッツォ）伯 → サンセヴェリーノ，ジョヴァンフランチェスコ

カエサル・ユリウス Caesar, Julius ……187
カッポーニ，ピエロ Capponi Piero ……159, 164
ガネー（ド），ジァン Gannay（Gannai）（de）Jean ……169, 171, 247, 305
カープア(ディ),ジョヴァンニ → アルタヴィラ,カープア(ディ),ジョヴァンニ
カラッファ・ウルヴィエリ Caraffa Ulvieri（ナポリ枢機卿）……172
カラッファ（カラファ），ジョヴァンニ・トッマーゾ
Caraffa（Carafa）Giovanni Tommaso ……279
カラホラ司教 → アランダ（デ），ペドロ
カリストゥス3世 Callisto Ⅲ ……50, 52
カルロ（カラブリア公ロベルトの子）Carlo ……61
カンディア（ガンディア）公 → ボルジア，ペドロ・ルイジ
カンテルモ・ロッサーノ（ポポリ伯）Cantelmo Rossano（conte di Popoli）……186
キエレガーティ・リオネルロ Chieregati Lionello ……168–9
キュロス（ペルシャ王アルタクセルクセスの弟）Ciro ……87–8
グアルニエーリ・テオドーロ Gualnieri Theodoro ……142
グイッチァルディーニ，フランチェスコ Guicciardini, Francesco
……38–9, 41, 43–4, 46, 48, 53, 55, 57, 59, 68, 76, 80–1, 93, 98, 100, 102–3, 113–4, 126, 128, 137, 146, 149, 155–7, 161, 164, 169, 186, 199, 201–2, 204–5, 210, 226, 273, 289
グエルラ（ディ），グラツィアーノ（グラシアン・ド・グウェール）
Guerra（di）Graziano（Gracien de Guerre）……231
クセノポーン Xenophon ……87
グラヴィラ，ヤコポ（ルイ・マレ・ド・グラヴィーユ）
Gravilla, Iacopo（Louis Malet de Graville）……73, 126
グリエルモ2世パレオローゴ（モンフェラート侯）
Guglielmo Ⅱ Paleologo（duca di Monferrato）……122, 242
グリマンノ，アントーニオ Grimanno Antonio ……232
グルク枢機卿 → ペロー・レイモン
クレーヴェ（ド），エンジリベルト（エンジルベール）
Cleves（de）, Engiliberto（Engilbert）……256
クレーヴェ（ド），ジァン Jean ……256
コミーヌ（ド），フィリップ（モンシニョーレ・ディ・アルジァントン）
Commynes（de）Philippe（Monsignore di Argenton）
……229, 248, 254, 257, 265, 292–3, 305–6
コレッジョ（ダ），ガレアッツォ Corregio（da）, Galeazzo ……262
コロンナ，ジョヴァンニ Colonna Giovanni ……172
コロンナ，ファブリーツィオ・ディ・オドアルド Fabrizio di Odoardo
……56, 58, 105, 108, 110, 136, 175, 231, 278
コロンナ，プロスペロ・ディ・アントーニオ Prospero di Antonio
……56, 58, 95, 105, 110–11, 136, 169, 231, 278, 288
コロンボ，クリストフォロ Colombo Christoforo ……309
コンコルディア司教 → キエレガーティ・リオネルロ
ゴンザーガ（ダ），フランチェスコ Gonzaga（da）, Francesco
……249–50, 257–60, 262–3, 266, 283, 290, 292–4

ゴンザーガ（ダ），リドルフォ Ridolfo ……108, 260–61
ゴンザーガ（ダ），ルドヴィーコ Ludovico ……108
コンサルヴォ，エルナンデス（コンサルヴォ・ディ・コルドヴァ，フェルナンデス・デ・アグイラル・コンサロ）
Consalvo Hernandez（Consalvo di Cordova, Férnandez de Aguilar Consalvo）……272–3
コンタリーノ，ベルナルド Contarino Bernardo ……292
コンティ，ヤコポ Conti Iacopo ……177
コンラート 4 世（皇帝）Conrad Ⅳ ……100

サ行

サヴェルリ（ディ），アントネルロ Savelli（di）, Antonello ……231
サヴェルリ（ディ），ジァンバティスタ（サン・ヴィト枢機卿）
Giambatista, Cardinale di San Vito ……172
サヴェルリ（ディ），ジョヴァンニ Giovanni ……200
サヴォイア（ディ），アメーデオ（アミーデオ）8 世（初代サヴォイア公）Amideo Ⅷ ……285
サヴォイア（ディ），アメーデオ 9 世 Amedeo Ⅸ ……81, 160, 216
サヴォイア（ディ），アンナ Anna ……81, 216
サヴォイア（ディ），カルロ 2 世 Carlo Ⅱ ……122, 285
サヴォイア（ディ），カルロッタ Carlotta ……78, 81, 140, 216, 238
サヴォイア（ディ），フィリッポ Filippo ……160, 271
サヴォイア（ディ），ボーナ Bona ……40, 78, 106–7, 140, 193, 249
サヴォイア（ディ），マリア Maria ……238
サヴォイア（ディ），ルドヴィーコ（ロドヴィーコ）Ludovico ……78, 140
サヴォナローラ，イエロニモ（ジローラモ）Savonarola, Ieronimo（Girolamo）……201, 204, 212, 245
サラザール Salazar ……247
サルッツォ（ディ），ルドヴィーコ 2 世（サルッツォ侯）
Saluzzo（di）Ludovico（marchese）……242, 292–3
サリニァック（マテロン・ド・），ジァン Salignac（Mathéron de）Jean ……97
サレルノ公 Salerno, Principe di → サンセヴェリーノ・ダ・アントネルロ
サンジョルジョ，ベンヴェヌート Sangiorgio Benvenuto ……242
サンセヴェリーノ（ダ），アントーニオ・マリア
Sanseverino（da）, Antonio Maria……113, 128, 241
サンセヴェリーノ（ダ），アントネルロ（サレルノ公）
Antonello, il principe di Salerno ……74, 152, 231, 276
サンセヴェリーノ（ダ），ガレアッツォ Galeazzo
……97, 106, 128, 157, 241–3, 283, 294
サンセヴェリーノ（ダ），グァスパルリ（ガスパーレ）通称フラカッサ
Guasparri（Gaspare）detto Fracassa ……113, 128, 269
サンセヴェリーノ（ダ），ジョヴァンフランチェスコ Giovanfrancesco
……108, 116, 160, 249, 257, 262, 267–9
サンセヴェリーノ（ダ），ジローラモ Girolamo ……74

サンセヴェリーノ（ダ），フェデリーゴ Federigo ……………………………………………169
サンセヴェリーノ（ダ），ベルナルディーノ（ビジニァーノ公）
Bernardino, principe di Bisignano ………74, 231, 279
サンセヴェリーノ（ダ），ロベルト Roberto …………………………74, 108, 113, 169, 249
サンタ・アナスタシア枢機卿 → パラヴィチーニ
サン・ドニ（サン・ディオニジ）枢機卿 → ジァン・ド・ビリエール＝ラグローラ
サン・ピエロ・イン・ヴィンコラ（ヴィンコリ） → ローヴェレ（デルラ），ジュリアーノ
サン・マロ司教 → ブリソネット
ジァン・ダンジュー（カラブリア公）Jean d'Anjou …………63, 67, 75, 78, 89, 101, 106
ジァン・ド・ビリエール＝ラグローラ Jean de Bilhières＝Lagraulas ………………232
ジァン2世（フランス国王）Jean Ⅱ ………………………………………………………86
ジエ元帥 → ローアン＝ゲムネー（ド），ピエール
ジェム Gemin ……………………………………………………………173–4, 214, 218–9
ジェームス4世（スコットランド国王）James Ⅳ ………………………………………80–81
シクストゥス4世（Sisto Ⅳ） → ローヴェレ（デルラ），フランチェスコ
シャルマーニュ（Carlo magno） ………………………………………63, 70, 97, 100, 173
シャルル・ドルレアン Charles d' Orléans ………………………………………………52, 241
シャルル・ル・テメレール（豪胆公）
Carlo il Temerarie, duca di Borgogna（ブルゴーニュ公）………84, 262, 284–5
シャルル（メーヌ伯）Carlo, figlio di Luigi Ⅲ e conte del Maine ……………………63
シャルル1世・ダンジュー → アンジュー，カルロ1世
シャルル5世（フランス国王）Carlo Ⅴ, re di Francia ………………………………61
シャルル7世（フランス国王）Carlo Ⅶ, re di Francia ……………………64, 67, 76
シャルル8世（フランス国王）Carlo Ⅷ, re di Francia
………37–8, 59–60, 63–5, 72–5, 78, 80–81, 83–5, 87–8, 90, 92–3, 96–7, 99, 101, 103, 105–8, 113, 117, 119, 120–24, 126, 131, 133–4, 137, 140, 142–5, 147, 153–4, 156, 159–61, 163–70, 172–5, 177, 179, 182–3, 187, 191, 194, 199, 214–23, 226, 228–34, 236–40, 242–3, 245–6, 251, 254–5, 259, 265, 268–70, 278, 282, 287–8, 290, 305–6
シャロン（ド），ジァン（オラニエ公）Chalon（de）Jean, principe d'Oranges
………293, 300, 304–5
スフォルツァ，アスカーニオ（枢機卿）Sfotza Ascanio, cardinale
………44, 50, 53–4, 106, 110–11, 168–9, 172
スフォルツァ，イッポリータ Ippolita ……………………………………………………110
スフォルツァ，カテリーナ Caterina ……………………………………………115, 151
スフォルツァ，ガレアッツォ・マリア（ミラノ公）Galeazzo Maria, duca di Milano
………40, 64, 66, 87–8, 110, 115, 193
スフォルツァ，キアラ Chiara ……………………………………………………………129
スフォルツァ，ジョヴァン・ガレアッツォ（ミラノ公）Giovann Galeazzo, duca di Milano
………39–41, 54–5, 57, 78, 81, 85–8, 94, 107, 110, 140–42, 154, 269
スフォルツァ，ビアンカ Bianca ……………………………………………………………97
スフォルツァ，フランチェスコ（ミラノ公）Francesco, duca di Milano
………52, 64, 66–7, 75, 87–8, 101, 106, 129
スフォルツァ，フランチェスコ（ジョヴァン・ガレアッツォの息子）
Francesco, figlio di Giovann Galeazzo ………269

スフォルツァ，ロドヴィーコ・イル・モロ（ミラノ公）
Lodovico il Moro, duca di Milano
………39–41, 43–4, 46–51, 53–60, 64–6, 71–8, 81–3, 85–90, 92–4, 96–7, 102–3, 105–10, 112–3, 116–20, 122–3, 128, 130–31, 140–43, 145, 150–51, 153–4, 157, 160, 182, 191, 193, 220–22, 225–6, 240–43, 249, 255, 266–9, 283, 286
セッコ，フランチェスコ Secco, Francesco ……………………………237, 255, 264
セッコ，パオラ Paola ……………………………………………………………255
ソデリーニ，トッマーゾ Soderini, Tommaso …………………………………201
ソデリーニ，パゴラントーニオ（パオラントーニオ）Pagolantonio（Paolantonio）
………201, 203–4, 207, 211–2
ソデリーニ，ピエロ Piero ……………………………………………197, 202
ソデリーニ，フランチェスコ Francesco ……………………………191, 197–9, 201

タ行

チェッコ（フランチェスコ），シモネッタ Cecco（Francesco）Simonetta
………40, 107
チボ，フランチェスケット Cibo Franceschetto ……………………………39, 49, 81
デジデーリオ（ランゴバルド王）Desiderio ………………………………………287
テルニ司教 → ボッカルディーニ，カルロ
テルミニ公（テルモリ） → アルタヴィラ・ディ・カープア，アンドレア
トティラ（ゴート王）Totila, re dei Goti ……………………………………………100
トリヴィザーノ，ドメニコ Trivisano Domenico ……………………………………221
トリヴィザーノ，マルキオンネ Marchionne ……………………………249, 253–4, 265
トリヴルツィオ，アントーニオ Trivulzio Antonio ……………………………………110
トリヴルツィオ，ジョヴァンヤコポ Giovaniacopo
………110, 139, 179, 181–3, 222, 234, 237, 248, 250, 256–7, 264, 268–9, 296, 307
トレムイユ（ド・ラ），ルイ Tremoïlle（de la）, Louis ……………………169, 257, 296
トレルリ（ディ），マルシーリオ Trelli（di）, Marsilio ………………………………255

ナ行

ニコラウス2世 Niccolò II ……………………………………………………………50
ネルリ（デ），ヤコポ Nerli（de'）Jacopo ……………………………………………155

ハ行

バッチエ（ディ），ペローネ（ペローネ・ディ・バスキ）
Baccie（di）, Perone（Baschi《dei》Perrone）………77, 89, 97, 278, 306
ハドリアーヌス1世 Adriano I ……………………………………………………287
バヤジト2世（トルコ皇帝）Bayazi'd（Baiseto）II ………107, 112, 118, 173–4, 218–9
パラヴィチーニ，アントニオット Pallavicini Antoniotto ……………………………236
バリ・ディ・ディジューノ → ベセ（ド），アントアーヌ
ハルウィン（ド），ルイ Hallwin（de）Louis ……………………………………238, 293
バルビアーノ（ダ），カルロ Barbiano（da）Carlo …………………………………65
パンドーネ，カミルロ Pandone Camillo ……………………………………80–81, 118
ハンニバル Annibale ………………………………………………………………126

ピウス2世　Pio Ⅱ ……………………………………………………………67, 101
ピコ・デルラ・ミランドラ，ガレオット Pico della Mirandola Galeotto ……………108
ピコ・デルラ・ミランドラ，ジァン・フランチェスコ Gian Francesco ……………108
ピサーノ，ルーカ Pisano Luca ……………………………………………………249, 254
ビジニァーノ公　→　サンセヴェリーノ，ベルナルディーノ
ビダン（ド），ドニ Bidant（de）, Denis ……………………………………………97
ピッコロミーニ，フランチェスコ Piccolomini Francesco ………………………152
ピッチニーノ，ジョヴァンニ Piccinino Giovanni ………………………………262
ピティリアーノ伯　→　オルシノ，ニコラ・アルドブランディーノ
ピピン　Pipino ……………………………………………………………………173
ファルネーゼ（ダ），リヌッチョ Farnese（da）, Rinuccio ………………………264
ファン2世（アラゴン王，シチリア王）Giovanni（Juan）Ⅱ …………………63, 72, 84
フィエスコ，オビエット Fieschi Obietto …………………106–7, 113–4, 128–9, 222, 248
フィエスコ，ジョヴァン（ジァン）ルイジ Giovanluigi ……………105, 107, 113–4, 129
フィリップ美男公（オーストリア大公，ブルゴーニュ公）Filippo Ⅰ …………72, 84–5
フィリッポ・モンシニョーレ　→　コミーヌ（ド），フィリップ
フィルミアーニ，マルティーノ Firmiani Martino ………………………………219
フェルディナンド5世（アラゴン王，イル・カトリコ）
Ferdinando V d'Aragona, il catolico ………72, 79, 83–4, 177, 222, 224, 274, 281
フォア（ド），ジァン Foix（de）, Jean ……………………………………………257, 293
フォンセッカ，アントーニオ Fonsecca（Fonseca）Antonio ……………………223
ブッチァルド，ジョルジョ Bucciardo（Bucciardi）Giorgio ……………………118, 219
フラカッサ　→　サンセヴェリーノ（ダ），グァスパルリ
フランソア（ブルターニュ公）François ………………………………………………84
ブリアンヌ（ディ），グアルティエーリ（アテネ公）
Brienne（di）Guartieri, duca di Athene ………205
ブリソネット，グリエルモ（ギヨーム・ブリソネ）
Brissonetto, Guglielmo (Guillaume Briçonnet) ………74, 95, 123, 149, 160, 174, 194, 199, 225, 238, 247, 293
フリートリヒ2世（皇帝）Federigo Ⅱ ……………………………………60–61, 100
フリートリヒ3世（皇帝）Federigo Ⅲ ……………………………………………85, 87
ブルボン公　→　ボージュ（ド），ピエール
ブルボン（ボルボーネ）（ド），ジァン Bourbon（Borbone）, Jean …………………259
ブルボン（ボルボーネ）（ド），マシュー Mathieu ……………………………259, 296
ブルボン＝モンパンシエ（ボルボーネ，モムペンシエーリ）ジリベール（ジリベルト）
Bourbon＝Mompensier（Borbone Mompensieri）Gilibert（Giliberto）
………145–6, 231, 274–6, 279–80
ブルボン＝モンパンシエ，ルイ Louis ……………………………………………231
フレゴーソ，オルランディーノ Fregoso Orlandino ……………………………129
フレゴーソ，ジァンガレアッツォ Giangaleazzo ………………………………129
フレゴーソ，トッマーゾ Tommaso ………………………………………………192
フレゴーソ，パゴロ（枢機卿）Pagolo ……………………………106–7, 129, 222, 248
フレゴーソ，フレゴシーノ Fregosino ……………………………………………129
フレゴーソ，ポル・バティスタ Pol Batista ………………………………………271

フレゴーソ，ルドヴィーコ Ludovico ……154
ペスカラ侯 → アヴァーロス
ベセ（ド），アントアーヌ（イル・バリ・ディ・ディジューノ）
Bassay（de），Antoine（il Bali di Digiuno）……112–3, 131, 256, 284, 294, 305
ベッキ，ジェンティーレ Becchi Gentile ……47
ペドロ3世（アラゴン王）Pedro Ⅲ, re di Aragona ……60
ペロー，レイモン Peraud Raymond ……170
ベンティヴォーリオ，アントーニオ・ガレアッツォ
Bentivoglio Antonio Galeazzo ……116
ベンティヴォーリオ，アンニーバレ Annibale ……115–7, 258
ベンティヴォーリオ，ジョヴァンニ Giovanni ……115–6, 155, 161, 240
ベンティヴォーリオ，フランチェスカ Francesca ……114
ベンボ，ピエトロ Bembo Pietro ……276
ヘンリ7世（イギリス国王）Enrico Ⅶ ……72–3
ボーケール（ベルカリ）の執事 → ヴェルス（ディ），ステーファノ
ボージュ（ド），ピエール（ブルボン＝オーヴェルニュ公）
Beaujeu（de）Pierre Bourbon ……126
ボッカルディーニ，カルロ Boccardini Carlo ……168–9
ポポリ伯 → ロッサーノ，カンテルモ
ボルジア，ジュフレ Borgia Giufré ……45, 82, 95
ボルジア，ジョヴァンニ Giovanni ……45
ボルジア，ジローラマ Girolama ……45
ボルジア，チェーザレ Cesare ……45, 95, 168, 174, 177
ボルジア，ピエトロ Pietro ……50
ボルジア，ペドロ・ルイジ Pedro Luigi ……45, 95
ボルジア，ルクレーツィア Lucrezia ……45
ボルジア，ロデリーゴ Roderigo ……43–5, 50–51, 56–7, 95, 168, 173–4, 214
ポンタノ，ジョヴァンニ・イオヴィアーノ Pontano, Giovanni Ioviano ……233, 275

マ行

マエストロ・グラツィアーノ → ヴィラノーヴァ（ディ），バルダッサーレ・グラツィアーノ
マキァヴェリ Niccolò Machiavelli ……199
マクシミーリアーン1世（ローマ王，皇帝）Massimiliano（re di Romani）
……72–3, 84–8, 220, 222, 262, 283, 285
マタローナ伯 → カラッファ，ジョヴァンニ・トッマーゾ
マ（デュ），ジァン Mas（du）, Jean ……239
マラスピーナ，ガブリエルロ Malaspina Gabriello ……146
マリア（シャルル豪胆公の娘）Maria di Borgogna ……84, 285
マリア（マクシミーリアーンの娘）Maria ……84–5
マルヴェッツォ，ルチオ Malvezzo（Malvezzi）Lucio ……200, 230
マルツァーノ（ディ），マリーノ（セッサ公）
Marzano（di）Marino（duca di Sessa）……78, 186
マルティヌス5世 Martino V ……62

マントヴァ侯　→　ゴンザーガ，フランチェスコ
マンフレーディ（ホーエンシュタウフェン家，皇帝フリートリヒ２世の庶子）
Manfredi ………60–61, 100
マンフレーディ（ディ），アストーレ３世（ファエンツァの領主）
Manfredi, Astore Ⅲ（Signore di Faenza）………114, 117
マンフレーディ（ディ），ガレオット Galeotto ……………………………………114
ミオラン（ド），ルイ（セルヴェ領主）Miolans（de）Louis ……………………248, 296
メディチ（デ），コジモ Medici（de'）Cosimo　…………………52, 101, 155–6, 202, 205
メディチ（デ），ジュリアーノ Giuliano ……………………………………………53, 98
メディチ（デ），ジュリアーノ（ネムール公）Giuliano（duca di Nemur）
………155, 206
メディチ（デ），ジョヴァンニ Giovanni …………………………………155, 197, 206
メディチ（デ），ジョヴァンニ・ディ・ピエールフランチェスコ
Giovanni di Pierfrancesco ………102, 125, 144
メディチ（デ），ナンニーナ Nannina ……………………………………………………102
メディチ（デ），ピエールフランチェスコ Pierfrancesco ……………………………102
メディチ（デ），ピエロ・ディ・コジモ（イル・ゴットーソ，痛風病み）
Piero di Cosimo（il gottoso）………98, 154
メディチ（デ），ピエロ・ディ・ロレンツォ Piero di Lorenzo
………43, 46–9, 51, 53–4, 58, 77, 83, 90, 92, 98, 101–3, 105, 108–9, 112,
115–20, 125, 144, 147–55, 157, 159–63, 165–6, 168, 206, 220, 245
メディチ（デ），マッダレーナ Maddalena ………………………………………39, 49
メディチ（デ），ロレンツォ・イル・マニーフィコ Lorenzo il Magnifico
………37, 39–41, 43–4, 46, 53, 98, 101–3, 149, 154–6, 192, 198, 212
メディチ（デ），ロレンツォ・ディ・ピエールフランチェスコ
Lorenzo di Pierfrancesco ………102, 125, 144
メフメト２世 Maumet Ⅱ ………………………………………………107, 173, 292
モムペンシエーリ（ディ），ジリベルト　→　ブルボン＝モンパンシエ
モンシニョーレ・トラモーリア　→　トレムイユ（ド・ラ），ルイ
モンシニョーレ・ピエネス　→　ハルウィン（ド），ルイ
モンテフェルトロ（ダ），アントーニオ Montefeltro（da）Antonio ……………257, 261
モンテフェルトロ（ダ），フェデリーゴ Federigo ……………………………………257
モントーネ（ダル），ブラッチョ（アンドレア・フォルテブラッチ）
Montone（dal）Braccio（Andrea Fortebracci）………264–5
モントーネ（ダル），ベルナルディーノ Bernardino Fortebracci ……………………264
モンフェラート侯　→　グリエルモ２世
モンフェラート侯妃（セルビィア・パレオローゴ・マリア）
Marchesana del Monferrato（Serbia Paleologo Maria）………122, 292

ヤ行

ヤコポ（ナポリ王フェルディナンド１世の主治医）Jacopo …………………………176

ラ行

ラディスラオ（ラディスラス）Ladislao d'Angiò＝Durazzo ……………………52, 61–2

ランドリアーニ，ルクレーツィア Landriani Lucrezia ……………………………………115
リアーリオ（ダ），イエロニモ（ジローラモ）Riario Ieronimo（Girolamo） ………114
リアーリオ（ダ），オッタヴィアーノ Ottaviano …………………………………………114–5
リカイエンシオ（レクエセンス，ガルセラン）Ricaiensio（Requesens Galcerán）
………274
リーニィ伯 → ルクサンブール（ド），ルイ
ルイ1世（アンジュー＝ヴァロア，ナポリ王）
Louis Ⅰ（Luigi d'Angiò＝Valois, re di Napoli）………61
ルイ2世（アンジュー＝ヴァロア，ナポリ王） ………………………………………………61
ルイ3世（アンジュー＝ヴァロア，ナポリ王） ………………………………………………62
ルイ9世（フランス国王，聖王ルイ）Louis（Luigi）Ⅸ ………………………41, 60, 231
ルイ11世（フランス国王）Louis（Luigi）Ⅺ
………63–4, 66–7, 72, 75, 84–5, 98, 238, 262, 305
ルイ12世（オルレアン公，フランス国王）
Louis（Luigi）Ⅻ（duca di Orléans, re di Francia）
………75, 113, 128, 224, 240–44, 251, 254, 270, 283, 290–91, 293–4, 296, 304, 306
ルイジ，モンシニョーレ・ディ・リーニィ → ルクサンブール（ド），ルイ
ルクサンブール（ド），フィリップ Luxembourg（de）, Philippe ……………………174
ルクサンブール（ド），フランソア François ………………………………………………232
ルクサンブール（ド），ルイ（サン・ポール伯）Louis（Conte di Saint-Paul）
………238
ルクサンブール（ド），ルイ（リーニィ伯）Louis（Conte di Ligny）
………170, 187, 235–6, 238
ルクルス Lucullo ……………………………………………………………………………215
ルッチェライ，コジモ Rucellai Cosimo ……………………………………………………102
ルネ（レナート・ダンジュー，プロヴァンス伯）
René（Renato d'Angiò, Conte di Provenza）………62–3, 67, 75, 106
ルネ・ド・ヴォードモン（ロレーヌ＝ヴォードモン，ルネ）
Renè de Vaudemon（Lorraine＝Vaudemon）………63
ル・マン司教 → ルクサンブール・ド・フィリップ
レオ3世（教皇） Leo Ⅲ ……………………………………………………………………70
レオ10世（教皇） → メディチ（デ），ジョヴァンニ
ローアン＝ゲムネー（ド），ピエール Rohan - Guemnée（de）Pierre
………171, 180, 247–8, 250, 262, 293, 305
ローヴェレ（デルラ），ジュリアーノ（ユリウス2世）Rovere（della）Giuliano
………44, 56, 58, 90–91, 96, 105, 108, 121, 123, 153, 157, 171–2, 237, 248
ローヴェレ（デルラ），ジョヴァンニ Giovanni ……………………………………………108
ローヴェレ（デルラ），フランチェスコ Francesco ………………56–7, 98, 114, 116, 149
ロッサーノ公 → マルツァーノ・ディ・マリーノ
ロッサーノ，カンテルモ（ポポリ伯）Rossano Cantelmo ………………………………186
ロベルト（ナポリ王，カルロ2世の甥）Roberto, re di Napoli ………………………61
ロベルト・イル・グィスカルド（プーリア公，カラブリア公）Roberto il Guiscardo
………50
ロレダーノ，アントーニオ Loredano（Loredan）Antonio …………………………221

イタリア史　I

末吉孝州（すえよし・たかくに）
1935年、東京生まれ。早稲田大学大学院博士課程修了。専門はヨーロッパ近代思想史および精神史。2001年、教職を退いて『イタリア史』の翻訳に専念していたが、2003年4月22日病没。1998年、第21回マルコ・ポーロ賞受賞。
〈著書〉『第一次世界大戦とドイツ精神』（1990年、太陽出版）、『グイッチァルディーニの生涯と時代』（上・下巻、1997－98年、太陽出版、マルコ・ポーロ賞受賞作）。〈訳書〉『グイッチァルディーニの「訓戒と意見」（リコルディ）』（1996年、太陽出版）、『フィレンツェ史』（1999年、太陽出版）、『ルネサンス哲学における個と宇宙』（1999年、太陽出版）、『フィレンツェの政体をめぐっての対話』（2000年、太陽出版）、『イタリア史』（2001年～，太陽出版）。〈主要論文〉「マキァヴェリと近代世界」（史観・第72冊、第73冊）、「古代英知論再考――フランシス・ベーコンの世界」（就実女子大学史学論集第7号）、その他。

2001年3月10日　第1刷
2006年5月20日　第3刷

著　者――F.グイッチァルディーニ
訳　者――末　吉　孝　州
発行者――籠　宮　良　治
発行所――太　陽　出　版

東京都文京区本郷 4-1-14 〒113-0033 ☎03(3814)0471
http://www.taiyoshuppan.net/

装幀＝中村　浩（セイエ）
米子プリント社／井上製本
ISBN4－88469－222－5

グイッチァルディーニの生涯と時代［上・下］

──グイッチァルディーニ研究序説──末吉孝州＝著

◉近代政治思想・歴史思想の源流を探る

イタリア・ルネサンス期に生きた理想主義者マキァヴェリと並ぶ、知的現実主義者フランチェスコ・グイッチァルディーニの精神・思想・人間性を、門外不出の訓戒の書『リコルディ』を通して究明し、ルネサンス崩壊期の時代精神とその質的転換の軌跡に光をあてる。『フィレンツェ史』『イタリア史』の著者の詳細な伝記。

★第21回「マルコ・ポーロ賞」受賞‼

「未知のルネサンスの代表的人物を日本に初めて紹介」──同賞選考委員会

◉Ａ５判／上製／［付］口絵、地図、年表──

［上巻］三五二頁／本体四五〇〇円＋税
［下巻］四四八頁／本体五八〇〇円＋税

フィレンツェの政体をめぐっての対話

◉マキァヴェリの『政略論』に比肩する
近代政治思想・歴史思想の原点——

フィレンツェの政体はいかにあるべきか。独裁政か民主政か、あるいは混合政体か——理想主義者マキァヴェリと並ぶ、冷徹な現実主義政治家F・グイッチァルディーニの知られざる傑作の待望久しき邦訳、ついに成る!!

フランチェスコ・グイッチァルディーニ＝著　末吉孝州＝訳

A5判/上製
本文384頁/口絵8頁
定価5,200円＋税

グイッチァルディーニの「訓戒と意見」―【リコルディ】

フランチェスコ・グイッチァルディーニ／末吉孝州＝訳・解説

◉イタリア・ルネサンス期における一政治家の「訓戒と意見」を完全収録――

近代政治思想史の泰斗・理想主義者マキァヴェリと並ぶ、
知的現実主義者F・グイッチァルディーニの慧眼。
卑俗な世渡りの智恵から高度な政治的行動の格率に至るまで、
門外不出の『リコルディ』が時代を超えていま、
現代によみがえる。

四六判／上製／二八〇頁／価格二七〇〇円十税

『グイッチァルディーニの生涯と時代』を補完する第一級の歴史的資料。